「現代社会」は、社会の外面、人間の内面の両面に光を当てることで、今の社会がどう成り立っているのかを考える科目です。

「現代社会」は、「政治・経済」や「倫理」と共通項目の多い科目になっています。「政治・経済」的な視点で社会の外面を、「倫理」的な視点で人間の内面を学んだ上でそれらを総合的に判断し、「ああ、今の世の中はこういう具合に成り立っているんだな」という結論につなげていく、これが「現代社会」という科目の目的です。

"今"を学べば、世の中の仕組みがわかり、世の人々の考え方がわかります。そしてそれらがわかれば、自分が社会にどうかかわっていくべきかも見えてきます。これができるようになると、「現代社会」の学習はとても楽しくなります。「現代社会」という科目は、まさに勉強することを通じて、社会参加の楽しさとやり甲斐を学んでもらう科目なのです。

ただ、皆さんの場合、楽しさややり甲斐も大切ですが、それ以上に共通テストで合格に必要な得点を取ってもらわないといけません。なので、ここからは試験で点を取るために、学習する際に押さえてほしいポイントをお伝えします。

① 暗記に頼らないこと

歴史系の社会科科目に慣れていると、どうしても用語などを覚えることから入ってしまいがちです。しかし「現代社会」では、言葉の暗記だけでは、なかなか点は取れません。なぜならこの科目は、「暗記よりも理解」が重要だからです。

だから本書の活用方法として、最初は文章だけを読み、赤文字の暗記は後回しにすることをおすすめします。文章はきちんとわかりやすく工夫して書いてありますので、まずは「読みもの」として読み、自分の学んでいることの流れや背景、仕組みを理解した後に用語を覚えるよう心がけてください。

② 「背景読み」のクセをつけること

法律も条約も制度も、いきなり何の脈絡もなくポンと生まれるものではありません。背景には必ず何らかの理由・事情があります。そのような「因果関係（原因と結果の関係）」に目を向けられるようになると、試験での得点力は飛躍的に向上します。

③ 最小限の暗記を惜しまないこと

　いくら「現代社会」が理解メインの科目とはいえ、最小限の暗記は必要です。だから憲法の基本的人権や環境問題の条約、哲学者の名前など、理解に必要な最小限の暗記では決して手を抜かず、きちんと覚えてください。

④ 「必要のない言葉」や「直近すぎる時事問題」までやりすぎないこと

　現社受験生の中には、ニュースや国会で使われるカタカナ語を全部覚えようとする人がいますが、そういう人に限って「資本装備率」や「労働生産性」のような必要な語を覚えていないことが多いです。用語集にない言葉にまでアンテナを広げすぎるのはやめましょう。

　同じく時事問題も、直近すぎるものは気にしないようにしましょう。試験に出るのは作問時期も考えると「春先〜夏前」くらいまでです。

　この本が出る2020年には「新型コロナウイルス」の問題がありますが、ここに気を取られすぎないようにしてください。大事件が発生すると、気持ちが「その問題一色」になりがちですが、そのせいで「コロナ前までの正確な現代社会の情勢」を見失ってはいけません。しかもこのような、完全に終息し切るのに時間がかかる問題は、対策が確定するのにも時間がかかります。

　だから本書は、「コロナ前までを正確に切り取る」ことを強く意識して書いています。本書は従来出ていた『蔭山のセンター現代社会』をベースにした改訂版ですが、改訂の際に意識したことは、不確定なことを憶測で書くよりも、従来版の不明瞭だった点を、より正確に、よりていねいに改良することで、確定している事柄を正確に理解してもらうことです。その方が間違いなく共通テストの得点力につながるはずだからです。

　共通テストでは「思考力・判断力」が問われるようになります。本書はそれを意識して、より正確・ていねいかつ因果関係もわかりやすい書に仕上げ直しました。社会に不安を感じる日々かもしれませんが、本書でしっかり学べば、共通テストに不安を抱く必要はありません。困難を乗り越えて、頑張りましょう。

蔭山　克秀

※本書に掲載しているデータは2020年4月末時点の情報です。
※グラフ・図版などの数値は原則として四捨五入によって繰り上げています。
　そのため、合計とその内訳を合算した結果が一致しない場合があります。

もくじ

はじめに 2
本書の特長 5

第1講　政治分野

1　民主政治の思想と原理 6
2　人権保障の発展 22
3　日本国憲法の人権保障 36
4　平和主義 59
5　日本の政治機構 76
6　地方自治 98
7　政治の諸問題 111
8　国際政治(1) 136
9　国際政治(2) 151

第2講　経済分野

10　資本主義と社会主義 170
11　現代の経済社会 182
12　国民所得と経済成長 208
13　通貨と金融 219
14　財政 232
15　戦後の日本経済 245
16　日本経済の諸問題 264
17　労働問題 280
18　社会保障 296
19　国際経済 309
20　日本経済の国際化 332

第3講　社会・倫理分野

21　環境・資源と人間生活 343
22　青年期の課題と人間形成 363
23　現代社会の特質 376
24　日本の伝統文化 392
25　現代と倫理 400
26　課題追究学習 417

第4講　時事問題

27　時事問題 419

付録　日本国憲法条文一覧 438
さくいん 444

004　｜　もくじ

本書の特長

　本書は大学入学共通テスト「現代社会」攻略のために必要な知識を、代ゼミの蔭山先生が理解しやすい言葉で、わかりやすく解説した本です。ここでは本書の特長を紹介します。よく理解して、存分に活用してください。

講義ページ

1 先生と生徒との講義形式なので語り口調でわかりやすい！

2 コンパクトな「板書囲み」でポイントがひとめでわかる！

3 赤文字で重要語を、黄色マーカーで重要記述を表示。

4 図表やイラスト豊富で、見やすく親しみやすい！

※赤文字は付属の赤セルシートで隠すことができます。

チェック問題

　各項目の最後に、共通テスト対策として有効なセンター過去問を掲載。問題傾向の把握や理解度のチェックに活用しましょう。

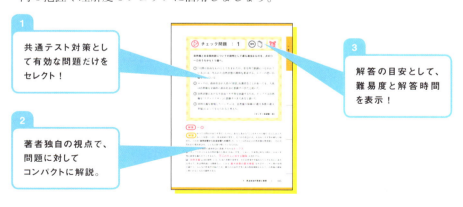

1 共通テスト対策として有効な問題だけをセレクト！

2 著者独自の視点で、問題に対してコンパクトに解説。

3 解答の目安として、難易度と解答時間を表示！

民主政治の思想と原理

1 民主政治と国家・主権

民主政治って何ですか？

民主政治とは、**人民の意思に従った政治**のことだよ。
　人が大勢で暮らす社会には、必ず治める者・治められる者の関係が生じてくる。そんな中、もしも治める側が僕らを踏みつけにするような政治をすれば、僕らの自由と安全はたちまち危なくなってしまう。だから**民主政治**とは、そういうことがないよう、人民の意思に従った政治を行うことを指す。

じゃあ、その民主政治に必要なものって何ですか？

それは次の2つだ。

民主政治の要件

❶ すべての人民を従わせる強制力を持った社会集団。
❷ その社会集団で、人民自身が強制力を掌握した状態。

---

❶の社会集団とはもちろん**国家**のことで、強制力は**主権**を指す。ちなみに主権とは、**国家だけに与えられた最高・絶対の支配権**のことで、今日的には下に見るように3つの意味がある。そして、これを人民自身が掌握した❷の状態が、**国民主権**ということになるんだ。

主権の持つ今日的な3つの意味

- 国の政治の**最高意思決定権**
  - 用例：「戦後の日本は天皇主権から**国民主権**へと移行した」
- **領域支配権**（＝統治権）
  - 用例：「政府の見解では、**北方領土は日本の主権下**にある」
- **対外的独立性**
  - 用例：「サンフランシスコ平和条約で、**日本は主権を回復**した」

> つまり、僕たち自身で国家を支配しちゃうんですか!?

その通り。この主権は他人、つまり一部の権力者や他国の人に譲り渡してはならない。なぜなら他人は、僕らの自由と安全を100％保障してくれるとは限らないからね。

でも自分ならば、それらが100％実現することを願う。結局民主政治とは、**独立した主権国家で国民主権が実現したとき、初めて実現する**ものだといえるんだ。これはまさに「**人民の、人民による、人民のための政治**」の具体化だ。アメリカ大統領リンカーンのゲティスバーグ演説は、民主政治の本質を要約した言葉なんだね。

▲リンカーン

1 民主政治の思想と原理 | 007

国家の三要素

国家には3つの要素がある。国家が存在する領域と、そこに暮らす人民、そしてその両方を支配している**主権**だが…。

主権はこのように**人民全体で保護するのがベスト**。これでこそ自分たちの自由と安全を守れるね。

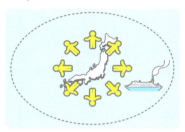

ちなみに主権が及ぶ範囲は領海（沿岸12カイリ）までだけど、**魚や資源は沿岸200カイリまでgetできるんだ。**
（＝**排他的経済水域**）

1カイリ＝1852m

領土・領空・領海

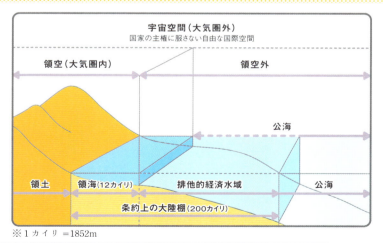

※1カイリ＝1852m

国家の支配〔統治〕のあり方

- **民主制**……国民全体で主権を掌握し、直接 or 間接的に政治に参加。
- **絶対王政**…君主に強権が集中する専制形態。この強権を神から授かったとする説を**王権神授説**という。
- **立憲君主制**…憲法で君主の権限を制限するあり方。君主が統治権を持つが、その運用は**憲法に従う**。ただし、

  - **欽定憲法**（＝君主が制定）の場合➡ 制限できず**専制になりやすい**。
  - **民定憲法**（＝国民が制定）の場合➡ 君主はお飾り的な存在となり、**事実上民主制と同様**になる。

- **共和制**……国民が**国家元首を選挙で選ぶ**あり方。つまり**国王がいない政体**になるが、民主制と同じになるとは限らない（➡強制された選挙や制限選挙もあり）。
- **全体主義**…国家全体の利益のために、個人の生活や思想を統制。第一次世界大戦後、一部の資本主義国で見られた。

  ※ この一種で、伊・独・日などで見られた、**独裁権力の下で形成される極右の全体主義的政治形態**を**ファシズム**という。

😄 支配って、何だか怖い言葉ですね。

😟 そう。いかに自らの自由と安全のためとはいえ、国民主権が「**国民による国家の支配**」であることは確かだ。そして支配は、あり方を一歩間違えると、服従に泣く人民を生む。だからそうならないためにも、そこには**誰もが納得できる正当性**が必要になってくる。

😣 支配の正当性って、何を根拠に…？

😟 その根拠となり得るルールが**自然法**だ。
では、自然法とは何か。次で詳しく説明することにしよう。

1　民主政治の思想と原理　｜　009

2 自然法と法の支配

😀 自然法って、いわゆる法律の一種ですか？

みんなで守るべきルールという点では同じだけど、かなり違うな。まずは自然法とは何か見てみよう。

自然法とは何か？
- 自然法は文書化されておらず、**社会常識**として存在する。
- 自然法は国の**法律以前に守るべき根源的ルール**である。
- 自然法は時・場所に制約されない**普遍的ルール**である。

ここからわかる通り、**自然法は法律ではなく、一種の社会常識**だ。法律は「今現在」の「1つの国の中」だけに通用するルールだが、自然法はもっと根源的だ。つまり自然法とは「いつ、何時代であっても」「どんな国においても」**人間である以上は当然守らなければならない普遍的なルール**を指すんだ。

😲 普遍的な社会常識って？

つまり「人を殺すな」「人のものを盗むな」「人の自由を奪うな」みたいな考え方さ。これらは別に文書で書かれていなくても、いつの時代の人もどこの国の人も、当然守るべきだと知っている。なぜならこれらはすべて人間の「**正しい理性の命令**」に従っているからだ。近代自然法の父と呼ばれる**グロティウス**が言うように、**自然法は理性の光に照らして見ることが肝心**なんだ。

▲グロティウス

では、ちょっとここで問題を出してみよう。次の2つの文、どっちが自然法に基づく正しい支配のあり方かわかるかな？

どっちが「自然法」？
❶ 国王といえども神と法の下にある
❷ 悪法も法なり

> **こんなの当然❶。簡単すぎですよ。**

ごめんごめん、その通り。この❶のあり方こそが「**法の支配**」と呼ばれるもので、自然法に基づく正当な支配のあり方を指しているんだ。これに対して❷は、どう見ても「正しい理性の命令」とは思えない。これは「**形式的法治主義**」と呼ばれるもので、これに従えば、人権抑圧まで正当化しかねない。これでは人民が納得する正当な支配なんてできるはずがない。

> **だから当然僕たちは、❶のような社会をめざすべきなんですね。**

そういうことだね。そして自然法に基づく社会が実現すると、そこでは必然的に1つの根本的な権利が認められる。それが**自然権**だ。

> **自然権って何ですか？**

自然権とは、自然法の下で認められた権利のことだよ。つまりさっきの自然法を自分の権利に置き換えて、「自分の生命・自由・財産を守る権利」と考えればいい。これらは、人として守るべき当然のルールによって守られている権利だから、**人間が生まれながらに持つ当然の権利**といい換えてもいい。

　このように自然法の下で自然権が十分に守られる社会が実現すれば、その社会は民主政治の土台がちゃんと形成されているといえるわけだ。

> **じゃ自然法さえあれば、民主政治は実現できるんですね。**

いや、そう簡単ではない。残念ながら自然法しか存在しない社会（＝**自然状態**）では、僕たちの自然権を十分に守ることは難しいんだ。なぜならそこには強制力がないからだ。

> **強制力？**

そう、強制力。つまり人を逮捕したり、刑罰を加えたり、徴税したり、外敵を排除したりするための公権力だ。

　どんな社会にも悪い奴はいる。なのに自然法しかなければ、逮捕も刑罰もままならない。これでは不十分だ。だから**自然権を十分に守るには、すべての人民を**

1　民主政治の思想と原理　　│　　011

従わせる強制力を持った社会集団を、みんなが納得できる形でつくることが必要になってくるんだ。

民主政治のための支配には人民が納得する正当性が必要

正当な支配に必要なルール ＝ **自然法**（理性の命令） … 人間として守るべき当然のルール
▶他人の生命・自由・財産などを侵害しない

（自然法に基づく支配のあり方） …
・「国王といえども神と法の下（もと）にある」
　　　　　　　　　　（＝**法の支配**）…○
・「悪法も法なり」（**形式的法治主義**）…✕

自然法の下で認められる権利 ＝ **自然権** … 人間が生まれながらに持つ当然の権利
▶自分の生命・自由・財産などを守る

（ただし**自然法だけでは自然権は十分に守れず**）→ **理由** （自然権の侵害者を取り締まるための強制力（＝**国家権力**）がないから）

◎「**自然権をよりよく守るために国家をつくろう**」＝**社会契約説**（けいやく）の誕生へ。

全人民を従わせる強制力を持った社会集団って…

それが**国家**だ。**国家こそが、主権という強制力を認められている唯一の社会集団**なんだ。

　というわけで、**自然権をよりよく守るために、人民相互の同意に基づき国家を形成する必要がある**んだが、こういう説を**社会契約説**という。次はこの社会契約説について見てみよう。

012 ｜ 第1講　政治分野

3 社会契約説

😊 社会契約説について教えてください。

ここまで見てきた通り、社会契約説とは「**自然権をよりよく守るために国家をつくろう**」という説のことだ。そして面白いことにこの社会契約説、主な提唱者が3人いるんだけど、それぞれ重視する自然権が違っているせいで、めざすべき国家のイメージも全然違ったものになっているんだ。では、それぞれの人物の思想を、ちょっと見比べてみよう。

社会契約説を学ぶときのポイント

❶ 自然状態における人間の姿を、それぞれどうとらえているか。
　▶ 自然状態…自然法のみが存在し、また国家も法律もない社会状態
❷ それぞれが重視している自然権は何か。
❸ ❷の確保に最も適した政体は何か。

---

❶ ホッブズの社会契約説…『リヴァイアサン』より

まず最初に見ていくのは、イギリス人の**ホッブズ**だ。彼によると**自然状態の人間は、自由で平等だが欲望に支配**されている。その結果みんなが自由・平等に欲望を満たそうとし、ついには「**万人の万人に対する闘争**」状態が発生してしまう。

▲ホッブズ

 何かすごい人間観ですね。

 そうなんだよ。そしてこんなトラブルだらけの社会で、まず守るべきは、**自己保存**、つまり自分の「生命や安全」だ。だから**ホッブズは、生命という自然権を確実に守れる国家をつくりたいと考えた**んだ。

😊 じゃあ、生命保持に必要な国家って、どんな国家なんですか？

1 民主政治の思想と原理　　013

いろんな形が考えられるけど、ホッブズの答えは「**強い王様（or 合議体）に守ってもらう国家**」だ。

つまり人民は、生命を守るという目的のために、相互の同意に基づいて強い王様にすべての権限を譲り渡す。するとその結果、人民は誰も王様に逆らえなくなる。その上で王様に「人の生命を脅かす者がいたら、首をはねる！」とでも宣言してもらえば、みんなビビって、争いはたちまちなくなるだろう。

何だか辛そうな国家ですね。

そうだね。だってすべての権限を王様に譲り渡すということは、重い税金を取られても、突然牢屋にぶち込まれても、誰も文句は言えないということだからね。つまり**ホッブズの描いた国家は、安全のためなら幸せを犠牲にするのもやむなしという国家**なんだ。

その結果生まれてきたのが、絶対王政のまかり通る怪物じみた強権国家、まさにリヴァイアサン（怪物）ということになる。

でもこんな国家観であっても、自然権を守るためにそれに見合った国家をつくろうというのは、間違いなく社会契約説だ。

　[自由・平等だが欲望に支配]　→　「**万人の万人に対する闘争**」へ。
　▶生命が危ない。誰か守って！

対策　**強い王様にすべてを委ね、守ってもらう**国家をつくろう
　▶絶対的な主権者に、自然権を全面譲渡→**絶対王政**の正当化へ

❷ ロックの社会契約説…『市民政府二論』より

次に見ていくのは、同じくイギリス人の**ロック**だ。ロックはホッブズよりも、かなり万人に受け入れられやすい社会契約説を展開している。

▲ロック

014　｜　第1講　政治分野

😊 ロックも生命保持のための国家をイメージしたんですか？

😟 いやいや、みんなが同じ社会契約説というわけではないよ。まずは自然状態のとらえ方から確認しないと。

ロックは自然状態の人間を、自由・平等ととらえた。ただし自然状態には強制力がないから、そこで実現するのは人の財産を盗む奴がいても取り締まれない**非常に不安定な自由と平等**だ。

そこでロックは、主に**所有権**を確実に守れるような国家をつくろうと考えた。なら、どんな国家にすればいい？

😮 どんな国家だろう…

😟 答えは人任せにしない国家だ。ホッブズみたいな"王様任せ"も１つの手だけど、その王様が悪者だったら最悪だ。人任せにして自然権を侵害されたくなかったら、つくった国家は国民の代表者で管理しないと。

つまり今の日本のように、**選挙で選んだ代表者が議会に集まっていろいろ決める間接民主制**の形だね。この議会に強制力を与え、その強制力で僕たち国民を守ってもらえば（＝権力を**信託**）、自然権は守れるはず。これがロックの考えだ。

😀 えー、でもそれって何か…

😟 そう、ちょっとあやしいよね。なぜなら議会政治ということは、今の日本と同じ形だ。ということは今の日本同様、国会議員が国民の利益を無視して勝手なことをする可能性もあるわけだ。なぜなら彼らは、いかに僕らの代表者とはいえ、「僕そのもの」ではないからね。

😐 じゃあ、代表者が国民を裏切ったときには、どうするの？

😟 **そんなときは政権をひっくり返せばいい**んだ。ひっくり返した上で、僕らの自然権を守ってくれる政権につくり変えればいい。この考え方を**抵抗権**という。間接民主制に抵抗権が加わって初めて僕らの自然権は確保に近づく。これがロックの社会契約説だ。

```
ロックの   ┌自由・平等 ┐   自然権を確実に守りたい。
人間観    └だが不安定┘ → ▶特に所有権  ▶人任せでは不確実

対策  国民の代表者が国家統治 + ⎛代表者が裏切れば⎞ → これで
      ▶間接民主制              ⎝ 抵抗権を行使   ⎠   自然権確保
```

❸ ルソーの社会契約説…『社会契約論』より

最後に見ていくのが、フランス人の**ルソー**だ。彼の思想はかなり理想主義的なので、彼を見る際には実現可能かどうかよりも「何が政治にとっての理想か」という視点から見るとわかりやすい。

▲ルソー

ルソーの描く自然状態の人間は、**自由で平等で誰からも束縛されず平和**に暮らしている。まさに理想的な状態だ。

> 理想的な状態ならそのまんまでもいいんじゃないんですか？

ところが、そうはいかなくなった。**私有財産**のせいだ。ルソーの『**人間不平等起源論**』によると、**文明は人間社会に私有財産をもたらし、私有財産は欲望と対立をもたらし、やがて社会は不自由・不平等**になってしまったとのことだ。

> 何だかイヤな話ですね…

不自由・不平等という「**自然状態からの離反**」を、ルソーはこう嘆いている。「**人間は自由なものとして生まれた。しかし至る所で鉄鎖(てっさ)につながれている**」——そして僕らに、自由と平等が回復した共同体の形成を呼びかける。

どんな共同体ですか？

ルソーのイメージする理想国家は、**公共の利益をめざす全人民的意志に基づいて共同体を形成し、そこで自由と平等の回復をめざす**というものだ。この全人民的意志を「**一般意志**」という。

一般意志？

そう一般意志。これは、個人の利益を求める**特殊意志**や、その意志の集まりである**全体意志**とは別のものだ。ルソーは、みんながこの一般意志を持って国づくりをすれば、失われた自由と平等は回復するはずだと考えたんだ。

なぜそれで自由と平等が回復するの？

まず一般意志で「公共の利益」をめざすことで、私有財産の弊害が除け、平等が回復する。そして「全人民の意志」が反映する政体をつくることで、真の自由が実現すると考えるわけだ。

でも全人民の意志が反映する政治なんて、どうやってつくるの？

全人民の意志は、選挙で選んだ代表者だけでは、とても反映しきれない。だから彼は「**英国人が自由なのは選挙のときだけ**」という有名な言葉で選挙制度を批判し、**全人民が直接政治に参加する直接民主制**を主張したんだ。

全員参加の直接民主制！

そう、中央政府もつくるけど、それはあくまで膨大にふくれ上がった一般意志を集約する機関にすぎない。多分に理想主義的ではあるけど、それを堂々と主張するあたりが、ルソーらしいね。

| ルソーの人間観 | 自由・平等のはずが**私有財産**発生により**不自由・不平等**。 |

▶自由・平等のあった自然状態に帰りたい

| 対策 | ・私有財産の弊害除去のために： **公共の利益**をめざす共同体を。
・完全な自由・平等のために： **全人民の意志**を反映する共同体を。 |

▶直接民主制

◉**一般意志**に基づく共同体で、自由・平等の回復をめざそう。

4 代議制と権力分立

　ではここで、ロックの唱えた間接民主制とルソーの唱えた直接民主制、一体どちらが優れているか見てみよう。

政体	内容	長所	短所
(a) **間接民主制**（＝代議制）	選挙で選ばれた人民が、代表者として政治参加。	実現が容易	民意が不十分
(b) **直接民主制**	全人民が政治に参加。	民意の完全反映	実現が困難

どっちがいいかなんて、決められないなあ。

　確かに、どちらも一長一短だね。(b)は人民が自らの手で自分の自由と安全の実現をめざせると考えれば理想的だけど、現実問題として全人民が入れる場所などない。日本人全員が直立すれば淡路島に収まるらしいけど、それでも淡路島がいる。東京ドームで無理なら、まず無理と考えた方がいい。

　それと比べて(a)なら簡単に実現できる。でもロックの所で見たように、選挙で選んだ国会議員が僕らのために100％動いてくれるかといわれると、こちらも「うーん」といわざるを得ない。

　結局、どこかで理想と現実の折り合いをつけざるを得ないということになる。

ではどういう形が最善か？　それは**間接民主制を直接民主制の要素で部分的に補った形**だ。

部分的に補う？

つまり、現実の政体は代議制を基本としつつも、部分部分で**署名活動**や**住民投票**などの直接民主制的要素を織り交ぜていく形だ。署名活動や住民投票だって、よく考えれば全員参加の直接民主制の一種だからね。これらを使って議会の暴走を抑えるのも、現実の政治では必要なことなんだ。

● **直接民主制的な要素**

名　称	内　容	方　法
国民発案（**イニシアチブ**）	国民からの**立法提案**	署　名
国民表決（**レファレンダム**）	投票による意思決定	投　票
国民解職（**リコール**）	国民による**公務員の解職**	署　名

そして議会の暴走に関連していえば、**国家権力そのものも1つの機関に集中させるのではなく、いくつかに分散させておけば暴走を防げる**。では最後に、民主政治の仕上げとして、権力分立について触れておこう。

権力分立って、どういうことですか？

1つの機関だけに権力が集中すると、もしそこが間違ったことをしても、誰にも止められなくなる。そうなったら非常に困る。だからそれを避けるために必要となってくるのが、権力分立だ。

そして国家権力は、三権に分立させる形がよいとされている。この説を説いたのがフランス人の**モンテスキュー**。彼は著書『**法の精神**』の中で、このような三権分立を説いた。権力分立の考え方そのものはモンテスキューよりも先に唱えた人（ロックなど）もいるが、今日型のものはモンテスキューの三権分立だ。

▲モンテスキュー

1　民主政治の思想と原理　｜　019

三権分立

- **立法権**…法規範を制定する権限　　➡　**議会**が担当
  ▶法＝国民の自由と安全を守るルール→国民の代表機関が作るべき
- **行政権**…法を具体的に執行する権限　➡　**内閣**が担当
  ▶実際に政治を行うのは各省庁の仕事→省庁のトップは内閣の各大臣
- **司法権**…法に基づき事件を解決する権限　➡　**裁判所**が担当

これら三権は対等の力を持ち、たがいにチェックし合いながらパワーバランスを保っていく。これが暴走を防ぐための「**抑制と均衡**（チェック＆バランス）」だ。

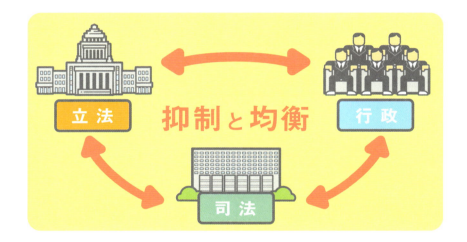

チェック問題 1

自然権と社会契約説についての説明として最も適当なものを、次の①～④のうちから1つ選べ。

① 「人間は自由なものとして生まれたが、至る所で鉄鎖につながれている」には、失われた自然状態の調和を希求する、ルソーの思いが馳せられている。

② ロックは、政治社会が人民の「信託」を裏切ることがあっても、人民は自然権を全面的に政治社会に委譲すべきだと説いた。

③ 自然状態における不自由・不平等を回避するため、ホッブズは自然権を「リヴァイアサン」に委譲すべきであると説いた。

④ 功利主義を提唱したベンサムは、自然権の保障は「最大多数の最大幸福」によって与えられると考えた。

(センター本試験・改)

解答 … ①

解説 かつて人間は自由で平等だったのに、あるときから「ここはオレの土地だ」などと宣言することを思いつき（＝私有財産の発生）、そこから社会には、不自由と不平等が横行し始めた。これが「**自然状態から社会状態への移行**」だ。ルソーは失われた自然状態を理想視し、それが失われた現実社会を、こんな言葉で嘆いているんだね。

②：「自然権を全面的に政治社会に委譲」するのは**ホッブズ**。

③：ホッブズのとらえる自然状態の人間は「自由・平等」。しかし、生来利己的な人間が、自由・平等に欲望を満たそうとするから、「**万人の万人に対する闘争**」が発生する。

④：**功利主義**（p.403参照）とは、行為の善悪の基準を、それが快楽や幸福をもたらすか否かに求める考えで、社会契約説とは関係ない。しかも「**最大多数の最大幸福**」をめざすベンサム型の功利主義だと、みんなの快楽や幸福のため、個人の自由や平等にある程度制限がかかり、自然権の確保と相いれなくなる可能性がある。

1　民主政治の思想と原理

人権保障の発展

　人としての権利が認められてない世界を想像してみよう。そこでの僕らは何者かから奴隷か獣のように扱われ、一切の自由はなく、苦しい生活を強いられ、誰からも守ってもらえない…。

 すごくイヤな世界ですね。

　だよね。こういう世界を想像すると、人権保障がいかに大切かがわかる。**人権保障は僕たちの自由と安全の保障であり、民主政治の最終目標といってもいいもの**なんだ。

　でもこんな大事な人権も、最初から僕らに与えられていたわけではない。まず自由権、次いで参政権、それから社会権と、**歴史の中で段階を経て手に入れてきた**ものなんだ。ここではそれらの基本的人権の獲得の歴史を、順を追って見ていくことにしよう。

1 自由権獲得の歴史

　自由権とは**国家権力の介入や干渉から自由になる権利**のことで、別名「**国家からの自由**」ともいう。

国家からの自由？

そう、国家から。つまり自由権獲得の歴史は国家権力との闘いの歴史、古くは**絶対的な国王による「人の支配」との闘いの歴史**なんだ。この動きは13世紀のイギリスに始まり18世紀のフランスで完成したため「**18世紀的権利**」とも呼ばれる。では、これから順番に見ていこう。

❶ イギリス自由権への第一歩…「マグナ＝カルタ（大憲章）」

13世紀のイギリスにはジョンという王様がいた。彼は絵に描いたような暴君で、気に食わない奴がいれば牢屋に投獄し（＝**逮捕拘禁権**の濫用）、金が欲しくなったら税金をしぼり取る（＝**課税権**の濫用）といった具合の人だった。

ところがそれが貴族や僧侶を怒らせ、ついには王自ら王権の制限を発表させられるはめになった。そこで発表したのが**マグナ＝カルタ（大憲章）**だ。ここで王は「課税権と逮捕拘禁権」の濫用をやめることを自ら宣言したというわけだ。ここにイギリス自由権はその輝かしい第一歩を踏み出し、以後代々の国王はマグナ＝カルタの伝統に従うことが、暗黙の了解となっていったんだ。

これでイギリスの自由権は確立したの？

いや、ここではまだ貴族や僧侶の言い分が通っただけで、**市民が自由を勝ち取ったわけではない**。そもそも自由権は「18世紀的権利」だよ。ここで確立していたら「13世紀的権利」になる。まだまだ先だよ。

❷ 自由権の危機に対して…「権利請願」

17世紀、イギリスに暴君・ジェームズ1世が登場した。彼は「**王権神授説**」（国王の権力は神から授かったもの、という考え方）を根拠に専制政治を復活させた。このときは裁判官**コーク（クック）**が、かつての裁判官**ブラクトン**の言葉である「**国王といえども神と法の下にある**」を引用して王をいさめ、何とか収まった。しかし、ジェームズ1世の息子チャールズ1世が、またまた専制政治を始めてしまった。

そこでコークらが中心となり、チャールズ1世に対して1つの文書を提出した。

2　人権保障の発展　│　023

これが**権利請願**だ。その内容の大枠は「国王様、**いま一度、マグナ＝カルタの伝統を思い出してください**」というマグナ＝カルタの再確認だった。

❸ 真の自由獲得のために…2つの市民革命

ところが王はこれをも無視した。ここまで言ってわからないなら、もう王を倒すしかない。そこで**清教徒革命**が起こり、王は処刑された。その後も暴君は現れたが、自由をめざす波には勝てず、最後には**名誉革命**で国外に追放されてしまった。

❹ イギリス自由権の確立…「権利章典」

名誉革命後、イギリスでは**権利章典**が発表された。そこには**王権のさらなる制限や議会主権**など、今後のイギリス人の自由に必要な内容が記載されていた。長い道のりだったけど、ここでようやくイギリス人民は自由になったわけだね。

なお**今日のイギリスには文書化された憲法は存在せず、今でもこれらの歴史的権利文書を憲法がわりに使っている**。これが有名なイギリスの**不文憲法**だ。

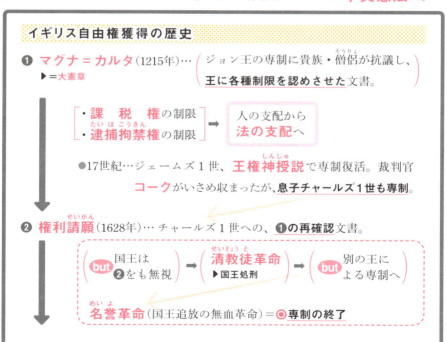

❸ **権利章典**(1689年)…新国王に対する議会からの宣言文。**議会中心主義**と「**国王は君臨すれども統治せず**」が確立。

※❶～❸の権利文書＝イギリスの「**不文憲法**」の中心

さらに、アメリカとフランスで出た歴史的権利文書も含めて、重要なポイントを押さえておこう。

アメリカ：独立戦争の最中、アメリカ独立宣言を発表(1776年)
▶ロックの影響

- 我々は自明の真理として、万人は平等に造られ、**造物主から天賦の権利を付与され**、そこに生命・自由・幸福追求の含まれることを信ずる(→自然権思想)。
- **これらの権利を確保するために、人類の間に政府が組織された**こと…を信ずる(→自然権確保のために国家形成)。
- いかなる政治の形態といえども、これらの目的を毀損した場合には、**人民はそれを改廃し、…新たな政府を組織する権利**を有する(→抵抗権)。

フランス：フランス革命の際、フランス人権宣言を発表(1789年)
▶ルソーや独立宣言の影響

- 人は、**自由かつ権利において平等なものとして出生し、かつ生存**する。
  ▶自然状態 ＝ 自由かつ平等
- あらゆる**主権の原理は、本質的に国民**に存する(→国民主権)。
- 権利の保障が確保されず、**権力の分立**が規定されないすべての社会は、憲法を持つものではない(→権力分立)。

2 参政権獲得の歴史

参政権とは文字通り**政治に参加する権利**のことで、別名「**国家への自由**」ともいう。この権利が獲得されたのが19世紀。だから参政権は「**19世紀的権利**」とも呼ばれるんだ。

> **どうやって参政権は獲得されていったんですか？**

市民革命後、イギリスでは市民は自由になり、参政権を獲得した。でもそれはまだ**ごく一部の金持ち市民だけの話で、最下層の労働者には与えられなかった**。最初のうちはそれが問題になることもなかった。ところがその後、困ったことが起きたんだ。

> **何ですか？**

産業革命だ。18世紀半ばに始まったこの機械や動力の一大進歩は、労働者に悲劇をもたらした。なぜなら**自分たちの仕事を機械に取られてしまう**からだ。これはまずい！　彼らはあわてて誰かに助けを求めようとした。でもそこでハッと気づいてみたら、何と**自分たち労働者の利益を守ってくれる政治家が、国会議員の中に1人もいない**。

彼らはうろたえて、資本家の機械を打ち壊しにいった。これが**ラッダイト運動**だ。でもそんなことをしても、本質的な解決にはならない。そこで彼らは発想を変えたんだ。

> **どうしたんですか？**

労働者は参政権の要求運動を行ったんだ。それが**チャーチスト運動**だ。この運動をきっかけに世界的に選挙権拡大の気運が高まり、ついには今日のような**普通選挙制の確立へと結びついていった**わけだね。

3 社会権の獲得

😊 **社会権て何なんですか？　イメージしにくいけど…**

社会権とは国家に対して、**国民生活への積極介入を求める権利**のことだ。別名「**国家による自由**」ともいう。

😐 **え、国家に介入を求める？　それって自由権を捨てるってこと？**

そうではないけど、自由な社会にほころびが出てきたことは確かだ。つまり資本主義の自由競争は、世の人々を勝ち組と負け組に分ける格差社会をもたらし、そうして生まれた**社会の不平等が、僕らの手に負えないぐらい拡大してきた**んだよ。

ちなみに社会権が生まれたのは20世紀。だから社会権は「**20世紀的権利**」とも呼ばれる。

😃 **詳しく教えてください。**

OK、では説明しよう。19世紀、世界の資本主義は急速に進歩した。特に産業革命の国イギリスは「**世界の工場**」とも呼ばれ、他国に抜きん出て機械化が進展していた。

その当時ならイギリスの商品だけが、圧倒的に品質がよく、安い。もし、商品の自由販売競争をすれば、当然イギリスの独り勝ちになるよね。だから**イギリスは経済を自由放任体制にし、政府の仕事を国防と治安の維持に限定していった**んだ。

😲 **それはどういうことですか？**

つまり「**自由な経済活動をジャマしない＋自由な経済体制を守ること**」こそが**政府の新たな使命**と考えたわけだ。そのために必要な要素は、軍隊と警察。だからこういう国家を**ラッサール**は批判的に「**夜警国家**」と呼んだんだ。つまり、自由放任体制を守るガードマンのような国家というわけだね。

軍隊と警察だけでいいなんて、とても安上がりだ。だから夜警国家は「**安価な政府**」とも呼ばれる。これは非常に「**小さな政府**」のあり方だ。こういう

2　人権保障の発展　｜　027

形になっていくことで、世界の資本主義はますます栄えていったんだ。

それが何で社会権につながるの？

この体制が、**弱者のケアをほとんど考えていない**からだよ。**無制限の自由は弱肉強食と同じ**だから、自由競争が激化すれば、当然失業や倒産に苦しむ人が増えてくる。でも夜警国家には、そういう国民を助けるシステムがない。これは国家として、大いに問題ありだ。

そこで政府は不平等の是正に乗り出した。やるべき仕事量を増やし、国民生活に積極的に介入し始めた。いわゆる「**大きな政府**」「**福祉国家**」への転換だ。これをいちばん最初に具体化したのは1919年にできたドイツの**ワイマール憲法**だ。そこには「**人間たるに値する生活**」の保障という言葉で、**生存権が初めて規定された**。ここから世界的に社会権が認められる風潮が生まれてきたというわけだね。

よかった。これで弱い人を助けて、不平等を是正できますね。

いや、本当に世の中から不平等をなくしたければ、やるべきことがもう1つある。それは「強い者の規制」だ。

強い者の規制？　何で？

いくら弱い者を助けても、強い者を野放しにしたままでは、社会から不平等はなくならない。ほら、昔から言うでしょ。「弱きを助け、強きを挫く」って。

確かに。聞いたことある。

そこでワイマール憲法では、生存権とセットでもう1つ大事な考え方が登場したんだ。それが「**公共の福祉**」だ。

公共の福祉？

「公共の福祉」とは、**人権同士の衝突を調整する原理**で、そうして個々人を守ったところに成り立つ「**国や社会全体の利益**」という考え方だ。この原理がめざすものは**万人の人権のバランスよい保障**であり、もし人権保障

に、そういう意味での社会全体の利益を「個人の利益に優先するもの」という大前提があれば、突出した強者の規制につなげられる。つまり例えば、ビル＝ゲイツみたいな超大金持ちが富を独占したら、大多数が不幸になって公共の福祉に反するから、独占禁止法で制限をかけましょう、みたいな考え方だ。

これは見方を変えれば「ビル＝ゲイツの自由権の制限」、つまり**基本的人権を制限する根拠**にもなっているが、**大勢の人権を守るには、突出した強者の規制はやむを得ない**。

このように、社会権というのは、**弱者救済と強者規制をセットにして国民生活に積極介入する国家がつくり上げる**ものだと覚えておこう。

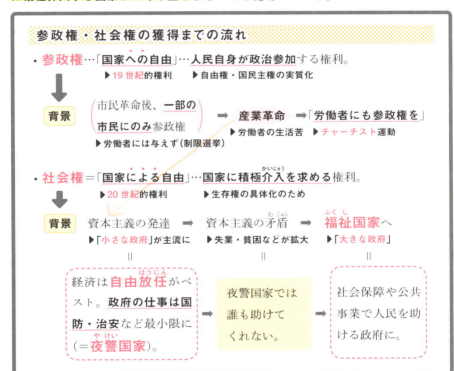

4 人権の国際化

> 人権の国際化って何ですか？

人権獲得を歴史的な「タテの流れ」で見るのではなく、それが今日どのように世界に広がっているかという「ヨコへの広がり」で見ることを「人権の国際化」というんだよ。

人権意識拡大の必要性は、第二次世界大戦中に現れた。**戦時中アウシュビッツ収容所**のユダヤ人が、**ナチスによって大量虐殺（＝ホロコースト）された**話は、あまりにも有名だ。ファシズムによる人権蹂躙は、戦争と人権侵害の悪循環を示している。つまり人権を軽視するから戦争が起こり、戦争が起こると人権は軽視される…。

> 確かにそれはありますね。

こんな連鎖を断ち切るために、**戦後は国連を中心とした、世界規模での人権保障の動きが始まった**。そのきっかけとなったのが、フランクリン＝ローズベルト米大統領の発表した「**4つの自由**」だ。彼は終戦とほぼ同時期に亡くなったが、今後の世界平和の大前提として、次の4つの自由の確保が重要であると、1941年に発表していた。

▲ F. ローズベルト

4つの自由

❶ 言論と表明の自由　　❷ 信教の自由
❸ 恐怖からの自由　　　❹ 欠乏からの自由

彼の遺志はそのまま国連の舞台に引き継がれ、ついに1948年、**世界人権宣言**の採択につながった。これが**世界で初めて実現した、各国共通の基準としての、人権尊重の集大成的文書**だ。

> 人権初の世界基準！　これで世界も安泰ですね。

いやいや、そう簡単にはいかないよ。残念なことに、この世界人権宣言には**拘束力がなかった**んだ。これはまずいね。だって世界では、1948年に**南アフリカ共和国**で**人種隔離政策**（＝**アパルトヘイト**。**1991年廃止**）が始まったり、人権擁護団体**アムネスティ＝インターナショナル**が「**良心の囚人**（＝人種・宗教・政治・性別などが理由で不当に拘束されている人）」と認定する人々が出始めているのに。

それはまずい！　早く何とかしないと…

そこで国連は、**世界人権宣言を条約化**する作業を急ピッチで進め、ついに1966年、拘束力のある**国際人権規約**として具体化したんだ。

A規約	**経済**的・**社会**的及び**文化**的権利 ▶各国は実施状況を経済社会理事会に報告	**社会権**規約
B規約	**市民**的及び**政治**的権利	**自由権**規約
A規約に関する選択議定書	A規約（＝社会権）を侵害された人が、直接国連の**社会権規約委員会**に通報できる**個人通報制度**。	
B規約に関する第一選択議定書	B規約（＝自由権）を侵害された人が、直接国連の**自由権規約人権委員会**に通報できる**個人通報制度**。	
※B規約に関する**第二**選択議定書＝「**死刑廃止条約**」		

ここではそんなにひねった出題はなく、覚えたことがそのまま試験に出てくるだけだ。だからA規約とB規約は、それぞれどっちがどんな内容か、確実に覚えるようにしよう。

さらに国際人権規約で覚えておくことは、次の3つだ。

国際人権規約のポイント

● A、B両規約とも、第1条は「**民族自決権**の確認」。
　▶民族自決権…すべての民族が、自らの運命を自らで決める権利

- 日本は「**祝祭日の給与**」「**公務員の争議権**」の2点を**留保**(パス)して批准。
  ※「**中等・高等教育の無償化**」も留保していたが、2012年に批准。

- AB両規約の選択議定書は、すべて未批准。

 日本は人権後進国？

　日本の行政の人権意識は遅れている。刑務所は2007年まで戦前の監獄法で運営され（今日は「刑事被告人収容法」に）、警察署内の留置所は被疑者（まだ取調べ段階の人）の人権を侵害し、多くの冤罪を生み出した「**代用監獄**」(現在の「代用刑事施設」)として使われ、命がけで本国を逃れてきた難民申請者はトイレつきの独房に閉じ込められる。

　中国の「**天安門事件**」(民主化の動きを政府が弾圧)や北朝鮮の圧政は、確かにヒドい。でも日本の行政対応も、なかなかヒドいでしょ。

　EUは「死刑制度の廃止」を、加盟条件の1つにしている。ここまでするかどうかはともかく、日本政府はもうちょい人権意識を高める必要があるね。せめてB規約の第一選択議定書ぐらいは、ゴチャゴチャ言わずに批准しないと。これがなくて困るのは、僕たち国民なんだからね。

5 代表的な人権条約

▶ **難民の地位に関する条約**(難民条約・1951年)

　難民とは「**人種・宗教・政治・国籍などの理由**から迫害を受け、海外に逃れ、自国の保護を受けられない人」を指す。ただし**経済難民は含まない**。

- 内容：自国民と同一の教育・公的扶助。／**追放・送還の禁止**。
- 日本の批准：1981年 → **在日外国人の国民年金加入可**に。
- 問題：日本は難民認定が厳しく、受け入れに**消極的**。

公的扶助とは生活保護のこと。そしてこれが大事なんだが、**難民とは自国に戻ると危険が待っている人々だから、追放や強制送還は絶対ダメ**（＝ **ノン＝ルフールマンの原則**）！　これは条約批准国の大切な義務だ。

ちなみに、難民問題の国連の窓口は**国連難民高等弁務官事務所**（**UNHCR**）だ。必ず覚えておこう。

▶ **人種差別撤廃条約（1965 年）**· ·

この条約は「**あらゆる形態の人種差別の撤廃をめざす**」ものだ。

日本はこの条約を 1995 年に批准した。30 年もの間が開いた理由は、その時期まで日本に「**北海道旧土人保護法**」という、アイヌ民族抑圧法があったせいだ。

しかし、条約批准を機に同法は廃止され、1997 年には「**アイヌ文化振興法**（日本初の民族保護法。当時はこれがアイヌ新法と呼ばれた）」が、そして 2019 年にはそのアイヌ文化振興法を廃止して「**アイヌの人々の誇りが尊重される社会を実現するための施策の推進に関する法律**（＝今日はこれが**アイヌ新法**）」が制定されたんだ。

今回できたアイヌ新法では、初めてアイヌを「**北海道の先住民族**」と明記している。すでに 2008 年の国会決議でも内閣の見解でも先住民族と認識されていたとはいえ、法律への明記は初めてだ。

ただ残念ながら、「**先住権」の明記はない**。先住権問題は**独立運動などに発展する可能性があるため、国家レベルではほとんど認められていない**のが現状だ。実際、国際的な取り決めでも、国連総会で 2007 年に採択された拘束力のない宣言「**先住民族の権利に関する国連宣言**」に、かろうじて先住民の土地所有の権利などが出てくる程度だ。

なお、同条約の精神と関連して、日本でも 2016 年に「**ヘイトスピーチ解消法**」が成立した。罰則なしの法律だけど、今後は「**本邦外出身者に対する差別的言動のない社会**」づくりに**努力**することになった。さらに 2019 年には、地方レベルで**川崎市が、全国で初めて、刑事罰（罰金刑）を盛り込んだヘイトスピーチ禁止条例**を**可決**させている。

2　人権保障の発展　｜　033

▶ 子どもの権利条約（1989年）

この条約は子どもを大人の従属物ではなく、「**権利行使の主体**」ととらえたものだ。日本も1994年に批准している。主な内容は以下の通り。

> ・子ども＝**18歳未満**のすべての者を指す。
> ・子どもの**意見表明権**の保障。
> ・子どもの表現、思想・良心、信教の自由の保障。
> ・親による虐待や搾取からの保護。

途上国の子どもは、単なる労働力として、親から奴隷同様に扱われることが多い。この条約を先進国の感覚でとらえないようにね。

▶ 女子差別撤廃条約（1979年）

この条約には「**締約国の差別撤廃義務**」規定がある。だから日本は1985年に**男女雇用機会均等法**を制定した後、条約を批准した。

▶ 死刑廃止条約（＝国際人権規約B規約の第二選択議定書 1989年）

現在110ヵ国以上が批准しており、事実上の死刑廃止国は約140ヵ国にものぼるが、**日本・アメリカ・中国・イスラーム世界**などは批准していない。日本では死刑制度容認の世論が強く、最高裁もかつて「**死刑は憲法第36条で禁止する残虐刑にあたらず**」との見解を示している。

034 ｜ 第1講 政治分野

チェック問題 | 2

人権条約に関する記述として適当でないものを、次の①〜④のうちから1つ選べ。

① 女子差別撤廃条約は、締約国に、男女差別を禁止するだけでなく少子化対策を積極的に行うよう要請している。

② 人種差別撤廃条約は、アパルトヘイトのような人種差別を深刻な人権侵害として、その廃止を要請している。

③ 国連障害者権利条約は、近年国連で採択されたもので、締約国に障害者の広範な問題を解決する施策を実施するよう要請している。

④ 国際人権規約は、経済的・社会的・文化的権利に関する国際規約と市民的・政治的権利に関する国際規約などから成っている。

（センター本試験）

解答 … ①

解説 日本の事情だけを考えると「人口問題＝少子高齢化」ととらえがちだが、**世界的な大問題は人口爆発**の方だ。だから「少子化対策」なんて人口を増やす内容が入ってるのはおかしいね。

②と④は、ここにある通り。③の**国連障害者権利条約**は、2006年末に採択された比較的新しい条約で、**障害者の人権保護と尊厳の尊重を促進させることを主な内容**としている。

なお、同条約には日本も2007年に署名しており、2008年より発効している。

3 日本国憲法の人権保障

1 日本における人権保障の推移

　日本における人権保障は、昔と今とではかなり違う。そもそも最高法規からして違う。

　戦前日本の最高法規は、大日本帝国憲法だった。この時代は天皇に国家権力が集中し、人民の権利はかなり制限されていたんだ。でも今は国民主権の時代。今日の日本国憲法では逆に天皇の権利を制限して、僕らの権利が最大限尊重されるようになっている。ここでは新旧2つの憲法の違いを見てみることにしよう。

大日本帝国憲法

● **天皇の地位**：唯一(ゆいいつ)の主権者

- 「天皇は神聖不可侵(ふかしん)」(＝天皇はこの世の神(現人神(あらひとがみ)))
- 「天皇は**統治権の総攬者**(そうらん)」(＝三権はすべて天皇のもの)

　　立法権：天皇のもの ➡ 国会は天皇に**協力し賛同する**だけ。　▶**協賛**機関

　　行政権：天皇のもの ➡ 内閣は天皇を**補い助ける**(はひつ)だけ。　▶**輔弼**(ほひつ)機関

　　司法権：天皇のもの ➡ 裁判所は**天皇の代理人にすぎず**。　▶「**天皇の名において**」裁判

- 国民の権利：「臣民」(＝天皇の従者)の権利

  ↓

  - 主権者である天皇から**恩恵で与えられた人権**にすぎない。
  - 「**法律の留保**」あり(＝人権保障は「**法律の範囲内**」のみ)。
  - 権利保障は「**自由権**」のみ。→参政権・社会権の規定なし。
      ▶しかも不十分
- その他：地方自治・違憲立法審査権→規定なし。

　何かすごいことになってますね。

　だね。どうやら**戦前の日本臣民は、神様である天皇陛下から、恩恵で守ってもらっていた**にすぎないらしい。しかも天皇にはさらに強大な「**天皇大権**」(軍の統帥権など)があったのに対し、臣民にかろうじて与えられた自由権には**思想・良心の自由や職業選択の自由がなく、表現の自由や人身の自由もきわめて不十分**な規定になっていたんだ。まったく、戦前に生まれなくてよかったよ。

　戦後の最高法規は何ですか？

戦後の最高法規は日本国憲法だ。まずはその成立過程から見てみよう。

日本国憲法の成立過程

1945 年：(日本、**ポツダム宣言**を受諾) … 「**軍国主義の排除／民主主義の復活強化／基本的人権の尊重**」などが内容。

↓

(同年 GHQ は日本に**憲法改正を示唆**) → 幣原内閣、**憲法問題調査委員会**を設置。
　　　　　　　　　　　　　　　　　▶松本国務大臣が委員長

3　日本国憲法の人権保障　｜　037

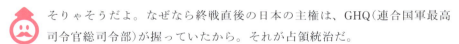

```
1946年：(松本案、GHQに拒否される) …※ 松本案はほぼ旧憲法のままで、内容は**国体の護持**（＝天皇の統治維持）が基本だった。

        ↓

(GHQ民政局、**マッカーサー草案**を作成) = ・**マッカーサー三原則**
                                        （天皇は国家元首・戦争放棄・封建制廃止）
                                        ＋
                                      ・日本民間の「**憲法研究会**」案
                                        （国民主権・象徴天皇制など）

同年3月：政府改正草案発表…◉ マッカーサー草案の**若干の修正**。
        ➡帝国議会で審議
        （「衆議院＋貴族院」での審議／**初選出の女性議員**も参加）

同年11月：新憲法として公布。（※ただし手続き的には、大日本帝国憲法
        第73条に規定された**旧憲法の改正手順**を踏まえた）
```

😐 何か相当GHQの干渉を受けてるんですけど…

そりゃそうだよ。なぜなら終戦直後の日本の主権は、GHQ（連合国軍最高司令官総司令部）が握っていたから。それが占領統治だ。

だから日本国憲法の成立過程にはGHQが深く干渉し、その内容にはアメリカの価値観が色濃く反映した。だからよく日本国憲法は、アメリカからの「押しつけ憲法」といわれるんだ。

でもその点も含めて、**今日、憲法を見直す動き**が進んでいる。2000年から5年間、国会内（＝衆参の両院）に**憲法調査会**が設置され、**調査・検討**が実施された。これを引き継ぐ形で2007年に**憲法審査会**が設置され、憲法改正原案はここで審理されることとなった。安倍首相は憲法改正に意欲的だ。そう考えると、憲法改正もそう遠い日の話ではないかもしれないね。

| 近年の憲法 改正論議 | = （かつての復古調な改憲論とは違い、**時代に合った最高法規に見直す**ことが主な目的。）

2000年：衆参両院に**憲法調査会**設置➡（2005年）：最終報告書を議決
▶調査・検討のみ

- **総論**：憲法の三大原理は keep。
- **前文**：わかりやすくシンプルに。
- **天皇**：象徴天皇制 keep／女性天皇も認める方向で検討。
- **第9条**：
  - ・戦争放棄 keep。
  - ・**自衛隊については明記せず**（あいまいなまま）。
  - ・国連の集団安全保障活動には参加。
- **人権**：**新しい人権**（環境・プライバシー・知る権利）を明記。

- （将来的な発議に備え）
  - ・**国民投票法**成立（2007年）。
    ▶18歳以上の日本国民が投票
  - ・憲法改正原案は「**憲法審査会**」（新設）で審理。

　＋

- **教育基本法**（≒教育の憲法）も **2006年改正**。
  ▶愛国心教育（＝我が国と郷土を愛する態度）を明記

3　日本国憲法の人権保障

では、次は、日本国憲法における天皇と国民についてだ。

日本国憲法における天皇と国民の地位

● 天皇の地位：**象徴**…**国事行為**のみを行う（＝国政機能なし）。

↓

〈憲法第6条〉：総理、最高裁長官の任命等。
〈憲法第7条〉：衆議院の解散、栄典の授与等。 ⇒ 内閣の「**助言と承認**」が必要

● 国民の権利：**主権者**として、国政上<u>最大限尊重される</u>。

↓

・基本的人権は「**侵すことのできない永久の権利**」。
・自由・参政・社会権に加え、平等権と請求権も完備。
・ただし「**公共の福祉**」による制限はあり。

 なるほど、国民主権に移ったことがよくわかりますね。

 天皇が儀礼的な**国事行為**しかしないなら、国民は安心だ。しかも**すべてに内閣の助言と承認が必要**である以上、**天皇自らの意思で行えない**わけだ。

その天皇にかわり、僕らは主権者として最大限尊重されることになった。ただし尊重されるとはいえ、自分の権利ばかり主張するのはダメだ。なぜなら**他者の人権も、同じように最大限尊重されている**んだから。

そのバランスを保つためにも、**公共の福祉**原理は必要だ。これは前に出てきた「人権相互の調整原理」で、よく使われる意味は「社会全体の利益」だったよね。つまり、この原理でバランスを取り、**個人の行為がみんなに迷惑をかけるような場合には、国や社会の利益を優先させる**。国家で共同生活を営む以上、これは大切なルールだ。

2 代表的な憲法訴訟

😊 **憲法訴訟とは何ですか？**

😟 憲法訴訟とは、特定の法律や行為の合憲性・違憲性の判断を求める裁判のことだ。

僕らは今日、憲法上5つの基本的人権を保障されている。すなわち自由権・平等権・参政権・請求権・社会権だ。

ここではノート形式で、これらの基本的人権にからむ事件と、その裁判の結果を見ていこう。今まで日本では、どんな憲法訴訟があり、その判決はどうだったのか。いろんな判決があるから、1つひとつしっかり学んでいこう。

❶ 平等権にからむ裁判

> **尊属殺人重罰規定**
>
> **尊属**とは「父母と同列以上にある血族」のこと。本件は「**親殺しの裁判**」。日本の**刑法第200条**には「**尊属殺人は死刑か無期懲役**」、つまりそれ以下はあり得ないという尊属殺人重罰規定があった。

内容 実父に暴行され、5人の子を産まされた娘による父親の殺害。
　　　▶刑法第200条だと、死刑か無期懲役

争点 刑法第200条は人の命の重さに差をつけ、**憲法第14条（法の下の平等）を侵害していないか**。

判決 刑法第200条は**違憲**➡1995年、国会で削除へ。

3　日本国憲法の人権保障 ｜ 041

😑 これはひどい事件ですね。

そう。もちろん殺人のきっかけとなった、父親の行動がね。ところが刑法第200条が適用されると、この娘さんに下される判決は、死刑か無期懲役しかなくなる。ここまで非道な親であっても、親なんだから無条件で敬いなさいはおかしくないか？ 普通の殺人罪（刑法第199条）なら「死刑か無期か3年以上の懲役」なのに親殺しは問答無用で重罪なんて、ちょっと、命の重さに差をつけすぎでは？──これはある意味、刑法第200条の問題点を浮き彫りにしてくれる、非常にわかりやすい事件となった。

当然判決では刑法第200条が憲法違反と判断され、娘さんは執行猶予付きの判決で刑務所に行かずに済んだんだ。

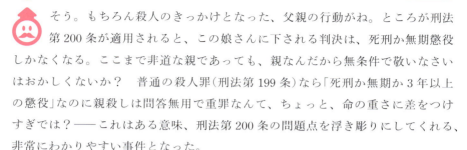

衆議院議員定数不均衡問題

内容 衆議院選挙の際、都市部と地方で「**一票の重みに著しい格差**」があった。

争点 **公職選挙法**の定数規定は**憲法第14条（法の下の平等）違反**か。

判決 1976年判決と1985年判決の格差（4.99倍と4.40倍）は**違憲**。ただし選挙自体を無効にすることは避けた（＝**事情判決**）。

😮 議員定数の不均衡って何ですか？

これはいわゆる、都市部と地方の「**一票の格差**」の問題だ。

当然だけど、有権者の数は、都市部の方が圧倒的に多い。なのに当選者の数が、例えば人口の少ない地方と同じだとしたら、都市部からの立候補者はやってられない。こういうのが一票の格差の問題だよ。

この状態は、明らかに不平等だ。でも憲法には、格差が何倍を超えたら違反かなんて基準は存在しない。

😐 じゃどうするの？

どうやら裁判所が大まかな基準を作ったようだね。明言こそしていないけど、判決を見る限り、**「格差３倍」**をこの当時の合憲・違憲の判断の目安にしたようだ。つまりこれは**「格差３倍超なら違憲」**という判断基準だ。これに基づき、**衆議院の選挙では、今までに二度の違憲判決**が出ているんだ。

> なるほど。じゃあ、法の下の平等は保たれたんですね。

いやいや、そうともいえないんだよ。実は**どちらも、選挙のやり直しには至っていない**んだ。やり直しはお金もかかるし、有権者にも迷惑だからね。

ただし、この「一票の格差」問題、実は**近年の判例で、今大きく動きつつある**ところなんだ。詳しくは「選挙制度」のところで説明するね。

❷ 自由権にからむ裁判〈その１〉：精神的自由

三菱樹脂事件

内容 学生運動の過去を理由に、企業から内定を取り消された。

争点 学生の**思想・良心の自由（憲法第19条）を侵害する**企業の一方的な決定は、許されるのか。

判決 憲法第19条は**公法**（国vs個人や企業）の性格が強いため、**私人間**（民間同士）には**直接適用されず**。

そもそも、**憲法第19条は、「国 vs 民間」を規律する公法**としての性格が強いから、「私は国に思想・良心の自由を弾圧された」みたいな文脈で使うのが正しい。結局、企業の決定は、そのまま認められた。

3 日本国憲法の人権保障

津地鎮祭訴訟

内容 三重県津市が市民体育館の建設時に地鎮祭を行い、担当神主に市の公費から謝礼（7,000円強）を支払った。

争点 宗教の主体への公費支出は、**信教の自由（憲法第20条）**の一部である「**政教分離の原則**」に違反していないか。

判決
- 地鎮祭は宗教活動というより**世俗的行事**。
- 特定宗教への援助というほどの効果なし。

➡ 合憲

政教分離の原則って何ですか？

政治と宗教は切り離すべしという原則が、憲法第20条の「**政教分離の原則**」だ。この事件はそれに触れるかが注目されたが、ちょっと金額が少なすぎたね。最終的な違憲判決までは勝ち取れなかった。

でもこれが靖国神社となると、そうはいかなかった。

愛媛玉ぐし料訴訟

内容 愛媛県知事が、**靖国神社**に奉納した玉ぐし料を公費支出。

争点 津地鎮祭訴訟同様、「**政教分離の原則**」に違反していないか。

判決
- 玉ぐしは神事に使う道具（**宗教的意義あり**）。
- 特定宗教への**援助・助長にあたる**。

➡ 相当とされる限度を超えており、**違憲**。

靖国神社ってよく聞きますけど、どういう神社ですか？

「**戦没者を英霊として合祀している神社**」だ。しかも、ここには、極東軍事裁判でA級戦犯とされた人たちも合祀されている。**本件判決では、靖国神社だからダメとはされていないものの、この公費支出は限度を超えるもの**であるというのが、最高裁の判断だ。

044 | 第1講 政治分野

家永教科書訴訟

内容 家永三郎氏の執筆した高校日本史の教科書中、侵略戦争・日本軍の残虐行為・細菌兵器の実験部隊などに関する記述が、文部省の教科書検定をパスしなかった。

争点 文部省の教科書検定は、表現の自由（憲法第21条）が禁止する「検閲」にあたるのではないか。

判決 検定制度は**教育内容の統一を図るための合理的なシステム**。
➡本件は憲法第21条の侵害にあたらず（＝合憲）。
（ただし文部省側に一部裁量逸脱あり）

「検定」と「検閲」って違うんですか？

全然違う！ 「検定」は一定の基準に照らしての検査で、表現物を発表できる形に整えるためのものだ。これに対して**「検閲」は発表の禁止を前提とした表現物の検査**で、こちらは公権力から不適当と判断されれば容赦なく発表が禁止される。**表現の自由の封殺や思想統制**につながるから、**憲法第21条で厳しく禁止**されているんだ。

家永裁判は非常に長く続いたけど、結局検定内容に一部行きすぎがあったことが認められただけで、**検定制度そのものが検閲とは認められなかった**。

---

❸ 自由権にからむ裁判〈その２〉：経済的自由

薬事法・薬局開設距離制限

内容 **薬事法**の規定に基づき、広島県で**半径100m以内に２つ以上の薬局を併設させない**配置基準を設定。

争点 薬局開設希望者の**職業選択の自由（憲法第22条）**を侵害か。

判決 そもそも薬事法の規定に**合理性なし**（＝**違憲**）。

3　日本国憲法の人権保障 | 045

変な制限だなあ。何でこんなものが必要なの？

薬局が近くに何軒もあると、激しい安売り競争につながる可能性がある。そうすると安売りする力のない薬局がコストを下げるため不良医薬品を販売し、我々の健康に悪影響をもたらすかもしれない…。これが薬事法の距離制限の主旨だ。

え〜！ それって考えすぎじゃない？

そう。だから最高裁もそう判断して、違憲判決を出したんだ。

森林法・共有林分割制限

内容 **森林法**の規定により、他者と共有する山林は、自己の**持ち分が全体の2分の1未満である場合、分割請求が認められなかった**。

争点 財産の自由処分を認めないのは、**憲法第29条**（**財産権**）の侵害ではないのか。

判決 森林法の共有林分割制限規定に**合理性なし**（＝**違憲**）。

森林の細分化を防止したかった森林法の規定だけど、財産の自由処分を認めない形になっては、明らかに財産権の侵害だ。もっと合理的な理由でもない限り、国民の基本的人権が優先することになる。

ただしここで気をつけてほしいことがある。前述の2つの裁判ではたまたま国民の権利が認められたけど、本当は**経済的自由は、他の人権と比べて最も「公共の福祉」の制約を受けやすい**んだ。

えっ、何で？

経済的自由は、国民の利益・不利益にからむ権利だから、どうしても衝突が起こりやすい。そこで利益の調整原理としての公共の福祉が多用されるというわけだ。必ず覚えといてね。

❹ 自由権にからむ裁判〈その3〉：人身の自由

😊 **人身の自由って何ですか？**

人身の自由とは、正当な理由なく身体を拘束されない自由権で、簡単にいえば、**国家権力による不当な逮捕や拷問から我が身を守るための権利**と考えればいい。

この権利の基本となる考え方は2つ。それは憲法第18条の「**奴隷的拘束及び苦役からの自由**」と、第31条の「**法定手続きの保障**」（＝**デュー ＝ プロセス**）だ。特に後者は**罪や刑罰は法の手続きによらなければ科せられないという、罪刑法定主義の精神を具体化したもの**として重要だ。

😊 **ということは、法の手続きがまだなら犯罪者じゃないってこと？**

その通り。だから例えば、逮捕された人を即犯罪者扱いしたりするのは、人権侵害だよ。自分が冤罪で捕まってるときにそんな扱いを受けるのはイヤでしょ。

だから**犯罪の被疑者や被告人は、無罪の人と同様の扱いを受けられる**。犯罪の「疑い」の段階ではまだ処罰しない。あくまで処罰は刑が確定してから。この大原則を「**疑わしきは罰せず**」というんだ。

▶被疑者…裁判上、まだ起訴されていない人／被告人…すでに起訴された人

では具体的に人身の自由の内容について見てみよう。ここには裁判事例は出てこないから、あくまで憲法内容だけね。

主な人身の自由

- 逮捕・捜索には、必ず裁判官発行の令状が必要（＝**令状主義**）。
- 拷問・残虐刑の禁止。
- 被告人の権利…公開裁判を受ける／弁護人・証人を呼ぶ
- 不利益な供述・自白の強要の禁止。黙秘権。
- ☆ **遡及処罰の禁止**…法制定前の行為を、事後にできた法で処罰するな。
- ☆ **一事不再理**…無罪確定者を、同一の事件について再審理するな。

---

3 日本国憲法の人権保障 | 047

下の２つは難しい言葉だなあ。

でもどちらも必要な考え方だよ。例えば、**遡及処罰の禁止**はなぜ必要か？　それはもしこの原則がなくて、今日いきなり「日本の通貨をペソにする。円を使うと死刑」なんて法律ができた場合、**昨日まで円を使ってた僕らはみんな死刑**になってしまうからだ。

一事不再理はどうか？　もしこれがないと、せっかく長い年月をかけて裁判で無罪を勝ち取っても、**検察官が「納得いかん。もう一丁！」って言い出したら、裁判は永遠に終わらなくなってしまう**。結局人身の自由を守るには、これらの原則は必要になるわけだ。

❺ 請求権

ここでも憲法内容だけ簡単に押さえてもらえればOKだ。

請求権について

- **請願権**(せいがん)…国や地方に**苦情や希望を申し出る権利**。
  ▶申し出るだけ。国や地方に具体化の義務はなし
- **裁判を受ける権利**
- **国家賠償請求権**(ばいしょう)…**公務員の不法行為**に対し、損害賠償請求可。
  ▶違法行為＆やるべきことを怠ったときの両方
- **刑事補償請求権**(ほしょう)…**冤罪**(えんざい)（＝無実の罪）による人身拘束が行われた場合、補償を求めることができる権利。
  ➡**無罪確定後に、損害賠償請求**可。

---

❻ 社会権

社会権とは生存権・教育を受ける権利・労働基本権の３つを指すが、その中心は何といっても**生存権**だ。

僕たちは生きるために働き、そして少しでもいい仕事に就くために教育を受ける。つまり**まず「生きる」ことがメインで、教育・労働はそれを具体化するための手段ということになる**。

生存権は、ワイマール憲法では「人間たるに値する生活の保障」された権利、日本国憲法では「**健康で文化的な最低限度の生活を営む権利**」と、第25条に記されている。

ではこの生存権にからむ裁判、どうなってるか見てみよう。

朝日訴訟

内容 約60年前、肺結核で療養中の朝日茂さんが、兄から仕送り（月1500円）を受けたことを理由に**生活保護（月600円）を打ち切られ**、医療費（月900円）まで請求された。

争点 月600円で「**最低限度の生活**」（憲法第25条）は可能か。
▶当時の平均月収は、約2万円（現在の18分の1）

判決 憲法第25条は、単に**国の政治的指針（プログラム）を示しているにすぎず、国民に具体的権利を保障したものではない。**

😊 え〜！　僕らの生存権は確保されてないんですか？

😟 ちょっと驚きの判決だね。どうやら第25条は憲法だから、法律みたいに具体的権利の保障を規定しているわけではなく、「**国としてはこういう指針でやっていくつもりです」という政治の方向性・努力目標**を示したものだという考え方だ。この考え方を「**プログラム規定説**」という。

結局この考えだと、第25条を具体的に実現する道筋は**立法権の裁量（つまり国会が具体的な法律を作ること）に委ねられる**ことになり、政府に責任追及することはできないことになるね。

日本の生存権がらみの裁判ではこの考え方がよく使われ、同種の裁判となった**堀木訴訟**でも、やはり堀木さんは勝てなかった。▶堀木さんは障害者年金と児童扶養手当をもらっていたが、片方を打ち切られた

😖 朝日さんと堀木さんがかわいそう…

でも、意義はあったよ。裁判は敗訴になったものの、この訴訟がきっかけで日本の生活保護水準が見直され、支給額のアップにつながったんだ。

3　日本国憲法の人権保障　049

3 新しい人権

😊 新しい人権って何ですか？

「新しい人権」とは、**憲法上に明文規定のない人権**のことだ。近年は憲法制定当初には想定できなかった人権問題も多い。そこで新しい人権という考え方が必要となったわけだ。

😐 でも憲法にないと、裁判がやりにくくないですか？

そう、確かに裁判の際「私は憲法第何条に侵害されました」みたいな争点を作りにくくなる。だから新しい人権にからむ裁判の多くでは、**憲法第13条の「個人の尊重・幸福追求権」を根拠にしてることが多い**んだ。「私はあいつに幸福追求権を侵害された」──この言い分なら、どんな事件にでもあてはまるもんね。憲法第13条はとっても便利な「**人権の包括的規定**」なんだ。

❶ プライバシーの権利

この権利、昔は「**私事・私生活をみだりに公開されない権利**」だけだったんだけど、近年情報化の進展に伴って**個人情報流出の危険性**が高まったことから、「**自己の個人情報をコントロールする権利**」という意味も付加されている。

😊 個人情報のコントロールって、どういう意味ですか？

つまり、**自分の携帯番号やメールアドレスを、よく知りもしない人に簡単に教えず、出し惜しんでいけ**ってこと。そういう個人情報がよからぬ連中の間で売買されるんだから。君らも気軽に携帯番号やメールアドレスを教えちゃダメだよ。個人情報は自分でコントロールしないと。

では、プライバシーの権利に関する事件を見てみよう。

『宴のあと』事件

内容 三島由紀夫の小説『宴のあと』が、特定政治家の私生活を題材にしたとされた。

争点 表現の自由か、**プライバシーの侵害**か。

判決 **三島由紀夫の敗訴**。その政治家に損害賠償（東京地裁確定）。

この事件、三島由紀夫が敗訴したということは…

三島由紀夫が訴えた作家の「表現の自由」よりも、この場合は個人の「プライバシー権」が優先したということになるね。ここにプライバシーの権利は、**判例として確立**した。つまり「**憲法には載っていないが、裁判では認められる権利**」となったわけだ。

じゃあ、表現の自由よりプライバシーが上ってことですね？

そうではなくて、あくまでこの事件の場合はそうなったってだけ。判決によると**両者はあくまで同格**。どちらが優先するかはケース・バイ・ケースということだ。

なお、プライバシーについては、2002年9月の『**石に泳ぐ魚**』**事件**で、画期的な判決が出た。作家・柳美里の書いた小説が、公的立場にない女性のプライバシーを著しく侵害したとして、出版差し止め請求が最高裁に認定されたんだ。

この裁判のポイントは次の2つだ。

『石に泳ぐ魚』事件裁判のポイント

・最高裁が判決理由の中で、**初めて「プライバシー」という文言を使った**点。
・プライバシー保護のための**出版差し止めを、初めて認めた**点。

3 日本国憲法の人権保障

❷ 環境権

環境権とは「快適で人間らしい環境を求める権利」のこと。つまり**憲法第13条の幸福追求権と第25条の生存権をミックス**したような権利だ。

大阪空港騒音公害訴訟

内容 公共事業の欠陥で、空港周辺の多くの住民が基準値を超える騒音に悩まされた。

争点
- **環境権**は認められるか。
- 騒音への賠償と夜間飛行の差し止め請求は認められるか。

判決
- 騒音被害への賠償請求は認められた。
- **環境権 ＋ 夜間飛行の差し止め請求は認められず。**

夜間飛行の差し止め請求は、「**国による航空行政権を侵害**」するからダメなんだそうだ。過去の類似の裁判を見ても、損害賠償はOKだが差し止め請求はダメってケースが多い。「金ならやるから黙ってろ」って言われてるみたいで、なんか腹立つね。

❸ 知る権利

情報保有者にその公開を求める権利。国や地方など「**行政機関の保有する情報**」を知る権利を指し、**個人情報は含まない**。

外務省公電漏洩事件

内容 新聞記者が外務省の女性に接近し、沖縄返還に関する外務省の機密文書の内容を違法に入手。

争点 「報道の自由」を求めた記者の行為は違法でも、**結果的に国民の「知る権利」に貢献**しているのではないか。

判決 記者は有罪（＝知る権利は判例として認められず）。
➡ただしその後の**情報公開**を求める動きにつながる。

---

❹ アクセス権

マスメディアに「**接近**」し、**意見や反論を述べる権利**。マスコミから一方的に悪口を書かれたらムカつくもんね。反論記事の掲載要求は当然認められてしかるべき権利だ。早く判例で確立してほしいね。

サンケイ新聞意見広告事件

内容 サンケイ新聞紙面に、**自民党から共産党への批判記事**が掲載された。共産党はこれに抗議し、サンケイ新聞側に**反論記事の無料掲載を要求したが拒否**された。

争点 共産党の**アクセス権**は認められるか。

判決 共産党の敗訴（＝アクセス権は判例として認められず）。
➡産経新聞社の**編集権侵害（＝憲法第21条違反）につながる**ため、反論記事の無料掲載要求は認められず。

---

4 外国人や少数民族の扱い・その他

ここでは在日外国人と少数民族の扱いを、コンパクトな表にまとめてみた。ムダな箇所の一切ない表だから、全部しっかり覚えてね。

在日外国人と少数民族の違い

・指紋押捺（しもんおうなつ）制度

外国人登録法に基づき
- 在日韓国・朝鮮人などの**特別永住者**のみ廃止（1992年）。

- 指紋押捺制度そのものを**全廃**（1999年）。

※
- ただしテロ対策のため、**入管法**（出入国管理及び難民認定法）に基づいた外国人の指紋提供が2007年より義務化。
- 外国人登録制度は**2012年に廃止**。

- **参　政　権**：国・地方とも**一切なし**。
  - ➡ただし**住民投票権**なら認めた自治体あり。
- **公務員採用**：地方で、**技術職中心**に、**国籍条項の撤廃**進む。
  - ▶測量や水質管理
  - ➡**一般職の採用**も若干あり。
    - ▶ただし最高裁で「**東京都の管理職不採用も違憲ではない**」との判決あり
  - ➡**国ではほとんど採用なし**。
    - ▶採用は国立大学や国立病院の教員・医師・看護師のみ
- **難民**：受け入れに**消極的**。難民認定はかなり厳しめ。
- **少数民族**：**アイヌ新法**によるアイヌ民族保護のみ。

● 近年出された違憲判決

郵便法訴訟（2002 年）

内容　郵便局員のミスで配達に遅れが出て損害発生。これは**公務員の不法行為**だから、本来なら**国家賠償請求**（憲法第 17 条）の対象。
➡ **but** 郵便法で賠償は「**紛失 or 棄損**」のときのみ。不十分では？

判決　郵便法の賠償規定は不十分で**違憲**（憲法第 17 条違反）。

在外選挙権訴訟（2005 年）

内容　**在外邦人に衆・参比例区でしか投票を認めない**公職選挙法の規定は、「**選挙権の平等**」を定めた憲法第 44 条に違反するのでは？

判決　公職選挙法の同規定は**違憲**（憲法第 44 条違反）。
➡公職選挙法の改正によって、2007 年 6 月より衆・参選挙区での投票が可能になった。

国籍法婚外子差別訴訟（2008年）

内容 フィリピン人女性と日本人男性の間に生まれた子が、父から認知（＝法的な親子関係の成立）されたにもかかわらず、**嫡出子（＝婚姻者間に生まれた子）でないことを理由に、日本国籍取得を拒否**された。

争点 **国籍法**のこの規定は、**法の下の平等**（憲法第14条）違反か。

判決 父母が婚姻していないことに関し、子どもは何の責任もなし。
➡国籍法の同規定は**違憲**。

砂川市有地神社違憲訴訟（2010年）

内容 北海道砂川市が、**市の土地を空知太神社に無償で貸与**。
➡**政教分離の原則**（憲法第20条・信教の自由）違反か。

判決 砂川市の行為は**違憲**。

非嫡出子法定差別訴訟（2013年）

内容 非嫡出子（＝婚姻届を出していない男女から生まれた子）の法定財産相続分が嫡出子の2分の1とする民法の規定は不平等か？

判決 **違憲**。

夫婦別姓・再婚禁止期間訴訟（2015年）

内容 「夫婦別姓ダメ＋**女性だけ離婚後6カ月再婚禁止**」の民法規定は違憲？

判決
・夫婦同姓規定には合理性あり ➡ こちらは合憲。
・**100日超の再婚禁止は過剰な制約** ➡ こちらは**違憲**。
  ▶2016年民法改正。「再婚禁止100日」に短縮

3　日本国憲法の人権保障　｜　055

● 近年制定された人権侵害の疑いのある法律

● **1999 年の超巨大与党（＝自自公連立政権）時の三法**

● **国旗・国歌法**…「国旗は日章旗とする／国歌は君が代とする」

➡ 日の丸・君が代の強制は**思想・良心の自由**（憲法第 19 条）を侵害か？

> 公立中高での「**卒業式での起立・斉唱拒否に対する懲戒処分**」には、
> 地裁レベルでの違憲判決はあるが、**最高裁では合憲判決**（2011 年）。
> 「第 19 条の制約になりうるが、制約を許容できる必要性・合法性あり。
> ▶公務員は職務命令を遂行すべき／式の円滑な進行

● **通信傍受法**…<ruby>傍受<rt>ぼうじゅ</rt></ruby>　**組織犯罪**がらみの疑いのある通信は、**警察が盗聴可**。

➡ 表現の自由（憲法第 21 条）の中の「**通信の秘密**」を侵害か。

● **改正住民基本台帳法**

全国民の住民票に 11 ケタのコード番号をつけ、中央で一元管理。

住基ネット（＝**住民基本台帳ネットワーク**）として 2002 年より具体化。

住基ネットの問題点

- **プライバシー**侵害の疑い。
- 「**国民総背番号制**」（番号をつけて個人情報管理）」に。
- **利便性が悪く**、住基カード普及率は **5％程度**。
  ▶「住所・氏名・性別・生年月日」のみ／役所内閲覧のみ

※・自由参加方式だった**横浜市は、2007 年より強制参加**に。
・唯一未接続だった福島県矢祭町も 2015 年に接続。

2013 年「**マイナンバー法**」成立。これにより 2015 年 10 月より「**マイナンバー制度**」（＝社会保障・税番号制度）導入。全国民に **12 ケタの番号**を割り振り、2016 年より国や地方保有の「**所得・納税・社会保障**」等の情報を管理することに（→諸外国にも多い**国民 ID 制度**）。
▶身分証になる／取扱情報拡大／自宅からのネット接続も可／住基カードは現在の有効期限に達すると無効に

● それ以外の法律

●改正教育基本法（2006年）

「**我が国と郷土を愛する態度を養う**」と明記。

➡**愛国心教育**強制は**思想・良心の自由**（憲法第19条）の侵害か。

●特定秘密保護法（2013年成立。2014年施行）

特定秘密＝日本の**安全保障**に支障を与える恐れのある情報。

▶防衛／外交／スパイ防止／テロ防止

・漏らした公務員
・不正入手した者 は、懲役10年以下の刑に。

背景 日本版**NSC**（**国家安全保障会議**）の設置（2013年末）。
安全保障の**意思決定や情報収集**のための機関。米にならい設置。

➡米NSCとの**情報共有**には、**機密保持を厳格に**すべき。

問題 秘密内容の判断・期間（一応上限5年）は**大臣裁量で変更可**。

表現の自由（憲法第21条）・**知る権利**を侵害する可能性あり。

●少年法の改正…少年の健全な育成のため「**少年保護**」をめざす法律。

本人を推知できる記事や写真の掲載禁止（ただし罰則なし）。

●従来までの少年法

凶悪犯罪以外 送　致

警察 ➡ 検察庁 ➡ **家庭裁判所** ➡ 原則「**保護処分**（＝刑罰なし）」
▶審判→**非公開**　　　▶保護観察 or 少年院

凶悪犯罪 刑　法：14歳以上に刑事責任生じる。
少年法：**16歳以上にしか刑事処分下せず**。 ➡ **少年法が優先**

・16歳未満：「凶悪犯罪以外」のケースと同じ。

・16歳以上：家裁から検察庁へ「**逆送**」→地裁➡刑罰もあり

●2000年改正：刑事罰適用年齢を「**16歳 → 14歳以上**」に引き下げた。
▶少年法の厳罰化

3　日本国憲法の人権保障

チェック問題 | 3

人権に関して、日本の状況の説明として最も適当なものを、次の①～④のうちから1つ選べ。

① 憲法には生存権が規定されており、最高裁判所は、これを直接の根拠として、国民は国に社会保障給付を請求できるとした。
② 名誉を毀損する行為の禁止が、表現の自由に対する制約として認められるように、人権であっても、他者を害する場合等には制約されることがある。
③ 最高裁判所は、裁判所による雑誌の発売前の差し止めが、憲法で明示的に禁止されている検閲に該当すると判断した。
④ 在外投票は外国に居住している国民の選挙権を保障するための手段であるが、日本の国政選挙で実施されたことはなく、制度導入が求められている。

（センター本試験）

解答 … ②

解説 全体的に堅苦しい表現の多い、ちょっと疲れるタイプの問題。憲法上**僕たちの人権は「最大限」尊重されているが、それは「無制限」という意味ではない**。あくまで他者の人権を侵害せず、公共の福祉に反しない範囲内での最大限の尊重だ。

①：朝日訴訟や堀木訴訟では**プログラム規定説**が適用され、憲法第25条が国民救済のための直接的な根拠にならないことが示されている。

③：憲法第21条で禁止する**検閲**とは、**国家にとって不都合な内容を発表させないための、表現物の事前チェック**だ。個人のプライバシー等を侵害させないための発売差し止めは、これにあたらずOKだ。だって出版社の表現の自由だって「無制限」じゃないもんね。

④：日本では1998年より、在外邦人の衆・参比例区投票を、そして2007年からは衆・参選挙区投票を認めている。

4 平和主義

1 自衛隊

まずは憲法上の平和主義の規定から見てみよう。

前文	「日本国民は…**平和を愛する諸国民の公正と信義**に信頼して、われらの安全と生存を保持しようと決意した」（＝**国際協調主義**）
前文	「われらは、全世界の国民が、ひとしく**恐怖**と**欠乏**から免かれ、**平和のうちに生存する権利**を有することを確認する」（＝**平和的生存権**）
第9条	「…**国権の発動たる戦争**と、**武力による威嚇**又は**武力の行使**は、国際紛争を解決する手段としては、**永久にこれを放棄**する」
第9条	「…陸海空軍その他の**戦力は、これを保持しない**。国の**交戦権は、これを認めない**」

😊 すごいな～。これじゃあ戦争なんかできないですね。

😟 そう、日本の平和主義は、前文・第9条含めて、ものすごく徹底している。これらを見る限り、日本が戦争するのはきわめて困難だ。「国権の発動」以外の戦争、つまり**自衛戦争なら憲法上OK**だけど、それでも戦力の保持がダメなんだから、素手で戦うしかない。

こんなふうに日本には、世界にも類のない徹底した平和憲法があるんだけど、これは日本の意思というより、**戦勝国アメリカの意向が反映した結果**なんだ。大戦中手を焼いた日本に対し、完全武装解除と平和憲法を要求する、勝利者の当然の権利だよね。

じゃあ、なぜ今自衛隊があるんですか？

アメリカの方針転換のせいだ。アメリカは1950年、今までの方針を180°転換させて、今度は**日本に再軍備を要求**してきた。原因は**資本主義と社会主義のにらみ合い**、つまり**冷戦**の激化だ。

この頃アジアには、中国や北ベトナムなど、社会主義の国がいくつも誕生していた。これにアメリカは焦った。うかうかしていると、アジアの地図は社会主義勢力に真っ赤に塗りつぶされてしまう。どうしようと思ってるところに、今度は**朝鮮戦争**だ。

社会主義の脅威は、もう日本の目と鼻の先にまで迫ってきている。こうなった以上、**アジアの資本主義の砦として、日本にも戦ってもらうしかない**。こう考えたマッカーサーは、ついに日本に自衛隊の前身組織である**警察予備隊**の設置を命令したんだ。

ここから日本には、**自衛隊と憲法第9条の並存**という、奇妙な状況が生まれることになったんだ。

日本の再軍備への歩み

非武装 → 警察予備隊（1950年）→ 保安隊（1952年）→ 自衛隊（1954年）
▲朝鮮戦争　▲日米安保　▲MSA協定（米からの援助の見返りに軍備up）

でも第9条があるのに自衛隊って、変なの。

だから両者の解釈については、昔からいろんなことが言われてきた。今度はそのさまざまな解釈について見てみよう。

学会	自衛戦争は憲法上 OK だが、憲法第 9 条には「戦力不保持」もある。 ➡ 結局自衛隊は憲法第 9 条違反。　　　（公法研究者の 70％）『法律時報』より
政府	自衛隊は自衛のための必要最小限の「実力」にすぎない。 ➡「実力」は戦力とは別ものなので合憲。　　　（1972 年・田中内閣より）
国民	自衛隊は憲法第 9 条に違反する組織だと思う。 ➡ しかしその存在の必要性は高まってきている。 　　　　　　　　　（新聞世論調査の全体的な傾向。詳細は各社バラバラ）

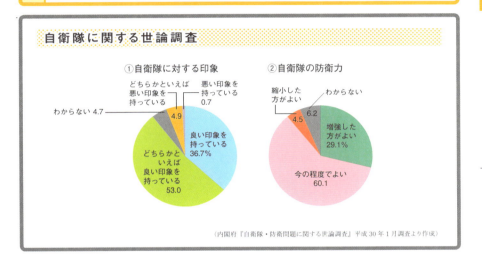

（内閣府『自衛隊・防衛問題に関する世論調査』平成 30 年 1 月調査より作成）

政府のいう「実力」って、「戦力」じゃないんですか？

　さあ？　としか言いようがないな。一応政府の見解では、戦力とは「近代戦争遂行能力」であって、自衛隊はそれより微弱ということなんだけど、そうも見えないよね。憲法第 9 条の「戦力不保持」をかいくぐって自衛隊を保持するための、政府の涙ぐましい拡大解釈ってとこかな。まあ憲法第 9 条も自衛隊もアメリカの意向に振り回されてつくったものだから、あんまり政府をイジメることに意味はないね。

　それより注目すべきは、国民の意見だ。見てわかる通り、**違憲性よりも必要性の観点から、自衛隊を容認する声が年々高まっている**。この声は 1995 年の阪神・淡路大震災での災害救助で高まり、その 3 年後の 1998 年には、さらに高まった。

4　平和主義　　061

なぜ？

それは1998年、北朝鮮から日本近海に向けて、あやしい物体が飛んできたからだ。いわゆる「**テポドン疑惑**」だ。

日本のすぐ近くに、日本を狙っている国があるかもしれない——この事実は日本人にとって衝撃だった。この事件以降、日本人の危機意識は急速に高まり、自衛隊容認論はさらに高まったんだ。

とはいえ、いかに国民が必要を感じても、自衛隊に憲法第9条違反の疑いがあるのは事実だ。でも政府はそれを認めない。結局政府は結論をうやむやにしたまま、あのあやしい解釈（＝必要最小限の「実力」）に基づいて「**防衛力整備計画**」を積み重ね、着実に自衛隊を増強している。

ということは、法的根拠なしに自衛隊は増強されてるんですか？

正しくは、法の解釈を拡大し、**改憲なしに自衛隊を増強している**ということだね。こういうのを「**解釈改憲**」というんだ。それがまかり通っているのが、自衛隊と憲法第9条の現状ということだ。

でもこんなうやむやな状態では、裁判官は苦労するよ。果たして裁判官は、何か事件が起きたとき、「自衛隊は憲法第9条違反」と言っていいのかダメなのか。

では次は、憲法第9条をめぐる裁判について見てみよう。

第9条をめぐる裁判

米軍基地
- **砂川事件**…地裁：**違憲** ⇒（跳躍上告）最高裁：**在日米軍は違憲ではない。**
  - （米軍基地反対派がサクを壊して進入）
  - （在日米軍は「戦力」）
  - （在日米軍は「我が国の」戦力ではない。安保条約については「統治行為論」で判断せず。）

自衛隊
- **恵庭事件**…（地裁確定）：事件は**無罜** ⇒ 無罪だから **違憲判断も不要。**
  - （演習場の騒音。住民が通信回線をカット）
  - ▶「肩すかし判決」

- **長沼ナイキ基地訴訟**…地裁：**違　憲** ➡ 高裁・最高裁：**判断回避**

（保安林を潰してミサイル基地に）

平賀書簡問題発生。

統治行為論が根拠。

恵庭事件の「無罪」って何なんですか!?　あり得ない〜！

　ほんとだよね。自衛隊の通信回線を切った奴が無罪だなんて考えられない。このときの裁判官は、違憲判断を避けるために、曲芸すれすれの荒技で「臭いものにフタ」をしたように見える。

　それに対して長沼ナイキ基地訴訟は偉いね。**第一審で自衛隊に対する初の違憲判決を出した**。しかもこのときは、事前に**判事に対する上司からの圧力があった**（＝**平賀書簡問題**）のに、それをはねのけて違憲にしたんだ。

それはすごい。立派な裁判官ですね。

　でもこの裁判官、なぜかこの後、全然出世できなかった。日本では裁判官の任命権は内閣が握っているが、この判決と出世の間に、何らかの因果関係があるのかどうかはわからない。ただ実際にこういうことがあると、ますます判決が萎縮することは確かだ。

　そのせいか**第二審の判決では、自衛隊への憲法判断は回避された**。その根拠となったのが「**統治行為論**」だ。

　統治行為論とは「**高度に政治性を有する問題は、裁判所の司法審査になじまない**」とする考えのことで、行政の判断に司法が口を出すべきではないという三権分立的な考え方だ。でもこういう流れで使われると、「もう勘弁してくださいよ〜」という裁判官の悲鳴のようにも聞こえる。

　このまま結論を先送りしていると、似たようなことの繰り返しだ。憲法問題は、そろそろ真剣に話し合って結論づける必要がありそうだね。

コラム　自衛隊員にとっての「当たり前」って？

　イラクのサマワ市に派遣された陸上自衛隊の指揮官によると、現地での自衛隊の心がまえは、「A・B・C」なんだそうだ。

　「当たり前のことを／ボーッとせずに／ちゃんとやる」……何とコメントしていいかわからない言葉だけど、この心がまえに基づいて現地で陸自が展開していたのは、「復興支援」という名の土木作業ばかりだった。

　ということは、自衛隊にとっての「当たり前」とは、土木作業なのか？　確かに彼らにはこれらの任務の方が多いし、戦闘訓練も実弾を使ったものより、空の鉄砲を持って「パーン、パーン！」と叫ぶ方が多い（もう叫ばせるな。心が痛む）。

2 日米安全保障条約

　日本の安全保障を考える上で、自衛隊とともにもう1つ問題となってくるのが日米安保条約だ。

🙂 日米安保条約って何ですか？

　日米安保条約は、**米軍の日本駐留を認める条約**だ。日本に米軍基地が存在する根拠となっている。でもよく考えてみると、何で日本に外国軍隊が常駐してるんだろう。これっておかしな話だよね。

😑 確かに。何でかな？

　おそらくいちばんの理由は、アメリカが冷戦期の敵国・ソ連の近くに基地が欲しいと考えたからだろう。だから日本が独立を達成した1951年の**サンフランシスコ平和条約**締結後も、わざわざ特別な条約まで結んで、アメリカは日本に基地を置きたがっていたんだろうね。

　条約上の理由は「**極東の平和と安全の維持**」のためとなっているけど、そもそも極東の定義からしてあやふやだ。政府統一見解では「**極東はフィリピン以北**」と発表したはずなのに、実際には日本の米軍基地からフィリピン以南にもバンバン行っている。しかも最初に結んだ**旧安保条約には、米軍による日本防衛義務**すら

064　｜　第1講　政治分野

なかった。これから判断すると、どうやら日本のためというより、アメリカのための条約という意味合いが強いことがわかる。

　この安保条約が、1960年に改定された。いわゆる新安保だ。この改定がなされてから、**条約内容はさらに危険なものになった**。こんな具合だ。

- 軍備増強義務（第3条）
- 基地の供与^{きょうよ}（第6条）
- 共同防衛義務（第5条）
- **事前協議**制度（第6条の補足）

😣　　どんな具合に危険なんですか？

🔺😟　いろんな意味で軍事同盟色が強くなっているんだ。軍備増強義務は明らかに憲法第9条に触れる疑いがあるし、共同防衛義務は日本の領域やそこにある米軍基地が攻撃されたとき、日米が共同して防衛行動をしないといけない。これは当時、第9条違反とされていた「**集団的自衛権の行使**」になる疑いがある。

　それに加えて**事前協議**制度。これは米軍が重要な配置変更や装備変更を行う場合と、日本の米軍基地から実際に戦争に向かう場合には、日米両国は**前もって話し合い**をしましょうというもので、**米軍の暴走に日本がノーと言うための、いわば歯止めのシステム**だ。

🙂　　いいシステムじゃないですか。何が問題なんですか？

🔺😟　実はこれ、**一度も実施例がない**んだ。ベトナム戦争、湾岸^{わんがん}戦争、イラク戦争……米軍は今まで何度も日本の基地から作戦行動で出動している。なのに一度も事前協議がないということは、結局アメリカにその意思がないということだ。日本は軽く見られているのかもしれないね。

　さらに新安保には「**日米地位協定**」というおまけがついている。これは基地の提供範囲や経費など、基地運営のための具体的条件を盛り込んだ協定なんだけど、その中にこんな箇所がある。

- 米軍基地内に日本の法律は適用されない。
- 米軍人犯罪者は、起訴前に日本で拘禁^{こうきん}できない。

4　平和主義　｜　065

😮❓ 聞いたことある。米軍基地は日本の中の外国なんでしょ。

😟 そんなのんきな言葉でくくらないでほしいな。これって確かペリーが浦賀に来た頃、日本が諸外国と結んだ不平等条約と同じような内容だよ。こういうのを「**治外法権**」といったはずだ。

😄 本当だ…

😟 この規定のせいで、**1995年に沖縄の12歳の少女が米兵3人にひどい目に遭わされたときも、犯人の身柄を拘束できなかった**。

　この事件後、日米地位協定は「**運用改善**」が約束され、凶悪犯罪のみ身柄引き渡しに「**好意的配慮を払う**」ことになった。しかし協定そのものが改定されたわけではないから、どの程度の配慮があるかはわからない。

😐 そうか、そう考えるとこのままじゃまずいな。

😟 **沖縄には米軍基地全体の75%が集中している**んだから、トラブルに対処するためにも改善なら改善で「明記」してくれないと、なかなか県民の安心にはつながらないよ。

🙂 他にも何か問題点はありますか？

😟 あるある。米軍に対しては、「**思いやり予算**」という**法的根拠のないお金を年2000億円前後もあげたり**と、明文化されてない部分での配慮が多すぎる。あまりにも不透明な支援は、国民の不信感を強めるだけだ。

　近年の東アジアの緊張を考えると、基地の必要性についての国民の認識も変わりつつある。だからこそ、そろそろ真剣に改定も含めて踏み込んで話し合う必要がありそうだね。

　それから、**沖縄の米軍普天間飛行場を名護市に移設する問題**も大きいね。宜野湾市の普天間飛行場は、市街地に隣接していて非常に危険な米軍施設だったんだけど、前述の少女暴行事件や米軍ヘリの墜落事故などが重なった結果、ついに**住民投票で名護市が受け入れを決定**し、名護市の辺野古に移設することになったんだ。

ただし、その近辺はジュゴンの生息地ということもあって、反対派の抵抗は根強い。しかも近年は、移設反対派の沖縄県知事や名護市長が相次いで誕生して、移設が非常に難航している。どうなるかは今後に注目だ。

3 安倍内閣より少し前の安全保障政策

安倍内閣より少し前の安全保障政策

- （冷戦後の安保）…**条約改正はない**が、**安保の意義の再定義**が必要に。
  ▶「対ソ→対北朝鮮」重視へ

- **日米安保共同宣言**…「**アジア太平洋**」の平和と安全重視を宣言。
  （1996年）
  ▶安保条約の改正ではない
  ➡ これに伴い従来の**ガイドライン**も見直しへ。
  ▶日米防衛協力のための指針

- 旧**ガイドライン**：「**日本への攻撃**」に備える。主に**対ソ**用。
  （1978年）▶日本有事

- 新**ガイドライン**：「**日本が巻き込まれる恐れのある事態**」に備える。
  （1997年）主に**対北朝鮮**用。▶周辺事態

※具体化のため**ガイドライン**関連法（**周辺事態法が中心**）が成立（1999年）。
▶周辺事態発生→スムーズに米軍の後方支援＋民間も協力

- **有事法制**…2003年に武力攻撃事態法などの有事関連3法が成立。2004年には有事関連7法が成立。

有事＝ ・**武力攻撃**事態（＝日本が攻撃されている）
　　　・**武力攻撃予測**事態（＝日本が攻撃されそう）

◎自衛隊による**私有地の強制収用・隊員の武器使用**などが可能に。
　▶2004年に「国民保護法」も制定。国・地方・自衛隊の役割明記

4　平和主義　　067

> その他の有事立法
>
> - （**テロ対策特別措置法**(2001年〜)）… **海上自衛隊**による、**インド洋上**からの米英軍**後方支援のため**（→戦地への上陸はなし）。
>
>
>
> 2007年**失効**し、海自は**一時インド洋から撤収**。 ➡ ◉ 2008年に**新テロ特措法**として復活。
> ▶ 2010年失効
>
> - （**イラク復興支援特別措置法**(2003年〜)）… 陸上＆航空自衛隊を**戦闘行為が続く外国領土に初めて派遣**し、**上陸**させる法。
>
>
>
> 同法は2009年7月で期限が切れ、**自衛隊は撤収**。なお、2008年4月に「**航空自衛隊による多国籍軍兵士の輸送＝戦闘行為に直結する後方支援**」として、名古屋高裁が**違憲判決**（確定）。

❶ ガイドライン関連法

　この法律は、冷戦後ソ連が消滅し、**安保条約の意義そのものを考え直す**過程で誕生した。

　ソ連なき今、何のための安保か——その答えを求めるべく日本周辺を見渡すと、そこには**北朝鮮の核開発疑惑**や中国・台湾間の緊張などがあった。そこで1996年、**日米安保共同宣言**が発表され、**条約改正はしないまま安保条約の意義だけが再定義**された。それによると、これからはソ連をにらむ安保ではなく、**アジア太平洋に目を光らせる安保**だ。

　そして、意義が変われば防衛方針も変わる。日米両国は対ソ用の防衛方針を示したガイドライン（＝日米防衛協力のための指針）を改定し、**新ガイドライン**を策定した。これは**日米の防衛範囲を「日本有事」から「周辺事態」にまで拡大させた**、防衛政策の大きな転換だ。

　そして周辺事態が発生した場合、自衛隊もスムーズに協力できるよう、国内法を整備した。そうして誕生したのが**ガイドライン関連法**だ。

内容的には当時第9条違反扱いとされていた集団的自衛権行使の疑いがある上、**民間の協力も明記**されている。協力とはいっても、米軍に港を貸すとか米兵のゴミを捨てておいてあげるといった程度のことだが、協力するというだけでも緊張感は増す。

❷ 有事法制

2003年には、**北朝鮮の脅威（きょうい）への対処などを念頭に置いた有事法制**が整えられた。「日本への直接的な攻撃（＝**武力攻撃事態**）」が起こったとき、**自衛隊を戦闘可能にする**ことが中心的な内容だ。ただこの法は憲法第9条に触れる可能性があまりにも高いため、野党や与党の一部からの慎重論も多く、実際に有事の際に使えるかどうかは難しい。

❸ テロ対策特別措置（そち）法

これは2001年にアメリカで起こった「**同時多発テロ**」をきっかけとする法律だ。この法律ができたことで、テロの脅威に立ち向かうためには、**自衛隊の戦時派遣もあり**ということになった。ただ、上陸はせず**インド洋上からの後方支援のみ**（米英軍のための「洋上ガソリンスタンド」的な役割）ではあったが、支援は支援。憲法第9条の実態とどんどん離れていくね。

4 安倍内閣から始まった安全保障政策

次に、**安倍内閣から始まった新しい安全保障政策**についてまとめておこう。

自民党は2012年末、当時与党だった民主党からほぼ4年ぶりに政権を奪回し、第二次安倍内閣が誕生した。

その安倍内閣が、**新たな外交・防衛政策の司令塔**として2013年につくった組織が「**国家安全保障会議（日本版NSC）**」であり、そこが示す今後10年の方針が「**国家安全保障戦略**」だ。

それによると、今後日本は「**国際協調主義**に基づく**積極的平和主義**」の立場から、我が国及びアジア太平洋の平和と安定に「**これまで以上に積極的に寄与**」していくこととなった。

4　平和主義 ｜ 069

この考えに基づいて、安倍内閣では2014年、まず武器輸出三原則が「**防衛装備移転三原則**」になり、これまで「禁輸メイン」だった表現が「輸出前提」の表現へと改められた。さらに同年、今度は**集団的自衛権**に基づく**武力行使が、条件付きではあるが可能**となった。

これらを受けて2015年には「**ガイドライン（日米防衛協力のための指針）**」も**18年ぶりに見直され**、日米の守備範囲も「周辺事態」から「**重要影響事態**」へと、飛躍的に広げられた。

そしてそれらの集大成として作られたのが「**平和安全法制**」（俗にいう「**安保関連法**」）だ。これは、**安全保障に関する1つの新法と10本の改正法の総称**で、安倍内閣が行った安全保障政策の大転換を、矛盾なく具体化するための法整備と考えてくれればいい。

詳しくはノート部分で見ておいてね。

安倍内閣から始まった安全保障政策

・（**積極的平和主義**）…自国＋アジア太平洋のため、**より積極的に行動**。
　　　　　　　　　▶国際協調／一国平和主義は捨てる／軍事貢献も視野

・（**集団的自衛権**）…**同盟国が攻撃されたとき、自国は攻撃されてないが相手を攻撃する権利**（＝親しい国への助っ人）。

　⬇　従来は**第9条違反扱い**。　⟹　2014年より「条件付きで行使OK」に。

●**武力行使の新三要件**

❶　我が国 or 密接な関係国への**武力行使**発生　⟹　そのせいで我が国の**存立が脅かされ**国民の生命・自由・幸福追求権に**明白な危険**　＝「**存立危機事態**」
　　　　　　　　　　　　　　　　　　　　　　　　▶このときだけ集団的自衛権に基づく武力行使可に

❷　これを排除する<u>他の適当な手段なし</u>

❸　**必要最小限**の実力行使にとどめる

- （**ガイドライン**の見直し）…2015年、18年ぶりに実施。

［（従来）：**周辺事態**用…「日本＋その周辺」でしか自衛隊は活動不可。

　↓

（2015年）：（**重要影響事態**用へ）…日本の平和と安全に重要な影響を及ぼす事態。
➡地理的な制約消滅。自衛隊は**世界中で活動可**に。］

- （**平和安全法制**（2015年））…「**安保関連法案／戦争法案**」等と呼ばれた。

　　　　　‖

［・**国際平和支援法**…**国連決議に基づき活動**する外国軍隊に**後方支援可**。
　　　　＋（新法）　▶＝国際平和共同対処事態

- **平和安全法制整備法**…◉ **10本の法律をまとめて改正**するための法。
　　　　　　　　　▶このとき、自衛隊法やPKO協力法を改正 ］

---

5 防衛政策の諸原則

▶ **集団的自衛権**行使の禁止・・・

　集団的自衛権とは「**親しい国に助っ人しに行くこと**」を指す。つまり**自国と密接な関係にある国が武力攻撃を受けた場合、自国が攻撃されていなくても、その国を助けるための防衛行動をとる**ことだ。

　まず、従来までの日本政府の見解を整理すると、以下のようになる。

- 日本にも**集団的自衛権あり**。ただし**その行使は第9条違反扱い**。
- **憲法上の明記はなし**。（→内閣法制局長の国会答弁が根拠）
- 集団的自衛権の行使を禁止する**国会決議もなし**。

　ところがさっき見たように、**2014年に安倍内閣はこの憲法解釈を変更し、**「**集団的自衛権に基づく武力行使を条件付きで容認**」する閣議決定を行ったのだ。

　これは、政府が40年以上守ってきた解釈に対する、歴史的な大転換だ。しかし過去の内閣法制局長官も複数名指摘しているように、ここまで大きな解釈変更をするなら、筋を通すためには憲法改正が必要なはず。大丈夫か？　安倍首相。

▶ 専守防衛

専守防衛とは、**自国が攻撃されたときに専ら守るのみ**で、こちらから先制攻撃してはいけないという考え方だ。この「**個別的自衛権**」(＝他国から攻撃されたとき、自国だけで自国を守る権利)に専念する立場を「専守防衛」という。

▶ 非核三原則

核兵器を「**持たず・作らず・持ち込ませず**」——佐藤栄作内閣時に閣議決定されたこの原則を「非核三原則」という(ただし、この原則は閣議決定されたのち、国会決議でも採択されている)。だが2010年、当時の民主党・鳩山内閣の調査により、**日米間に核持ち込みを容認する「密約」が存在した**ことが正式に判明した。これで従来からあった米軍による日本への「核持ち込み疑惑」が証明されたこととなり、国内は騒然となった。

ちなみに**日本政府は「憲法上、防衛用核兵器の保持は可**」という立場をとっている。ただし現状では、**非核三原則を優先させ、保有はしていない**。

▶ 武器の輸出

武器の輸出に関しては、「共産圏・国連での禁輸決議国・紛争当事国」への武器輸出はダメ、というのが従来の**武器輸出三原則**だった。しかしこれが、2014年より「**防衛装備移転三原則**」に変更された。今後は「条約違反国への輸出禁止」「同盟国への輸出はOK」「目的外使用や第三国への移転の管理」が武器輸出に関する新たな三原則となり、**一定の条件さえ満たせば武器の輸出が可能**となった。

▶ シビリアン＝コントロール(文民統制)

シビリアン＝コントロール(文民統制) とは、自衛隊を統轄する最高責任者は文民、すなわち**職業軍人でない者**という考え方。つまり日本の場合は、**現職自衛官以外が文民**ということになる。

ただ日本には、防衛大臣(＝防衛省の主任大臣)と内閣総理大臣(＝自衛隊法上の最高指揮監督権者)がいるため、どちらが最高責任者かわからない!?——でも両者の力関係をよく見ると、どっちがそうかすぐわかる。

確かに防衛大臣も、自衛隊への命令権を若干持っている（不審船への対処としての警備行動など）が、テロ・クーデター・戦争など、いざ国防の際の命令権は、すべて総理が持っている。つまり**防衛大臣は、自衛隊を行政管理・運営する防衛省の主任大臣ではあるが、「自衛隊を統轄する最高責任者」は****内閣総理大臣****ということ**になる。

ちなみに憲法上の文民規定は第 66 条にあり、「内閣総理大臣その他の国務大臣は、文民でなければならない」と書かれてある。

▶ GNP 1％枠

毎年度の防衛費は、GNP の 1％以内に収めるという原則。防衛予算の目安として、1976 年の三木内閣時に設定された。

ただしこれでは毎年の GNP が発表されるまで防衛予算が組めない。それはあまりに不都合だということで、1987 年の中曽根内閣のときから **GNP 1％枠は廃止**され、かわりに「**総額明示方式**」になった。

これ以後は**5 年単位の防衛計画（＝中期防衛力整備計画（中期防））に従って、予算が組まれる**ことになった。このせいで、事実上 **GNP の 1％を超えた年も出た**が、大体例年 1％以内に収まっている。

4　平和主義　　073

▶ **海外派兵の禁止**

　「派兵」とは、**武力行使を前提**として自衛隊を海外に赴かせることを指す。ということは、**武力行使を伴わない**「**派遣**」なら **OK** というふうに解釈されている。

チェック問題 | 4

冷戦後の国際政治情勢の変化を受けて、日本で制定または改正された法律・条約に関する記述として最も適当なものを、次の①〜④のうちから1つ選べ。

① 冷戦終結後に起こった湾岸戦争を機に、国際貢献をめぐる議論が起こり、その後、PKO協力法が成立した。

② 湾岸戦争後、安全保障の重要性が強く認識されるようになり、日米安全保障条約が改正された。

③ 防衛力のさらなる充実が必要との声を受けてイラク戦争以前に防衛省設置法が成立していたため、この戦争での日本政府の対応はきわめて迅速であった。

④ イラク復興支援特別措置法の成立によって、自衛隊が初めて国外に派遣されることとなった。

（センター本試験）

解答 … ①

解説 湾岸戦争時、日本は**自衛隊を海外派遣する根拠法**がない中で**人的貢献を求められ**、結局、野党から批判を受けながら自衛隊をペルシア湾に送った。で、今後そういうことでもめないようにするため、1992年にPKO協力法が成立したんだ。

②：日米安保条約は、**1960年を最後に改正されていない**（10年ごとに自動更新）。ちなみに**安保条約の破棄も、一方がその意思を通告すれば、話し合わなくても1年後に実現**するようになってるんだよ。

③：イラク戦争は2003年、防衛省設置法は2007年施行だから×。

④：自衛隊初の海外派遣は、上に書いてある通り湾岸戦争時のペルシア湾への掃海艇派遣だ。

4　平和主義 | 075

5 日本の政治機構

1 国会

　国会は国民が選挙で選んだ代表者が集まる、国民の代表機関だ。やるべき仕事はたくさんあるが、何といっても大事な仕事は、国民の自由と安全を守るための規範・**法律を作ること**だ。この作業だけは、人任せにすると我が身を危なくするからね。つまり国会は、**立法権の主体**ということになる。

憲法上の地位

- 「国会は**国権の最高機関**＋**唯一の立法機関**」（憲法第41条）
- 「議員は全国民の代表」（憲法第43条）➡地元や支持母体に拘束されない。

　え、国会議員って地域の代表じゃないの？

　そうなんだよ。選挙の形態こそ地域単位のものが多いけど、あくまで憲法上の建前は「**全国民の代表**」。だから議員は全国民的視点に立ち、決して地元や支援団体への利益誘導にばかり奔走しないよう注意しなければならないんだ。

　でもそんなこと言っていると、選挙の際、地元の有権者にそっぽを向かれる。

憲法上の建前と地域単位の選挙制度。議員の抱える難しいジレンマだよ。

　また、日本の国会は、**衆議院と参議院の２つの議院**で構成されている（憲法第42条）。これを両院制（二院制）というんだ。

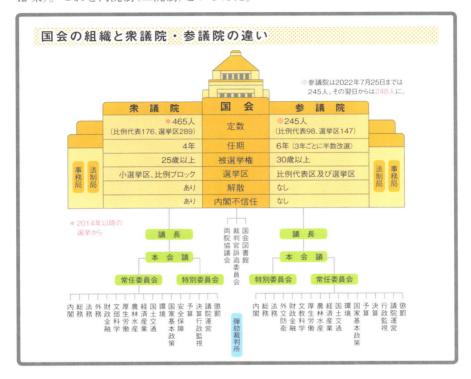

議員特権というものがあるって聞いたんだけど…

そう、国会議員にはさまざまな特権が与えられているんだ。
　一見するとそれらは議員ばかりをひいきしてるように見えるんだけど、実はそうでもない。議員には常に**「全国民の代表」として働く責務**がある。その責務が**果たせなくなったら、これは全国民にとって不利益**だ。だからそうならないためにも、議員は少々のことなら大目に見てもらえるようなシステムになっているんだ。こんな具合にね。

議員特権

❶ **不逮捕**…会期中は「逮捕されず＋院の要求あれば釈放」
　　　　▶例外…院外での現行犯／所属院の許諾あり
❷ **免責**…院内発言　➡　院外で責任問われず。
❸ **歳費給付**…所得保障（一般国家公務員の最高額以上）。

---

　❶はなぜ認められるのか。それは仮に行政による不当逮捕があっても、全国民の代表としての活動を続けられるためというのが、大きな理由だ。ただしあくまで国会が開かれている**「会期中」**だけであり、**「任期中ずっと」逮捕されないという意味ではない**から気をつけて。

所属院の許諾って何ですか？

　これは、例えばその議員が衆議院議員ならば、衆議院で**「アイツを逮捕したままにしといてもらおう」という請求（＝逮捕許諾請求）が可決**されてしまうことだ。
　結論からいうと、ほとんどの不逮捕特権は、この許諾でつぶされてしまう。どの政党も選挙は大事だから、国民から「あの党は逮捕された議員を国会に出すような党なのか！」と思われたくないからね。

❷の「責任」って何ですか？

これは刑事・民事などの、裁判上の責任だよ。

なぜ免責特権は必要か。それはうっかり吐いた失言・暴言が「院外」、つまり裁判などでの処罰の対象になると、議員の発言が萎縮して誰も踏み込んだ発言をしなくなる恐れがあるからだ。議員は国民の利益のためにも、言いたいことは全部言ってくれた方がいいということだね。

❸はたっぷり所得保障してくれるってことですか？

その通り。なぜこれが必要かというと、それは十分な所得保障があるからこそ、常に国会活動を優先させることができるからだ。

国会の種類
- **常　会**：**1月**召集／**予算**審議／会期 **150** 日間
- **臨時会**：必要に応じて。緊急議事の話し合い。
  ▶ ＋衆任期満了選挙後／参通常選挙後
- **特別会**：衆議院解散総選挙後 30 日以内 ➡ **内閣総理大臣の指名**。
- **緊急集会**：参議院のみ。**衆議院解散中**の緊急時。

国会会議運営の原則
- **定足数**：議決に必要な**最小限の出席者数**（＝総議員の **3分の1**）。
- **公　開**：両議院は原則公開。
- **会期不継続**：会期中に審議未了 ➡ 原則廃案。
- **一事不再議**：議決済みの案件 ➡ 同一会期中の再審議不可。
- **委員会中心**：本会議よりも委員会審議を重視。

国会の種類はこれぐらいでいいので覚えておこう。会議運営の原則では、特に「公開」と「委員会中心」が要注意だ。「公開原則」には例外があり、「**出席議員の3分の2以上の賛成で秘密会**」にもできる。開かれた民主主義に秘密会なんて似合わないと思うかもしれないけど、政治の役割は「すべてを公開」することではなく、「国民の生命・安全・自由・財産を守る」ことだ。そのためには秘密会の方がいいと判断したときは、できる仕組みになっているということだ。

委員会中心主義

委員会の種類 ： ・**常任**委員会：予算や省庁関連。議員は必ずどれかに参加。
・**特別**委員会：法案など個別の案件ごとに設置。

- 本会議と違い、原則として**議員以外は傍聴できない**。
- 必要に応じ、学識経験者などに意見を聞く**公聴会**を開ける。
- 「日米＝**委員会**中心／英＝**本会議**中心」で国会運営。

  委員会中心主義って何ですか？

本会議中心主義をとる英などと違い、**日本の国会は、本会議よりも委員会が実質的に審議の中心の場**になっているということだ。本会議では最終的な議決を行うけど、その前段階の委員会で、細かい内容のチェックはすべて完了している。

つまり僕らがテレビで見る国会中継**（本会議）は、事前にあらかた段取りが決まってしまっている予定調和**に近いものであることが多く、真の緊張感は、委員会審議の方が高いんだ。

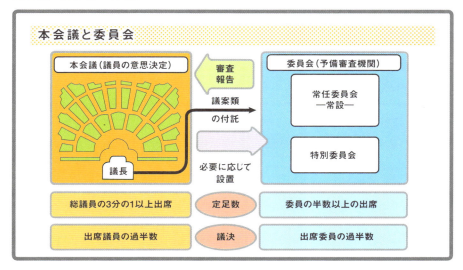

では、唯一の立法機関である国会での立法の過程を見てみよう。

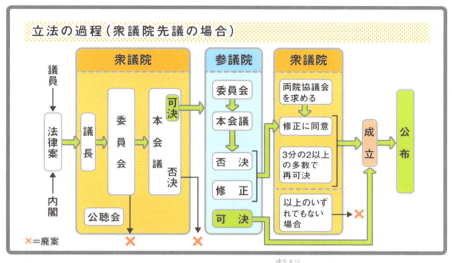

衆議院は参議院に対し、議決の面でいくつかの優越権が与えられている。

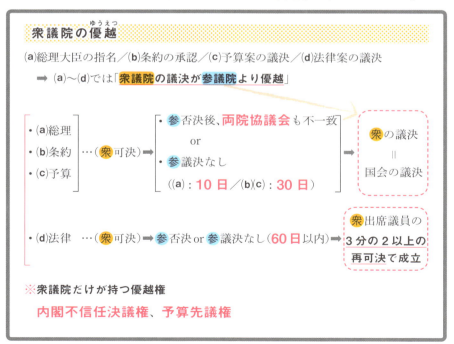

衆議院の優越の根拠は、次の通りだ。

衆議院が優越する理由

- **人数が多い**（465人 vs 245人（2022年より248人））➡ 多数決の原理にかなう。
- **任期が短い**（4年 vs 6年）➡ 選挙機会が参議院より多い。
- **解散がある**（参議院にはなし）

どうやらこれらの理由から、**衆議院の方が参議院よりも民意を反映している**と考えられているわけだね。

ただしこの衆議院の優越、よく見ると案件ごとに微妙に違う。**まったく同じなのは(b)と(c)だけ**だ。

　(a)と(d)は何で違うの？

まず(a)の「総理の指名」で参議院の議決を10日しか待たない理由は、総理が「**内閣の首長**」だからだ。

内閣総理大臣は内閣の首長として、**他大臣の任免権**を持つ。その総理がいつまでも決まらないと、他大臣も決まらず、国の行政はマヒしてしまう。そういう空白を短くするためにも、総理は急いで指名しないといけないんだ。

そして(d)の「法律案の議決」で60日も待ち、再可決まで要求する理由は、**法律を作る仕事が国会の最重要任務だから**だ。法律は僕らの自由と安全を守る最も大切な規範だ。それをよく吟味もせず適当に作るのはまずいでしょ。つまり**立法作業は最も大事な仕事だから慎重に**ということだね。

最後に、これらも覚えておこう。

その他の国会の仕事

❶ **憲法改正**の発議（憲法**第96条**の改正手続きに基づく）

（各議院の総議員の3分の2以上の賛成で、国会が**発議**）➡ **国民投票** ➡（天皇が改正を公布）
▶過半数の賛成

❷ **弾劾裁判所**の設置（非行があった裁判官を解任する制度）

非行があった裁判官 → （**訴追委員**（衆参各10名）が訴えを起こす。）→ （国会内に弾劾裁判所を設置し、弾劾裁判。）

▶職務上の義務違反 or 威信失墜の非行

▶衆参各７名の裁判員。
過去９回中７名が罷免

❸ **国政調査権**（国政全般（立法・行政・司法）に対する調査権）
　⇒**証人喚問**や記録の提出を要求可。

近年の国会改革の動き

・**政府委員**の廃止…大臣の国会答弁補佐の官僚は不要。
・原則週１回の**党首討論**…英の「**クエスチョンタイム**」がモデル。
・**政務次官**の廃止…主に与党議員が就いた、実体の伴わない副大臣的ポストを廃し、正式に**副大臣**と**大臣政務官**を設置。

😊 この国会改革には、どんな意味があるの？

官僚主導の国会運営から政治家主導の国会運営にする狙いがあるね。だから実務面で役に立ってない**政務次官**を廃止し、不勉強な大臣を過保護にする**政府委員**を廃止したんだ。

😊 その他、国会で気をつける点はないですか？

そうだな、「**ねじれ国会**」にも気をつけてもらいたいね。
ねじれ国会とは、**衆参の過半数政党が食い違うこと**だ。例えば「衆議院は自民、参議院は立憲民主」みたいな形だよ。

😮 ねじれ国会だと、何か問題でもあるんですか？

大ありだよ。与党が衆院で何を可決しても、参院で否決されるのでは、いくら衆議院の優越があっても、議決に時間がかかってしょうがない。しかも日銀総裁や行政委員会の人事は「**国会同意人事**」といって、必ず衆参両方の賛成が必要だから、ここでももめる。さらには国政調査権に基づく**証人喚問**

5　日本の政治機構　　083

は衆参それぞれに認められているから、参院独自の証人喚問もできる。

> うわ、これは総理も大変ですね

しかもそんなことでフラフラになっているところに、今度は参院で総理の「**問責決議**」が可決されたりするんだよ。

> 問責決議って？

問責決議は、**参院が行う**「**個々の大臣**への、**拘束力のない**、**不信任決議がわり**」だ。衆院だけに認められている内閣不信任決議とは違って、内閣あてでも拘束力ありでもないから、気をつけてね。

2 内閣

憲法上の地位

「行政権は内閣に属する」（憲法第65条）➡行政権の主体。

⬇

・内閣総理大臣…**国会議員の中から**国会の議決で指名。➡天皇が任命。
・国務大臣…総理大臣が任命。天皇が認証。**過半数は国会議員**。

⬇

◉意思決定は、**閣議**における**全会一致制**。

　内閣は行政の主体で、そこを仕切るトップが内閣総理大臣だ。明治憲法下では他大臣と同格扱いの「**同輩中の首席**」にすぎなかった総理も、**今日の日本国憲法では「内閣の首長」**として他大臣の任免権を持ち、**他大臣より上位にある**。

内閣総理大臣の権限

内閣総理大臣		
内閣を代表して議案提出（憲法第72条） 内閣を代表して一般国務及び外交関係を報告（憲法第72条）	→	国　　会
主宰する	→	閣　議
国務大臣を任免（憲法第68条） 法律・政令に主任の大臣と連署（憲法第74条）	→	国務大臣
行政各部の指揮監督（憲法第72条）	→	行政機関
議長	→	安全保障会議
最高指揮監督権	→	自衛隊
緊急事態のとき統制	→	警　察
行政処分の執行停止の決定について異議申し立て	→	裁判所

　そしてその内閣総理大臣の下で行政事務を担当するのが、各大臣だ。少し前までは「1府22省庁の長」だった国務大臣も、2001年の省庁再編を経て、今日では「**1府12省庁の長**」となった。その数は「**原則14名以内**」となっているが、**必要に応じて最大17名まで増やすことができる**。つまり行政改革なら行政改革担当大臣、少子化なら少子化担当大臣と、その時どきの**必要に応じて3名まで特命大臣を増やせる**んだ。また、2012年に設置された**復興庁**と、2015年に設置された東京オリンピック・パラリンピック推進本部が設置されている間は、特例として、**国務大臣の数は16人（特別な場合は19人）以内**とされているんだ。

　なお「1府12省庁」という数え方は大臣がいる省庁を指すものであり、大臣のいない宮内庁などは含まない。また国家公安委員会は警察庁を統括するため、12省庁唯一の「庁」とカウントするんだ。

　内閣の仕事についても、簡単に見ておこう。

内閣の仕事

- 最高裁長官の指名、その他の裁判官の任命。
- 条約の締結、外交処理。
- 予算作成、政令制定。
- 恩赦の決定、天皇の国事行為への「**助言と承認**」。

5　日本の政治機構

内閣の外局

行政委員会…「**中立・公平**」を要する任務を担当。そのため、国会・内閣など、他の国家機関からの**独立性が高い**。

例
- **公正取引委員会**：独禁法のチェック。
- **中央労働委員会**：労使関係チェック。
- **人事院**：公務員の労働条件チェック。

→ 裁判所を通さず
独自の審判など可
▶**準司法的機能**

行政委員会は、地味な名前だけど非常に重要な組織だ。一応内閣の外局扱いになってはいるけど、実際には**内閣の影響力を排除した、非常に独立性の高い機関**だ。

彼らには裁判所を通さずに審判を行うことができる「**準司法的機能**」が与えられている。これは、裁判所など外部の国家機関との接触を避けることで、なるべく独立性を保つための機能と考えていいだろう。

😊 ◁ 議院内閣制って何ですか？

議院内閣制とは「内閣の存立を国会の信任に委ねる」制度、簡単にいえば**国会から信任された内閣だけが、内閣たり得る**という制度だ。

内閣と国会は、非常に関係の近い国家機関だ。国会は法律を作り、内閣はその法律に基づいて実際の政治を行う。この**両者が協力関係を保つことは、円滑な政治運営には不可欠な要素**だ。

だから両者は連帯責任を負い、仲良く協力できるようにするために「過半数の大臣に国会議員を兼任」させる形で、構成メンバーを混ぜる。そして協力が維持できないくらい関係が悪くなると、「不信任決議と解散」でたがいを辞めさせ、選挙を経て新しい協力関係を築き直す。この**「不信任決議と解散」こそが、常にいい関係を保つことが求められる議院内閣制の核心部分**なんだ。

議院内閣制

「内閣は国会に対し**連帯して責任**を負う」（憲法第 66 条）

➡内閣と国会の**協力関係を維持**するための制度（**不信任**決議と**解散**で）。

解散って何ですか？

任期満了前に議員資格を奪うことで、衆議院だけにある。

ちなみに、衆議院解散には 2 つのパターンがある。1 つが**内閣不信任決議への対抗としての解散**（＝**憲法第 69 条**解散）で、もう 1 つが**天皇の国事行為としての解散**（＝**憲法第 7 条**解散）だ。この区別も頭に入れておこう。

最後に、内閣総辞職の 3 パターンも覚えておいてね。

内閣総辞職

●**憲法第 69 条**：衆議院が**内閣不信任決議を可決**した場合。

➡ 10 日以内に衆議院を解散しないと、総辞職。

●**憲法第 70 条**：内閣が**衆議院を解散**した場合。

➡解散総選挙後の**特別国会**召集時に総辞職。

●**憲法第 70 条**：**内閣総理大臣が欠けた**場合。➡自動的に総辞職。

（辞任や死亡などで）

5　日本の政治機構

内閣支持率

　マスコミ各社が発表する内閣支持率には、だいたい決まった傾向がある。どんな内閣も、最初の新鮮なうちはご祝儀的に支持率が高い(50%ぐらい)が、辞めていく頃には例外なくボロボロ(25〜15%ぐらい)になる。

　特にひどかったのは、リクルート事件で評判を下げた竹下首相と、暴言・失言王の森首相。この2人は辞め際の支持率が何と1ケタだった。

　そしてその傾向は、自民党政権に限ったことではない。2009年〜12年の民主党政権時代も同じだ。選挙時に夢のようなマニフェストを提示したものの、そのほとんどを実現できず、支持率は「70%台→10%台」へと急落した。

　一方、2000年代前半の小泉内閣のように、終始高支持率の内閣もある。小泉内閣は、80%台後半という驚異的な支持率から始まり、その後も5年間40〜60%台という高い支持率を維持したまま身を引いた。

　小泉氏といえば、親しみやすい人柄とリーダーシップ。こうして見ると、国民が首相に期待するものが何なのかが見えてくるね。

3 裁判所

憲法上の規定と司法機関は、次のようになる。

憲法上の地位

「司法権は**最高裁判所及び下級裁判所**に属する」(憲法第76条)

- 最高裁判所：15名の裁判官。通常、第三審を扱う。
- 高等裁判所：全国8ヵ所。通常、第二審を扱う。
- 地方裁判所：全国50ヵ所。通常、第一審を扱う。
- 家庭裁判所：地方裁判所に併置。少年事件と家庭内事件を扱う。
- 簡易裁判所：全国438ヵ所。少額軽微な事件のみ扱う。

禁止されている裁判（憲法第76条）
- **特別裁判所**の設置…行政裁判所・皇室裁判所・軍法会議など。
- 行政機関による**終審裁判**。　※ただし**第一審**扱いなら**OK**。

 最後の２つがわかりにくいんですが。

　特別裁判所とは、戦前存在した**特定の事件や特別な身分の人だけを裁く裁判所**で、今日では憲法第76条で設置を禁止されている。
　そして司法権が裁判所にある以上、**他の国家機関に確定判決を出させるわけにはいかない**。これが「行政機関による終審裁判の禁止」だ。
　ただしこれは逆にいうと、**行政機関でも第一・二審相当の決定ならOK**ということだ。いい例が**行政委員会の審判**。その決定には、**裁判の第一審判決と同じ効力**がある。つまり行政委員会には現状「第一審扱いなら認めている」ということだね。
　では次に、裁判の種類について見てみよう。

裁判の種類
❶ 民事…**私人間の利害対立**。刑罰なし。➡「原告 vs 被告」
❷ 刑事…**刑法違反**。刑罰あり。➡「**検察官** vs 被告人」
❸ 行政…違法な行政行為。➡「原告(住民)vs 被告(国・地方)」

　❶でいう「**私人間**」とは、「個人対個人」とか「民間同士」という意味だ。つまり民事裁判とは、ご近所トラブルや企業の契約トラブルなどの利害対立を調整する裁判だから、具体的には**損害賠償請求や行為の差し止め請求**などになる。
　もちろんこれらは犯罪行為ではないから、刑罰はない。
　❷は、刑法という国家の定めた禁止事項を破った人間を裁く裁判だ。つまり窃盗や殺人みたいな犯罪行為を裁くわけだから、当然刑罰はある。そして刑事裁判で大事なことは、誰が原告（＝訴える側）になるかということだ。

よく誤解されるんだけど、刑事裁判の原告になるのは、犯罪被害に遭った人ではない。刑事事件は**国の定めた禁止事項である刑法を破る犯罪行為**だから、原告には国の司法の代表者、つまり**検察官**がなる。そして人身の自由が保障されている被告人（＝訴えられた側）には、憲法第37条に基づき、**弁護人を依頼する権利**が認められる。これが刑事裁判だ。

　❸は簡単。行政裁判とは、国や地方を相手どった裁判全般を指す。

　次は裁判の形態だ。

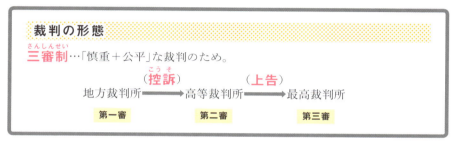

　厳密にいうともっと特殊な裁判もあるけど、現代社会ではこの基本形を押さえておけばいい。裁判は1回だけだと間違いもあり得るからね。最低3回は受けられるよう保障されているんだ。

　ただし、三審制で**有罪が確定した後、ごくまれに無罪の可能性が発見されることがある**。そういうときには「**再審制度**」といって、**裁判をやり直すこともできる**んだ。

- **再審制度**…確定判決に誤り。➡ **裁判のやり直し**可。
  - ・従来：「**開かずの扉**」…明白な無実の証拠がないと不可。
    ▶真犯人やアリバイ
  - ・1970s〜：「**疑わしきは被告人の利益に**」➡広く再審開始。
    ▶明白な証拠より被告人の人権を
  - ◎ 1980s、「**死刑➡逆転無罪**」判決多発。

さあ、次はいよいよ最大の山場、司法権の独立について見てみよう。

司法権の独立

裁判所がいかなる干渉も受けず、公正・独立性を確保する原則。

⬇

- 対外的独立：**他の国家機関**の干渉を排除。 ➡ **大津事件**
  ▶立法・行政など
  ＋
- 対内的独立：**司法内部**における干渉を排除。 ➡ **平賀書簡問題**
  ▶上級裁・上司など

⬇

※これらを保つための憲法上の規定。

- 裁判官の独立：「裁判官は**良心**に従い**独立**して職権を行い、**憲法・法律**にのみ拘束される」（憲法第76条）
- 身分保障：
  - 所得保障…相当額を保障。在任中**減額なし**。
  - 定年制…最高裁・簡易裁は70歳。他は65歳。
  - 罷免は(a)心身の故障／(b)**公の弾劾**／(c)**国民審査**のみ。

公平な事件解決は、裁判官にとって最大の任務だ。そのためには内外からの圧力に屈してはならない。司法権の独立は、裁判の独立性を保つのに不可欠の要素といえるだろう。

しかし実際には、その独立性を脅かす事件というのもある。その代表的なものが、**大津事件**と**平賀書簡問題**だ。

 どんな事件なの？

大津事件は明治時代、来日中のロシア皇太子が、日本人に刀で切りつけられた事件だ。ロシアとのトラブルを恐れた**政府は、裁判所に対し「その男を死刑にせよ」と圧力**をかけた。

でもどんな理由があるにせよ、政府（行政機関）が裁判所（司法機関）に圧力をかける権限などない。だから当時の**大審院長**（＝最高裁長官）・**児島惟謙**は、政府の圧力をはねのけ、無期懲役にした。こうして、司法権の対外的独立性を守った児島だったが、ただしその際、下級裁に対して「お前らも政府の言いなりになる

なよ」的なことを言い、これが**若干、対内的独立性を侵害していた**という事実も覚えておこう。

　平賀書簡問題は「4 平和主義」にも出てきた事件だ。確か**長沼ナイキ基地訴訟**の担当判事に、**札幌地裁所長が「なるべく国の判断に沿った判決を出すように」との書簡を出した**という問題だったけど、いくら上司でも部下の判決に干渉するのは、やっぱり司法権の独立の侵害だ。

😔　**裁判官にはいろんな圧力があって大変ですね。**

😣　そう、だから圧力をはねのけるため、裁判官には**憲法上厳重な身分保障がなされている**。例えば所得保障が十分なら、裁判官が金で転んで判決をねじ曲げるような事態を減らせるし、罷免の要件も、(**a**)(**b**)(**c**)の3つだけに限定されれば、誰かから「お前、オレの言う通りの判決を出さないとクビにするぞ」などと圧力をかけられても効かなくなるからね。

コラム 「国民審査」とは？

最高裁の判事のみ、10年に1回、衆議院選挙と同時に、国民審査が実施される。僕らは選挙の投票のついでに、不適格だと思われる裁判官の名前に×をつければいい。×が過半数に達したら、その判事は罷免される。つまり国民審査は、主権者である国民による、司法機関へのチェック機能ということができるんだ。これで問題のある人間を司法機関の頂点に置く危険性から逃れることができる。

でも問題は、用紙に判事の名前しか書いてないことだ。名前だけではその判事の善悪はわからない。もちろん過去に罷免例もない。何なんだろうね、この制度。

　次は**違憲立法審査権**だ。違憲立法審査権は「一切の**法律・命令・規則・処分**」が憲法に違反しないかを審査する裁判所の権限で、**全裁判所に認められている**。最高裁にしかないと思ってる人も多いけど、最高裁は最終決定機関であって、権限そのものは全裁判所にある。誤解のないように。

092　｜　第1講　政治分野

違憲立法審査権

違憲立法審査権…（一切の**法律・命令・規則・処分**が憲法に違反しないかを審査する裁判所の権限（憲法第81条）。）

◎ **全裁判所にあり** ➡ ※ただし日本では、**具体的事件のついで**でのみ行使可。
- ▶最高裁が最終決定
- ▶裁判所の仕事＝事件解決だから

・**日米**：（何らかの事件発生）➡ 裁 判 開 始 ➡ （違憲判決が出たら、**その事件でのみ**法律は無効。）
- ▶必要に応じ違憲審査
- ▶法の削除は国会の仕事

・**独など**：法成立 ➡ ただちに**憲法裁判所**で審査 ➡ （違憲判断出れば法律は即無効。）
- ▶特別裁判所の一種。日本では禁止

😊 これさえあれば、変な法律はすぐになくせますね。

😣 それがそうはいかないんだよ。この違憲立法審査権、日本では**具体的事件のついででないと行使できない**んだ。

　つまり裁判所は、何らかの事件の裁判の途中でこの機能を使うことはできるけど、何も起こっていない段階で、いきなり法律の違憲判断をすることはできないんだ。

😫 え、何でですか？

😣 **裁判所のいちばんの任務は、トラブルの解決**だからだよ。つまり法律が憲法に違反するかどうかをチェックするのは、あくまで二の次の機能なんだ。ちなみに、**違憲判断を下した法律の削除も、裁判所にはできない**。なぜなら削除は制定の延長上にあり、立法権の範疇だからだ。何とも日本の司法権は窮屈だね。

5　日本の政治機構

あとは司法制度改革と裁判員選任手続きの流れを押さえておこう。

司法制度改革

- **裁判員制度**…**重大な刑事裁判**の第一審のみ、市民から無作為に選んだ
  （2009年〜）　**裁判員**の参加を義務づける。**裁判員**は裁判官と共に
  「**事 実 認 定**（＝**評決**）＋ **量 刑 決 定**」（＝**判決**）。
  　　　　　　　▶有罪 or 無罪　　　　　　▶刑罰の内容と重さ

  ⬇

  ※参考：**陪審**制度　…市民から選ばれた**陪審員**は評決のみ。
  　　　　▶米英など　　➡裁判官は**評決**に基づき判決のみ。

- **公判前整理手続き**…裁判前に**弁護士と検察官**が、それぞれの持つ証拠
  　　　　　　　　　　を示し合う。

- **被害者参加制度**…被害者本人や遺族が法廷に立ち、発言できる。

- **公 訴 時 効 の 廃 止**…**殺人や強盗殺人の時効**が廃止に。
  　　　　　　　　　（➡※過去の事件にも適用する）

- （**知 的 財 産　高 等 裁 判 所**）…著作権や特許権に関する訴訟を専門に扱う。
  　　　　　　　　　　　　　　▶東京高裁内にのみ設置。2005年〜

- **少年法改正**…刑事罰適用年齢を「**16歳 → 14歳以上**」に引き下げ。
  （2000年）　　　　　　　　　　▶少年法の厳罰化

- **検察審査会**…国民から選ばれた会員が、**検察の下す「不起訴処分」の妥当**
  　　　　　　　性をチェック。
  　　　　➡2009年より「**起訴相当**」が❷回出れば強制起訴される
  　　　　　ことに。　▶この場合は指定弁護人が検察官にかわって起訴

- **日本司法支援センター**（＝**法テラス**）
  いつでもどこでも法律相談できる社会をめざして、法務省の発案でスタート（2006年〜）。

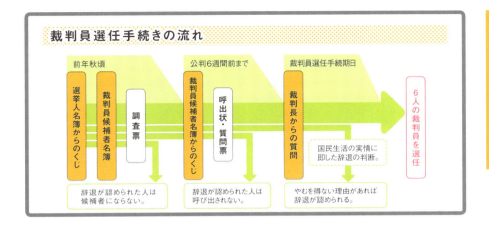

4 英米の政治制度

　この章では日本の政治機構について見てきたけど、最後に海外の政治制度にも触れておこう。国によって形はさまざまだけど、試験でよく問われるのはイギリスとアメリカだ。わかりやすくノートにまとめておいたので、特にこの2つについては内容をしっかり理解しておこう。

イギリスの政治制度

- **政体**：**議院内閣制**…不信任決議と解散あり。
- **政党**：二大政党制…労働党と保守党
  　　　　➡ 野党は「**影の内閣**」（政権交代に備えた模擬内閣）を組織。
- **行政**：首相と閣僚は、**全員が国会議員を兼任。**
  　　　　▶三権が密接に関連するタイプ
- **優越**：下院優越の原則…内閣不信任決議権、予算先議権
- **違憲立法審査権**：**なし**
- **首相の選出**：下院第一党の党首を、国王が任命。

アメリカの政治制度

- **政体**：**大統領制**…大統領に強権（行政府の長、軍の司令官など）
  ➡ 大統領は**三選禁止**（連続 or 通算2期まで）
- **政党**：二大政党制…共和党と民主党
- **行政**：大統領と各省長官は、**国会議員との兼任不可**。
  ▶三権が厳格に分立する**モンテスキュー型**

⬇

- **大統領から議会**：解散権・法提出権なし／立法に対して行政は口出し不可

  例外 ┌ **教書**（＝議会への施策要請書）
      └ **拒否権**（＝議会通過法案に署名しない）
  （大統領は国家元首である分、議会より若干強い権限あり。）

- **議会から大統領**：**大統領不信任決議権なし**
  （ただし**大統領の重大な犯罪または軽罪**には**弾劾決議権**あり（解任例はなし）。）
  ▶政策上の失敗は追及不可

- **優越**：上下両院は、権限面では**対等**だが、**各院固有の権限**あり。
  ┌（上院）：高級官僚任命・条約批准・弾劾裁判権
  └（下院）：予算先議権・大統領弾劾の訴追権
- **違憲立法審査権**：あり
- **大統領の選出**：**間接選挙**…（各州人口比例で**大統領選挙人**が州民を代表して大統領候補に投票。）

⬇

まず州ごとの選挙で、州の勝利政党を決める。そこで、**1票でも多かった政党が州の選挙人人数枠を独占**（＝**勝者独占方式**）し、彼らの投票で大統領決定。

チェック問題 | 5

日本の司法制度が抱える問題やそれへの対策に関する記述として適当でないものを、次の①〜④のうちから1つ選べ。

① 裁判官の独立を保障するため、最高裁判所が下級裁判所の裁判官の任命に関与することは法律で禁止されている。

② 国民の司法へのアクセスを促進するために、法曹人口を増やすなどの司法制度改革が進められている。

③ 冤罪に問われた人を救済するため、無罪とすべき明らかな証拠が新たに発見された場合などに、再審を請求することを認める制度が設けられている。

④ 裁判に時間がかかりすぎるとの指摘がなされており、裁判の迅速化を進めるための法律を制定するなどの改革が行われている。

（センター本試験）

解答 … ①

解説 下級裁判所の裁判官の任命権は内閣にあるが、**最高裁判所の作った指名名簿に記載された人の中からしか選べない**。つまり、最高裁は下級裁判官の任命に大きくかかわっている。

②：従来の司法試験のような"超狭き門"では、法曹人口が不足し、医者でいうところの無医村のような弁護士ゼロ地域が増えてしまう。それを解消するためにも、**法科大学院（ロースクール）** による"やや広き門"を設けることは、とても必要なことだね。

③：**再審**制度はもちろんある。冤罪を避けるためにも、国民に少しでも無罪の可能性があるときは、裁判はやり直せる。そしてもし逆転無罪を勝ち取ったら、今度は憲法第40条の**刑事補償請求権**を行使し、**無実の罪で投獄されてきた損失を、国に金銭的に償ってもらえる**。

④：これは2003年に制定された「**裁判迅速化法**」のことだね。この法により、今後は第一審の訴訟手続きは、2年以内に終わらせることをめざすことになった。

5 日本の政治機構

6 地方自治

1 地方公共団体の仕組み

まずは地方自治の本質を表す有名な言葉を見てみよう。

> **地方自治とは？**
> ・「地方自治は**民主主義の学校**である」（ブライス・英）
> ・「自治と自由＝**小学校と学問の関係**と同じ」（トクヴィル・仏）

地方と学校って、何か関係あるの？

お、さすがに気づいたね。でも別に、地方が実際の学校との間で何らかの関係を持っているわけではない。この2つの言葉がいいたいのは、**地方という小さな単位で身近な問題に取り組むことが、国全体の民主主義への第一歩**だということだ。

どういうこと？

つまり、国政レベルの大きなテーマにはピンとこない人でも、もっと身近な、例えば「燃えないゴミの出し方」とか「商店街の迷惑駐車問題」なら、スッ

と入っていけるでしょ。そしてそこで取り組んだ身近なテーマの積み重ねが、最終的には国全体の民主主義を考える際の素養になる。そのような、**学校における教育機能と同じような効果**が、地方自治にはあるということなんだ。

> なるほど、地方自治って大事なんですね。

でも**戦前の日本は天皇中心の中央集権国家**だったから、**その頃は地方に自治権なんてなかったし、もちろん憲法にも書かれてなかった**。地方自治は戦後の日本国憲法で、ようやく明記されたんだ。そこにはこんな言葉が登場する。

地方自治の本旨…地方自治の本来あるべき姿（憲法第92条）

・**団体自治**…地方はある程度国から独立し、**独自の統治権限**を持つべき。
　　　　　　　　　　　▶**条例の制定**など

・**住民自治**…地方は住民の意思を尊重すべき。➡**直接請求権**の行使。

> 「地方自治の本旨」って何ですか？

「**地方自治の本来あるべき姿**」という意味で、具体的には**団体自治**と**住民自治**を指すといわれている。つまり「**地方公共団体が、自らの地域を自らで治める**」ことと、「**そこに暮らす住民が、自らの地域を自らで治める**」ことが、地方本来の姿ということだ。

さらにこの2つのうち、**住民自治の方は、地方自治法で直接請求権として具体化**されている。これは憲法上の権利ではないから、気をつけて。

▶ **地方自治法に見られる直接請求権** ·······

請求の種類	必要署名数	請求先	請求後の動き
条例の制定・改廃	有権者の**50分の1**以上	首長	**20日以内に議会**招集
事務の監査	有権者の**50分の1**以上	監査委員	監査の実施・公表
議会の解散議員・首長の解職	有権者の**3分の1**以上※	選挙管理委員会	**住民投票**を実施

6　地方自治 ｜ 099

※有権者数が非常に多い大都市のみ、必要署名数は以下の計算に。

（2012年より）
- 有権者**40万人超**の大都市では、$(40万人×\frac{1}{3})+(超えた人数×\frac{1}{6})$
- 有権者**80万人超**の大都市では、$(40万人×\frac{1}{3})+(40万人×\frac{1}{6})+(超えた人数×\frac{1}{8})$

😀 署名さえ集めればOKなの？

🥸 いやいや、それに続く手順も必要だよ。だってこのまんまでは、どのパターンも数的に不十分でしょ。

😅 というと？

🥸 例えば条例制定用の署名が50分の1集まったとする。でもその時点ですぐに条例を作ったら、**有権者の50分の49が反対している可能性を無視す
ることになる**。これだと少数決になり、民主主義ではなくなる。

　民主主義は多数決が大原則だ。監査（公金支出や財産管理のチェック）だけは意思決定でなく「調査依頼」だから一定数の署名だけでも行ってくれるけど、条例の制定や議員の解職は住民の自由や安全に直結する一大事だよ。こういう**重要な意思決定には、どこかで過半数の賛成を得る機会をつくらなきゃ**。それが請求後に議会招集や住民投票を行う意味なんだ。

では次に、地方自治の組織について見てみよう。

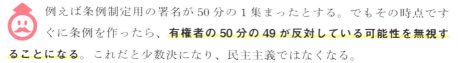

地方自治の組織

- **議　会**（議事機関）…条例・予算の議決、首長の**不信任**決議。
  　　　　　　　　　　　　▶ただし議員の3分の2以上の出席と、4分の3以上の同意が必要

- **首　長**（執行機関）…議会**解散**、条例・予算等の**拒否権**。
  　　　　　　　　　　　　▶ただし不信任決議への対抗でのみ可　　▶その後議会で3分の2以上の再可決がないと、条例・予算は成立せず

両者の関係は対等なんですか？

地方議会と首長の関係は「**対等・平等**」なものだけど、**権限面では首長の方がやや強い**のが実情だ。なぜなら**議会による首長の不信任決議は成立要件が相当大変**だけど、**首長には対抗手段としての議会解散権**がある。しかも首長には、アメリカ大統領ばりの**拒否権**まである。これらを見る限り、確かに権限面では首長の方が強いように感じられる。

なぜ首長の方が強いんですか？

それは**首長が、住民から直接選挙で選ばれた**「**地域のリーダー**」**だから**だ。よく考えたら、ボスを決める選挙で勝った人が、ボスとして強い権限を持つのは当たり前のことだよ。

そう考えると、地方の首長に求められているものは「**強力なリーダーシップ**」であるといえそうだね。

次は、地方公共団体の仕事だ。

従来の地方公共団体の仕事

- **固有事務**
  ▶本来業務
  - 公共事務…学校・病院・公園・ゴミ処理など。
  - 行政事務…警察・消防など。
- **委任事務**
  ▶国→地方
  - 団体委任事務…地方公共団体そのものに委任。
  - **機関委任事務**…**首長**や**各委員会**に委任。

　　↓

※　地方の**行政委員会**　…　**監査・選挙管理・教育委員会**など。
　　　　▶職権的に首長から独立

1　政治分野

6　地方自治　｜　101

これらは、かつての地方の仕事だ。大別すると、元々の本来業務であった**固有事務**と、いろんな事情で国から地方に委任してきた**委任事務**とからなっていた。

その委任事務のうち、国から首長や各委員会（＝選挙管理委員会や教育委員会などの、地方の行政委員会）に委任してくるものを**機関委任事務**といったんだけど、これが大きな問題を抱えていた。

大きな問題？

首長が国の下部機関のようになってしまうことだ。これはイヤだよね。だって地域のリーダーが、国からの押しつけ仕事ばっかりやらされるんだよ。地域住民として、そんな姿見たくないね。

何で引き受けるんですか？　断っちゃえばいいのに…

断りたくてもできない事情があるんだよ。実は**ほとんどの地方公共団体は、お金が足りていない**んだ。

え、どういうことですか？

正確には、地方税収だけでは予算が足りないってこと。後でも見るけど、地方が自分で稼いでいる地方税収なんて、全歳入の４割程度しかない。ということは、必要な予算に６割も足りてないことになる。だから**予算の半分以上を国からの依存財源である地方交付税交付金や国庫支出金に頼らざるを得なくなり、そのせいで押しつけ仕事も断れなくなる**、という寸法さ。

そんなことになってたのか…

では機関委任事務をなくそうと思ったら、何が必要になると思う？

うーん… わかった！ 国からお金をもらわなきゃいいんだ。

その通り。お金の面で国に依存さえしなければ、押しつけ仕事も強く断ることができる。それができてこそ、初めて本当の団体自治が実現するといっ

ていいだろう。

　ただ、1990年代から実施された改革は、こんな形になったんだ。これには問題点があるよ。何でもいいから気づいたことを言ってごらん。

中央集権化を防ぐための対策

- **地方分権推進法**（1995〜2000年）… ・国庫支出金の縮小
　　　　　　　　　　　　　　　　　　 ・機関委任事務の**統廃合**　等をめざす。

- **地方分権一括法**（2000年〜）…固有事務・委任事務の区分は**廃止**に。

　　　　　　　　　　　　　　　　　　▶国からの強制なし。

2000年　　・**自治事務**　　…地方が**自主的**に担う
4月より　　・**法定受託事務**…法に基づき「**国➡地方**」　　に再編。

▶国の関与に不服➡「国地方係争処理委員会（総務省）」で審査

😖　あれ、お金の改革はめざしただけですか？

😰　よく気づいたね、その通り。実は1995年に制定された**地方分権推進法**（※5年間の時限立法）の時点では、財源面での改革も話し合われてたんだけど、実際に改革がなされた2000年からの**地方分権一括法では、機関委任事務の廃止は実現したものの、肝心の財源面での改革がなされなかった**。これでは、**法律上は押しつけ仕事がなくなっても、実際の実務面で有形無形の強制がなくなるとは思えない**。

😊　なるほど。

😰　だからその後、遅まきながら「**三位一体改革**」（→ p.108）が実施され、それでようやく財源面での改革にも着手されるんだ。

　まあでも、少なくとも**何の根拠もなく無理やり押しつけられる仕事は建前上なくなった**わけだから、機関委任事務の廃止にももちろん意味はあった。不十分だけど、まずは第一歩ってとこだね。

6　地方自治　　103

では、次は地方財政だ。

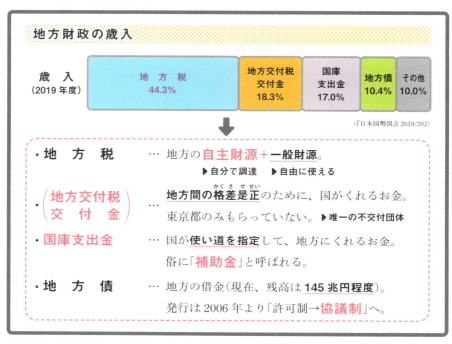

難しい言葉がいっぱい出てきたけど、覚えるだけだからしっかりね。**自主財源**や**一般財源**なんて言葉は地味で覚える気がしないかもしれないけど、頻出の上、国の行財政改革でもよく使われる言葉だから、この機会に覚えてね。

国税にはいろいろあるけど、地方税もそうなんですか？

その通り。確かに国税にも所得税やら法人税やらあるよね。地方税にも同じようにいろいろある。代表的な3つが「**住民税・固定資産税・事業税**」だ。他にもいくつかあるけど、「**地方税は主にこの3つ。残りは国税**」ぐらいの覚え方が実戦的だ。

さらに、地方税の幅についても触れておこう。このグラフ、一見すると地方税の幅がとても広く見える。でも、これじゃ全然足りないんだよ。

😊 え、何でですか？

なぜなら、**本当に望み通りの団体自治や住民自治を実現したければ、「地方税が100%、地方交付税や国庫支出金などの依存財源は０％」が理想**だからだ。つまり、国からお金を恵んでもらっていたのでは、いつまで経っても押しつけ仕事はなくならないってことだ。

😐 あ、そうか。

ところが現実には、**地方の自主財源である地方税の幅は、わずか30〜40%しかない。これでは国から恵んでもらうお金と借金だけで半分以上になるから、地方の自主性なんて発揮できるはずがない**。こういう地方の現状を「**三割自治**」というんだ。

😊 何か打開策はないんですか？

三位一体改革（→ p.108）に基づく**税制改革が2007年から実施されたおかげで、自主財源である地方税はだいぶ増えた**。それでもこの44.3%というのが現実だ。まだまだ道のりは遠いね。

6　地方自治　　105

2 地方分権改革・その他

● **大規模自治体**の増加… 　合併等の　┌ 地方：権限の強化につながる。
　　　　　　　　　　　　　　メリット　└ 国：地方交付税の配分先を減らせる。

　　特例市 ➡ **中核市** ➡ **政令指定都市**
　▶ 20 万人以上　　▶ 30 万人以上　　▶ 人口 50 万人以上。行政区あり

　　　　　　　　　　　※特例市制度は 2015 年に廃止。これに伴い、
　　　　　　　　　　　　中核市の人口要件が「20 万人以上」に変更。

　これまで事実上は人口100万人前後で認定。2005年の静岡市からは
　70万人程度で認定。なお政令指定都市数は近年の市町村合併を受け、
　**さいたま市・静岡市・堺市・新潟市・浜松市・岡山市・相
　模原市・熊本市**を加え、2020 年現在、**20 都市**。

・**市町村合併**…**市町村合併特例法**（1995 年施行）より本格化。
　　　　　　➡「市町村数 3000 以上→ 1000 以下」をめざす。
・**道州制**特区推進法…**都府県の合併**案。

● **住民投票**のあり方

　法的根拠のある住民投票 ➡ 　**実際に多い住民投票**
　┌ ・地方特別法の制定時（憲法第 95 条）
　│ ・市町村合併の是非（地方自治法）　　米軍基地・産廃処理場・
　└ ・リコールの成立時（地方自治法）　　原発・公共事業等の是非。
　　　　　　　　　　　　　　　　　　　▶ **これらは根拠法なし**

　◎ これらはまず「**住民投票条例の制定要求**」から準備していく。
　　　　　▶ 有権者の 50 分の 1 以上の署名から ➡ ※ ただし**拘束力なし**。

● **第三セクター**…**国・地方・民間**共同出資の事業体。
　　　　　　　　▶ 第一セクター　▶ 第二セクター

　　　　　　バブル期のリゾート開発で増加したが、失敗。

- 近年の不況…**大都市**中心に「**財政再生団体**」転落の危機。
  ▶破産した自治体

- **ふるさと納税**…（他の市町村(出身地や応援したい所)へ寄付）➡**現住所での住民税 + 所得税を減税。**
  （2008 年〜）

- **政務調査費**問題…**100 条調査権行使のため**、地方議員に支給。
  （2012 年より「**政務活動費**」）➡自治体ごとに扱いが異なり、**一部自治体での乱脈ぶりが問題に。**

　近年の国と地方の間に、従来のような露骨な上下・主従関係はなくなってきた。そのいちばんの原因は、バブル後の不況だ。長期の不況は国の財政を圧迫し、とてもじゃないが地方交付税や国庫支出金をバンバン気前よくふるまえる状況ではなくなってきた。そういう意味では、近年は「地方切り捨て」に近い形になりつつあるともいえる。

　でもこれは、地方にとってはチャンスだ。なぜならお金の面での縛りが減り、大規模自治体で権限が強化されれば、今まで発揮できなかった自主性を、バンバン発揮することができる。

　そういう流れがあるからこそ、近年は今まで以上にリーダーシップを発揮する知事が増え、また住民たちも、住民投票のような草の根民主主義を実践する機会が増えている。

●近年実施されている地方分権改革

- **三位一体改革**…2007年より実施。
  ❶ 国庫支出金を減らす。
  ❷ 地方交付税を減らす。 ⇒ 地方が国に依存していた「**依存財源**」。
  ▶これらを減らせば押しつけ仕事も減る
  ＋
  ❸ 税源の一部を地方に移譲。 ⇒ 2007年より「**所得税減税＋住民税増税**」開始。
  ▶つまり国税の減税分だけ、地方税を増税させてくれる

  ◉特に❸が実現すれば、**国民の税負担額の総額は変わらないまま地方の取り分だけ増やせる**。⇒ 地方の自主性回復に。

- **国家戦略特区**…2014年より創設。
  「**世界でいちばんビジネスしやすい環境**」をつくるため、医療・農業・雇用・教育など**特定分野のみで行われる、地域限定での規制緩和**。
  ⇒ 特に医療や農業で見られる「**岩盤規制**(がんばん)」(なかなか改革が進まない規制)を切り崩すことをめざしている。

● 住民投票条例を制定した主な自治体

▶プルサーマル計画…原発の使用済みウランやプルトニウムを再使用する、「核燃料サイクル」の一環。

コラム　政務活動費問題

2014年、兵庫県議のN議員が行った釈明会見は、衝撃的だった。

「せ政務調査費、政務活動費の報告…　もう一生懸命ほんとに…　高齢者問題は、我が県のみ…ウゥ…我が県のみなら…ウアアア…我が県のみならず、西宮…日本中の問題じゃないですか！」

もはや伝説となった、この「号泣会見」に僕は釘付けになった。N議員は、地方議員に支給される研究費である「**政務活動費**（2012年までは政務調査費）」を使って、何と年間195回も温泉街へ"日帰り出張"していたそうだ。でも、実はこれは氷山の一角で、政務活動費の使途については、日本中で問題になっている。

全国の市民オンブズマンの調べによると、その使途は海外研修費・ガソリン代・飲食費・交通費・携帯電話代・ゴルフコンペの景品代・切手を大量購入しての換金などなどさまざまで、そのため返還を求める住民訴訟も後を絶たない。

この流れ、僕も賛成だ。そもそも僕らの納める地方税が、こんな形で使われてると思ったら、こっちが号泣したくなるわ…。

チェック問題 | 6

地方分権一括法に関する記述として最も適当なものを、次の①～④のうちから1つ選べ。

① 機関委任事務が新設され、地方で処理した方が効率的な事務は地方自治体に委任された。

② 法定受託事務の中に新たに自治事務が加えられ、地方自治体の事務が再編されている。

③ 国と地方の関係は対等・協力関係となったので、法定受託事務についても国の関与はなくなった。

④ 自治事務においては、法令に違反しない限り、地方自治体が自らの責任と判断で地域の特性に応じた工夫ができる。

（センター本試験）

解答 … ④

解説 言葉は難しいけど、ちゃんと覚えていればできる、全然ひねりのない素直な問題だ。**自治事務は地方が自主的に担う仕事**なんだから、国から処理方法を強要されることはない。

①：国と地方の主従関係のもととなっていた悪評高い**機関委任事務は、2000年に廃止**された。
②：そうではなく、機関委任事務が廃止され、かわりに地方自治体の仕事が法定受託事務と自治事務に振り分けられた。
③：まだまだ地方は、**金銭的に国に依存している実態**がある。その関係がある以上、完全に対等・協力関係をつくることは、まだまだ難しい。

7 政治の諸問題

1 行政機能の拡大

　20世紀初頭、政府のあり方が「夜警国家」から「福祉国家」へと変わっていったのは、「2 人権保障の発展」でも述べた通りだ。この頃、政府の役割は急速に拡大し、社会の不平等是正のために、社会保障や公共事業を担当する省庁が、急ピッチで整備されていった。

　しかし、そのせいで今日では国会よりも各省庁の役人、つまり官僚の方が力を持ち始めてしまった。**官僚は僕らが選挙で選んだ代表者ではないから、彼らに力を持たれると困る**んだ。

何で困るの？

　単に公務員試験に合格しただけで、選挙で選出されていない彼らは、国民の代表でもなければその意識もない。そんな彼らが変に力を持つと、「国民の自由と安全なんか、オレには関係ないね」ということにもなりかねないからね。

　今日の日本は、**官僚に力が集まりすぎ、その分国会の力が弱まっている**。これが「**行政権の肥大化**」だ。では行政権が肥大化すると、社会にどんな弊害が現れるか、見てみよう。

7　政治の諸問題　　111

❶ 行政権の肥大化による弊害

▶ 委任立法の増加

委任立法とは、**細かい部分を官僚に作ってもらった法律**だ。立法作業は国会の仕事なのに、なぜ官僚が介入するのか。それは社会が複雑化しすぎて、議員の能力では大枠までしか対応できないことが増えてしまったからだ。

▶ 内閣提出法案の増加

細部から大枠まで、**すべて官僚が作った法律案が内閣提出法案**だ。つまり社会が複雑化しすぎたせいで、もはや議員だけでは、今どんな法律が求められているかすらわからなくなってしまうわけだね。

今日、**1年間に成立する法律の70〜80%ぐらいが、内閣提出法案**だ。

▶ 許認可の増加

許認可とは法律外の「**規制**」のことで、**各省庁独自の権限**となる。

民間企業は各省庁から必要な許認可をもらわないと、経済活動すら満足にできない。国会議員が立法作業のかなりの部分を官僚任せにしてしまうと、この許認可のような**行政裁量**の余地も大きくなる。

▶ 天下り

官僚は許認可や行政指導で、民間企業の活動を規制する。そうすると官民の間で、許認可を求めた癒着が生まれやすくなる。その癒着の大きな問題が「天下り」だ。

官僚は役所を退職後、大手民間企業や政府系の特殊法人などに、役員待遇で再就職することが多い。この**官僚の再就職が天下り**だ。

2008年、内閣府の下に「**官民人材交流センター**」（新人材バンク）が作られ、以後**公務員の再就職支援や求職情報の提供は、公的にはここだけが行う形に一元化**された。また違反の有無を監視するため、「**再就職等監視委員会**」も設置された。さらには2014年から「**内閣人事局**」が新設され**官僚の幹部人事を一元的に統括**することにはなった。しかし、これで**天下りが完全になくなったわけではない**。

ここまでの弊害を、放っておいていいはずがない。だから今日、これらをなく

すための「行政の民主化」の動きが進行中だ。

❷ 行政の民主化

 行政の民主化って何ですか？

 不透明な官僚政治を透明化し、国民のための行政を取り戻していく過程が、行政の民主化だ。

しっかり読んで、すべての内容を頭に入れておこう。

行政の民主化に向けての取り組み

- **オンブズマン制度**…行政機関を監視し、改善勧告などを行う「行政監察官」。地方にはあるが、**国はなし**。
  ▶(スウェーデンより)

- **行政手続法**… 許認可や行政指導に**統一ルールを定める**。
  （1993年）　　　　　　　　　　　▶**審査基準・理由など明示**

- **情報公開法**… **地方の条例化より遅れた**が、1999年公布、2001年施行。

- **国の行政機関の情報**が対象。　▶**国会・裁判所は含まず**
- 政府の**「説明責任」（アカウンタビリティー）**を明記。
- **不開示**あり（個人・外交・犯罪捜査・裁判中の情報など）。
- 外国人でも請求可。
- 国民の**「知る権利」**は**明記されず**。

---

❸ 行政改革

 行政改革って何ですか？

 行政の民主化では、不透明な官僚政治を透明化することの必要性を見てきたが、行政権が肥大化したときに必要なことは、もう1つある。

何ですか？

スリム化の問題だよ。福祉国家は「大きな政府」なんだから、当然政府が必要とするお金も事務手続きも増えてくる。

そこで **1980年代あたりから、政府も財政削減を念頭に置いた行政のスリム化や効率化に、本格的に取り組み始めた**。ここまで含めた取り組みが **行政改革** だ。官僚の抵抗も激しいため、なかなか思ったような効果はあげられてないけど、現段階で次のような行政改革が実現している。

行政改革の歩み

1980s：**第二次臨時行政調査会**（＝**第二臨調**）の答申に基づき、**三公社の民営化**が実現。

- 1985年：電電公社 ➡ NTT に民営化（＋ 1990s に分割）。
- 1985年：専売公社 ➡ JT に民営化（分割はなし）。
- 1987年：国　　鉄 ➡ JR に「分割＋民営化」。

1994年：村山内閣が**行政改革委員会**を設置。ただし**官僚も参加**したため、実効性に乏しかった。

1996年：橋本内閣が**行政改革会議**（こちらは**官僚を排除**）を設置。**中央省庁の再編**が検討される。

- 2001年、「**1府22省庁 ➡ 1府12省庁**」へと削減。
- 同時に**独立行政法人**（公的部門に市場原理を導入）もスタート。「**行政事務の効率化＋財政削減**」をめざす。

※ 2004年には**国立大学**も法人化され、経営に市場原理が導入された。今後経営不振の**国立大学**には、補助金の削減などがなされる。

▶ **1980s：三公社の民営化**・・

公社って何ですか？

　公社とは、独立採算制をとる公共企業体だ。ちなみに、**公社・公庫・事業団などと名がつく公共企業体をまとめて「特殊法人」という**。他でも使う言葉だから、覚えておいてね。

　1980年代の中曽根内閣の時代に、**電電公社はNTT**に、**専売公社はJT**に、そして**国鉄はJR**にという具合に、三公社は民営化されていった。

▶ **2001年：中央省庁の再編**・・

　そしていよいよ本題だ。官僚たちの砦・中央省庁も、ついに2001年より「1府22省庁 → **1府12省庁**」へと削減された。

省庁再編図（1府12省庁体制）

内閣府 ← 内閣

- 総理府＋経企庁＋沖縄開発庁の統合。
- 長は首相（＝**他省庁より上位**）／実務は内閣官房長官。

〈下部機関〉

（民主党時代）:
- 国家戦略室…予算や外交の基本方針決定。
- 行政刷新会議…**事業仕分け**による予算配分検討。

↓

（自民党政権）:
- 「**重要政策に関する会議**」を5つ設置。

- **経済財政諮問会議**…経済財政・予算編成の方針を定める場。毎年「**骨太の方針**」発表。財政運営の方向性を示す。
- **男女共同参画会議**…**男女共同参画社会基本法**（男も女も、あらゆる分野で活躍できる社会づくりをめざす法）具体化のための政策提言。
- 中央防災会議／● 国家戦略特区諮問会議
- 総合科学技術・イノベーション会議

再編でかわった省庁
名前だけかわった省庁

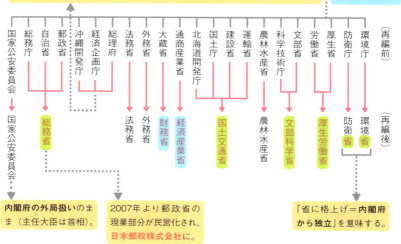

※ 2012年より内閣の下に**復興庁**を設置（2031年まで）。

省と庁の違い
- 省：独立して行政事務を担当。**責任者は各省大臣**。
- 庁：内閣府の外局（≒一部）として行政事務を担当。事務責任者は各庁長官。**最高責任者は内閣総理大臣**。

何のために中央省庁を再編するんですか？

財政削減と官僚の権限縮小のためだよ。省庁数が減れば、いずれ事業や部署も縮小し、「仕事減→予算カット」につなげやすいからね。政府の腹づもりとしては、最終的には各省庁の仕事を**「企画・立案のみ」に限定**し、実際の行政執行は**独立行政法人**（＝英の**エージェンシー**の日本版）に委ねる形にしたいんだ。

独立行政法人って…？

公的部門の一部に市場原理を導入したものだよ。つまりわかりやすくいうと、**役に立たなければ統廃合される可能性のある公的機関**だ。

ひえ〜、怖い！

この流れで2004年より、**国立大学も法人化**された。これも独立行政法人の一形態で、不採算だと補助金が打ち切られるなどの措置がとられるんだ。

　今はもう、公務員だけが聖域である時代は終わった。だからこそ省庁再編を「リストラなき単なる肥大化」に終わらせてはいけないね。官僚からは相当強い抵抗があったけど、何とかここまで枠組みを整えたんだから。

　最後に、日本の公務員制度についても、最低限覚えておこう。

日本の公務員制度

全体の奉仕者（憲法第15条）→「**公僕**（こうぼく）」として**全国民に奉仕する義務**あり。
- ▶戦前は「天皇の官吏（かんり）」
- ▶ストはだめ／正確な事務処理能力が必要

◉採用は**成績主義**（＝**資格任用制**）➡コネ採用（＝**猟官制**（りょうかん））はダメ。
- ▶メリット＝システム
- ▶スポイルズ＝システム

7　政治の諸問題　｜　117

その他の行政改革・規制改革

- **市場化テスト**(＝**官民競争入札**制度。**公共サービス改革法**(2006年)より)官業(＝公共サービス)の一部を**民間との競争入札**にし、最も優れた条件提示者がサービスを担う。

- **パブリック=コメント**…行政上の意思決定に、**広く国民から意見を求めて**反映させてゆく制度(1999年〜)。

- **行政改革推進法**…小泉改革の総仕上げとして、2006年制定。

  > 総人件費改革：全国家公務員対象に「**人数削減 & 給与見直し**」。
  >
  > 政策金融改革：8つの**政策金融機関中、5つを新設機関に一元化。**
  >   ▶「〜金融公庫」など　▶＝日本政策金融公庫(2008年〜)
  >
  >   ➡ ※その他「民営化＆独立行政法人化」されたものもあり。
  >
  > 特別会計改革：31あった特別会計を3分の1に削減する。

- **独立行政法人整理合理化計画**(2007年)

  独立行政法人は「**天下り／ムダ金遣い／官製談合**」の温床に。

  ➡ 16法人を削減して85法人に整理することに。

- **道路公団の民営化**(2005年)

  道路四公団(日本道路公団／首都高速道路公団／阪神高速道路公団／本州四国連絡橋公団)を民営化。

- **郵政民営化**…郵政三事業(郵便・郵便貯金・簡易生命保険)の民営化。

  | 形態 | 2007年、**郵便局を4分社化。**(→**日本郵政株式会社**の子会社に)
     ▶政府がつくる持株会社
  ‖

  ゆうちょ銀行／かんぽ生命保険／郵便事業会社／窓口ネットワーク会社
  ▶郵便貯金　　▶簡易生命保険　　▶郵便　　▶窓口サービス

  | 問題 | ・**民業圧迫**(特に宅配業者や銀行業務とバッティング)の可能性。
  ・**ユニバーサルサービス**(全国一律のサービス)**消滅**の不安。

2 選挙制度

選挙の原則と憲法上の規定

● 四大原則：**普通**選挙・**平等**選挙・**直接**選挙・**秘密**選挙
● 憲法上の規定：**公務員の選定**・**罷免権**（憲法第 15 条）
　　　　　➡「**成年者による普通選挙**」を保障。

☹ **秘密選挙って、なんだか民主主義にそぐわない響きですね。**

　誤解しちゃダメだよ。これは「一部の人が国民に内緒で権力者を決める」という意味ではなく、無記名の投票で「**誰が誰に投票したかをわからなくする**」という意味だ。投票者がわかると立候補者から「よくもオレに投票しなかったな！」などと言われて、民主的な投票にならなくなる。当然の配慮だね。

☺ **公務員の選定権って、どういうことですか？**

　ここでいう「公務員」とは、主に特別職の公務員である国会議員や地方議員のことだ。そして、憲法上保障しているのは「成年者による普通選挙」。2016 年から **選挙権が 18 歳以上** になったのは、**公職選挙法の改正**のおかげ。混同しやすいから、気をつけて。

　次は選挙権の推移について見てみよう。

選挙権の拡大

● 1889 〜 1925 年：25 歳以上の男子＋**一定納税額以上**（＝**制限選挙**）
● 1925 〜 1945 年：25 歳以上の男子（納税規定なし＝**普通選挙**）
● 1945 年〜：20 歳以上の男女（納税規定なし＋性別規定なし＝**完全普通選挙**）
● 2016 年〜：**18 歳以上の男女**
※被選挙権は「戦前：30 歳以上の男子➡戦後：**25 歳以上の男女**」へ。
　　　　　　　　　　　　　　　▶ 参議院議員と知事のみ 30 歳以上

7　政治の諸問題　｜　119

昔の選挙権は、納税額が決め手だったんですか？

そうだよ。1925年に普通選挙法が制定されるまでは、納税額の多い人だけに参政権が与えられてたんだ。こういうのを**制限選挙**という。納税額が多いってことは所得が多いってことだから、要は金持ちだけに参政権があったってことだね。

でも、それが1925年になくなったと。

そう、そこからが普通選挙の始まりだ。ここからわかる通り、**普通選挙・制限選挙の境目は、「納税額の制限があるか否か」で決まる**。だから妙な話だけど、女子に選挙権がない1925年でも、分類上は普通選挙と呼ぶんだ。覚えといてね。

それから被選挙権については、現在は**「参議院議員＋知事」以外はすべて25歳以上の男女**だ。少ない方を覚えておいて消去法で解くのは、受験の鉄則だからしっかりね。

次は選挙区の種類だ。例を挙げて、まとめておこう。

小選挙区制：1区**1名**のみ当選

（例）

❶ A氏（自民）…80,000票 ➡ **当選**
❷ B氏（民主）…79,000票 ⎫
❸ C氏（公明）…35,000票 ⎬ ➡ 落選　計12万票
❹ D氏（共産）… 6,000票 ⎭
　　　　　　　　　　　（**死票**）▶当選者の得票より多くなることも

⬇

・**人気政党**以外の当選が困難。➡ **大政党が安定的に議席確保**。
　▶自民党や民主党　　　　　　　▶**二大政党制**につながりやすい
・死票（＝落選者への票）が多い。➡ **民意が十分に反映せず**。

- **その他**

  区割が小さいため、運動費用は安く済むが、選挙区数が多すぎ、どさくさ紛れに**ゲリマンダー**（**区割の不正なねじ曲げ**）**発生の危険**あり。
  ▶区割作業に影響力を持つ議員がいると、自党有利な選挙区にされかねない

大選挙区制：1区**2名以上**当選　▶中選挙区も同じ

（例）：3名当選のケース

- ❶ A氏（自民）…80,000票 ⎫
- ❷ B氏（民主）…79,000票 ⎬ 当選
- ❸ C氏（公明）…35,000票 ⎭
- ❹ D氏（共産）… 6,000票　➡ 落選 ➡ 死票が少ない。

- **小政党にもチャンス**。➡ただし**大政党の安定多数は困難**。
  ▶多党制を促進　　　　　　▶政局が不安定に

- 死票が少ない。➡**民意を十分に反映**する。

- (中選挙区／との違い)…大選挙区の方が選挙区の大きさ＋当選者数が大きい。
  ▶昔の参議院全国区（日本列島全体が1選挙区。100名当選）が典型

比例代表制：**ドント式**（整数割配分）に基づき、**議席を比例配分**

（例）：定員7名の比例代表選挙（丸数字は順位）。

政党名	自　民	民　主	公　明	共　産
得票数	80,000	79,000	35,000	6,000
÷1	❶ 80,000	❷ 79,000	❺ 35,000	6,000
÷2	❸ 40,000	❹ 39,500	17,500	3,000
÷3	❻ 26,666	❼ 26,333	11,666	2,000

▶ドント式はこのように得票数を整数で順に割って、商の大きい順に議席を割り振る

- **選挙結果**：自民3議席／民主3議席／公明1議席／共産0議席

  （※個人ではなく、**政党あての議席配分**となる。）

- 非常に公平。小政党にもチャンス。➡ただし政局不安定に。
- **立候補者名簿**があり、名簿順位上位者から当選。

- **衆議院**：拘束名簿式…名簿順位あり。政党名のみで投票。
- **参議院**：**非拘束名簿式**…名簿順位なし。**政党名 or 個人名**で投票。

＋

※参議院比例代表では、2019年より「**特定枠**」が導入された。

枠内に記載された候補者に**優先順位**がつけられ、ドント式で割り振られた議席は、**まずその人たちに優先的に与えられる**（つまり**枠内だけ拘束名簿式**の形に）。

では次に、日本の国政選挙の変遷について見てみよう。

衆議院議員選挙：1994年に公職選挙法改正

昔　中選挙区制　…各都道府県を分割。各区から2〜6名選出。

今　**小選挙区比例代表並立制**　…
- 小選挙区：全国289ブロックから289名選出。
- 比例代表：全国11ブロックから176名選出。
  ※小選挙区と比例代表の**重複立候補**も可。

※**重複立候補**

（比例名簿に同一順位者がいない場合）：小選挙区で落選しても、ドント式の議席配分次第で、比例代表での復活当選可。

- 比例名簿に**同一順位が２名以上**いる場合 ─ 小選挙区で落選しても、ドント式の結果＋**惜敗率**次第で、比例代表での復活当選可。

惜敗率 計算： $\dfrac{\text{自分の票数}}{\text{最多得票者の票数}} \times 100 (\%)$ ⇒ 100％に近い人から復活当選

参議院議員選挙：1983年に公職選挙法改正

昔（全国区と地方区）…
- 全国区：日本列島が１つの選挙区。100名選出。
- 地方区：各都道府県から１～４名選出。

↓

今（比例代表と選挙区）…
- 比例代表：全国１ブロックから100名選出。
- 選挙区：各都道府県から２～10名選出（計148名）。
  ▶ ※ただし2022年の選挙までは比例代表98名／選挙区147名の計245名

※選挙区と比例代表の**重複立候補**は不可。

次はいよいよ選挙に関する総則、**公職選挙法**だ。

選挙って、細かい約束事とか法律が多そうですね。

確かに**ルールは細かいけど、法律は公職選挙法だけ**だ。選挙がらみの法律は、1950年、同法に統合されたからね。

この法律には衆議院選挙・参議院選挙・地方選挙など、選挙に関するありとあらゆるルールが記載されている。当然だけど、そんなもの全部覚える必要はない。あくまで必要な内容だけにしぼって勉強しよう。

7　政治の諸問題

公職選挙法（1950年）

❶ 選挙運動への規制

制限 ポスター・ビラの枚数、選挙費用など。

禁止
- **事前運動**…
  - 公示日（衆参立候補の受付日）
  - 告示日（衆参以外の立候補の受付日）

  より前はダメ。
  ▶投票当日もダメ

- **戸別訪問**… 日本では禁止。ただし**欧米ではOK**。

- **立会演説会** 地域の全候補者が一同に会し、順番に演説するやり方は**廃止**。単なる**個人演説会**は、**法定費用内なら自由**。

- 金品提供等

❷ **連座制**… 選挙違反への罰則。

⬇

内容 関係者の選挙違反で刑確定。 ➡ **候補者の当選も無効**に。

❸ 選挙**公営化**…国や地方が**平等な運動機会を保障**。
　　　　　　　➡ポスター掲示場所の提供・政見放送など。

最後に、選挙に関する最近の動向についても押さえておこう。

解説が少なくてごめんね。選挙の所は事実の把握が重要で、解説はなくてもわかる箇所が多いんだ。

選挙に関する近年の動向

- **一票の格差**問題…2009年あたりから格差に厳しい判決が増えた。

- 違憲 … ❶著しい不平等あり／❷是正のための合理的期間を経過。
- 違憲状態 … ❷だけまだ。(→「合理的期間のうちに是正」が求められる)

➡ 従来は「**衆**：**3倍超**／**参**：**6倍超**」がこれらの目安だった。
▶過去の判例より判断…最高裁が明言したわけではない

最高裁判決	**是 正**

2011年

- **参**：**5.00倍**は違憲状態 ➡ 2012年「**4増4減**」
  ▶2012年判決　　　　　　　　▶都市で4増／地方で4減

- **衆**：**2.30倍**は違憲状態 ➡ 2013年「**0増5減**」
  ▶2011年判決　　　　　　　　▶地方のみ5減(衆議院定数5削減)

- **一人別枠方式**(まず各県に1議席配分)は違憲状態 ➡ 2013年**廃止**

but

- **参**：**4.77倍**は違憲状態 ➡ 2015年「**10増10減**」＋合区の新設
  ▶2014年判決　　　　　　　※合区…人口の少ない県 → **合体選挙区**に

- **衆**：**2.13倍**は違憲状態 ➡ 2016年「**小** で0増6減／**比** で0増4減」
  ▶2015年判決　　　　　　　　▶合わせて0増10減→ **衆** は465名に

※「**参** **3.08倍(2016年選挙)**／**衆** **1.98倍(2017年選挙)**」は「**合憲**」の最高裁判決(2017～18年)。

- **定住外国人**の参政権…現状では**一切認められていない**。

最高裁の見解
- 国政：国家意思の形成に直接かかわるから ✕。
- **地方**：**居住地域の意思決定のみだから○**。
  ▶ただし認める法律が制定されていないからなし

- **在外邦人**の参政権…**衆参比例代表のみ投票可**に(1998年～)。

ただしこの選挙権の制限に対し、2005年**最高裁で違憲判決**。
→ 2007年の選挙より、**在外邦人の選挙区投票もOK**に。

- **マニフェスト**…政党発表の「**政権公約**」。➡**政権選択選挙**(「誰に入れるか」ではなく「どの党に入れるか」)になりやすい。
- 投票率の低下…近年は「**衆**：50～60％／**参**：50％」程度。

対策	1998年より **投票時間延長** ＋ **不在者投票**の要件緩和。
	▶「18：00→20：00まで」に ▶「レジャーによる不在」も可に (2003年より始まった**期日前投票**も同じ)

  > **不在者投票**と**期日前投票**の違い
  > **不在者**：所定の投票所以外での事前投票。手続きがやや面倒。
  > **期日前**：所定の投票所での事前投票。手続き簡単。

- **電子投票法**…地方選挙の一部で、**投票所設置の端末で投票可**に。
  ▶2002年　　　　　　　　　　　　　▶「自宅からのネット投票」ではない

- **インターネット選挙運動**…「**ネット投票**」ではなく HP・ブログ・ツイッター・メールでの「**選挙運動**」(→2013年の参院選より)。

従来	ホームページ(HP)の開設はOK。ただし選挙期間中のHP更新＋HP上からの投票依頼」はダメ。

2013年～	・「期間中の**HP更新**＋HP上からの**投票依頼**や有権者との**直接対話**」も可に(→「政党＋候補者＋**支援者**」が可)。 ・**メールを使った投票依頼**も可に(→「政党＋候補者」のみ)。　　　　　　　　　　　　　　　　　▶有権者は不可

長所	・**双方向対話**…候補者と有権者が**ともに政策や公約**を作れる。 ・**若年層**の選挙への取り込み(→投票率 up へ)。 ・**情報伝達手段**として有効…街頭演説の日程など。

問題	・誹謗中傷や**ネガティブキャンペーン**横行の恐れ。 ・**なりすまし**によるニセ情報や悪意のある他者データの改ざん。 ・**高齢者**が対応できない。

3 政党と圧力団体

まずは政党の定義について見てみよう。

> **政党の定義**
> ● 政党とは**共通の主義・主張**を持つ者が集まった社会集団である。
> ● 政党とは**政権の獲得**を目的として結成された社会集団である。

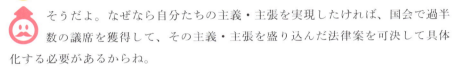
え、政党って政権獲得をめざすものなんですか？

そうだよ。なぜなら自分たちの主義・主張を実現したければ、国会で過半数の議席を獲得して、その主義・主張を盛り込んだ法律案を可決して具体化する必要があるからね。

別に単独政権でなくてもいい。他党と手を組んでの連立政権でもかまわない。とにかくどんな形でもいいから、国会で与党の一員になることが、有権者の支持に応えることにつながるんだ。

では次に、政党の歴史について見てみよう。

歴史的にいちばん最初に発展した政党は、**名望家政党**だ。これは市民革命後、まだ一部の金持ち市民にしか参政権がなかった頃のスタイルで、彼らの利益だけを実現するために作られた。

ところがその後、産業革命を経て労働者も参政権を手に入れた。そこで金持ち市民と労働者、この両者の利益を実現するために、新たに**大衆政党**と呼ばれる政党が誕生してきたんだ。

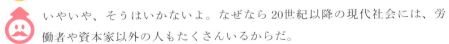
よかったじゃないですか。これですべての人を網羅できる。

いやいや、そうはいかないよ。なぜなら20世紀以降の現代社会には、労働者や資本家以外の人もたくさんいるからだ。

そうなると従来の大衆政党では対応できない。**だから現代は多党化の傾向が顕著になっている**。幅広く国民みんなの利益を調整しようとする**国民政党**も

7 政治の諸問題 ｜ 127

あれば、特定階級の利益実現だけをめざす**階級政党**もある。つまり人々のニーズに合わせた多種多様な政党が、実に数多く存在しているんだよ。

　なるほど、確かにそうですね。

　それと同時に近年では、**政府に圧力をかけることで自分たちの利益を実現させる圧力団体**と呼ばれる社会集団も増えてきた。

政党と圧力団体の歴史

制限選挙下	普選実現時	
名望家政党 めいぼうか ▶金持ち市民用	**大衆**政党 たいしゅう ▶労働者も含む	⇒ 現代：・**国民**政党（→全国民を調整） ・**階級**政党（→特定階級のみ） ・**圧力団体**（→政党外の団体）

　農協（農民団体）・連合（労働組合団体）・日本経団連（財界団体）等。
政党に圧力（集票や献金の協力）をかけることで、自団体の利益だけを実現
（→**政権獲得はめざさず**）。
　▶長所：選挙で反映しにくい「地域の民意」以外の民意も反映／短所：**金権政治**を助長
　※圧力団体の専属代理人を**ロビイスト**という。

　圧力団体って何ですか？

　圧力団体とは**農協**や**日本経団連**（大企業の社長の集まり）などの、ごく普通の社会集団だ。

　政党とは違うんですか？

政党とは違う。なぜなら**圧力団体は、政権獲得をめざさない**から。何でめざさないかというと、そもそもめざす必要がないからだ。

え、何でですか…？

圧力団体は、「**メンバーの数が多い or 豊富な資金がある**」のどちらかの特徴を持っている。なら別に政権なんか取る必要はない。**別のやり方で与党**

に揺さぶりをかけた方が、てっとり早く自己の利益を実現できる。

与党に揺さぶり？

選挙の票や政治献金を圧力手段にするってことさ。つまり政権与党に対し、ふだんから集票や献金で恩を売っておけば、必要なときに「言うことをきかないと投票しない＋お金あげない」と言えば、圧力として機能するわけだ。

実際日本の政権与党である自民党は、**農協や日本経団連などの巨大な圧力団体に支えられて、その集票や集金に依存している**んだよ。

なるほど！

でもそれでは、政治が腐敗してしまう。特に**金権政治**の拡大は大問題だ。だから1994年、自民党が一時的に政権を離れた隙に、非自民の**細川連立内閣が金権政治の打破をめざす大改革に着手した**んだ。

政治改革関連四法（1994年・細川内閣）

❶ 公職選挙法改正…衆議院で小選挙区比例代表並立制導入。
❷ 衆議院議員選挙区画定審議会設置法
　➡衆議院で「格差2倍以内」の区割づくりをめざす。
❸ **政治資金規正法**　政治家と財界の癒着関係ＲＭなど

　・政治家は1人ずつ**資金管理団体**をつくり、**政治献金を管理・公表**する。
　・政治献金は**必ず資金管理団体あて**に行う（「直接個人あて」は✗）。
　・**企業から**資金管理団体あての献金は禁止（「政党あて」なら○）。

❹ **政党助成法**…献金を得る手段が制限された政治家の活動資金を、
　　　　　　税金（**政党交付金**を政党に交付）でサポート。

[理由]　金権政治は困るが、**議員には全国民の代表として働く責務がある**ため、**ある程度の活動資金はどうしても必要**になるから。

7　政治の諸問題　｜　129

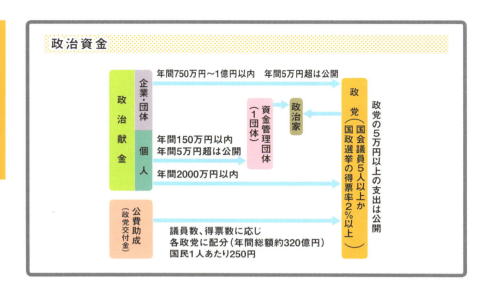

●日本の政党政治に見られる特色

▶ 議員政党

日本の政党は一般大衆の党員が少なく、国や地方の議員中心に構成されている。「わたしゃ自民党員でね」なんて人に、街で会うことはめったにない。つまり**日本の政党は、大衆基盤が弱い**ということになる。

▶ 利益誘導政治

日本の国会議員は「全国民の代表」であるにもかかわらず、**地元や支持母体の利益ばかり優先**させがちだ。そうしないと選挙に当選できないからだ。理想論より現実の選挙。何だか悲しいね。

▶ 族議員

自民党議員を中心に、**特定省庁とつながりの深い議員**がたくさんいる。これが族議員だ。彼らが「**政官財の癒着**」の温床になっているのは間違いない。こうなると、権力分立もへったくれもないね。

▶ **党議拘束**
政党が決めた法案への可否に所属議員は従う必要があり、造反者は厳しい処分（除名、離党勧告も含む）の対象となる。

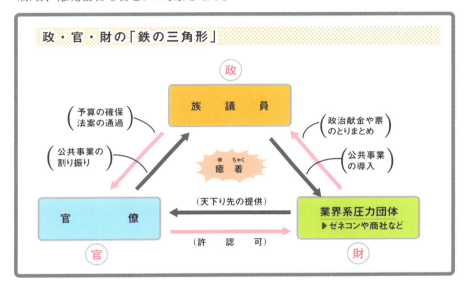

4 戦後の日本政党史

戦後の政党政治は、良くも悪くも**自民党と社会党を中心に機能**していた。つまり「アメリカからの押しつけに近い戦後の憲法を排して、自主憲法を制定（つまり**日本国憲法を改正**）したい」**自由民主党**と、「せっかく平和憲法になった戦後の憲法を守るぞ」と考える**日本社会党**が誕生した1955年以降が、戦後政治の中心的な枠組みとなっていたんだ。この**自民・社会の二大政党制に近い形**を「**55年体制**」と呼ぶ。

近い形ということは、真の二大政党制じゃなかった？

なかった。なぜなら議席数でいえば、自民1に対して社会は半分ぐらいしかなかったからだ（＝「**1と2分の1政党制**」）。これでは改憲は阻止できても、政権交代など実現できるはずがない。

7 政治の諸問題 | 131

つまり一見二大政党っぽいだけで、**実質は自民党の一党支配**というのが、**55年体制の本質**だったんだ。

😀 **この時代にはどんな特徴があったんですか？**

この時代は、ずっと自民党が与党で、社会党が野党No.1だった。こうなると、当然**政治は安定**してくる。なぜなら変化がないから。**1960〜70年代**にかけて、**民社党・公明党・新自由クラブ・社会民主連合**などの**新政党が増えた（＝多党化の進行）**ことで、**票が分散し、一時的に不安定になりはした**けど、長い目で見れば、あまり変化のない時代だった。

😖 **そんな安定、なんかイヤだな…**

確かに。この場合の安定とは「自民党の政策がずっと続く」ということだからね。そうなると政治も腐敗してくる。**この時代には金権政治も拡大し、**~~1956~~**田中角栄（かくえい）の**ロッキード事件などという大きな汚職（おしょく）事件もあった。こういう流れで**1980年代**には、国民の**政治不信**も高まっていったんだ。

アメリカの航空機メーカーが関係する賄賂（賄賂）が表面化

😀 **そこで政権交代とはいかなかったんですか？**

ダメだった。なぜなら自民党は、農協や経団連といった強い圧力団体を抱えている。そうすると、参院選では多少油断することがあっても、最も大事な衆院選では強固な組織票にモノを言わせ、確実に勝ちにくる。

いくら反対票を投じても自民が選挙で勝ってしまうのでは、国民は失望する。特に1980年代末、今度は竹下内閣で**リクルート事件**という大きな汚職があったにもかかわらず、衆院選で自民党が勝ったのは、大いなる無力感につながったね。この頃から、みんな次第に選挙に対する関心を失い、**投票率は低下**していった。

55 年体制（1955 ～ 93 年）

改憲をめざす自民党 vs 護憲を掲げる社会党

- ・社会党左派と右派（※当時分裂中）が再合一。 ➡ **日本社会党**誕生。
  - ▶ 両院の３分の１ get

　　　　vs

- ・**保 守 合 同**… 〔 ・日本民主党（改憲・再軍備）
  　　　　　　　　　　　　　　　　　＋　　　　　➡ **自由民主党**誕生。
  　　　　　　　　　　　　　　 ・自由党（親米・経済再建）〕

◎ 自民党と社会党による二大政党制＝「**55 年体制**」始まる。
- ▶ 実質は「１と２分の１政党制」≒自民の一党支配

長 ：政局の安定。 ➡ ※ただし 1960 ～ 70s、**一時的に不安定化。**
- ▶ 政権交代がないから　　　　　▶ **多党化**が進行したせい

短 ：腐敗進行…**ロッキード**事件（田中内閣）や**リクルート**事件（竹下内閣）。
- ➡ **政治不信**が高まり、次第に**投票率が低下**（1980s）。

（手書き）リクルート社が子会社の未公開株を首相らに譲渡していた

じゃ政治は、その後も停滞し続けたんですか？

いや、そうはならなかった。何とこの流れに、国民ではなく国会議員が終止符を打ったんだ。つまり自民党の腐敗政治に、党内の若手議員が反乱を起こしたんだよ。

えー！　何と自民党内から反乱が…

この流れの中心にいたのが、当時の自民党期待の若手・小沢一郎だ。1993年、小沢は若手議員を大量に引き連れて自民党を離党し、新生党を結成したんだ。そこから新党ブームが起こり、自民・社会の枠組みでは収まりきらない政党の流れが生まれてきた。これで自民党は衆議院で過半数を割り込み、**宮沢内閣の不信任が可決された**。その後の選挙でも自民は敗れ、ついにこの年、**非自民の細川連立政権**が誕生した。これが 55 年体制の終焉だ。

7　政治の諸問題

> これでついに政治は劇的に生まれ変わりますね。

ところが、そうはならなかった。細川内閣は「非自民」という共通項以外、政策も理念もバラバラだった。だから結局、安保や外交など主要な政策は自民と何ら変わらず、細川・羽田と続くうちに、どんどん人気をなくしていった。

でも自民党の政権にかける執念はすごいね。そんな中、誰もが驚く大連立をやってのけたんだ。何と**連立を離脱したばかりの旧敵・社会党と連立した**んだ。こうして1994年には村山連立内閣が誕生し、**ついに自民は念願の政権与党に復帰した**んだ。

ただし自民党は、小泉内閣後は支持率が低迷し、2009年に**民主党に政権の座を明け渡した**。しかし支持率が非常に低迷した民主党政権にかわり、2012年末の衆院選で自民党は圧勝し、安倍総理を首班として結局、またもや**自民党は与党の座に返り咲いた**んだ。

その後、安倍内閣は長期政権を築き、安倍首相の在任期間は2019年8月に大叔父・佐藤栄作を抜いて戦後最長に。そして**2019年11月20日には桂太郎の2886日を抜いて、歴代最長の首相**となったんだ。

コラム 若者ゼロの投票所

2014年の衆院選、僕が行った投票所でびっくりしたことがある。

若者が1人もいない！ 来ているのは30代から老人ばかりで、20代の有権者はただの1人もいなかった。

あまりの衝撃にその日のことはツイッターにも書いたが、投票所である小学校に高齢者ばかりが集う光景は、とてもシュールで物悲しかった。

2016年には、選挙権の年齢が引き下げられ、**18歳から投票できる**ようになった。だがその後の選挙でも10代20代を見かけることは、（ゼロではなかったが）ほとんどなかった。

有権者になったら、投票に行こう。「投票しても変わらない」じゃない。「投票しないと、自分が望む世の中に変わるはずがない」んだから。若者が投票に行かないと、「若者が望む世の中に変えていこう！」と頑張っている候補者は、誰も当選できないぞ。

チェック問題 | 7

戦後日本の政党や政党政治について述べたものとして最も適当なものを、次の①〜④のうちから1つ選べ。

① 日本では、戦後長く自由民主党と日本社会党が交互に政権を担当する二大政党制が続いたが、1990年代に初めて両党による連立政権が成立した。

② 日本の衆議院の選挙区は、長い間小政党に不利な小選挙区制であったため、1990年代に入って比例代表制が導入された。

③ 日本の政党の多くが政治資金として企業や労働組合の献金に大きく依存してきたことに対し、近年批判が高まり、公費助成が行われるようになった。

④ 日本の政党政治では、戦後長く、党の決定より議員個人の意思が尊重され、国会の議決の際にも党の決定にとらわれない投票行動が広く見られた。

（センター追試）

 解答…③

解説 ③は政党助成法についての記述。政治資金規正法の説明が抜けているため、やや不親切な記述だが、間違いは含んでいない。

①はダメだね。だって社会党との政権交代なんてないもの。55年体制は「自民が両院の3分の2近く＋社会が両院の3分の1強」から始まってるから、二大政党というよりは「**1と2分の1政党制**」に近い。

②もダメ。昔の衆議院は中選挙区制。これは基本だ。

④もダメ。日本ではどの政党にも「**党議拘束**」があって、**自党の意思に反する投票をすると、たちまち党を除名されてしまう**。つまり日本の政党政治には、個人の意思があまり尊重されないという欠点があるんだ。

7 政治の諸問題 | 135

国際政治(1)

1 国際連合

　ヨーロッパに一気に独立国家が増えたのは、17世紀の話だ。

　この頃ドイツで**三十年戦争**が起こり、講和条約として**ウェストファリア条約**が結ばれた。その結果、ヨーロッパに約300の主権国家が誕生し、それらが国際社会を形成した。

 国際社会ができたら、何かすべきことはあるの？

　まず、独立した主権国家間で守るルールが必要になってくるね。そう考えたのがオランダ人の**グロティウス**だ。彼は、著書『**戦争と平和の法**』で、**各国が戦時と平時に守るべき国際法**の必要性を訴えた。

　つまり**条約**などを国家間の共通ルールとすることで、秩序ある国際社会を形成する。グロティウスはこの考え方を示したことで「**国際法の父**」と呼ばれるようになったんだ。

▲グロティウス

国際社会で必要となるもの

- **国際法**…成文法＝条約／不文法＝国際慣習法
  　＋　➡ **グロティウス**が『**戦争と平和の法**』で指摘。
- 平和維持システム …戦争防止のための枠組み作り。

●**勢力均衡方式**：**軍事同盟**同士のにらみ合い（➡第一次世界大戦で破綻）。

●**集団安全保障方式**：平和の敵に**集団制裁**（国連型）。

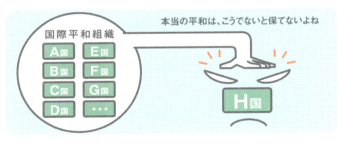

😊 国際法さえあれば、あとは大丈夫ですね！

😟 いいや、まだ不十分だ。独立国家が増えた以上、日頃から戦争回避を意識して、**各国間で平和維持のシステムを構築**することも、当然必要になってくる。

そこでこの時代、最初の平和維持システムとして、**勢力均衡方式**が採用された。これは**仲のいい国同士で軍事同盟を形成し、敵対する軍事同盟とにらみ合う**やり方だ。このバランスがうまく保たれれば、確かに戦争はなくなるはず。

8　国際政治(1)　　137

でも、なんか危なっかしいやり方だなあ…

 そう、こんなの本当の平和じゃない。力のバランスが崩れれば、ただちに戦争突入だ。結局、**勢力均衡方式は際限ない軍備拡張競争を招き、最終的には第一次世界大戦で大爆発した**。結局このやり方では、かえって大戦争につながることがわかったわけだ。

だから第一次世界大戦後は、まったく違った平和維持方法が採用された。それが今日の国連型システム・**集団安全保障方式**だ。つまり今後は、**すべての国が1つの国際平和組織に参加し、平和の敵には集団制裁**をかけることになる。確かにこの方が、平和構築には効果がありそうだ。

❶ 初の集団安全保障の実現・国際連盟

このような流れを経て、ようやく第一次世界大戦後の1920年、**初めて集団安全保障システム**が完成した。これが**国際連盟**だ。

古くは18世紀の哲学者**カント**が、著書『永遠平和のために』でその必要性を説いている。でも直接的なきっかけは、アメリカ大統領**ウィルソン**の提唱した「**平和原則14カ条**」だ。

▲ウィルソン

彼はこの中で、世界平和確立の基盤として、**民族自決の考えなどとともに、国際平和機関設立の必要性を訴えた**。これを具体化させたものが、ジュネーブに本部を置いた国際連盟というわけだ。

 これで世界はひと安心ですね。よかった。

 ところが、そううまくはいかなかった。国際連盟には欠点が多すぎて、うまく機能しなかったんだ。

国際連盟の欠点って、何ですか？

それは「**大国の不参加**」「**全会一致制**」「**制裁手段の不備**」の3つだ。つまり**言い出しっぺのアメリカが参加してない上、1国でも反対があれば何も決められず、しかもできるのは経済制裁だけだった**んだ。結局こんな不完全な組織では、第二次世界大戦は止められなかった。

❷ より完全な集団安全保障の実現・**国際連合**

第二次世界大戦後には、国際連盟の失敗を教訓に、**より完成度の高い国際平和組織**がつくられた。これが今日の**国際連合**だ。

国際連合の成立過程

大西洋憲章 ▶ 国際連合 の構想 ＝ ➡ ダンバートン＝オークス会議 ▶国連憲章草案 ➡ ヤルタ会談 ▶五大国一致の原則 ➡ サンフランシスコ会議 ▶国連憲章採択

本部：ニューヨーク／**原加盟国**：51ヵ国 ※ 2020年現在は **193**ヵ国。

- バチカン市国は未加盟。**台湾は中国の一部扱い**（＝「**一つの中国**」論）。
  ▶ 1971年に中国と国連代表権を change
- 永世中立国スイスは2002年加盟。
- 北朝鮮は1991年、韓国と南北同時加盟。
- パレスチナ自治政府・EU・NGOなどは**オブザーバー**として参加（投票権なし）。

▶ 国際連合の組織

安全保障理事会（＝安保理）…紛争処理の中心機関

- 常　任：米・英・仏・中・ロ＝「五大国」➡ 拒否権あり。
- 非常任：10カ国（地域ごと）。2年ごとに選出。

議決

- 手続事項（非重要）…9理事国以上の賛成で可決。➡ 拒否権なし。
- 実質事項（重要）…五大国含む9理事国以上（＝「五大国一致の原則」）。
  - ➡ ◉拒否権行使で議決不可に。

事務局 … 事務担当

事務総長は**五大国以外**
からの選出が慣例。

▶ 現在はグテーレス（ポルトガル）
※2020年4月末現在

信託統治理事会

未開発地域の独立。

▶ パラオ独立を最後に
1994年より活動停止

経済社会理事会

専門機関と連携。

国際司法裁判所

総会 … 国連の最高機関

本部はニューヨーク。加盟国193カ国。

「1国1票」の投票権（＝主権平等）。

議決

- 重要事項：加盟国の3分の2以上の賛成。
- 一般事項：加盟国の過半数の賛成。

代表的な専門機関

- ILO（国際労働機関）／WHO（世界保健機関）
- IMF（国際通貨基金）
- IBRD（国際復興開発銀行）など。

- オランダのハーグにあり。任期9年の15名の判事で構成。
- 裁判対象は**国家のみ**。➡個人用に**国際刑事裁判所**設置（2002年）。
- **当事国の同意**がないと裁判できない。

❸ 国際連合の問題点

ただしこの国際連合にも欠点はある。いや、欠点だらけだ。これらの欠点が複雑に絡み合い、結局、国際連合も思ったほど役に立ってないのが現状だ。

国際連合の問題点

❶ 冷戦期の安保理マヒ…米ソ中心に、**拒否権240回以上**。

❷ 総会の決定事項に**拘束力なし**。…各国の主権の方を尊重。

❸ 財政難…米中心に**分担金の滞納国**多い。

　　　▶ **2年以上の滞納で投票権失う→ただし「制裁なし」が現状**

❹ 予算規模が小さい…年約93億ドル（2019年）。

　　　▶ **東京都の約8分の1**

😊 拒否権、すごいですね～。

😰 何なんだろうね、この回数。安保理は世界平和を維持するための最重要機関だよ。それが大国の拒否権のせいで機能しないんじゃ、一体何のために苦労してつくったんだかわからない。

この問題を解決するために1950年、国連総会で「**平和のための結集**」**決議**が採択された。これは機能マヒに陥った**安保理の機能を総会が代行できるようにするシステム**だ。

現にこれまでこのシステムに基づいて、**十数回の緊急特別総会が開会されている**。すっきりしないシステムだけど、このおかげで国連は、冷戦期でも何とか最小限の機能を維持することができたんだ。

2 PKO（国連平和維持活動）

本来国際連合は、国際連盟の失敗への反省もあって、**世界平和構築のためなら武力行使もいとわない目的で設立**された。だから国連憲章には、国連軍設置に関する規定も存在している。

ところが実際には、冷戦期に米ソが牽制し合った結果、ついに**一度も（国連憲章に基づく正規の）国連軍が組織されることはなかった**。

8　国際政治(1)　｜　141

つまり、**これまで紛争地域に派遣されていたのは、すべて正規の国連軍ではなく、安保理制裁決議などに基づいて各国が各々の裁量で派遣してきたその場限りの集まりである「多国籍軍」**や、あるいは停戦後に派遣される国連軍とは性格の違う **PKO** などだったんだ。

> **PKOって、国連軍みたいなものじゃないんですか？**

　だいぶ違うな。**PKO は「中立・非軍事」を原則とする活動**で、やる仕事は国連軍とはまったく違った「停戦後の警察活動」だ。その歴史は古く、冷戦初期の 1948 年から、その地道な活動を開始している。

　そしてこの活動が、ある時期から急に活気づいてきたんだ。

> **いつ頃ですか？**

　冷戦終結後からだ。つまり**冷戦が終わったことで、初めて米ソ両大国が協力し合えるようになった**からだ。だから今日、PKO 活動は国連の最も重要な任務になったとさえいわれているんだ。

　ではその PKO の組織、どんな形態になっているのか、見てみよう。

国連平和維持活動（PKO）

$\left(\begin{array}{c}\text{憲章上}\\\text{の規定}\end{array}\right)$ **なし**…　$\begin{bmatrix}\text{・6章：平和的解決}\\\text{・7章：強制的措置}\end{bmatrix}$　の中間＝「**6章半**活動」

▶憲章外活動

PKO の組織

・**平和維持軍（PKF）**…中立的な**警察**活動。**軽武装**組織。

> 　軍という呼称、武装組織である点から、憲法第 9 条に触れる疑いがあり、**日本は当初参加を凍結**していた。しかし、2001 年の**米同時多発テロ**を受け、同年 PKO 協力法を改正して**参加凍結を解除**。

・停戦監視団…国連加盟国の**非武装軍人**で構成。

・選挙監視団…民主的選挙の監視。**民間からも参加**。

142　│　第 1 講　政治分野

6章半活動ってのがPKOの正式名称？

違う違う、そんな中途半端な正式名称、あるはずないよ。
国連は当初の予定では、国連憲章に基づいた正規の国連軍を置く予定だった。でも冷戦期のゴタゴタでそれがかなわず、仕方なく**6章の「平和的解決」**とも**7章の「強制的措置」**ともつかない**中途半端なPKO**を置いたんだ。つまり6章半活動というのは「**国連憲章外の活動**ですよ」って意味さ。

● 主なPKO活動

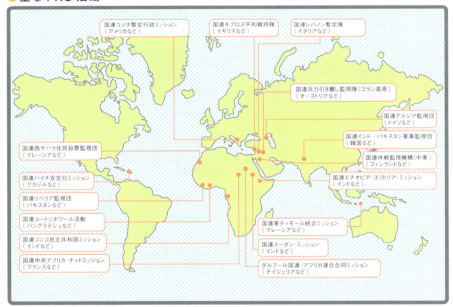

▶ **日本とPKOとのかかわり**

日本は当初、憲法第9条との兼ね合いを考え、PKOには参加しない方針をとっていた。

ところが1991年、そうもいかない事態が発生した。**湾岸戦争**だ。**イラクのサダム＝フセインが石油利権を狙ってクウェートに侵攻**した。冷戦が終わっているからアメリカもソ連も協力している。そうなると、日本だけ何もしないわけにはいかない。

8　国際政治⑴　　143

> でも、日本には憲法第9条がありますよ。

そう、だから仕方なく、日本は多額の資金協力をした。でも当時のブッシュ米大統領（父）はこの対応に怒り、日本にちゃんとした「**国際貢献**」を要求したんだ。つまり「**金だけでなく、人もよこせ！**」ということだ。

外圧に弱い日本は仕方なく自衛隊を**ペルシア湾**に派遣し、機雷除去の任務を担当した。そして今後の要請に備えて、急きょ法整備を開始した。もちろんこれには野党が猛反発したが、最終的には自民党が数の力で押し切り、1992年、ついに**PKO協力法**が成立したんだ。これで日本もPKO活動に協力できることとなったが、日本の参加には、いくつかの条件が付けられた。それがこれらだ。

PKO参加5原則

❶ 停戦合意
❷ 受け入れ同意 ──→ 世界共通の原則
❸ 中立・公平
           ＋
❹ ❶～❸が崩れれば撤収
❺ 武器の使用は最小限に限定 ──→ 日本独自の原則

さらに同法は2001年に改正され、自衛隊は**平和維持軍（PKF）本隊業務への参加が可能**となり、2015年の改正では「**駆け付け警護**」（近くで活動するNGOなどを保護）と「宿営地の**共同防護**」（他国部隊との共同宿営地を、他国と連携して守る）が可能となった。

PKO協力法に基づいて自衛隊が派遣された主な地域

- **カンボジア**（PKO協力法に基づく初の派遣先）
- モザンビーク
- ザイール（ルワンダ難民救援のため）
- シリア（ゴラン高原・パレスチナ問題対応）
- 東ティモール

3 冷戦

冷戦の流れ

● きっかけ

- **ヤルタ会談**…戦後処理をめぐる**米英ソ首脳会談**。
  （1945年2月）　▶ローズベルト・チャーチル・スターリン

  ➡ この直後から米ソ対立始まる。

- 「**鉄のカーテン**」演説…ソ連による欧州分断の現状を演説。
  ▶1946年・チャーチル　➡冷戦対立の表面化。

- ベルリン封鎖…ソ連がベルリンを交通封鎖。　➡ **対立が決定的となる。**
  （1948年）　▶後に東独が「ベルリンの壁」をつくる

● その後の対立

- 政治：トルーマン＝ドクトリン vs コミンフォルム
  ▶対ソ封じ込め政策　　　▶東側共産党の結束

- 経済：マーシャル＝プラン vs コメコン
  ▶米→西欧への援助　　　▶ソ→東欧への援助

- 軍事：北大西洋条約機構 vs ワルシャワ条約機構
  ▶西側軍事同盟・NATO（ナトー）　▶東側軍事同盟・WTO（ワット）

➡ ● ことごとく対立。
but 実際の米ソ戦はなし。
▶小国の「**代理戦争**」のみ

冷戦とは、<u>**アメリカ中心の資本主義陣営（＝西側諸国）と、ソ連中心の社会主義陣営（＝東側諸国）の、にらみ合い**</u>だ。

　この構図は終戦前後から始まり、1989年まで続いた。つまり僕たちは、戦後政治の相当長い期間を、この冷戦とともに過ごしてきたということだ。上の図からもわかる通り、実際の米ソ戦こそなかったものの、さまざまな分野での対立に加え、小国の戦争に両陣営が肩入れする「**代理戦争**」が頻発し、まったく予断を許さない状況が続いたんだ。

 どこかで緊張が緩むことはなかったんですか？

8　国際政治(1)　　145

2回あったな。1回目は1950年代のいわゆる「雪解け」の時期、2回目はp.148にある「デタント」の時期だ。まずは「雪解け」から見ていこう。

実はこの少し前の1949年に、ソ連も核兵器を保有したんだけど、さすがに核対立にまで発展したら、これはもう世界滅亡の危機、世界中から非難されたんだ。この頃から激しい対立はいったんお休みムードとなり、ジュネーブ会議などで、東西の対話が始まったんだ。

▲フルシチョフ

特に大きかったのは、ソ連共産党第一書記・**フルシチョフ**（のちに首相を兼務）が提唱した「**平和共存**」路線だ。この路線転換に米大統領**ケネディ**も応じ、東西の緊張緩和は、さらに進むかに見えたんだ。

雪解け（＝緊張緩和）の動き

- ジュネーブ会議　… 極東和平（朝鮮戦争・インドシナ戦争処理）に向け、東
  （1954年）　　　　西初の本格顔合わせ。（米・英・仏・中・ソなど）
- ジュネーブ四巨頭会談 … ドイツ統一問題や軍縮をテーマに会談。
  （1955年）　　　　　　　（米・英・仏・ソ）
- **平和共存**路線　　　… **フルシチョフ**が提唱。➡ケネディも呼応。
  （1956年）　　　　　　▶ソ連・スターリンを批判

よかったじゃないですか。

ところがその後、事件が起こる。1962年の**キューバ危機**だ。この危機で、**米ソは核戦争一歩手前まで行ってしまった**んだ。

幸いその危機は対話によって回避され、その後米ソ首脳間に**ホットライン**と呼ばれる直通電話が引かれた。まずはひと安心だ。でも、この対話ムードの両首脳の時代であってもこういう危機があるんだから、本当に冷戦期は、根っこの部分にある両陣営の不信感を拭いきれなかった時期だということがわかるよね。

その後は、どうなったんですか？

その後、というかその前後から、世界には今までと少々違った流れが現れてきた。いわゆる**多極化**の進行だ。

多極化？　何ですか、それ。

多極化とは、米ソ二極優位が崩壊して、**アメリカの言うことをきかない西側諸国や、ソ連の言うことをきかない東側諸国**が現れてきたことを指す。しかも**途上国まで独自路線をとり始めた**もんだから、世界の勢力図は非常に混沌としてきたんだ。

多極化…米ソ二極優位の崩壊

● **西側の動き**

- **仏**の独自路線…中国を承認(西側唯一)。／**NATO軍からの脱退**。／**独自の核開発**。
- 日本、EC の経済的台頭(＝米の経済的優位の後退)。

● **東側の動き**

- **中ソ対立**…毛沢東 vs フルシチョフ ➡ 1969 年、**国境紛争にまで発展**。
- **プラハの春**(1968 年)…チェコスロバキアで民主化の動き(ソ連軍が鎮圧)。

● **途上国の動き**

　非同盟主義…**東西いずれの陣営にもつかない**独自路線。

　　　　　▶ ネルー(印)・周恩来(中)・チトー(ユーゴ)など

- **平和五原則**(1954 年)…ネルーと周恩来が発表。領土保全・主権
　　　　　　　　　尊重・内政不干渉・平和的共存など。
- **アジア・アフリカ**会議(1955 年)…インドネシアにて。結束固める。
　　▶ **バンドン**会議ともいう

- **「アフリカの年」**(1960 年)…アフリカ **17 カ国が独立・国連加盟**。
　＋　　　　　　　　　　▶ これを受け、非常任理事国数も増加へ
- **非同盟諸国首脳会議**(1961 年～)…ユーゴのベオグラードにて。
　　　　　　　　　　　　　　　チトー大統領が主導。

こんなふうに、要所要所で米ソの言うことをきかない国々が増えてきた。しかも長期の対立で米ソはどちらも財政難だ。もうこうなると、いがみ合ってるのがバカバカしくなる。だからその後の **1970年代は、SALT などの核軍縮を中心とする米ソ共存体制の時代**になるんだ。**この時期が、p.146に出てきた２つ目の緊張緩和「デタント」**だ。これも覚えておいてね。

😊 これで冷戦は終わったんですか？

いやいや、なかなかそう簡単にはいかないよ。**この後1980年代になると、世界は「新冷戦」と呼ばれる新たな緊張局面を迎える**ことになるんだ。

😮 新冷戦？ 何ですか、それ。

だから新たな緊張だよ。具体的には1979年、ソ連がアフガニスタンにできた親ソ政権支援のために軍隊を派遣（＝**アフガニスタン侵攻**）したり、レーガン米大統領が**戦略防衛構想**（＝**SDI構想**）を打ち出して近代兵器の拡充に巨額の予算を投じたあたりから始まる。

😣 えー大変だ！ またあの先鋭的な対立が始まったんですか？

ところが、この対立は長くは続かなかった。1985年、ソ連の新しいリーダーが、ソ連の大改革をやってのけたからだ。それが**ゴルバチョフ**の**ペレストロイカ**（＝改革）だ。この改革は**グラスノスチ**（＝情報公開）と併せて行われ、同時に西側に対しては「**新思考外交**」と呼ばれる融和外交を展開した。信じられるかい？

▲ゴルバチョフ

現在の北朝鮮をはるかに凌ぐ統制社会だったソ連が、この改革でみるみるうちに自由な発言が認められ、腐敗が摘発される社会になっていったんだ。

😄 ウソみたい…

そして、親分が変われば子分も変わる。ソ連改革の余波は他の東欧諸国にも波及し、**1989年には「東欧革命」と呼ばれる東欧諸国の劇的な政権交代ラッシュを見る**ことになるんだ。

そして同年 11 月に、市民の手により冷戦の象徴ともいえる**ベルリンの壁**が壊され、12 月には**マルタ会談**で、ブッシュ（父）・ゴルバチョフ両首脳によって**冷戦終結が宣言された**んだ。

　その後、**1991 年にソ連邦は解体を宣言**し、従来よりも緩やかな結合体である**独立国家共同体**（**CIS**）へと移行した。そこには**バルト三国**（エストニア・ラトビア・リトアニア）を除く旧ソ連の共和国が参加している。こうして冷戦は終わったんだ。

> 😊 冷戦後の今日、冷戦期と比べて変わったことはありますか？

　まず、**旧東欧諸国は、すべて資本主義に移行**した。今日は**ワルシャワ条約機構**も解体し、彼らの多くは 2004 年に **NATO**（北大西洋条約機構）と **EU** にも加盟している。

　それから、**民族紛争**と**テロ**が増えたね。これはやはり、ソ連という強大な国の締めつけがなくなったせいで、昔のケンカが復活したり、大国を恐れぬ行動が増えてきた結果だとされている。冷戦が終わったからといって、世界はそう単純に平和になるわけじゃない。なかなか難しいもんだね。

◎ラ△ コラム　リアルタイムの「冷戦終結」

　冷戦終結は 1980 年代末。この頃僕は大学生で、当時の国際情勢の激変はすごかった。——ソ連で西側の映画が上映されたぞ、ゴルバチョフがグラスノスチで軍事機密を公開したぞ、東ドイツのホーネッカー議長が逮捕されたぞ、ルーマニアのチャウシェスク大統領が射殺されたぞ——こういう衝撃的なニュースが、連日報道される。僕も政経学部の学生としてこの激動に並々ならぬ興味があったから、海外事情を扱った雑誌を夢中になって読んでいた。

　そして 1989 年、11 月にはベルリンの壁が崩壊し、12 月には地中海マルタ島で、ブッシュ（父）とゴルバチョフが冷戦終結を宣言した。

　この頃日本はバブルの絶頂期で、この宣言の 3 週間後ぐらいに日経平均株価が 3 万 8915 円の史上最高値を記録した。「ベルリンの壁の破片」も、東西ドイツ政府公認の鑑定書付きで、なぜか渋谷の雑貨店に 7 万円ちょいで売られていた。みんな「なぜここに !?」って顔で通り過ぎていたなあ。

チェック問題 | 8

安全保障理事会に関する記述として最も適当なものを、次の①〜④のうちから1つ選べ。

① 安全保障理事会において常任理事国が欠席・棄権した場合は、拒否権を行使したものとみなされている。

② 安全保障理事会が、手続事項以外の事項について決定を下すためには、常任理事国の同意投票を含めて9理事国の賛成投票が必要である。

③ 安全保障理事会が決定したことは、兵力提供の命令のような軍事的措置への協力を含めて、すべての加盟国を拘束する。

④ 安全保障理事会は、国連の中で、世界の平和と安全に関する問題を討議できる唯一の主要機関である。

（センター本試験）

解答 … ②

解説 国連の細かいルールを把握していないと解けない、やや難易度の高い問題だね。安保理における手続事項以外の事項とは「**実質事項**」のことで、安全保障に関する重要な事柄を決する。だからそこでは、安全保障に関して主要な責任を担う**五大国すべての賛成が求められる**（＝**五大国一致の原則**）。

①：朝鮮戦争の際の多国籍軍派遣は、それまで拒否権で反発してきた**ソ連の安保理欠席によって、ようやく実現**した。てことは、欠席は拒否権行使とはみなされないってことだね。

③：安保理決議の拘束力については、かなり議論がなされているが、**いまだ確定的な結論が出ていない**。平和の敵に対する強制措置はきわめて重要だけど、それでも平和主義の国に対して兵力提供を求めるほどの強引な拘束は、過去にしていない。

④：**安保理が機能マヒに陥ったときは、総会が機能を代行**する（＝「**平和のための結集**」**決議**）。ということは、総会にも討議権があるってことだね。

国際政治(2)

1 軍縮

軍縮はよく出題されるテーマだ。最新の時事的内容まで入って大変だけど、しっかり覚えよう。

まずは主要な軍縮機関から見ていこう。

さまざまな軍縮機関の設立

背景 **パグウォッシュ会議**（1957年〜）…核兵器と戦争廃絶をめざす科学者の会議。
▶ **ラッセル・アインシュタイン宣言**を受けてスタート

◉これら国際世論の高まりを受け、**さまざまな軍縮機関**が整備。

(a)国連軍縮委員会（UNDC）…国連設置の軍縮機関。**全加盟国**の交渉の場。
(b)**ジュネーブ軍縮会議（CD）**…**主要65カ国**の政府間交渉の場。国連の下部機関ではないが、**主要な軍縮討議はほとんどここで行う**。超頻出！

▶(a)は冷戦期、米ソ対立で機能マヒ多発 ➡ そこで(b)がつくられ、現在も重視

9 国際政治(2) | 151

今日、軍縮関係のテーマの大部分は、まず(b)のCDで討議され、そのまま条約成立につながるケースも多い。

でもCDは**コンセンサス**方式（＝全会一致制）のため、重要な条約なのに少数国の反対で可決できないこともある。そういうときには、討議の場を国連総会に移し、そこで重要事項の議決（加盟国の3分の2以上の賛成）の形で可決・成立なんてこともある。

次は核軍縮だ。これらは非常に重要な上、頻出だから、しっかり覚えてね。

核軍縮

● **部分的核実験禁止条約**（PTBT・1963年）

- きっかけ　第五福竜丸事件（1954年）／キューバ危機（1962年）
- 内容　「**大気圏内・宇宙空間・水中**」での核実験禁止。
- 問題　**地下実験はOK**。／保有国の**仏・中が不参加**。

● **核拡散防止条約**（NPT・1968年）

- 条約加盟の非保有国が新たに核を保有することを禁止。
- 加盟非保有国には、**IAEA（国際原子力機関）の査察受け入れ義務**あり。
- 1995年の**NPT再検討会議**で、条約の**無条件かつ無期限延長**決定。
  仏・中も1992年参加。

● **包括的核実験禁止条約**（CTBT・1996年採択）

- 内容
  - あらゆる核爆発実験の禁止。
  - 「保有国＋開発能力のある国」（44ヵ国）の批准が必要。
- 問題
  - **米・中・印・パ・北朝鮮など未批准**。➡ 発効のメド立たず。
  - **未臨界核実験**（爆発を伴わないシミュレーション実験）はOK。

その他、核軍縮から派生して覚えておくべき内容と、核軍縮とは別の軍縮もあるので、それらも覚えておこう。

非核地帯条約

「この地域での**核使用に反対する**」という趣旨の条約。

中南米・南太平洋・東南アジア・アフリカなどにあるが、残念ながら**核保有国が参加しない限り、それらの国の拘束はできない**。

核以外の軍縮

● **対人地雷全面禁止条約**（＝オタワ条約）（1999年発効）

| 内容 | 対人地雷の破壊義務（※日本の**自衛隊も2003年廃棄完了**）。 |

    ➡「**地雷禁止国際キャンペーン**」（NGO）の努力で採択。

     （同NGOは1997年**ノーベル平和賞**を受賞）

| 問題 | 地雷大国の**米・中・印・ロなどが不参加**（→ 実効性低い）。 |

● **クラスター爆弾禁止条約**（＝オスロ条約）（2010年発効）

| 内容 | ・保有するクラスター爆弾を廃棄（原則8年以内に）。
・被害者支援などの義務を負う。 |

| 問題 | 大量保有の**米・中・ロなどが不参加**。 |

対人地雷全面禁止条約では、成立にむけてのNGO「**地雷禁止国際キャンペーン**」の努力（同NGOがカナダ政府と協力し、各国政府に働きかける「**オタワ＝プロセス**」というやり方）が評価され、1997年**同キャンペーンとそのコーディネーターのジョディ＝ウィリアムズにノーベル平和賞**が贈られた。

クラスター爆弾とは、**親爆弾から無数の子爆弾が散布される非常に殺傷力の高い爆弾**で、しかも周辺に散らばった子爆弾が不発のまま地雷化しやすく、相当にタチの悪い兵器だ。この禁止条約もようやく成立し、2010年に発効した。

ただどちらも、**大量保有している米・中・ロなどが参加していない**。残念ながら条約は、不参加の国を拘束できないから、これでは実効性に乏しい。残念だね。

9　国際政治(2)

さあ次は、米ソ（米ロ）二国間のさまざまな軍縮条約を見てみよう。

米ソ〔米ロ〕の二国間軍縮

● **戦略兵器制限交渉（SALT）**

- 内容　核弾頭運搬手段（＝ミサイル本体部分）数の**上限設定**。
  ▶核弾頭そのものの削減や上限設定ではない！

- SALT Ⅰ　1972年、米ソ両国とも調印＋批准。
- SALT Ⅱ　1979年米ソ調印。but 米が未批准（→85年失効）
  ▶ソ連のアフガニスタン侵攻のせい

● **中距離核戦力（INF）全廃条約**（1987年調印、1988年発効）

- 内容　中距離ミサイルのみだが、米ソ軍縮史上**初の全廃**条約。
  （ただし**2019年失効**）
- 問題　核弾頭を取り外しただけ（＝廃棄には至らず）。

● **戦略兵器削減条約（START）**

- 内容　核弾頭数の**削減**。
- START Ⅰ　一定数の削減。1991年調印＋1994年批准。
- START Ⅱ　さらなる削減。**1993年調印＋米は1996年、ロシアは2000年批准**。

※ただし**同時多発テロ**（2001年）後の米の軍拡路線が、START Ⅱの内容に抵触したため、**START Ⅱは結局未発効**に終わった。

▶2002年**モスクワ条約**という別条約で代用

● 2010年：**新START**…オバマ・メドベージェフ間で調印。
　　　　　　　　　モスクワ条約よりもさらに核軍縮を。

▲オバマ

- 背景　・START Ⅰが2009年末に失効。
　　　　・「**核なき世界**」演説で、オバマがノーベル平和賞受賞（2009年）。

2 戦後日本の外交

戦後日本の外交

❶ 国連中心主義
❷ 自由主義諸国との協調
❸ アジアの一員としての立場を堅持
＝ **外交三原則**

● **日ソ共同宣言**（1956年）
- 戦争状態の終了。国交回復。
- 日本の**国連加盟を支持**。
- 抑留中の**旧日本兵の送還**。
- 賠償請求権を含む、**すべての請求権の相互放棄**。
- **歯舞諸島・色丹島**の引き渡し（**平和条約**締結後に）。

● **日韓基本条約**（1965年）
- 国交の回復。
- 旧条約の**無効**（日韓併合条約など）。
- 「**朝鮮半島にある唯一の合法政府**」であることの確認。

  ＋

「**日韓請求権協定**」を同時に締結。

> （第1条）：韓国への「**経済協力金**」支出。
> ▶有償・無償合わせて計5億ドル
>
> （第2条）：両国政府と国民・法人の**すべての請求権問題が、完全かつ最終的に解決**されたことを確認。
> （第3条）：協定に関する紛争があれば「**仲裁委員会**」を設置して裁定。

● **日中共同声明**（1972年）
- 国交正常化の宣言。
- 「**中国が唯一の合法政府**」の承認。
- 「**台湾**が中国の領土の一部」の理解・尊重。（→「**一つの中国**」論）
- 中国政府は**友好**のため、日本への**戦後賠償請求の放棄**を宣言。
- 平和条約に向けての交渉。（→1978年の「**日中平和友好条**約」へ）

9 国際政治(2) | 155

3 主な民族紛争

▶ 旧ユーゴスラビア問題

ボスニア＝ヘルツェゴビナ紛争

チトー大統領死後、最大派の❶から大統領が出たが、❷と❸と❹が反発。1991年に相次いで独立したが、ボスニアは出遅れた。

❶はボスニアの独立を阻止しようとして92年より紛争。

※ボスニアの住民
- セルビア人 ➡ 当然❶とつながりが深い。
- クロアチア人 ➡ セルビア人と以前から対立。
- ムスリム ➡ イスラーム教徒。中心勢力。

<u>セルビア人</u>・クロアチア人・ムスリムが、ボスニア内部で激しい内戦。

⬇ どうやら彼らが騒ぎを大きくしているらしい

・**NATO軍が国連に協力**し、ボスニア内部の**セルビア人勢力を空爆**。

　　　　＋

・国連による**新ユーゴへの経済制裁**（ボスニア内のセルビア人を支持したから）。

　　　▶新ユーゴ（ユーゴスラビア連邦共和国）：セルビア＋モンテネグロ

⬇

1995年、一応**和平合意**（ただし、まだ不安定）。➡ ※2006年にモンテネグロ独立。

コソボ紛争

コソボ自治州内のアルバニア系住民が、少数派住民のセルビア人を迫害しているとして、新ユーゴの**ミロシェビッチ大統領**が軍事制圧。

● 米主導のNATO軍、**国連安保理を通さず新ユーゴへの空爆**を実行。

⬇

● 1999年和平成立。➡（翌年、国連設置の**旧ユーゴ戦争犯罪法廷**に、ミロシェビッチ大統領が起訴される（出廷拒否）。）

⬇

● 2000年、大統領選でミロシェビッチ氏敗北。➡2008年に**コソボ独立宣言**。

　▶大統領は2001年逮捕→2006年死亡　　　　▶国連・EUには未加盟（2020年4月末現在）

▶ 東ティモール問題

インドネシアからの**分離独立**を求める戦い。

> 旧ポルトガル領ティモール島東部（※地理的にはインドネシア）で、ポルトガル政変を機に1970年代より独立運動が始まるが、反独立派とインドネシア政府軍に制圧され、76年インドネシア領に併合される。

- 1999年、東ティモール独立の是非を問う住民投票実施（国連主導の下）。　➡ 賛成多数により**独立決定**。
  - but ▶ 反独立派の抵抗激化

- 同年10月、**国連多国籍軍派遣**… （国家機構が整い、抵抗が鎮まるまではPKOの全面的な統治下に。）
  - ▶ 日本もPKO参加

- 2002年5月、**東ティモール独立**。191番目の国連加盟国に。
  - ▶ 首都ディリ

▶ チェチェン紛争

ロシア連邦内のチェチェン自治共和国の、独立をめぐる軍事対立。

背景

- チェチェン：
  - 鉄道や幹線道路の通る、交通の要衝。
  - **産油国**＋**パイプラインの経由地**。
  - ロシア文化圏外（イスラーム教国）。

- 1994年、エリツィン政権時代に始まった紛争（第一次チェチェン紛争）は、1996年に停戦。

- 2000年、プーチン政権により首都制圧（第二次チェチェン紛争）。
  - ➡ but チェチェン軍によるテロ活動がたびたび起こる。

▶ ウクライナ問題

ロシアにつくか欧州につくか。

- 「ロシア→欧州」の**天然ガスパイプライン**の中継地。
- 東部（親ロシア。ロシア系住民多い）／西部（親欧州。チェルノブイリ原発あり）

2005年 **ユシチェンコ大統領**誕生。「**天然ガスの市場開放**」宣言。
　　　　　　▶親欧派　　　　　　　　　　▶≒安く売る

$\begin{pmatrix} 安売りしたくないロシア \\ との間にトラブル \end{pmatrix} \Rightarrow \begin{pmatrix} ロシアから \\ の支援停止 \end{pmatrix} \Rightarrow \begin{pmatrix} ウクライナ \\ 財政悪化 \end{pmatrix}$

$\begin{pmatrix} ロシアの支援回復のため \\ 親ロ派の\mathbf{ヤヌコビッチ大} \\ \mathbf{統領}が誕生。\end{pmatrix} \Rightarrow \begin{pmatrix} ロシアとの関係は回復するも \\ 今度は\mathbf{欧州と協力困難}に。\end{pmatrix}$

2014年、反政府派が大統領府を占拠し、**ヤヌコビッチ政権崩壊**。
　　　　　　　　　　　　　　　　　　　▶＝ウクライナ騒乱

➡ 親ロ派救済のため、**ロシアが軍事介入**。

⬇

この機に、**クリミア自治共和国** ➡ 圧倒的多数で**ロシアへの編入**
（ウクライナ東部）が**住民投票**。　　を希望。

プーチンは承認。➡ 欧米は「**外国領土を自国編入**する気か」と非難。
　　　　　　　　　　　　　　▶ウクライナの主権侵害だ！

⬇

- 欧米は**ロシアへの制裁**に動いた（**経済制裁**発動（2014年3月））。
- ウクライナもロシアに抗議し、**CIS脱退**表明（2014年3月）。
- このときから**サミットもロシアを除外**。「G8→**G7サミット**」に。

▶ **パレスチナ紛争**

ユダヤ人 vs アラブ人の、**パレスチナ地域への居住権**をめぐっての争い。

> 長い迫害の歴史の中で祖国（＝パレスチナ。現在のイスラエル）を追われたユダヤ人は、シオニズム（建国）運動を経て20世紀、ようやく祖国に戻ってくる。
> ➡ **but** そこには周辺のアラブ人（＝現パレスチナ難民）が居住していた。

● イギリス、アメリカの後押しで、有利な国連決議を得たユダヤ人は、アラブ人を追い出して、1948年に**イスラエル建国**を宣言。

> その翌日より、アラブ諸国と**中東戦争**勃発。パレスチナに住んでいたアラブ人は難民化し、**PLO（パレスチナ解放機構）**を組織してイスラエルと戦った。

⬇

● 1993年：アメリカの仲介で**パレスチナ暫定自治協定（オスロ合意）**を締結。現在は**イスラエル内に２カ所パレスチナ人居住区**をつくっている。
　　▶「**ガザ地区＋ヨルダン川西岸**」＝**パレスチナ自治政府**（ただし**不安定**）

▶ **印パ紛争**

もとは単一国家だったインドとパキスタンによる、国境地域**カシミール地方**の**領有権**をめぐる争い。

> 戦後、インドから追放されたイスラーム教徒により、パキスタン建国。国境のカシミール地方は、**人口の80％がイスラーム教徒**で構成。

● 国連は住民投票実施を勧告。➡ **but** インド側が拒否。

⬇

● 1998年、両国による**核実験競争**にまで発展。

9　国際政治(2)　159

▶ 北アイルランド紛争

北アイルランドの帰属をめぐる、カトリック系 vs プロテスタント系住民の争い。

- **多数派**：プロテスタント系…イギリスへの帰属を主張。
- **少数派**：カトリック系…アイルランドへの帰属を主張。

カトリック系武装組織 **IRA（アイルランド共和軍）**のテロ激化。
➡ 一度和平合意が成立したが、IRAの武装解除をめぐり、2005年まで混乱が続く。

▶ イギリスのEU離脱により、テロ再燃が危惧される

▶ 中台（ちゅうたい）問題

第二次世界大戦後、中国で勃発した国共内戦（国民党 vs 共産党）に敗れた蔣介石が、国民党一派とともに台湾に亡命し、中華民国（国民党政府）を樹立。以後、共産党支配の中華人民共和国と対立。

- **台湾**：中台関係は、特殊な**国と国との関係**。➡「**二つの中国**」論
- **中国**：台湾は中国の一部。**一国二制度**で統一を。➡「**一つの中国**」論

社会主義と資本主義の並存（へいそん）。返還後の香港・マカオに50年間適用。統一後は「特別行政区」となり、**外交・国防以外は原則的に自治**。

現状：民進党の**蔡英文（さいえいぶん）**（親日派＋対中国強硬派）が総統（2020年4月末現在）。

▶ **アフガン情勢／同時多発テロ関連**

- **タリバン**…狂信的イスラーム主義に基づき、アフガニスタンを統治。
  ▶イスラーム超原理主義　　　▶1996～2001年
  ＋
- **ビンラディン**…国際テロ組織「**アルカイダ**」の長（主に反米テロ活動を主導）。タリバンに資金提供。➡ 見返りに潜伏させてもらう。

⬇

米で**同時多発テロ**発生！…（米はビンラディン引渡しを要求。）➡ **but** タリバンは拒否。
▶2001年

- NATO軍、米への協力決定。
  ＋　　　　　　　　　　　➡ ◉**アフガニスタン攻撃**。
- **日本**の後方支援も決定。　　　（2001年12月にタリバン政権崩壊）
  ▶テロ特措法に基づく→※現在は失効

▶ イラン核合意とアメリカの離脱

※イラン革命（1979年）後、両国は**国交断絶中**。

（前提）：イラン革命後、イランの実権は宗教指導者**ハメネイ**師が握り続ける。

➡ イランの全政策は、**ハメネイ師の意向に従ったもの**と考えられる。

2002年：イランにウラン濃縮施設発見（ここから**核疑惑**）。

2005年：**アフマディネジャド**、大統領に就任。◎**核開発を宣言**。
▶**対米・対イスラエル強硬派**

2006〜10年：国連安保理、**対イラン制裁決議**。**but** イランは濃縮ウラン製造。

2012年：米とEU、対イラン**経済制裁**を強化。

➡ これを受け、イランは**IAEAの核査察**に合意（ただし**非協力的**）。

2013年：**ロウハニ**大統領（穏健派）誕生。

➡ オバマ大統領の米と次第に関係修復。

2015年：**イラン核合意**…イランが核開発施設を「**縮小**」＆**IAEAの査察**受け入れ。
▶**米・英・仏・独・ロ・中** ➡ 欧米などは**経済制裁を緩和**。

（※なぜ制裁国は、核開発「禁止」ではなく「**縮小**」で許したのか？）

（E　U）：イランの**石油が必要**。

（ロシア）：イランはシリアと仲がよく、

　　　　　　ロシアはシリアの同盟国。

（中　国）：「**一帯一路**」にイランも含みたい。

➡ 厳しい制裁はしたくない

but 米大統領がトランプになると、米は態度を硬化。トランプは「敵性国家を許さない」と発言し、2018年、**米のみ核合意を離脱**。

2019年5月：米は**イランからの原油全面禁輸** ➡ イランは**核合意一部停止**で対抗。
▶**低濃縮ウラン貯蔵量を増やす**

2019年8月：米、国連安保理で各国に「**有志連合**」への参加を呼びかけ。
▶**各国は反発 or 消極的（日本も）**

　対イラン包囲網の**共同軍事行動**。イランの脅威から各国の石油航路を守るため、**ホルムズ海峡**で平和維持活動や軍事介入を共同で行おう。

▶ アラブの春／シリア内戦／イスラーム国

アラブの春…2011年からアラブ諸国で起こった、連鎖的な民主化革命。
＝

チュニジア：**ジャスミン革命**で政権崩壊。
エジプト：**ムバラク**政権（30年独裁）崩壊。 ⇒ ツイッターやFacebookなどの SNSが有効に使われ、民主化の波が広がった。
リビア：**カダフィ**政権（42年独裁）も崩壊。

この流れで**シリア**でも2011年より**「政府軍 vs 反政府派」**が衝突。
▶ シリア内戦

英米はシリアのアサド大統領が、**化学兵器（サリン系神経ガス）**を使用したと断定。安保理制裁決議を求めるも**否決**。
➡ **but** その後、ロシアの働きかけでシリアは**化学兵器禁止条約**に参加し、**化学兵器禁止機関**の**査察**も受け入れた。
▶ (OPCW) → 2013年ノーベル平和賞受賞

※内戦の混乱に乗じ「**イスラーム国**」を名乗るイスラム過激派組織が台頭。
＝

元々は**アルカイダ系の武装集団**。2014年「**イスラーム国**（イラクとレバントのイスラーム国（**ISIL**））建国を宣言（国家として承認されていない）。**イラク～シリアにまたがる広範囲を制圧**。略奪・殺害・奴隷(どれい)制などを導入し、**アラブを含めたほぼ全世界からテロ組織とみなされ**、米英中心の空爆(くうばく)を受けている。油田を制圧し、資金は豊富。世界から公募で集めた戦闘員の残虐性、**日本人人質の殺害**などが問題に。

（※イスラーム国の指導者**バグダディ**は、2019年、米軍の急襲を受け**死亡**）

▶ ミャンマー情勢

1948年：英から独立（**アウン゠サン**が主導）するも、1962年 **ネウィン** 将軍がクーデター。仏教を軸とする**特殊な社会主義の鎖国国家**となる。

1988年：ネウィン退陣と民主化を求める運動激化。➡ 軍は総選挙を約束。

1990年：**アウン゠サン゠スーチー**がリーダーの「国民民主同盟（NLD）」が選挙圧勝。➡ **but** 軍は認めず、**スーチーは自宅軟禁状態**に。

▶ 結局軍政は継続。欧米は経済制裁

1991年：スーチーに**ノーベル平和賞**。（その後「軟禁→解放」の繰り返し）

2012年：**スーチー、政界復帰**。2016年には国家顧問兼外相に。

2019年：スーチー、**国際司法裁判所に出廷**。ミャンマー軍による少数民族**ロヒンギャ**への**ジェノサイド**（集団虐殺）をめぐる裁判。

2020年：国際司法裁判所、ミャンマーに**ロヒンギャ迫害停止を求める仮処分**命令。

▶ **中国がらみの領土問題** ・・・・・・・・・・・・・・・・・・・・・・・・・・・・・

※中国は自治区などの**自決権・独立は認めない**。

● **チベット**問題

> 1949年：「解放」と称して**中国がチベット侵略・占領**。
> 1959年：**ダライ＝ラマ14世**をインド亡命に追い込む。

➡ 不満から or
独立を求め
て暴動頻発

> ダライ＝ラマは「**武力での独立
> より平和と自治**」を訴え続け、
> 1989年**ノーベル平和賞**。

➡ **but** 中国政府の弾圧厳しく、
独立や平和な自治は困難。

● **ウイグル**問題…**新疆ウイグル自治区**でも、同様の問題。

・**シルクロード**の要衝
　▶**つまり東西文明の交通路**
・中国の核実験場
・天然資源(石油等)が採れる

➡ 漢民族の侵略と**それへの抵抗の動き**。
　▶この抵抗を中国政府は
　　テロと呼び弾圧

◉**2009年の大暴動**へ（＝**ウイグル騒乱**）

● **南シナ海紛争**…天然資源の豊富な海域での、中国の領有権トラブル。

・**西沙諸島**：2014年より中国が**石油採掘**を開始。➡ **ベトナムが抗議**し中国撤退。
　▶＝パラセル諸島

・**南沙諸島**:2013年頃から中国が**人工島**を次々と造成。➡ **フィリピン**とトラブル。
　▶＝スプラトリー諸島　　　　　　　　　　　　　　　　▶**ハーグ常設仲裁裁判所**に提訴

判決 中国は**南シナ海全域の領有権**を主張するも「**歴史的・法的根拠なし**」と**敗訴**。
　　　（→人工島造成も領土にならず）

※ただしここは「判決に**拘束力はあり**／それを**執行する機関なし**」
　　　　　　　　　　　　　　▶つまり「**事実上拘束力なし**」と同じ

⬇

2020年4月、中国政府は西沙諸島と南沙諸島に新たな行政区を設置すると発表。
　　　　　　　　▶「**西沙区**」　▶「**南沙区**」

9　国際政治(2)　　165

4 日本の領土について

▶北方領土問題
▶歯舞群島、色丹島、国後島、択捉島の四島。

政府見解：**日本固有の領土**を、ロシアが**不法占拠**中。

- **日露和親条約**（1855年）では「**択捉―ウルップ島間**」が国境。
- 樺太・千島交換条約（1875年）で樺太はロシア・千島は日本領。
- ポーツマス条約（1905年）では、樺太の南半分も日本領に。

➡ 四島は戦前**すべて日本領**だった。

1951年：**サンフランシスコ平和条約**で、日本は**千島列島を放棄**。
1956年：**日ソ共同宣言**…**平和条約**締結後、**歯舞・色丹の二島返還**で合意。
1997年：**クラスノヤルスク合意**…「**2000年までに平和条約めざす**」合意（橋本（首相）・エリツィン（大統領）会談）。
2000年：**プーチン**大統領就任。➡ **エリツィン時代の交渉は白紙**に。
2010年：**メドベージェフ**、ロシア大統領初の**国後島**訪問。
▶2012年、首相時に2度目の国後島訪問

日本とソ連・ロシアの国境変遷

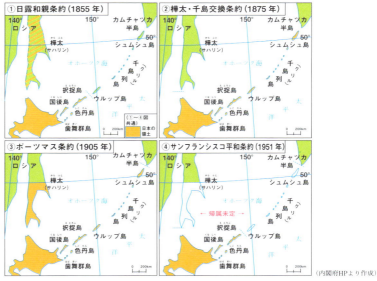

（内閣府HPより作成）

▶ 竹島問題

政府見解：日本固有の領土を、**韓国が不法占拠**中。

1905年：日本、竹島を**島根県**に編入。
1952年：韓国、**一方的に新たな国境線**を引き、竹島を取り込む。
   （＝**李承晩ライン**）
1954年：日本から**国際司法裁判所への付託**を提案。➡韓国側は**拒否**。
   （※付託＝処置を任せること）

その後：韓国側が妥協…「**経済発展優先**のため、まず**国交正常化**を」。
  ‖ **朴正熙の開発独裁**…戒厳令で世論を抑えた。

1965年：**日韓基本条約**…
- 竹島問題は先送り。
- 李承晩ラインは廃止。
- **日**：経済協力。**韓**：賠償請求しない。

2004年：**韓**「**竹島記念切手**」発行。
2005年：**日** 島根県が「**竹島の日**」条例。
2012年：**李明博**大統領、**竹島に上陸**（→韓国大統領として初）。
2013年：**朴槿恵**大統領誕生…**従軍慰安婦**問題や竹島などをめぐり、**非常に激しい反日**路線を採るも、2017年**弾劾**可決で失脚。➡ **文在寅**大統領に（この人も反日）。

▶ 尖閣諸島問題

政府見解：東シナ海に領土問題は存在しない。

1895年：日本、尖閣諸島を**沖縄県**（現・**石垣市**）に編入。
1968年：（周辺海域に石油資源の可能性。）➡**1971年**：（中国が領有権を主張。）➡**1992年**：（**中国領と明記**。（国内法で））
2003年：日本主張の**排他的経済水域（EEZ）境界線上のガス田**（東シナ海）近くに、**中国が無断で掘削施設**をつくる。
2010年：**中国漁船衝突事件**発生（海上保安庁の巡視艇に対して）。
2012年：野田首相、**尖閣諸島国有化**宣言。➡中国は猛反発し、**領海侵犯増**。

9 国際政治(2)

1 政治分野

チェック問題 | 9

国際立法に果たす国連の機能に関連して、国連での討議を経て採択・署名された軍縮条約として正しいものを、次の①〜④のうちから1つ選べ。

① 中距離核戦力全廃条約（INF全廃条約）
② 戦略攻撃能力削減条約（SORT）
③ 戦略兵器削減条約（START）
④ 包括的核実験禁止条約（CTBT）

（センター本試験）

解答 … ④

解説 包括的核実験禁止条約の討議は、最初は**ジュネーブ軍縮会議（CD）**で行っていた。ところが**CDは全会一致制**をとっていたため、反対国の登場で不成立に終わってしまった。そこでその後、全会一致制でない**国連総会に討議の場が移され、そこで成立**したんだ。①と③は、米ソ（米ロ）二国間での軍縮条約。②はモスクワ条約（p.154参照）のこと。

memo

10 資本主義と社会主義

😮❓ 資本主義と社会主義って、どう違うんですか？

😟 **資本主義は「自由」、社会主義は「平等」をめざす経済体制**だ。

　自由と平等の両立は困難だ。なぜなら、自由をめざせば弱肉強食に拍車がかかって貧富の差（＝不平等）が生じるし、平等をめざせば強い者の自由をある程度制限（＝不自由）する必要が出る。よく政治のスローガンでは「自由と平等を実現した社会を」などと言うけど、**経済的には両者は両立させることがとても難しい概念**なんだ。

　ここでは経済分野のトップとして、まず資本主義と社会主義の違いを考えてみよう。両者は一体どうやって誕生したんだろう。

1 資本主義と経済学説

🙂 まずは資本主義について教えてください。

😟 　資本主義の特徴は、何といっても「自由」だ。**人々は商品の生産力・販売力を自由競争で競い合い、私有財産の拡大をめざす**。一見ごく当たり前の経済体制に見えるけど、実はその歴史は浅く、まだ生まれて500年そこそこだ。なぜか？　それは大昔の経済体制が、**封建制**だったからだ。

170　｜　第2講　経済分野

> 封建制って何ですか？

封建制とは**各地の権力者が農民を土地に縛りつけ、そこから年貢を徴収するシステム**だ。つまり時代劇そのままのイメージだね。

もちろんこの体制では、権力者にとっては商業なんか二の次で、年貢の確保が最も大切だ。だからこの時代には、日本もヨーロッパも、商品経済はほとんど発展しなかったんだ。

ところがこの後、状況は一変する。それはヨーロッパで**絶対王政**が始まったからだ。

> 絶対王政が封建制にどう影響するんですか？

封建制の崩壊につながってくる。

絶対王政は国王に絶大なる権力が集中する政体だけど、その維持には莫大な金がかかる。その金は、とてもじゃないけど、年貢をチマチマ徴収するぐらいでは足りないんだ。

そこで国王は発想を変えた。これからは外国貿易で利益を得、その金で自らの体制を維持しようと。以後国王は**商業を徹底的に保護し、特定の商人団（東インド会社など）に貿易でもうけさせた後、上納金を献上させる**システムを作り上げた。これが**重商主義**政策だ。

こうしてヨーロッパでは貿易が活性化し、商品経済が発展していった。これが資本主義の萌芽だ。そしてこの流れは、イギリスでの「**囲い込み運動**※」を誘発し、**資本主義を支える２つの階級・資本家と労働者の誕生をも促進させた**。このあたりの流れは次ページのノートにあるから、よく見ておいて。

※囲い込み運動は、当時イギリスの主要貿易品であった毛織物の生産量を増やすため、地主が農民から農地を取り上げて柵で囲い込み、そこで羊を飼い、牧羊を行なった運動。

10　資本主義と社会主義

> **資本主義の誕生：15世紀末の絶対王政期より**
>
> ・**重商主義**政策による貿易拡大➡商品経済の発展
>   ▶国王による商業保護
>
> ・**囲い込み運動**━━━━━━━➡資本家と労働者の誕生
>   ‖
> （主要貿易品 ➡牧羊地getのため、**地主が農地を没収**
>   ＝毛織物）   ▶国王は黙認
>
> ・土地を追われた農民━━━━➡ 労 働 者 へ転化   資本の
>   ＋   ＝ **本源的**
> ・毛織物工場での**工場制手工業**➡ 資 本 家 も誕生   **蓄積**
>   ▶マニュファクチュア ▶生産手段の所有者

　こうして封建制は崩れ、資本主義は栄え始めた。この後さらに発展するには、「手」工業の部分が「機械」工業になってくれればいい。

❶ 産業革命期（18世紀半ば～19世紀半ば）

　イギリスで18世紀半ばに始まった**産業革命**は、従来の工場制手工業を、一気に**工場制機械工業**へと引き上げた。機械化により大量生産と品質の均一化を実現させたイギリスは、世界最高の競争力を実現し、この時代「**世界の工場**」と呼ばれるに至った。

> 😀 すごい！　じゃ、イギリスは1人勝ちの状態ですね。

　他国と商品の販売競争をしても、絶対に負けない——この自信は、イギリス経済を**自由放任主義**へと向かわせた。つまり王の保護はもう不要ということだ。ここからイギリスは、本格的に自由競争の時代へと突入していく。
　しかし**自由競争の激化は、競争の勝者と敗者の姿を浮き彫りにした**。勝者は**市場を独占**し、その莫大な生産力を最大限活かすために、政府に多額の政治献金をして市場拡大に協力し始めた。

つまりわかりやすくいうと、**独占的大企業がスポンサーのような形となって、政府が植民地という新たな市場（＝商品の販売先）を獲得する流れを助長した**んだ。この風潮を「**帝国主義**」という。これは、戦争を誘発しかねない非常に危険な状態だ。

一方、敗者は敗者で**資本主義の矛盾**に苦しんでいた。つまり**むき出しの資本主義（＝弱肉強食）にあおられ、失業や貧困、景気変動などに苦しんでいた**んだ。でも自由放任経済では政府の役割は小さい（つまり「小さな政府」）から、助けてくれない。その結果、多くの国民が不幸な状態に陥っていた。

産業革命後の資本主義国

- 競争の勝者：資本の**集積**・資本の**集中**➡**帝国主義**的風潮へ。
  - ▶１企業の　　　　▶他との　　　　▶新市場として
  　　大規模化　　　　合併吸収　　　　植民地getを

- 競争の敗者：**資本主義の矛盾**（失業・貧困・景気変動など）に苦しむ。

世界恐慌（1929年）➡**国家の積極介入**…
- ▶自由放任の限界　　▶**大きな政府**へ

不況時は政府が**公共事業や社会保障**で**有効需要**を創出。

---

❷ 世界恐慌後（20世紀はじめ～）…資本主義の修正へ

何だか不穏な流れだけど、大丈夫かな？

いや、その悪い予感は当たってるよ。1929年には、ついに**世界恐慌**が発生してしまう。

世界恐慌は、１つの不況をきっかけに資本主義の矛盾が大爆発したともいえる。もうこうなっては、自由放任も限界だ。**各国は政府が積極的に経済介入する「大きな政府」への転換を探り始め**、ついにアメリカのフランクリン＝ローズベルト大統領が、その方向性を世界で初めて示した。それが「**ニューディール政策**」だ。

ニューディール政策って何？

10　資本主義と社会主義　│　173

ニューディール政策とは、**公共事業と社会保障を柱とする有効需要の創出策**だ。有効需要とは「あれが欲しい、これが欲しい」といった普通の需要とは違い、「あれが欲しいから買う」という、**実際の財の購入につながる需要**だ。

財の購入につながるものはお金、需要は買い手（つまり国民）が生み出すものなんだから、いい換えれば「**お金を使う国民**」をつくり出す政策といえる。つまり**公共事業と社会保障で、不況時に政府が国民にお金をバラまいてあげるのが、ニューディール政策の基本**だ。

お金さえ手に入れば、国民はお金を使い、モノを買う。そして、モノが買われれば企業の商品生産は活発になる。そして企業が活性化すれば、失業していた国民も再び仕事に就くことができる。

経済学者**ケインズ**の理論を実践するような形になったこのやり方はうまく機能し、アメリカ経済は回復した。これが今日型の経済政策に大きくつながる、新しい資本主義のあり方となったんだ。

▲ケインズ

❸ 近年の資本主義…反ケインズ主義が主流に

ところが、このやり方には構造的に大きな問題がある。それは**不況時に政府がお金を使いすぎる点**だ。ただでさえ税収が少ない不況時に、これを長く続けると、間違いなく借金まみれの財政になってしまう。

だから近年ではケインズ型の「大きな政府」を批判し、**再び「小さな政府」への回帰**を説く**新自由主義**系の経済学者も多い。その辺も踏まえた上で、次の経済学説を確認しておこう。

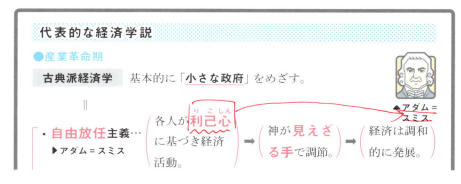

代表的な経済学説

●産業革命期

古典派経済学　基本的に「**小さな政府**」をめざす。

∥

・**自由放任**主義…
　▶アダム＝スミス

各人が**利己心**に基づき経済活動。 → 神が**見えざる手**で調節。 → 経済は調和的に発展。

▲アダム＝スミス

- **比較生産費**説…自国内で比較的生産効率のいい財に**特化**し、貿易で交換。
  - ▶リカード ▶比較優位を持つ財 ▶国際分業理論

	車1台	小麦1t	生産量
A国	10人	12人	車1台+小麦1t
B国	9人	8人	車1台+小麦1t

➡ 車も小麦もB国の方が生産効率はいいが、分業でさらに効率up。

- A国は**自国内では車の生産の方が得意**➡車だけ**専門的に作る**。
  - （＝車が**比較優位**を持つ財） ＝ **特化**
- B国は**自国内では小麦の生産が得意**➡小麦だけ**専門的に作る**。

	車1台	小麦1t	生産量
A国	22人	—	**車のみ2.2台**
B国	—	17人	**小麦のみ2.125**t

＝22÷10 ➡ 特化後に財交換をする方が両国にとって得。
＝17÷8

● 世界恐慌期

ケインズ経済学 「**大きな政府**」で不況に対処。（＝**修正資本主義**）

- **有効需要**の原理…**有効需要**＝実際の**財の購入**につながる需要。
  - ▶ケインズ ▶≒お金を使う国民

➡ 不況で不足すれば**政府が創出してやる**。（**完全雇用**が実現し、不況脱出へ。）
  - ▶公共事業や社会保障で

● 現代の経済学

新自由主義 「反ケインズ」が基本。再び「**小さな政府**」へ回帰。
‖
- **供給重視**の経済学…不況には**企業（＝商品供給側）への条件改善**で対処。
  - ▶「**減税**＋**規制緩和**」で企業活性化
- **マネタリズム**…政府の仕事は**通貨量の調節（＝金融政策）**のみ。
  - ▶フリードマン ▶極端に「小さな政府」

2 社会主義経済

　社会主義について教えてください。

　資本主義が「自由」をめざすのに対し、社会主義は「平等」をめざす経済体制だ。

　当然だけど自由と平等は、優劣をはっきり決められるものではない。ケース・バイ・ケースで、どちらも必要になってくる要素だ。

　経済の歴史の中で、先に発展したのは自由、すなわち資本主義だ。しかしそこでの自由な競争は格差社会を生み、社会の不平等を拡大させた。だからその後、不平等に苦しむ労働者階級を助け、平等で民主的な社会づくりをしようという思想が生まれてきた。それが社会主義だ。

　社会主義が最終的にめざすものは何ですか？

　それはもちろん、平等な社会づくりだけど、そのために社会主義では、まず「労働者による社会支配」をめざす。社会の多数者である労働者が世の中を支配すれば、限りなく平等な社会が生まれるはずだからね。

　でもまだ完全に平等ではない。なぜならまだ、逆に少数者になった「元資本家」階級がいるからだ。完全平等とは、そういった階級そのものが消滅した状態を指す。それが、社会主義思想の究極の理想・「共産主義」社会だ。

　社会主義と共産主義って違うんですか？

　違うというより、途中とゴールといった方がわかりやすいかな。つまり社会主義は、完全平等に向けての過渡期であり、その完成形態が共産主義だね。まぁでも、一般にはあまり区別なく使う言葉だから、気にしすぎないように。

　それではその社会主義、一体どのようにして平等な社会づくりをめざしていくのか、見てみよう。

> **社会主義（＝マルクス主義）経済…「平等」を本質とする経済体制**
>
> 特徴　生産手段の**公有**、**計画経済**、**共産党**の一党支配。
> ▶私有財産の否定　▶自由経済の否定　▶労働者（＝多数者）の利益実現（＝平等）
>
> 問題　労働意欲の低下／品不足（計画が未熟）／批判政党なし（＝非民主的）

見てわかる通り、自由をめざす資本主義とはまったく違った特徴を持っている。

良い悪いは別にして、ここに書かれている内容は、理屈の上ではすべて平等をめざす政策になっている。私有財産を否定すれば貧富の差は生まれないし、自由競争をなくすためには、国家がすべての商品を計画的に配給するのがいちばんだ。それになるべく多数者の利益実現をめざすというのも、考え方としてはきわめて民主的だ。

▲マルクス

😊　何だかいいことずくめですね。

😟　でもこれらの特徴は、すべて欠点につながっている。働いても私有財産が増やせないなら**労働意欲は低下**するし、計画経済も計画自体が未熟では話にならない。そして最も怖いのが、一党独裁体制の弊害だ。**一党独裁体制は腐敗しやすい上、批判政党が存在しない**。ということは、共産党が誤った方向に暴走したとき、誰もそれを止められないことになる。

😕　なるほど、その辺が現実の社会主義国家にも見られるわけか。

😟　その通り。これが旧ソ連や現在の北朝鮮を非民主的国家にしている最大の要因だ。結局、社会主義は、その考え方も必要なことは理解できるけど、実現するのは難しい体制なのかもしれないね。

● 冷戦後の社会主義

　冷戦後、旧ソ連を中心とする**東欧諸国は、すべての国が社会主義を放棄**し、民主化と市場経済への移行が進んでいる。

　ところが面白いことに、中国とベトナムでは社会主義の放棄はせず、**基本体制は社会主義のままで、そこに資本主義の要素を一部導入する試み**がなされている。ここも試験では狙われやすいポイントなので、必ず覚えておこう。

アジアに見られる資本主義の一部導入

● **中国**：「**４つの現代化（近代化）**」発表　…**農業・工業・国防・科学技術**の現代化めざす。

　　　　➡具体化めざし **改革・開放** 政策開始（1979年～）。

・**経済特区**…沿岸部に**外国資本導入のモデル地区**を建設。

・**生産責任制**…（ノルマ以上の農産物は **自由に処分してOK。**）➡「**万元戸**」出現へ。
　▶生産請負制　　　　　　　　　　　　　　　　　　　　▶開放中国初期の「富裕層」

（**社会主義市場経済**）…1993年より。改正憲法にも盛り込まれた路線。

　　➡ 生産手段：公有のまま／経営：民間に

　↓
その後　[・**私有財産の容認**
　　　　・国営企業の**株式会社化**]　なども追加　➡　**富裕層** 増大へ

● **ベトナム**：1986年より「**ドイモイ**（＝**刷新**）」政策開始。

　　　　➡外国からの投資の保護／個人営業の奨励　など。

178　｜　第2講　経済分野

> 特に中国の発展は、近年めざましいみたいですね。

　その通り。21世紀、特に**2008年の北京オリンピック前後からの中国の経済発展は、高度成長期の日本をも凌ぐほどのすさまじい右肩上がりの発展**だ。その礎となったのが、鄧小平時代に始まった「**改革・開放**政策」と、江沢民時代に始まった「**社会主義市場経済**」だ。

　社会主義の中央集権的なやり方で、共産党が強大なリーダーシップを発揮しながら、市場経済のうまみも取り入れていく。実にうまいやり方だよ。このやり方で、2007年にはアメリカを抜いて**日本の貿易相手国として総額1位**になり、さらに**2010年には、ついに日本のGDP（国内総生産）を追い抜いて世界2位になった**。

　さらに中国は、2012年**習近平**体制になってから、経済・軍事の両面から、大々的にテコ入れを始めた。その目玉となるのが「**一帯一路**」構想だ。一帯一路とは、「**中国―欧州**」間の貿易ルート上にある**60カ国を、陸路（一帯）と海路（一路）の両方からつないでいく「現代版シルクロード」**構想だ。

　その実現に向けての資金は、2016年に中国主導で設立された「**アジアインフラ投資銀行（AIIB）**」が支えることになりそうだ。どうやら中国は、この一帯一路で、**TPP**（※後述）**に対抗する巨大経済エリア**を形成しようとしているようだ。

　ただ心配なのは、中国は現在、内外のトラブルを数多く抱えていることだ。南シナ海でベトナムやフィリピンともめ、尖閣諸島で日本ともめ、貿易戦争でアメリカともめている上、国内少数民族**ウイグル人の弾圧**問題もある。果たして今後、うまく発展していけるのか!?

10　資本主義と社会主義

アジアインフラ投資銀行（AIIB）…習近平の呼びかけで設立（2016年）

本部 ：北京

資本金：約30％を中国が出資

目的 ：途上国の**インフラ（社会資本）整備資金**の貸付。
　　　　　▶現存する日米主導のADB（アジア開発銀行）では増大し続けるアジアのインフラ需要をまかないきれず

参加国：100以上の国や地域（EUほぼ全域含む）➡ ※**日米は不参加。**

その他：**BRICS銀行**も設立し、同銀行との役割補完めざす（2015年）。
　　　　　▶ブラジル・ロシア・インド・中国・南アフリカの5カ国が参加

背景　**一帯一路**…「中国—欧州」を結ぶ新たな経済圏構想。
　　　　　　　　▶習近平の目玉政策。現代版シルクロード構想

・一帯（＝陸路）　➡　つまり貿易ルート上にある60カ国を
・一路（＝海路）　　　陸路と海路で結び、緩やかな経済協力

目的　・**TPPに対抗**する経済エリアをつくりたい。
　　　　・国際金融分野の主導権を握りたい。

チェック問題 | 10

経済の発展に関する記述A～Dと、それらと関係の深い人名ア～オの組み合わせとして最も適当なものを、次の①～⑥のうちから1つ選べ。

- A 外国貿易において、各国は比較優位にある商品の生産に特化し、それを輸出し合えば、双方が利益を得られる。
- B 企業が古いものを破壊し新しいものを生み出す創造的破壊や技術革新を繰り返すことによって、経済は発展する。
- C 経済が発展するにつれ、産業構造は、第一次から第二次へ、そして第三次産業へと重心を移していく傾向を持つ。
- D 各人による利己的な利益の追求が、結果として、社会全体の利益につながる。

ア アダム＝スミス　　イ　アマルティア＝セン
ウ ウィリアム＝ペティとコリン＝クラーク
エ ジョセフ＝シュンペーター　　オ　デビッド＝リカード

① A－ア　B－ウ　C－エ　D－オ
② A－ア　B－ウ　C－エ　D－イ
③ A－イ　B－ウ　C－エ　D－オ
④ A－イ　B－エ　C－ウ　D－ア
⑤ A－オ　B－エ　C－ウ　D－イ
⑥ A－オ　B－エ　C－ウ　D－ア

（センター本試験）

解答 …⑥

解説 現代社会の経済学説は、細かさよりもキーワードで覚えよう。Aは「比較優位」という言葉から比較生産費説のリカード、Bは「技術革新」からシュンペーター、Cは「産業構造」からペティとクラーク、Dは「利己的な利益の追求」からアダム＝スミスといった具合だ。

11 現代の経済社会

1 経済主体と企業の分類

経済主体って何ですか？

経済主体とは、経済活動を支える３つの中心的存在のことだ。

その３つとは、**企業・家計・政府**のこと。そしてこの三者の間で人・モノ・カネ・サービスなどが循環し、実際の経済社会は機能している。この三者の関係を**経済循環**と呼ぶんだ。

●経済循環の仕組み

この中で特に注目すべきは、企業の活動だ。何といっても資本主義は、市場での自由競争が大原則。ならばその競争原理の中で財・サービスを生産・流通し、利潤の最大化をめざす企業こそが、中心的役割を担っているといえるからだ。
　そしてその企業の活動は、**資本循環**で説明することができる。

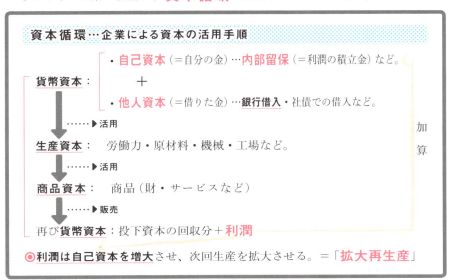

😊　あ、「拡大再生産」って聞いたことあります。

🧔　中学で習う言葉だもんね。ただ中学校の公民では言葉しか出てこないけど、本来はこのように、資本循環の流れの中で説明する言葉なんだ。
　その資本循環だって、そんなに難しいものではない。要はこの図は「**企業はまずお金を使って工場や機械や労働力を手に入れ、それを使って商品を作り、それを売って利益を得る**」っていっているだけだから。

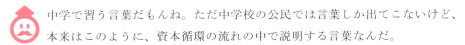

🧔　「政治・経済」なんて、世の中の当たり前の出来事をもっともらしい言葉で表現しているだけなんだよ。だから変に身構えず、楽に考えていこうね。

😮　次は何を勉強するんですか？

11　現代の経済社会　｜　183

経済循環・資本循環ときたんだから、ついでに「**景気循環（変動）**」についても見ておこう。

資本主義社会で自由な経済活動を行っていると、「**好況→後退→不況→回復**」の4局面が、下図のように周期的に現れるんだ。

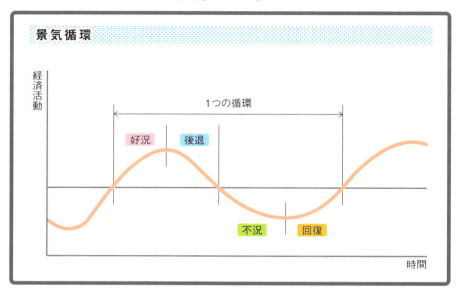

ただし、その周期の長さは、原因によって全然違ってくる。それらを原因別に見た景気循環の波をまとめると、以下のようになる。

▶ 景気循環の種類

名称	周期	原因となる要素
キチンの波 ▶短期波動	約40カ月	企業の**在庫投資**の増減。
ジュグラーの波 ▶中期波動	8～10年	企業の**設備投資**の増減。最も**基本的な循環**（＝**主循環**）。
クズネッツの波 ▶中長期波動	15～25年	**住宅の耐用年数**からくる建設投資の増減。
コンドラチェフの波 ▶長期波動	約50年	**技術革新**（生産や流通のあり方を根底から変革）からくる増減。

いろんな波があるんですね。

景気循環とは、この40カ月とか50年とかの長さの中で「好況→後退→不況→回復」がひと回りするんですよと考えるものなんだ。覚えておいてね。

次は、企業の分類について見てみよう。

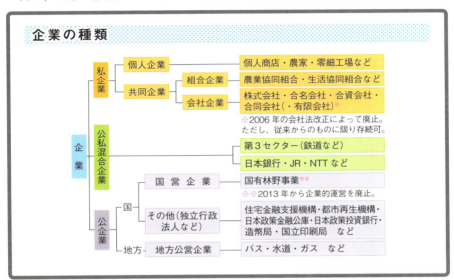

まずは会社企業設立の際の出資者について学んでおこう。

出資者？　会社設立のためのお金を出した人ですか？

実は出資者には2種類の人がいるんだけど、**設立する会社の種類により、「その種の会社をつくるときには、こういう出資者を準備しなさい」という、いろんな義務づけ**があるんだよ。

まずはその2種類の出資者を見てもらおうか。

会社設立の際の出資者

❶ **無限責任**社員…会社の債務に対し、**全財産をあげて弁済義務**あり。
　　　　　　　　　　　　▶「会社の借金＝自分の借金」になる社員

❷ **有限責任**社員…会社の債務に対し、**出資額の限度内で責任**あり。
　　　　　　　　　　　　▶自分の出資金が戻ってこないだけの責任

社員？　会社設立資金って社員が出資するものなんですか？

おっと、勘違いしているね。**法律上の「社員」とは、法務局に登記してある登記簿の社員欄に登録した人たち**のことだ。おそらく君が思っている社員は、そこには登録していない一般の「従業員」。こちらにはもちろん、会社設立に関する責任も出資義務もない。

なんだ、そうだったんですか。

では改めて説明しよう。まず❶の**無限責任社員**は、主に小規模な会社を設立する際に求められる社員だ。小さな会社との取引は、相手からすると不安でしょうがない。だから信頼されるためにも、「大丈夫。**もしウチの会社が倒産したときには、私が会社の債務（＝借金）を全部肩代わりしますよ**」という社員が必要になる。それが❶だ。まあわかりやすくいうと、**会社の信用を補うための保証人みたいな社員**だね。

そして❷の**有限責任社員**は、ある程度以上の規模の会社で、初めて置くことを認められる社員だ。こちらは最初に資本金などのハードルをクリアしてあるから、ある程度の信用力がある。だから社員は「**会社が倒産したときには、自分の出資金がパーになる覚悟はできております**」程度の責任は負うが、❶みたいに会社の債務の肩代わりまではしない（※もちろん「会社の借金は誰も返しません」という意味ではなく、あくまで社員「個人」への責任追及はないという意味。当然、法的整理などの場で「法人」責任は追及される）。

なるほど、これが社員というか出資者の役割なんですか。

そう。そしてこれら❶や❷の出資によって構成されるのが会社企業なんだけど、**その分類が2006年の会社法施行より、大きく変わった**。それをしっかり頭に入れていこう。

会社企業の分類…2006年施行の「会社法」より大幅変更

（従来の会社分類）　　　　　　　　　　（2006年〜）

合名会社：2名以上の❶が出資
合資会社：❶＋❷（各1名以上）
→ 今後も従来通り**合名**や**合資**でも設立可。
　▶ **1名**以上の❶で設立可能に
　（→株式会社への移行も可）

有限会社：❷のみ（資本金300万円以上）
株式会社：❷のみ（資本金1千万円以上）
→ 今後の新設は
　すべて株式会社として。

＋

合同会社：❷のみ。株主も❶もいないため、**対等な❷同士の合意だけで**
（2006年新設）**自由かつ迅速に意思決定や利益配分可。**

・従来の有限会社は「**そのまま or 株式会社に移行**」ともに可能。
・**最低資本金制度は廃止**（＝1円からの起業も可能に）。

　株式会社がずいぶん設立しやすくなったんですね。

　そうなんだよ。従来は資本金1000万円以上という高いハードルがあったんだけど、今は1円からでも起業できるようになった。

　なぜそうなったんですか？

　それは**株式会社が、最も利潤追求に向いた会社企業**だからだ。みんなが利潤追求しやすくなれば経済は活性化し、日本経済にも活気がよみがえる。この法改正には、そういう狙いがあるんだ。
　では、なぜ株式会社は利潤追求しやすいのか。次はそこも含めて、株式会社について見てみよう。

② 株式会社

　株式会社は、資本主義に最も適した会社企業だ。なぜなら**株式会社は、他の会社企業よりも利潤追求がしやすい**からだ。

なぜですか？

　それは**株式を発行して、外部から資金調達できる**からだ。株式会社を設立すると、株式を発行する権利ができる。そして**発行した株式を一般の投資家（＝株主）に売ると、その代金が自社の資本金に加算される**。ということは、うまく株式を売却できれば、**社員の出資をはるかに超える資金を、市場から調達できる**ということだ。

　どんな商売でも、元手が大きければ大きいほど、利潤獲得のチャンスは広がる。だから株式会社は、利潤追求しやすい会社企業だといえるんだ。

　ちなみに、**2009年より上場企業の株券電子化が実現**しているから、今は証券取引所で扱われる**優良企業（＝上場企業）の株券は、すべて紙の株券ではなくなっている**よ（※未上場企業は紙でも電子化でも選択可）。

株主って、どんな人たちですか？

　別に特別な人たちじゃないよ。ほんとに普通の一般人である個人株主もいれば、企業など法人株主もある。

　でもいったん株主になったら、会社との関係は面白いものになるね。

どういうことですか？

　株主は、いろんな思惑があって株式を買うんだけど、結果的にはみんな、会社にお金を出してくれる出資者という形になる。そして、資本主義では当然、お金を出した人が商品の持ち主になるね。例えば「私は100円出してペンを買いました。だから私が、このペンの所有者です」となるでしょ。

　ということは、例えば100万円分の株式を買った株主は「**私はこの会社のために、100万円を出資しています。だから私が、この会社の100万円分の所有者です**」ということになるわけだ。

188　｜　第2講　経済分野

あ、なるほど。

つまり、株式会社においては、**不特定多数の株主たちが会社の**「**所有者**」になるんだ。それに対して、一見、すべての権限を持っているように見える社長や専務などの取締役は、単なる会社の「**経営者**」。このように**株式会社では、所有者と経営者が別になるのが基本形**なんだ。

　なるほど、勉強になりました。

　では次は、その株主の思惑について見てみよう。当然株主たちは、何らかのメリットを求めて株式を買うが、そのメリットとは次のようなものだ。

株主のメリット

❶ **配当金**がもらえる…株主の出資に対する、会社からのお礼。
　▶年1～2回。株式額面金額の1～2％程度が普通

❷ **株 価 差 益**…購入時より高い値段で売れれば、差額が利益に。
　▶**キャピタルゲイン**→※会社の業績悪化時には、当然**キャピタルロス**（株価差損）もあり

❸ 経営参加…出資者の権利として、**株主総会への参加権**あり。
　▶最高議決機関。「1株＝1票」制

---

　❶は一見金額が少なそうに思うかもしれないけど、10万株・100万株と所有する大株主にとっては魅力的だ。これ目当てで株式を買う人も多い。

　❷は最も多い株式購入の動機だ。企業の業績がアップすれば、株価もアップする。急成長企業の株価は、配当金とは比べものにならないくらい跳ね上がるから、その跳ね上がったときに購入時より高く売れれば、大もうけできる。みんなそれを求めて、証券市場に群がるんだ。

　そして❸だ。実は株主は、出資者の当然の権利として、**株主総会**を通じて会社の経営に口をはさむことができるんだ。

> **株式会社の中心機関**
>
> - (a) **株主総会**… 株式会社の**最高議決機関**。「**1株＝1票**」の議決権。
>   **会社の基本方針や役員〈(b) や (c)〉を決定**する。
> - (b) **取締役**… 会社の**具体的な経営内容を決定**する。
>   - ・代表取締役：社長や専務など。取締役会で選任。
>   - ・取　締　役：それ以外の経営陣。株主総会で選任。
> - (c) **監査役**… **会計や業務を監督**する。

　株主総会が圧倒的に強いですね。

　当然だ。何といっても資本主義では「お金を出した人が偉い」んだから。でも近年は、その**株主総会に株主が全然出席せず、経営者が実権を握る**ことがよくあるんだ。何でだと思う？

　何でですか？

　それはその方が、会社や株主の利益になるという判断からだ。
　よく考えたら、株主は確かに大事な大事なスポンサーだけど、会社の経営に詳しいわけではない。単なる素人だ。それに対して、社長や専務などの経営者は、自己の高い能力で会社の上層部にまで上ってきた、いわば経営のプロだ。

　ならば当然、素人が余計な茶々を入れるよりも、プロに任せておいた方が、結果的に会社の業績はアップし、株価も上がって配当金も増えることになる。それがわかってきたから、**近年は株主総会がガラガラで、会社運営を取締役たちに任せてしまう形が主流になってき**たんだ。

　そうだったんですか。

　会社の「所有者」である株主は経営に口をはさまず、プロである取締役たち「経営者」にすべてを委ねる。この考え方を「**所有（or 資本）と経営の分離**」というんだ。

最後に、近年話題になることが非常に多い、企業倫理に関する用語も見ておいてね。特に補足説明はしないけど、どの言葉も年々出題頻度が高まっているから、必ず覚えておくように。

企業倫理に関する用語

- **コンプライアンス** …「**法令遵守**」。企業や組織が、違法活動により失墜した信用の回復を図る際などにこの言葉が使われる。

- **コーポレート＝ガバナンス** …「**企業統治**」のあり方のこと。「会社は誰のものか」という視点から、主に経営陣の暴走や違法行為を内部統制し、防止するための機能や仕組み。

- **モラルハザード** …企業倫理の欠如からくる問題。例えば保険制度や公的機関による救済をあてにして、慎重さを欠いた経営を行うことなど。

- **アカウンタビリティー** …企業や公的機関が果たすべき「**説明責任**」。

- **メ　セ　ナ** …企業が行う**文化・芸術**支援活動。

- **フィランソロピー** …企業が行う**慈善**活動。

3 需要曲線と供給曲線

ここでは、市場における商品の売り手と買い手の関係を、<mark>需要・供給曲線</mark>というグラフを通して見ていこう。

> グラフかぁ、何かイヤだな…

こらこら、やる前から何言ってんの。なぜかグラフと聞くと、やたら身構える人が多いねえ。でも、そんなに身構えるほどのグラフじゃないよ。このグラフが示すものは、僕らの日常の経済活動そのものだ。

> そうなんですか？

そうだよ。市場なんて抽象的な言葉を使うから不安に感じるんだろうけど、**売り手と買い手が出会う場なら、すべて市場**だ。なら、青果店もコンビニもスーパーもネットショップも、みんな市場ってことになる。そう考えると難しくないでしょ。

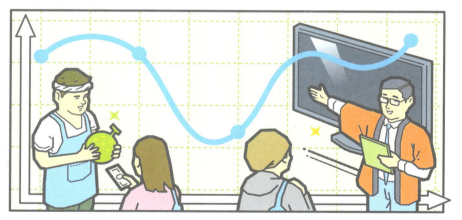

> 確かに。

だから、**わからなくなったら、具体的な商品と価格をイメージ**すればいいよ。するとそこには、ごく当たり前の売り手と買い手の関係が示されていることに気づくはずだ。とにかく気楽に取り組むこと。君らがふだん習っている数学の方が、よっぽど高度だよ。

ではまずは、基本用語と考え方から見てみよう。

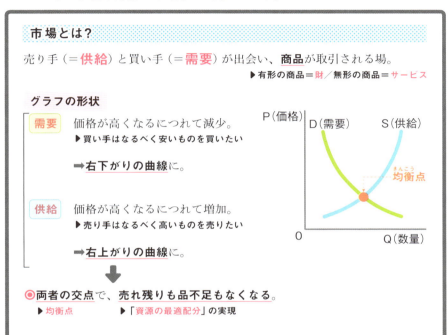

まあグラフがこんなにきれいな形になることは、現実の社会ではめったにないね。こんな感じで曲線が見事な調和を保てるのは、いわゆる「**完全競争市場**」においてだけだ。

完全競争市場というのは、次の❶〜❹がすべて実現した市場のことだ。

❶ 売り手・買い手とも、**多数存在**する市場。
❷ その市場への**参入・離脱は自由**。
❸ 商品についての**完全な情報**が行きわたっている。
❹ 扱われる商品は、**すべて同質**。

11 現代の経済社会　193

> こんなの無理じゃないですか！

そうなんだよ。簡単に実現するのは❶ぐらい。❸と❹はほぼ不可能。❷だってけっこうキツイ。**世の中には、市場への参入規制って多い**んだよ。例えば日本では、未成年者はタバコを買えないよね。あれだって「タバコ市場における未成年者への参入規制」と考えれば、世の中規制だらけだ。

結局、完全競争市場というのは「**絵に描いた餅**」にすぎないんだ。でもここではそれが存在するという前提で見ていこう。それがルールだ。

それでは実際に、市場における財のやり取りを見てみることにしよう。この市場で売買されている財はパソコン。だいたい10万円ぐらいがちょうどいい価格だ。ただし曲線は、見やすくするため直線で示すことにする。実際の入試でも、直線表記の方が多いしね。

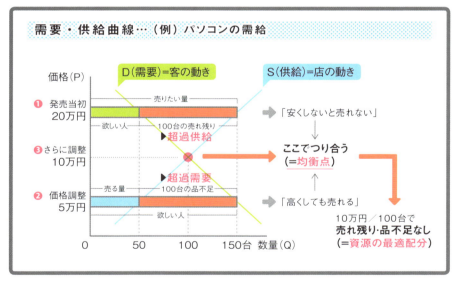

発売当初、店側がパソコンの価格を20万円に設定したとする。パソコン1台10万円が普通だとすると20万円はかなり高い。だから「20万円でも欲しい」というお客さんは、グラフで見ても少ない。その数は、価格20万円を示すライン（❶）と買い手を示す需要曲線との交点までの幅、つまりわずか50人しかいない。

ところが店側にとっては、高いものをより多く売ることが利潤の最大化につながるから、すごく大量に仕入れている。その量は、20万円ライン（❶）と供給曲線の交点までの幅、つまり150台だ。

そうすると、ここには「150台－50台」で100台の売れ残り（＝**超過供給**）が生じていることになる。そして、売れ残ったものは安くしないと売れないから、価格はだんだんと下げられ、販売意欲も減退する。

一方、1台5万円のライン（❷）まで価格が下げられると、これとまったく逆の現象（＝**超過需要**）が起きる。すると購買意欲が増大して、価格が上がる。

そして、1台10万円のライン（❸）になったとき、需要と供給がつり合い、売れ残りも品不足もなくなるというわけだ（＝**資源の最適配分**）。要は**価格の上下が販売意欲・購買意欲に直結し、結果的に数量バランスまで調整している**ことがわかればいい。価格にはこのように、需給の数量バランスを調整する機能もある。これを「**価格の自動調節作用**」というんだ。

4 需給曲線のシフト

次は需給曲線が、右や左にシフトする場合について考えてみよう。

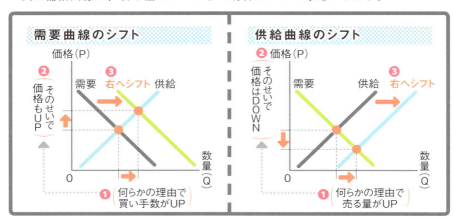

需要曲線が右へシフトするときは、**何らかの理由でその商品の買い手の数が増えたとき**だ。

需要曲線が右へシフトする理由

- 国民の**可処分所得**（＝使える金）が増えたとき。
- **代替財**（＝ライバル商品）が値上がりしたとき。
- **補完財**（＝セットで売れる商品）が値下がりしたとき。
- 国民の**嗜好の変化**（＝その商品が流行したとき）。

例えばこの商品をパンと考えると、買い手の数が増える理由としてまず考えられるのは、僕らの**使える金（＝可処分所得）が増えたとき**だ。昇給でも減税でもいい。とにかく使える金さえ増えれば、買い手の数は増える。

次に考えられるのは、パンにとっての**ライバル商品、いい換えればパンと置き換えがきく商品（＝代替財）が高くなったとき**だ。パンと主食の座を争うライバル商品といえばお米。米が高くなれば、仕方なくパンを買う人も増える。

さらにはパンと**セットで売れる商品（＝補完財）が安くなったとき**。バターやジャムが安くなればそれらの買い手は増え、必然的にパンの買い手も増える。

そして最後に考えられるのは、**パン食が流行したとき（＝嗜好の変化）**だ。流行りものは、値段に関係なく買い手の数が増える。

ちなみにこの需要曲線、左へシフト（＝買い手の数が減る）するのはどういうときか。それは全部、**「右へシフト」の逆の理由があったとき**だ。つまり「使える金が減ったから・代替財が安くなったから・補完財が高くなったから・嗜好が逆に変化したから」となる。

今度は供給曲線の右へのシフトだ。こちらは、**何らかの理由でその商品の生産量が増えたとき**に起きる。

供給曲線が右へシフトする理由

- 企業の可処分所得が増えたとき。
- 原材料費が安くなったとき。
- **大量生産が可能**になったとき。

同じ例で考えてみよう。一体どんな理由で企業はパンの生産量を増やすんだろう。

まずサッと浮かぶのは、小麦の豊作などで**原材料費が安くなったとき**だ。これならば、今までと同じ費用で、より多くのパンを生産できる。

それから新しい生産技術の開発や農作物の豊作など、**大量生産が可能になったとき**だ。このときにも単純に考えて、売る量は増える。

あとはやはり法人税の減税とか政府からの補助金支給など、**企業にとっての可処分所得が増加したとき**だ。このときも、より多くのお金を生産費に回せるため、生産量の増加につながる。

そして左へシフトするのは「右へのシフト」の逆の場合だ。これは、需要曲線のときと同じ考え方だから、大丈夫でしょ。

5 価格弾力性

価格弾力性って何ですか？

価格弾力性とは、価格の変化に対する、需給の変化の割合のことだ。簡単にいえば、**傾きの違うグラフは何を意味しているか**ということだ。

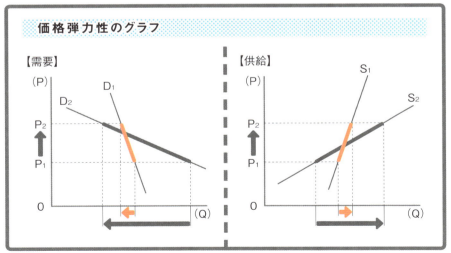

- **傾きの急なD₁**：これはグラフから、**価格がP₁からP₂に急激に上がっても、買い手の数はそれほど減少していない**ことがわかる。これは多少高くなっても、ないと生活できない商品。つまり「**生活必需品**」だ。
- **傾きの緩いD₂**：今度のグラフは**価格が上がったときに、買い手の数も敏感に減少している**のがわかる。これは、高い金を出してまで無理に買う必要のない「**ぜいたく品**」だ。
- **傾きの急なS₁**：このグラフからは、せっかく価格がP₁からP₂に上がって**高く売るチャンスになったのに、売る量をそんなに増やしていない**ことがわかる。これは、増やしたくても急には増えないもの、つまり「**農産物**」だ。
- **傾きの緩いS₂**：最後のグラフからは、高く売れるチャンスのときに、売る量を急激に増やしていることがわかる。これは、チャンスのときには速やかに大量生産できるもの、つまり「**工業製品**」だ。

ちなみに、D₁やS₁などの傾きの急なグラフは「弾力性が**小さい**」、D₂やS₂などの傾きの緩いグラフは「弾力性が**大きい**」と表現する。

6 市場の失敗（＝市場の限界）

　市場の失敗とは何ですか？

市場の失敗とは、いろんな意味で市場に何らかの問題が発生し、グラフが正常に機能しなくなることだ。というか、そもそも**政府が規制・介入しない自由な市場には、元々最初から限界がある**という方が正しいかな。だから「**市場の限界**」ともいうんだよ。

市場の失敗とは、次の4つのケースを指す。

市場の失敗

❶ 価格機構が正常に作用しなくなるケース。
❷ 市場内部の活動が、外部の第三者に影響を及ぼすケース。
❸ 市場自体が成立しないケース。
❹ 市場に「情報の非対称性」があるケース。

❶は「**買い手が減っても価格が下がらない独占・寡占市場**」を指している。ちなみに言葉の意味は、以下の通り。

独占と寡占

- **独　　占**…携帯電話普及前のNTTの電話事業のような形。他にライバル
  ▶1社支配　　社が存在しない。
- **寡　　占**…ビール大手4社（キリン・アサヒ・サッポロ・サントリー）
  ▶少数社支配　のような形。4社が手を組めば、他にライバル社はほぼない。

両者の共通点は、競争相手となるライバル企業の少なさだ。特に独占市場には、競争相手が1社もない。

ライバル社がなければ、安売り競争なんてする必要はない。どんなに高くても、必要な人はその商品を買うほかないからだ。

> でも寡占市場では競争はあるんですよね。

いや、そうでもない。なぜなら**寡占企業群がガッチリ手を組んで、まったく同じ高めの価格設定（＝管理価格）にすれば、ほぼ独占と同じ形を作れる**からだ。それなら安売り競争も不要になる。このように、買い手が減っても価格が下がらないことを、「**価格の下方硬直性**」という。

> でも、寡占企業が手を組むのって反則なんじゃ…

お、よく知ってるね。その通り。他企業と価格や生産量で協定を結ぶのは**カルテル**。後でも見るけど、これは独占禁止法違反だ。

ただし、寡占企業は協定を結ばず、暗黙の了解でこれをやる。これならルール上はセーフだ。詳しくはp.203で見てもらうが、とにかくこの違法にならないやり方で、寡占市場からは価格競争が排除されていくんだ。

> そうなると、企業間競争はまったくなくなるんですか？

いや、寡占企業群だって、やはり利潤は最大化したいから、ちゃんと競争はする。ただしそれは安売り競争ではない。

11　現代の経済社会　｜　199

何なんですか？

広告・宣伝やデザインチェンジ、おまけ合戦などの、いわゆる**非価格競争が中心**だ。ビール市場なんか、まさにこの通りのことやってるでしょ。彼らは利益はガッチリ確保しながらも、安売り以外の競争をすることで、ちゃんと業界No.1を狙う。これが寡占市場の競争だ。

❷は「商品の**売り手や買い手が、それ以外の人に迷惑をかける**ケース」を指している。これを**外部不経済**という。

 難しい言葉だなぁ。わかりやすく教えてください。

例えば、うちの隣にマッチ工場があるとする。この工場がある理由は、世の中にマッチを欲しがる「需要者」がいるから、企業が「供給」するだけの話だ。ここには正常な市場の関係がある。

ところがこの**工場から出る煙のせいで、マッチなんてまったく使わない僕が公害の被害を受ける**ならば、これは市場外の第三者に迷惑をかけていることになる。これが外部不経済だ。

この後、**企業が僕の病院代を負担し、その費用の一部をマッチ代の値上げで買い手から回収すれば、この問題は解決**する（＝**外部不経済の内部化**）が、残念ながら市場にそこまでの機能はない。これは、政府の介入でもない限り実現は無理だ。

ちなみに、「近所に大学が移設してきたおかげで、商店街の売り上げが伸びる」みたいな事例は「**外部経済**」（＝第三者に利益）といい、**これも市場外に影響がもれているということで、市場の失敗になる**。気をつけて。

❸は「**買い手はいるが売り手がいない商品**」、すなわち**公共財**を指す。

公共財とは道路や公園などの公共性の高い財だ。そこには確かにかなりの需要がある。でも作っても利益回収が難しく、みんなにただで利用されてしまう（公共財をただで利用する人を「**フリーライダー**」という）。だから公共財は、**需要はあるけど私企業は供給してくれない**。まさに買い手はいるけど売り手がい

ない状態だ。こうなったらもう、政府の公共事業を待つほかない。

❹の「**情報の非対称性**」は、**売り手と買い手の情報量の違いが、市場にもたらす問題**のことだ。その代表的な例が「**逆選択**」と呼ばれるもので、例えば「いい宝石が欲しい」と思って宝石店に行っても、本当にいい宝石はプロである店側にしかわからないため、客は仕方なく無難に、**本来の選好とは逆に「安物を買ってしまう」**みたいな形だ。

コラム　経済学部と数学

　経済学部は、数学が必修になる。少なくとも早稲田の政経学部経済学科では、1年時に必修だった。当然だ。だって2年以降で学ぶ理論経済学など、とにかく微分積分、グラフの変形の嵐だから。これは文系にとって、かなりキツい。つまり数学ができないと、試験中みんながグラフを変形するときに、1人だけ自分の名前を美しい立体に仕上げたりするはめになる。

　早稲田には、僕も含めて数学受験でない社会科受験組の政経学部生が山といて、みんな非常に苦しんでいた。みんな僕を筆頭に「経済学部で数学なんて、聞いてないよ！」と寝言を吐いては絶望していた。

　でもそんな僕らには、救いの神がいた。我らが1年28組の星・S君だ。S君の口癖は「オレはセンターで9割3分も取ったのに、なぜここにいるんだ!?」で、実に4年間言い続けた。僕らはそんなS君を「数学の神」とあがめ、僕らに数学を教えさせた。試験前には口々に「さすがS君、天才！」とほめちぎり、彼を定期的に襲う「再受験発作」が出たらすかさず酒を浴びるほど飲ませて忘れさせ、何とかみんな無事卒業することができた。ありがとうS君。

11　現代の経済社会 | 201

7 独占禁止法

独占禁止法について教えてください。

独占禁止法は、**独占・寡占の弊害を取り除き、健全な自由競争を確保するための法律**で、戦後のGHQによる**財閥解体**の総仕上げとして、1947年に制定された。

なぜGHQは財閥解体を指示したんですか？

それは**財閥が、結果的に日本の軍国主義のスポンサーのような形になっている**と判断したからだ。

財閥のような独占的大企業がさらなる発展をめざすなら、商品の売り場所（＝市場）や原材料の供給源が、今以上に必要になる。ならばいちばんてっとり早いのは、**植民地の拡大**だ。植民地さえ増えれば、市場も原材料も簡単に手に入るからね。

だから彼らは、**その実現を期待して政府に多額の献金をし、そして政府は、その金を使って軍国主義を助長させた**。植民地を得るには、軍事力を背景とする必要があるからだ。ということは、結果的に財閥は、日本の軍国主義を支えるスポンサーになっていたということになる。この事実は、GHQも看過できない。そこで戦後、GHQの経済民主化指令に基づいて**財閥解体**が実行され、最後に**独占禁止法**が制定されたわけだ。

当初制定された独占禁止法には、「**カルテルと持株会社は禁止。トラストは制限**」というものだった。その運用をチェックするのは「独禁法の番人」こと、**公正取引委員会**だ。

ではまずは、カルテル・トラスト・コンツェルンの説明から見てみよう。

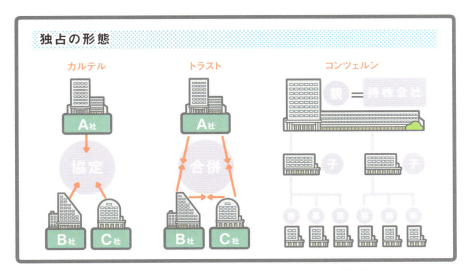

　カルテルとは「同業者間で、価格や生産量についての**協定**を結ぶこと」だ。**協定とは要するに裏取引のこと**で、例えばビール4社間で「今日から大ビン1本500円に統一しましょう」などと話し合いをして決めることを指す。

　もちろんこれは独占禁止法違反になるので、実際のビール4社は、**最有力企業（プライス=リーダー）が値段を上げれば、残りの3社が黙ってそれについていくのような形**をとっている。こうして決められるのが、寡占市場で出てきた**管理価格**だ。

　トラストとは同一業種の企業**合併**を指す。これは完全な禁止ではなく、制限規定になっている。ちなみに、**異業種込みでの企業合併ならコングロマリット**（複合企業）と呼ぶ。

　コンツェルンは昔の財閥の形で、**親会社にあたる財閥本社が、子会社株の過半数を所有して経営支配**する。だから昔の財閥本社のことを、別名「**持株会社**」という（※乗っ取り防止のために、**同系列の企業間でたがいの株式の大半を交換し合う「株式持ち合い」**とは別）。

　こんなものを容認したら、間違いなく市場は財閥の独り勝ちになってしまう。だから独占禁止法では、**持株会社の設立は「禁止」という形でスタート**することになったんだ。

何だか制限の多い法律ですね。

　ところがこの独禁法、**1953年に緩和**されることになる。理由はこの2年前、日本が国際的に独立したからだ。

　独立した以上、今後は貿易でも独り立ちしていかないといけない。ところが当時の日本は、まだ戦後復興が完了していなかった。こんな状態で外国と自由競争をやったって、勝てるわけがない。

　だからこの時期、独禁法を緩和した。今後は中小企業の連鎖倒産などを防ぐため、**倒産のピンチを迎えたときには例外的にカルテル**を結んだり、**商品を定価販売**することを認めたりしたんだ。これで不況時でも、高値販売で利益確保することが可能になった。僕たち買い手から見るとありがたくないけど、少なくともこれで倒産は防げる。

独占禁止法

（戦後の**財閥解体**の過程で誕生（1947年））　→　（チェック機関）　：**公正取引委員会**
　　　　　　　　　　　　　　　　　　　　　　　　　　　　　　　▶独禁法の番人

● 内　容：カルテルや持株会社は禁止、トラストは制限。
● 独禁法の緩和：不況で**企業体力が低下**したとき緩和される。

（体力の弱った企業の助け方）… ・**弱小企業をていねいに保護**する。　→　（1953年の独禁法緩和。）
　　　　　　　　　　　　　　　　・**強い企業だけを保護**し、そこに日本経済全体を引っ張らせる。　→　（1997年の独禁法緩和。）

● 1953年緩和：敗戦で弱体化した日本企業を守るため。
　　　　＝
・（**例外カルテル**容認（現在は廃止））…「**不 況 時** ＋ **生産技術**のup時」のみ。
　　　　　　　　　　　　　　　　　　　　▶倒産のピンチ　　▶「生産過剰→値崩れ」のピンチ
　　　＋
・（**再販売価格維持**制度）…商品の**定価販売**OKに（→今は本やCD以外ダメ）。
　　　　　　　　　　　　　　▶値崩れ防止

- **1997年緩和**：バブル後の競争力回復のため。
  ‖
- **持株会社の解禁** … ※**ただし資産規模に上限を設定**。
  ▶財閥復活に近い　　　▶「全面禁止→弊害禁止」へ

独禁法は1953年の緩和後、**今度は強化**される。理由は２つ。石油危機とアメリカからの圧力だ。

1973年の石油危機後、日本では石油関連のあらゆる物価が高騰した。

だから**この時期、どさくさ紛れに便乗値上げも横行**した。これを取り締まるため独禁法は改正され、以後は**違法なカルテルに対し、課徴金（罰金みたいなもの）が課せられる**ことになったんだ。

そしてその課徴金は、90年代初頭に20倍に跳ね上がった。アメリカからクレームがついたためだ。

1989年の**日米構造協議**の場で、アメリカに「日本には自由競争の阻害要因が多すぎる、何とかしろ！」って言われてしまった。

そこで**独禁法が改正され、罰金強化**に至ったわけだ。それに加えて**定価販売の容認にもクレームがついたため、こちらも原則廃止**となった。今は本やCDなどの著作物ぐらいしか定価販売は認められていない。これらの知的財産は大量生産できないし、安売り競争で質の低下を招いても困るから、例外的に容認された。

そして近年、独禁法は再び緩和された。バブル後の競争力回復のための緩和だ。

今度の緩和は、なんと**持株会社の解禁**！　つまり**昔の財閥と同じ形をつくることが、1997年から認められる**ことになったんだ。

これは何を意味するか？――それは「今のこのどん底状態の不景気、脱出するにはもはや財閥並みの体力のある企業に、日本経済をグイグイ引っ張ってもらうしかない」という思いだ。

　でもそんな緩和をしたら、大きな企業ばかりが有利に…

　そうなんだよ。このやり方は同時に、**中小企業の切り捨てをも意味する**。小さな企業では復活した財閥もどきとやり合っても、まったく勝ち目はな

いからね。

　でも今はそんなこと言ってる場合じゃない。今やるべきは、小の虫を殺してでも、景気を回復することだ。政府のそんな思いが、大の虫に反則スレスレの強力エンジンを認める結果になったんだ。

 でも昔みたいな財閥支配が復活したら、戦争になるんじゃ…

　それはなくても、やはり無制限に認めるのは怖い。今回の改正は**「持株会社の全面禁止」を「弊害禁止」に直しただけ**だ。つまり、旧財閥クラスの持株会社は弊害が大きすぎるからダメで、それより小規模ならOKってこと。さあ、果たしてうまくいくかどうか…。

チェック問題 11

社会への貢献に関連して、社会的責任や社会貢献を重視した企業の取り組みやあり方に関する説明として適当でないものを、次の①〜④のうちから1つ選べ。

① 企業が環境対策に費やした経費や企業活動が環境に及ぼした影響などを認識・測定し、公表する試みが行われている。

② 企業が芸術や文化活動の支援を行うことをメセナというが、日本においてこうした活動はまだ行われていない。

③ 環境保護といった社会的に重要な問題に積極的に取り組む企業を選別し、そうした企業の株式へ選択的に投資することが行われている。

④ 社会起業家が利用している企業形態は多様であり、株式会社形態のみが利用されているわけではない。

（センター本試験）

解答 … ②

解説 これは企業倫理のあり方に関する、最近「現社」がお気に入りの項目だ。ここでは**メセナ**しか出てないが、本編中で扱った言葉はどれも超重要なので、必ず覚えておこう。ちなみに**メセナ**は、バブル期に企業が「お前ら金もうけ至上主義かよ」との批判をかわすために、積極的に行われた。

①：これは**環境マネジメントシステム**（＝企業による環境対策方針の設定・実施）の考え方だ。そのうち、特に経費の部分だけなら、**環境会計**と呼ばれるものになるね。

③：これは**エコファンド**と呼ばれる投資方法。

④：その通り。ただし2006年の**会社法**より、株式会社設立の高いハードルだった**「最低資本金1000万円」が不要になった**ため、今後は利潤を獲得しやすい株式会社設立がメインになっていくだろうね。

12 国民所得と経済成長

1 国民所得と国富

 国民所得って何ですか？

 1つの国で1年間に生み出された新しい商品の売上金の合計——簡単にいうと、これが国民所得だ。

　面倒なことにこの国民所得、けっこう種類が多い。加えて紛らわしいことに、似た指標として国富なんてものもある。まずはその辺のゴチャゴチャを、1つずつ解決していくことにしよう。

国民所得と国富

- **国民所得**：1国で1年間に**生み出された付加価値**（＝新たに生み出された財・サービス）の販売合計額。
  - ▶年ごとに違った金額。→その年だけのお金の「流れ」（フロー）

- **国　　富**：ある1時点で1国が保有する「**有形資産**（＝形のある財産。**実物資産**ともいう）＋**対外純資産**（外国とのお金の貸し借りの差額）」。

- 有形資産＝土地・工場機械など。→その年までの財産の「蓄積」(**ストック**)。
- 国富には、**国内金融資産（＝国内のお金）は含まない**。

※両者の関係：**国富を使って国民所得を生み出す**。
　　　▶国富は生産活動の元手

　まずはこれで、国富と国民所得の関係はわかったと思う。要するに、国富は生産活動の元手という意味合いが強いから、**国富が小さいと国民所得も小さくなりやすく、国富が大きいと国民所得も大きくなりやすい**ということだ。

2 国民所得の計算

　では次は、国民所得だ。これらは大きく分けて4種類ある。

国民所得の計算

❶ 総生産額　　（生産過程で発生した売上金を、とにかく**全部足す**）

❷ 国民総生産（GNP）　　❶ー**中間生産物**（＝原材料や部品、燃料代など）

　＊2000年より名称変更し、**GNI（＝国民総所得）**に。
　▶ただし入試ではまだGNPで出ることが多い

❸ 国民純生産（NNP）　　❷ー**固定資本減耗分**
　　　　　　　　　　　　（生産設備の修理・買い替え用の積立金）

❹ 狭義の国民所得（NI）　　❸ー**間接税＋補助金**

　この❶～❹が表すものは、すべて**1年間の商品の売上金の合計額**だ。
　ではなぜ4つの式があるのかというと、**それぞれ計算の細かさが違う**からだ。つまり❶は非常にアバウトな計算で、❷はそれよりも正確な計算、❸はそれをより純粋な所得のみで見た計算で、❹は見る角度を少し変えた計算だけど、**土台はすべて「1年間の売上金の合計」、本質部分は同じ**なんだ。

12　国民所得と経済成長　　209

だからあんまり身構えて取り組まないように。

国民所得と聞くだけでブルーになる受験生が多いけど、ただの売上の計算なんだから、気楽にやっていこう。

▶ ❶総生産額の計算

これははっきりいって、**不正確な計算方法**だ。これを使うと、仕入れその他の途中過程で発生した売上金だけでなく、**最終的な販売価格も含めて、動いたお金を全部足す**ことになる。次のような具合に。

総生産額の計算方法

例：パン1000個の生産における総生産額。

(小麦を2万円で) ＋ (小麦粉を5万円で) ＋ (パンを8万円で) ＋ (パンを10万円で) ＝ (総生産額 **25万円**)

農家 ➡ 製粉会社 ➡ パン工場 ➡ 卸・小売店 ➡ 客

これは足しすぎだ。だって店には10万円分のパンしか並んでないのに、国民所得上は25万円なんて、どう考えても足しすぎでしょ。パンを作るための原材料となった小麦や小麦粉を「**中間生産物**」というんだけど、**この計算では、中間生産物価格もパンの最終販売価格も、すべて足してしまっている**。

確かに総生産額でいうところの"売上金の合計"とは「**世の中にあるレシートや領収書を全部足す**」ようなイメージだけど、これをやると必ず**二重計算**になるんだ。

> 😐 二重計算？　どういうこと？

金額ではなく現物の商品で考えてみるとわかりやすいよ。そうすると、まず中間生産物は「パン1000個分の原材料」で、最終販売価格は「完成したパン1000個」ってことになる。これを全部足すと…

> 🙂 合計するとパン2000個…　そうか、だから二重計算か！

そういうこと。そういう意味では総生産額は「正確な売り上げ」を示す指標ではない。でもどんな形であれ「売上金の合計が国民所得」と考えるなら、これも1つの国民所得なんだ。

▶ ❷**国民総生産**（**GNP**）**の計算**…※国民総所得（GNI）でもほぼ同じ

これは❶に見られた**二重計算の不正確さを除いた国民所得**だ。

 中間生産物の金額を全部引くってことですか？

そう。**ここでは途中でかかった原材料代や燃料代（＝中間生産物）は、全部引いてしまう**。つまり小麦は小麦粉の原材料、小麦粉はパンの原材料…と考えて引いていくから、最後に残るのは「**最終的な販売価格のみ**」ってことになる。これがGNPだ。つまりこの例においては、「**パン1000個＝10万円**」が、GNPに相当する部分だね。

ちなみに、この**GNPを国内の活動だけで見るとGDP（国内総生産）になる**。両者の関係はこうだ。

GNPとGDPの違い

GNPとGDPはほぼ同じ指標で、計算方法もほぼ同じ。

- GNP（国民）…日本国民が「(a)**外国から受け取った所得**」も含む。
- GDP（国内）…日本国内から「(b)**外国に支払った所得**」も含む。

　　　▶ ※(a)−(b)のことを「海外からの純所得」という

 両者の関係：GDP ＝ GNP − (a) ＋ (b) ＝ GNP −((a)−(b))

　　　　　　　＝ **GNP −「海外からの純所得」**

　GNPは2000年より「**国民総所得（GNI）**」という名称に変更された。これは、**実際の計算内容が「生産（Product）」ではなく「所得（Income）」であることに合わせての名称変更**だが、入試問題ではいまだにGNPで出されることが多い。

 うわ〜、めんどくさいなぁ。

でもこのGNPやGDPの関係式は、とてもよく出題される。だからめんどくさがらずに、しっかり頭に入れておこう。

▶ ❸国民純生産（NNP）の計算

これは❷のGNPから、**固定資本減耗分**（けんもう）（生産設備の修理・買い替え用の積立金）を差し引いた国民所得だ。

> なんか難しそう…

言葉になじみがないだけで、考え方は簡単だよ。

まず、経済学では、**機械の寿命は10年**と考えるから、今工場で使っている機械も、約10年で使えなくなることになる。ならば最初から10年後の買い替え用に毎年こつこつ積み立てておいた方が、後であわてずに済むよね。これが固定資本減耗分だ。

つまり、**将来的な必要経費をあらかじめ引いて計算した方が、残った部分はより純粋な所得のみ**の計算になる。これがNNPの考え方だ。

▶ ❹狭義の国民所得（NI）の計算

ここまで見てきた❶～❸はすべて**市場価格表示**、つまり「**売り値**」で計算した国民所得だ。

ところが❹は違う。NIだけは**要素費用表示**、つまり「**生産費**」で計算した国民所得だ。だから**生産費に関係ないものは引き、あるものは足す**ことになる。

そうすると**間接税**（消費税など）は引くことになる。なぜなら**消費税は「売り値」を上げる税。生産費の段階には関係なかった税**だ。だから引くんだ。

そして**補助金**は、足す。補助金は政府が生産者に、「**これを生産費の足しにしろ**」とくれるお金だ。ならば生産費には関係大あり。だから足すんだ。

次は**三面等価の原則**（さんめんとうか）について見てみよう。

三面等価の原則

※国民所得（NI）＝400兆円　を例に説明すると…

生産国民所得
（誰が生産したか）

第一次産業	第二次産業	第三次産業

　「生産国民所得」は400兆円の国民所得を、「**一体誰が生産したか**」という角度からとらえたもので、各産業別に集計する。つまりこの表で説明すると「**第一次産業**（農林水産業）、**第二次産業**（工業）、**第三次産業**（サービス業）でそれぞれ生み出した金額の総計が400兆円」ということだ。

分配国民所得
（誰に分配されたか）

雇用者所得（賃金）	財産所得（利子・配当・地代）	企業所得（利潤）

　「分配国民所得」は生産された国民所得が「**誰に分配されたか**」という角度からとらえたもので、個人や企業、政府の所得を集計する。つまり、「労働者への**賃金**、銀行・株主・地主への**利子・配当・地代**、企業への**利潤**として分配された総額が、400兆円」ということだ。

支出国民所得
（どう使われたか）

最終消費支出 政府＋民間の消費	国内総資本形成 政府＋民間の投資	経常海外余剰 外国とのやり取り分

　「支出国民所得」は、分配された国民所得が「**どのように使われたか**」という角度からとらえたもので、消費・投資などの支出を集計する。つまり「**消費、投資、外国とのやり取り**に支出した総額が400兆円」ということだ。

　非常に当たり前の結論をいおう。400兆円の国民所得は、どの角度から計算しても400兆円だ。つまり「**生産国民所得＝分配国民所得＝支出国民所得**」になる。この考え方が「**三面等価の原則**」だ。

12　国民所得と経済成長

ここまで見てきた通り、国民所得はあらゆる角度から、その国の正確な経済状況を把握しようと努めている。

しかし国民所得では、どうしても計算から漏れてしまう要素がある。

国民所得計算から漏れてしまうものの例

- ボランティア活動…無償奉仕（＝価格なし）。
- **家 事 労 働**…市場取引（＝お金を出しての売買）の対象外。
- 中 古 品…新たに生み出された商品（付加価値）ではない。
- 地 価 上 昇 分…ストックの価値変動（地価upは「**国富の増大**」）。
- 年金などの社会保障…生産されたわけではない。

※**公害による損失分**は、国民生活にとってマイナスの要素なのに計算合
計額からは引かれず、逆にGNPやGDPをプラスに。

😊 **みんな大事なことばっかりですね。**

😟 そう、これらはすべて**国民生活の「真の豊かさ」に直結する要素**ばかりだ。でも**国民所得計算では、市場で取引されなかった要素は一切反映されない**から、これらは含まれていない。

それどころか、**公害をたれ流している企業が商品を販売したり、公害被害を受けた人が病院代を払うと、市場で「売上金が増える」**ことになるから、**GNPやGDPをプラスにしてしまう**んだ。

このように、GNPやGDPでは国民の「真の豊かさ」は測れない。だからそれを測るためのモノサシとして「**国民純福祉（NNW）**」という指標が、現在試作されているんだ。

> **国民純福祉（NNW）**… 国民の「真の豊かさ」を測る指標
> - GNPが含む「**真の豊かさのマイナス要因**」⇒GNPから引く。
>   ▶公害被害者の病院代など…**(a)**
> - GNPが含まない「**真の豊かさのプラス要因**」⇒GNPに足す。
>   ▶家事労働やボランティア分…**(b)**
>
> ⬇
>
> 計算：NNW＝GNP－（a）＋（b）
>
> （本来金額で示せないものも、**無理やり金額換算して足し引き**）

3 経済成長率

　経済成長率って何ですか？

　経済成長率とは、**GNPやGDPの1年間の増加率**のことだよ。
増加率なら計算は簡単だね。以下の式で表す。

> **経済成長率の計算式**
>
> 計算：$\dfrac{\text{本年のGDP} - \text{前年のGDP}}{\text{前年のGDP}} \times 100\,(\%)$
>
> ⬇
> - **名目**成長率：**物価変動分**を考慮に入れない名目GDPから求める。
>   ▶取引価格の値をそのまま計算
> - **実質**成長率：**物価変動分**を考慮に入れる実質GDPから求める。
>   ▶取引価格から物価の上昇・下落分を取り除いた値で計算

　通常は物価変動分を考慮に入れた実質経済成長率で算出する。名目と実質の考え方は、こうだ。

12　国民所得と経済成長　｜　215

> | 名目と実質の考え方 | 机の上に、稼いできた500万円の札束が積まれている。この札束、見た目は500万円（＝名目GDPは500万円）だが…
>
> ・去年より物価が2倍にup　➡ この500万円の**実質的価値は250万円**。
> 　　　　　　　　　　　　　　▶実質GDPは250万円
> ・去年より物価が2分の1にdown➡この500万円の**実質的価値は1000万円**。
> 　　　　　　　　　　　　　　▶実質GDPは1000万円
>
> ※つまり「物価up➡名目＞実質　／　物価down➡名目＜実質」となる。

経済成長率の考え方も同じだ。確かに、いくら見た目の金額（＝名目GDP）が去年と比べて増えていても、物価がそれ以上のペースで上がっていたら、実質的には豊かになったとはいえないからね。

考え方はわかったけど、どうやって求めるんですか？

「名目→実質」を求める際には、例えばGDPの場合には**GDPデフレーター**（一般物価指数）というものを使うんだ。GNPならGNPデフレーターね。

デフレーターって何ですか？

デフレーターっていうのは「**基準年を100としたときの物価上昇率**」のことなんだ。言葉の響きはデフレ（＝物価下落）っぽいのに物価上昇率なんてゴチャゴチャしそうだけど、混同せずに覚えてね。

で、それをどう使うんですか？

次のように使って計算すれば、実質値は求められるよ。

「名目➡実質」の求め方　**GDPデフレーター（一般物価指数）** を活用。
▶ある年を基準年とし、そこを100としたときの物価上昇率

例：基準年と比べて物価が
- 5％ up ➡GDPデフレーターは105。
- 3％ down➡GDPデフレーターは97。

$$実質GDP = \frac{名目GDP}{GDPデフレーター} \times 100（\%）$$

$$実質経済成長率 = \frac{本年の実質GDP - 前年の実質GDP}{前年の実質GDP} \times 100（\%）$$

ちなみに実質経済成長率の計算結果が10％以上ならば「**高度成長**」、3〜5％程度なら「**低成長 or 安定成長**」、マイナスの値ならば「**マイナス成長**」と呼ぶのが、だいたいの目安だ。これも覚えといてね。

戦後の経済成長率の推移
（内閣府『年次別実質成長率』などより作成）

12　国民所得と経済成長　217

チェック問題 12

経済成長率はGDP（国内総生産）やGNP（国民総生産）の伸び率で表されるが、GDPとGNPについて述べたものとして最も適当なものを、次の①～④のうちから1つ選べ。

① ある国で海外から受け取った純所得が増加すれば、その国のGDPは増加しないが、GNPは増加する。

② 国内で外資系企業の生産した財・サービスの価値総額が増加すれば、その国のGDPは増加しないが、GNPは増加する。

③ ある国で輸出額よりも輸入額が増加すれば、その国のGDPは増加しないが、GNPは増加する。

④ 国内でボランティア活動が増加すれば、その国のGDPは増加しないが、GNPは増加する。

（センター本試験）

 … ①

 海外から受け取った所得とは「外国で日本人が稼いできた分」という意味だから、GNPは増加する。しかし、外国は「国内」ではないため、GDPは増加しない。

②：外資系企業は、一定期間を過ぎるまでは国民扱いされないため、その間はGNP増加につながらず、それを過ぎると、GNPは増加する。

③：ややこしいけど、ていねいに見ていくね。

「輸出＝日本国内で生産活動があった（→GDP増）＋日本人が外国で稼いできた（→GNP増）」「輸入＝日本国内での生産活動なし（→この意味ではGDP変わらず）＋外国人が日本国内で稼いでいった（→この意味ではGDP増）」

このように考えると、「輸出＜輸入」なら「GNP＜GDP」となる。

④：ボランティアは市場取引の対象外となるので、GNPにもGDPにも含まれない。

13 通貨と金融

1 貨幣の機能と通貨制度

僕たちが日頃使っているお金には、4つの機能がある。

> **貨幣の4つの機能**
> - **価値尺度**…商品価値を、価格という単位で表す。
> - **価値貯蔵**…「貨幣の保有＝価値の保有」
> - **支払手段**…支払義務（＝債務）を清算する手段。
> - **交換手段**…商品交換の仲立ちとなる。

ところがそのお金、もらっても素直に喜べない場合がある。それは外国の通貨をそのままもらったときだ。

> **どういうこと？**

僕らは1万円もらうと嬉しい。でも、同じ価値でもタイの人から「お前に3000バーツやろう」と言われても、それほど嬉しくはない。むしろ困惑する。なぜか？ それはそれらの通貨にどれほどの価値があるか、ピンとこないからだ。

なるほど、確かに。

世界貿易が本格化し始めた頃、各国を悩ませたのが、まさにこの問題だった。そう、**通貨には世界共通の価値がない**んだ。

特にイギリスは悩んだ。何といっても当時のイギリスは、産業革命のおかげで圧倒的な商品生産力を実現し、さあ外国貿易でひともうけしようと考えている矢先だったから。

ところが世界共通の通貨制度が確立していない。これでは**外国の通貨は紙切れと同じ**だ。このままでは、昔ながらの物々交換や貴金属との交換を続けるしかない。でも、それじゃ効率が悪すぎる。

イギリスはどうしたの？

イギリスは貿易相手国に呼びかけたんだ。「これからは、**通貨と金が交換できるシステムを、みんなでつくろう**」と。

これが**金本位制**だ。これさえつくれば安心だ。何といっても**金ならば、世界共通の価値がある**からね。

このイギリスの呼びかけに各国は応え、こうして金本位制は始まった。日本も19世紀の終わりからこのシステムを採用し、ここから世界貿易は本格化していくことになる。

金本位制…通貨価値を**金との交換で保証**（例：「1円=0.75gの金」）。
▶金と交換可の通貨＝兌換紙幣

特徴 その国の通貨量は**金の保有量と比例**。▶確実な交換保証のため
長所 通貨価値の安定、**貿易の促進**。
短所 金不足だと通貨も増やせない。⇒**不況への対応困難**。

あれ、このやり方って、短所もあるんですか？

そうなんだよ。実はこのシステム、通貨価値は安定するけど、全然融通がきかないんだ。例えば不況時に政府が不況対策でバリバリ公共事業をやりたいと思っても、保有する金の量が足りないと通貨を増やせない。

それはとても困りますね。

 結局このシステムは、**世界恐慌を境に、あえなく崩壊した**。そして新しく生まれてきたのが**管理通貨制度**だ。

> **管理通貨制度**…各国の中央銀行が、**独自の判断で通貨を発行**。
>
> ▶金などと交換不可の通貨＝**不換紙幣**
>
> **長所** 通貨量が調節しやすい。➡**不況への柔軟な対応可**。
> **短所** 発行量が増えすぎると、**インフレーション**が発生。

これで不況への対応がしやすくなった。

ところが今度は別の問題が発生する。**通貨量は増えすぎると、物価をどんどん押し上げてしまう**んだ。すなわちインフレーションの問題だ。

次はこのインフレとデフレについて見てみよう。

2 インフレ・デフレ

インフレ・デフレって何ですか？

 インフレとは物価の継続的な上昇、デフレとはその下落のことだよ。ただし、これらは、**全体的な傾向を指す**もので、**単独の商品で使う言葉じゃない**。

どういうこと？

 つまり、「ここんとこ納豆が安いな。納豆がデフレだ」みたいな言い方はしないってこと。この場合の正しい表現は、「今はデフレ気味だから、納豆も安いな」みたいな形だ。

13 通貨と金融 221

インフレ・デフレは、何が原因で起こるの？

いろいろあるけど、ここでは代表的な原因だけ見てみよう。

インフレ・デフレ・その他

- **インフレ**：
  - **好況**等で通貨増➡需要増➡**超過需要**➡物価上昇
    ▶品不足
  - 輸入品の高騰等で**原材料費や輸入商品代up**➡物価上昇
- **デフレ**：**不況**等で通貨減➡需要減➡**超過供給**➡物価下落
  ▶売れ残り
  - ●企業収益が悪化し<u>さらに通貨減</u>（＝**デフレスパイラル**）

※**スタグフレーション**…「**不況＋インフレ**」の同時進行。
 ‖
- **石油危機**などで、**不況とモノ不足**が重なる。
- 不況なのに**寡占市場で管理価格が形成される** など。

へぇ〜意外。インフレは好況時に起こるんだ。

そうなんだよ。なぜなら景気がいいと、世の中を流れるお金の量が増えて買い手が増えすぎ、それで品不足（＝**超過需要**）が発生して、物価が上昇するんだ。

でも、いくら好況でも、物価が高いんじゃ、**預金や賃金の価値も低下する**から、実質的に豊かになったとはいえないね。

そして不況のときには、逆の理由でデフレが起こる。こちらは**物価は下がるが、それを買うためのお金がない**（というか、ないから売れ残り（＝**超過供給**）が発生して、物価が下落する）。これじゃ物価が安くても全然ありがたくない。

結局、インフレとデフレは、どちらも困る現象だということがわかっただろう。これらを回避するには、通貨量の調節が必要だ。そしてそういう仕事をこなすの

が、「**通貨の番人**」こと**日本銀行の役割**なんだ。

それではここで、世の中の基本的な通貨の流れを見てみよう。

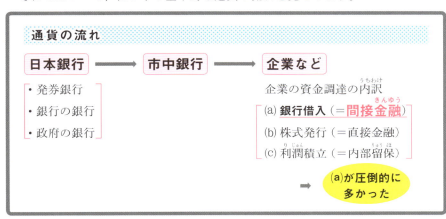

 いちばん最初は日本銀行から始まるんですね。

日本の通貨は、日本銀行券（＝紙幣）が日本銀行によって、そして補助貨幣（＝硬貨）が財務省によって発行されている。もちろん、金額的には圧倒的に紙幣の方が多い。

日本銀行は、発券銀行として紙幣を発行し、「銀行の銀行」として、それを民間の市中銀行に貸し出す。そうすると今度は市中銀行が企業にお金を貸し出し、こうして世の中の通貨量は増える。ということは、世の中の通貨量を調節するには、日本銀行がお金の蛇口を締めたり緩めたりするのが、いちばんてっとり早いということになる。

確かにそうですね。

上の図を見る限り、日本企業は活動資金の多くを銀行からの借入に依存しているようだから、日銀の蛇口さえ開け締めすれば、「銀行→企業」間の資金量が調節されるため**マネーストック**（全金融機関から経済全体への「通貨供給量」。旧「**マネーサプライ**」）も安定し、インフレやデフレを抑えられることになる。

このやり方を「金融政策」というんだ。次のセクションで詳しく見てみよう。

13　通貨と金融　｜　223

> ### コラム　スタグフレーション
>
> 「不況なのにインフレ」——最悪だ。ごくまれに発生するこの最悪の状況を、スタグフレーションという。
>
> 　スタグフレーションは<u>不況とモノ不足</u>が重なったり、不況時に<u>寡占企業群が管理価格を上げたり</u>したときに発生する。日本でいえば1973年の石油危機がそれだった。あのときは不況に加え、石油関連のモノ不足で「狂乱物価」まで発生した。
>
> 　これが発生したら「大きな政府」は使えない。公共事業なんかで世の中の通貨量を増やしたら、たちまちインフレが悪化する。
>
> 　スタグフレーションには、有効な対処法はない。とりあえず「小さな政府」にして、あとは頭を低くして嵐が過ぎ去るのを待つばかりだ。本当にこいつはやっかいだ。

3 金融政策

　日本銀行による通貨量の調節を、金融政策という。その考え方はいたってシンプルだ。

金融政策の考え方
- 好況時…<u>通貨を減らす</u>（＝金融引締）。➡インフレ抑制へ
- 不況時…<u>通貨を増やす</u>（＝金融緩和）。➡デフレ解消へ

　どうすればこれらを実現できるの？

　その方法は3つあったんだけど、まずはこれを見てもらおうか。

日本銀行の金融政策

従来はこの3つ。

❶ **公定歩合操作**（こうていぶあい）…「日銀→銀行」間の**貸出利子率**の上下。
❷ **公開市場操作**…「日銀→銀行」間の**有価証券の売買**。
❸ **支払準備率操作**（たいしゃく）…「銀行→日銀」への**強制預金率**の上下。

▶窓口規制（日銀が銀行に貸出枠を直接指導）は、1991廃止

※ただし❶と❸は近年行われておらず、❷を軸にしたこのやり方が主流。

まず**コールレート**を何％に誘導するかを、日銀**政策委員会**が決定。
※銀行間の短期貸借市場がコール市場／そこでの金利がコールレート

無担保コール翌日物金利（むたんぽ よくじつもの） → これが2006年より**公定歩合にかわり新しい政策金利**に。
▶公定歩合は「**基準割引率及び基準貸付利率**」に

その誘導目標を実現するため❷**を実施**し、市中の資金量を調節。

 よくわかんないけど、やり方が変わったってこと？

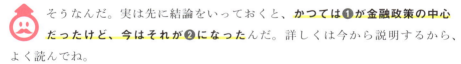
そうなんだ。実は先に結論をいっておくと、**かつては❶が金融政策の中心だったけど、今はそれが❷になった**んだ。詳しくは今から説明するから、よく読んでね。

❶ 公定歩合操作

　公定歩合は、かつて日本の**政策金利**（日銀が政策判断に基づいて定める金利）だったが、今日は違う。名前も2006年から「**基準割引率及び基準貸付利率**」に変更されている。
　公定歩合とは、**日銀が市中銀行にお金を貸すときの利子率**だ。かつてはこれを上げ下げさえすれば、世の中の通貨量をかなりスムーズに調節できていた。

13　通貨と金融　｜　225

でも1990年代の「**金融の自由化**」あたりから、**公定歩合が銀行の貸出利子と連動しなくなってきた**。だから❶は今日、金融政策としては行われておらず、現在は❷を中心とする金融政策が主流となったんだ。

❷ 公開市場操作

公開市場操作とは、**有価証券の売買**を通じて、世の中の通貨量を調節する金融政策だ。

有価証券とは、国債や手形など、現金に換えることのできる証券類を指す。これを日銀が、民間の銀行と売買する。

好況時には、日銀は手持ちの有価証券を**銀行に売る**（＝**売りオペレーション。売りオペ**）。**売れば銀行から代金が入る形で、通貨を吸収**できる。また不況時には有価証券を**銀行から買う**（＝**買いオペレーション。買いオペ**）。**買えば日銀が銀行に代金を支払う形で、通貨放出**ができる。

ちなみに今日の金融政策は、日銀の最高機関である**政策委員会**が、**今日の政策金利である「無担保コール翌日物金利」を何％に誘導するかを決め、その金利に到達するよう売りオペや買いオペを行う**ことで世の中の資金量を調節する、というやり方をとる。

❸ 支払準備率（預金準備率）操作

民間の銀行は、国民から預かった預金の一部を、日銀に再預金する義務がある（＝**支払準備金**）。なぜなら、全額企業に貸したりしたら、預金者が下ろしたいとき下ろせなくなるからね。

そして、その再預金の率を上下するのが、**支払準備率**（＝**預金準備率**）**操作**だ。

好況時には、これを上げる。すると日銀に再預金する額が増えるので、銀行が企業に貸す分が減る。不況時はこの逆だ。

ただし支払準備率操作は、**1991年を最後にやってない**。

❹ 窓口規制

窓口規制は、今はなくなった金融政策だ。やり方はいたって簡単。**日銀が**

銀行に「いくら以上貸すな」とか、**直接注文をつける**んだ。

ただしこれは、行政指導色が濃すぎるため、**1991年**に**廃止**された。

こんなやり方が、日本銀行の金融政策だ。見てわかったと思うけど、全然複雑なやり方ではない。もしもど忘れしたとしても、試験会場で「どうすれば通貨が増えるか／減るか」と考えれば、その場でわかるものばかりだ。だから気楽に覚えておこう。

最後に、**信用創造**について見ておこう。これは、銀行が最初に預かった金額が、貸付を繰り返すことによって、預かった預金額以上にふくれ上がる現象だ。

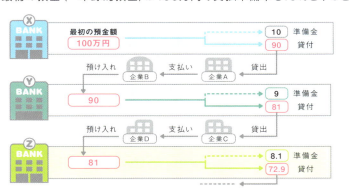

13 通貨と金融

4 金融の自由化と日本版ビッグバン

❶ 金融の自由化

　金融の自由化って、何ですか？

　金融取引を制約するさまざまな規制を緩和することだよ。

戦後の日本は、焼け野原からスタートした。ここから高度成長を達成するには、**企業への資金の安定供給の実現が不可欠だった**。

だから旧大蔵省は、1つの方針を作った。何だと思う？

　何ですか？

　「銀行を絶対につぶさない」という方針だ。銀行さえ倒産しなければ、企業は常に安定的に資金を得ることができ、日本経済の成長は止まらない。

そのために旧大蔵省は、**銀行間の競争を徹底的に排除した**。この旧大蔵省による銀行保護行政のことを「**護送船団方式**」という。

戦後の金融規制…金融取引を制約するさまざまな規制

（従来の金融規制）…
- 金利規制：どの銀行も同じ預金金利・貸出金利。
- 業務規制：**金融4業種間での相互参入は不可。**
  ▶銀行・証券・信託・保険間の「**垣根**」

（大蔵省主導の金融行政で**競争を排除**）＝「**護送船団方式**」（銀行の倒産防止行政）
　▶ **but** 1980〜1990年代に**どちらも自由化**

どの銀行も同じ金利なら、わざわざ大銀行を選ぶメリットがないから、家の近所にある銀行の利用者も増える。そうすると小規模の銀行でもお客さんを確保でき、倒産しにくくなる。

また、金融4業種の間に「**垣根**」を設定すれば、大銀行による多角経営ができないため、客の独占につながらず、やはり小規模銀行でも倒産しにくくなる。しかしこの方針は、欧米諸国の実情と合わない。

結局、アメリカから「日本の金融市場は不健全だ」との批判を受け、1980～90年代に、**金利の自由化**と**業務の自由化**が実現したんだ。

❷ 日銀法の改正（1997年）

日本銀行の目的は、景気・物価を安定させることだ。

ところが従来までの日本銀行法では、日本銀行は「国の政策に則して」行動することが最も重視され、なかなか独自の判断で動くことが許されなかった。

でもそれでは、景気・物価の調節で後手に回ってしまう恐れがある。というわけで、近年のさまざまな規制緩和の流れを受け、1997年に日銀法は大幅改正された。

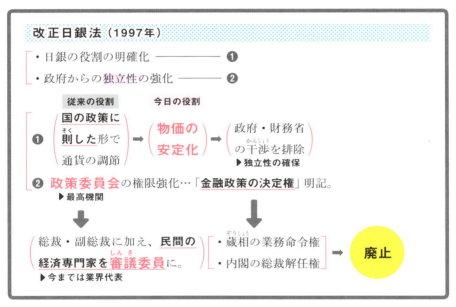

出題される可能性が高いのは、**今まで有名無実の最高機関だった日銀政策委員会の「金融政策の決定権」が明記され、名実ともに最高機関になった**点だ。

だから最近の日銀総裁は、政府の方針に逆らうこともできるようになった。独立性強化で示せた正しい判断ならば、これはいいことだね。

❸ 日本版ビッグバン

バブル崩壊後の日本の金融市場は、みじめ以外の何ものでもなかった。

護送船団で保護されることに慣れきった日本の銀行には、まったく体力がない。不況ゆえの公定歩合の低さのせいで、預金金利も信じられないほど低い。株に投資したくても、株価はボロボロ。取引手数料も高い。その上、旧大蔵省が設定したわけのわからない規制が山ほどある。どこをとっても日本の金融市場には魅力がなかった。

このままでは世界に取り残されてしまう――そう考えた橋本龍太郎内閣は、イギリスの金融市場を再生させたビッグバンをまねて、1998年より「**日本版ビッグバン**」を実行した。

つまり**日本の金融ルールも国際標準に合わせ、規制も緩和し、何とか昔の経済大国に復活させようという試み**だ。

日本版ビッグバン…金融市場の「国際標準」への歩み寄り

▶グローバル＝スタンダード

◉2001年までに東京をニューヨーク、ロンドン並みの国際的市場に。

日本版ビッグバンの三原則

- **フリー**…市場原理が働く**自由**な市場づくり。➡規制緩和
  - 持株会社の解禁➡**金融持株会社**の設立も可。
    ▶金融異業種の子会社化
  - **外為法**の改正…為替取引（＝両替）、**外貨預金の自由化**。
    ▶外国為替及び外国貿易法

- **フェア**…**健全**で信頼できる市場づくり。
  - 情報開示（ディスクロージャー）の徹底。
  - （弱い金融機関の淘汰）… チェック：**金融監督庁** / 処理：**金融再生委員会** ➡ **金融庁**に統合。

- **グローバル**…**国際的**な市場づくり。

チェック問題 13

1980年代以降の金融の規制緩和に関する記述として適当でないものを、次の①〜④のうちから１つ選べ。

① それまで横並びであった銀行の預金金利が、それぞれの銀行で自由に設定できるようになった。

② 日本版金融ビッグバンによって、銀行・証券・保険会社の業務範囲に関して自由化が進められた。

③ ある一定の大きさの資本を持つ企業であれば、銀行が行っている預金業務を自由に行えるようになった。

④ 従来、特定の銀行にしか認められていなかった外国為替の取引業務を一般企業が行えるようになった。

（センター追試験）

 …③

 預金業務に関しては、銀行と、特別な許可を受けた金融機関（郵便局や農協）以外は、扱ってはならない。

①：これは「金利の自由化」だね。あまり大きな恩恵は現れてないが、探せばけっこういい金利の銀行もあるよ。

②：ビッグバンに入って、垣根はさらに撤廃された。**今の主流は金融持株会社形態による金融異業種の子会社化**だ。

せっかく持株会社が解禁されたんだから、証券会社や信託会社を子会社にして大もうけをもくろむ銀行が出てくるのもOKだよね。

④：これは外為法の改正で、異なる通貨の両替業務が自由化されたことを指す。これによってコンビニでの外貨両替も可能になったんだ。

13 通貨と金融 | 231

14 財政

1 財政の機能と財政政策

> 財政って金融とは別なんですか？

金融は銀行や日銀を通じた資金の動きのことだけど、財政は**国や地方の経済活動**のことだよ。

金融政策は、通貨量の調節や景気・物価の安定をめざす。対して**財政政策**では**「国民生活の安定」を重視**する。ということは、当然両者の役割には、重なる部分とそうでない部分が出てくるはずだ。

まずはその辺を確認するためにも、財政の機能を見てみよう。

財政の機能

❶ **資源配分調整**…私企業が供給しない**公共財の供給**。
❷ **所得の再分配**…所得格差の縮小。　▶「**市場の失敗**」の補完

 (a)**累進課税**…所得 up ➡ 税率も up
 　　　＋　　　　　　　　　　　　➡（高所得者から取った税が低所得者に還元。）
 (b)**社会保障**…**低所得者**の生活保障へ。

❸ 経済の安定化…政府による景気調節（＝**財政政策**）。

❶と❷は、金融になかった機能ですね。

企業が作ってくれない公共財を作ったり、貧しい人を助けたりするのは、銀行ではなく政府の視点だからね。これらをめざすのが「国民生活の安定」ってやつさ。

でも❸だけは、同じ「国民生活の安定」でも、**やり方は金融政策と似ている**。なぜなら景気調節なら、最終的にめざすのがインフレ・デフレ対策になるからね。

ただ当たり前だけど、日銀には日銀の、政府には政府のやり方がある。今度はその政府のやり方について見てみよう。

財政政策

- **フィスカル＝ポリシー**（補整的財政政策）
  ➡政府による「**意図的**」な景気調節。

  ⬇

  [好況時] インフレ懸念➡「**増税＋財政支出削減**」で通貨を減らし解消。
  [不況時] デフレ懸念 ➡「**減税＋財政支出拡大**」で通貨を増やし解消。

  ※これらと金融政策の併用＝**ポリシー＝ミックス**

- **ビルト＝イン＝スタビライザー**（財政の**自動安定化装置**）
  ➡「**累進課税＋社会保障**」を活用する、**自動的**な景気調節。

  ⬇

  [不況] 国民の所得 down ➡累進課税制度で**自動的な減税**効果。
  　　　　失業・生活保護(増)➡社会保障制度で**自動的な財政支出拡大**。
  ▶好況時にはこの逆の状況・逆の機能が自動的に現れる

フィスカル＝ポリシーは金融政策と似てますね。

そうだね。景気の過熱・冷え込みに通貨量の調節で対処する考え方は、確かに金融政策と似ている。

でも、やり方が政府ならではのものになっているところが面白いね。だって

増減税なんて政府しか持っていない強制力だし、**財政支出**だって、要は公共事業や社会保障を通貨量の調整手段に使いますよって意味だもんね。政策効果は同じでも、そこに至る道筋が違うのが面白い。

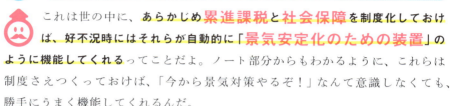

ビルト＝イン＝スタビライザーの「装置」って、何ですか？

これは世の中に、**あらかじめ累進課税と社会保障を制度化しておけば、好不況時にはそれらが自動的に「景気安定化のための装置」のように機能してくれる**ってことだよ。ノート部分からもわかるように、これらは制度さえつくっておけば、「今から景気対策やるぞ！」なんて意識しなくても、勝手にうまく機能してくれるんだ。

ただし限界もある。例えば累進課税ではない消費税などには減税効果は出ないし、財政支出だって社会保障の対象者にしか拡大できない。結局、**軸にすべきはフィスカル＝ポリシーで、ビルト＝イン＝スタビライザーは補完的役割**しか担えないということだね。

 消費税減税はなぜ議論されない？

少し古い話になるが、2014年は、消費税が５％から８％に増税されたため景気が後退し、安倍首相はその是非を問うためにと発表して解散総選挙を行った。これはまあ本音ではないだろう。なぜならモノが高くなれば売れなくなるのは当然で、そういう意味では消費税増税後の一時的な景気後退など"自然現象"みたいなものだからだ。こんなことでいちいち解散してたら、年中総選挙だ。

しかし消費税って、増税の際にはメチャクチャ議論されるのに、減税が本格的に議論されることって全然ないな。これはやはり、他の税ではあり得ない「日本で生活する者全員から取れる＋低所得者からも均等に取れる」という点が貴重かつ必要だと思われてるからなのか！？

完全に政府の都合だけから論じると、消費税は「不況に強い税金」だ。消費ある限り確実に入ってくる税収だもんな。だから議員は議論すらしたくない、マスコミは下手に世論を盛り上げて国家の根幹を揺るがせたくない、そんな気持ちが働いてるってことなのかもしれない。

2 歳入・歳出と国債

次は予算について見てみよう。

国家予算の内訳

- **一般会計**…国の基本的な支出のための予算。（→**普通の歳入・歳出**）
  ‖
  - **本　予　算**：当初成立予算。
  - **補正**予算：**本予算の変更**（当初予算成立後、必要に応じて変更）。
  - **暫定**予算：本予算成立までの「**つなぎ予算**」（成立が遅れたとき）。
- **特別会計**…**特定の事業や資金運用**を行うための予算。
  ▶政府の企業的事業用／保険業務用／政策金融用など
- **政府関係機関予算**…**政府関係機関**（全額政府出資の法人で、その予算には国会の議決が必要）に配分される予算。

2006年までは「6公庫2銀行」あったが、2008年の**政策金融改革**で

沖縄振興開発金融公庫／**日本政策金融公庫**／

国際協力銀行／国際協力機構有償資金協力部門

の4つのみとなった。

国家予算って3種類あるんですか？

そうだね。中でも特に**一般会計**と**特別会計**の違いは**大切**だ。
まず**僕らが俗に「予算」と呼んでいるのは、一般会計予算**だ。これは普通の歳入・歳出のことで、教科書などに予算として載っているグラフは基本これだ。その金額は2020年度で102.7兆円。

すごい金額ですね。

ところが、**一般会計とは別枠でやり取りされる特別会計予算は、その歳入・歳出のグラフには現れない。**でもその総額は、2020年度で196.8兆円にのぼる。これは、**一般会計の約2倍**だ。

14　財政　235

えー、どういうことですか？

特別会計はかつて官僚主導でつくられた予算枠で、「官僚の別財布」などと呼ばれることもある。この予算は一般会計のように**国会の議決を必要としない**上、一般会計と違って余った予算の次年度持ち越しも可能だ。その中には省庁の余剰金としてプールされているもの（いわゆる**埋蔵金**）や、天下り用の特殊法人の運営費に使われているものもあるとされるが、仕組みが複雑すぎて、国会議員もなかなか手出しできないのが現状だ（旧民主党政権も「**事業仕分け**」で埋蔵金発掘と改革を試みたがダメだった）。でも何にせよ、これだけ不透明で見えにくい予算が一般会計の2倍分も隠れてる状態は、健全ではない。ここは抜本的な改革が求められるところだね。

では次は、基本となる予算・一般会計の歳入のグラフを見てもらおうか。

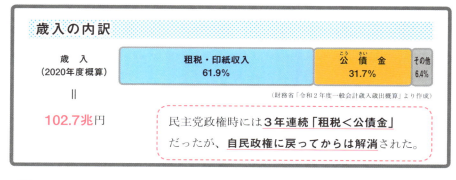

民主党政権時には**3年連続「租税＜公債金」**だったが、**自民政権に戻ってからは解消**された。

　租税・印紙収入、つまり税金収入が約6割ですか。

61.9％だから、そうなるね。でもこれはよくないな。財政の基本は「**均衡財政**」（**健全財政**）なんだから、「**歳入＝歳出**」をめざさないと。でもこの表を見る限り、約3分の1の31.7％が「公債金」、つまり借金だ。これでは均衡財政どころではない。

　ほんとだ。何でこんなことに…

　まだまだ景気回復が本格的でないせいだね。景気がよくないと「税金収入は減る＋不況対策で政府の支出は増える」になるから、借金まみれの財政になる。

> なるほど。

　税収は60兆円程度しかないのに不況対策が必要となれば、もう借金も仕方ない。そして、その**政府の借金証書が国債**だ。歳入の中では「公債金」という費目名で示されるけど、要は**歳入不足を赤字国債と建設国債の発行でまかなった借金幅**ということだね。この幅のことを別名「国債依存度」という。

　民主党政権期（2009〜12年）にはこの国債依存度が高まり、**3年連続で「租税＜公債金」になったこともある**んだ。これって「税収＜借金」って意味だよ。こんな予算、考えられないよ。

> 何でそんなことになったんですか？

　民主党は当初、「埋蔵金」をあてにしたような大型予算を組んだんだ。いかに各省庁がうまく隠したつもりでも、事業仕分けで無駄な事業をチェックしていけば見つかるでしょぐらいに思ってたんじゃないかな。でも予想に反して、結局**10数兆円捻出する予定が、2兆円ちょっとしか取れなかった**んだ。

> じゃやっぱり借金するしかないのか…

　その借金だって、「均衡財政」が原則だから、本来やっちゃいけないんだよ。ちょっとその辺のルールも確認しとこうか。

国債発行の原則

- **赤字国債**：歳入不足の補完用。財政法上は原則的に**発行禁止**。
  ➡ ただし**毎年、特例法を制定**して発行（＝**特例国債**）。
- **建設国債**：公共事業に用途を限定した国債。
  ➡ 国の資産を作る**健全な借金**だから財政法でも**発行OK**。
- **日銀引受け**：「財務省➡日銀」間での直接引受け。
  ➡ 「紙幣増刷➡**インフレ**」につながるから禁止。
  　　新規発行の国債は、**まず民間の市中銀行などが買い取る**のが原則。
  　　（＝**市中消化の原則**）

なるほど、本来赤字国債はダメで、建設国債はOKなんですね。

ただし赤字国債に関しては「原則ダメ」ってだけで、**例外的に毎年特例法を制定して発行**しているけどね。だから赤字国債のことを別名「**特例国債**」ともいうんだ。

あと「日銀引受け」についても説明しておくよ。従来の日銀は「**国の政策に則して通貨の調節**」をしていたから、財務省には逆らえなかった。そんな相手から、例えば「40兆円分の国債を発行したから、これを全部買い取れ」と言われたら、もう紙幣を増刷してでも渡すしかない。

でもそれをやると、いきなり40兆円分もの紙幣が増え、すさまじいインフレが発生する。だからこれはダメなんだ。

財務省が新規発行した国債は、日銀ではなく民間の市中銀行などに買ってもらうのが原則だ。これを「**市中消化の原則**」という。

じゃ、日銀が国債を買うことは、絶対ないんですか？

いや、買いオペという金融政策がある以上、日銀も国債は買うよ。ただしそれは、あくまで**いったん民間に流通した国債を日銀と市中銀行の間で売買する**のであって、財務省から直接買うわけじゃない。

次は租税・印紙収入について教えてください。

印紙という言葉は気にしなくていい。ここは租税収入と考えよう。その内訳は、所得税を中心とする直接税と、消費税を中心とする間接税から成っている。この両者の比率（＝**直間比率**）は、だいたい**6：4**。つまり**日本は直接税中心型**だ。この直接税中心型の税制は、間接税中心だった戦前の税制を、戦後のGHQ要請の税制調査団による**シャウプ勧告**から改めたものだ。

直接税と間接税について、もう少し詳しく教えてください。

直接税とは、**僕たちがじかに税務署に納める税金**だ。その中心は給料にかかる所得税。これは**累進課税**で公平さが保たれている。累進課税は金持ちから多く取って金がない人からはあまり取らない課税方式だから、その公

238 ｜ 第2講 経済分野

平さは「金持ちの頭を上からたてに押さえつけるような公平さ」だ。こういう公平さを「**垂直的公平**」という。

　でも累進課税の公平さは、税務署が僕たちの給料を100％把握してこそ、初めて完全に機能する。ところが現実には、**職種により税務署の所得捕捉率にバラツキが出ている**ため、十分に機能しているとは言い難い。サラリーマンの給料は丸わかり。自営業者は経費経費でとらえにくい。ちなみに、税務署による「サラリーマン：自営業：農家」の所得捕捉率は、なんと「**９：６：４（＝クロヨン**）」だ。これではとても、公平な税制とはいえないね。

　間接税は**税負担者（客）と納税者（店側）が別**の税。つまり**商品の販売店が客から預かった税金を、あとでまとめて税務署に納める税金**だ。その代表が**消費税**。2019年に**10％に税率アップ**されたことを考えると、この消費税は要注意だ。

　消費税は累進課税とは違い、高所得者からも低所得者からも、わけへだてなく10％を徴収する。こういう横一列な公平さを「**水平的公平**」という。

　でも高い物を買えばわかるけど、**この税は低所得者にはキツイ**ね。3000万円のマイホームにかかる消費税は、10％なら300万円だ。こりゃ100円のものが110円になるのとは訳が違う。

　低所得者の負担感が大きくなる課税を「**逆進課税**」（or **大衆課税**）という。間接税はその**逆進性**が高いのが問題点だ。

消費税…間接税（税負担者（客）と納税者（店側）が別の税）の代表

長所　不況時でも税率downしないので、**税収確保しやすい**。

　▶︎※所得税は累進課税→不況時は所得が減るから税収down。

短所
- **逆進性**が強い（低所得者ほど所得に占める税負担率が高い）。
　▶︎※生活必需品への課税を低くして対処（＝軽減税率）
- **益税**（納税されず事業者の利益になる幅）が生まれやすい。

諸外国の税率…

> **独・仏・英**：19〜20％／**米**：7〜9％（州ごとに違う）
> **スウェーデン・デンマーク**：25％

※日本…（1989年）3％→（1997年）5％→（2014年）8％→（2019年）**10％**に。

では、今度は歳出のグラフを見てみよう。

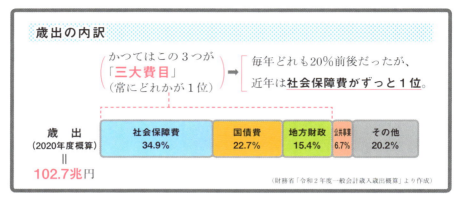

近年の歳出も、三大費目が中心だが、その順位は「社会保障費1位、国債費2位、地方財政3位」で固定化されてきた。

でもよく考えてみると、この中には三大費目であってはいけないものが入ってる。何だと思う？

 わかった。国債費ですね。

 そう。社会保障と地方財政が建設的な予算なのに対し、**国債費は単なる借金の返済**、あまりにも非建設的だ。そんな**国債費が予算枠の4分の1近くを占めていると、他の予算枠にお金が回らなくなる**（＝**財政の硬直化**）。これは大問題だね。それにこれだけ返済が多いということは、借金そのものが多いということだ。**国債で借りた金は、将来的には僕たちの税金で返す**ことを考えると、国債の発行しすぎは**将来的な増税**要素にもなる。ムチャな借り方はしないでほしい。

 そうか、国債発行分は将来の増税につながるのか。

 そして**将来的な増税は、後世への負担を大きくする**。だから政府は、安直に国債に頼らない予算を組むことが大切なんだよ。

国債依存度の推移

（『日本国勢図会2019/20』）

「**国債依存度**」とは、歳入に占める国債の割合、つまり**歳入グラフの「公債金」の幅**のことだ。本来あるべき健全財政なら、この幅は０％にならないといけないのに……。

国債残高とGDPに対する比率

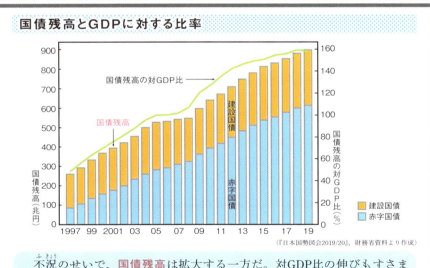

（『日本国勢図会2019/20』、財務省資料より作成）

不況のせいで、**国債残高**は拡大する一方だ。対GDP比の伸びもすさまじく、2005年度には**100％を超え**、2019年は何と158.4％だ。

14 財政

3 財政投融資

財政投融資って何ですか？

財政投融資とは、公共性があって採算が見込まれる事業に対して、**税金以外の資金を活用する「第二の予算」**だよ。

え、税金以外に使えるお金があるんですか？

あるよ。少なくとも2001年までは、**郵便貯金**と**年金**の積立金がそれだった。これらは年間40〜50兆円もの資金を活用できる。これって一般会計予算のほぼ半分だよ。まさに「**第二の予算**」だ。

財政投融資（＝財投）…歳入・歳出とは無関係な「第二の予算」

▶年間40〜50兆円規模

従来までの財投

・旧大蔵省**資金運用部**資金
　▶郵貯と年金の積立金を強制預託

・簡易生命保険資金

➡ 歳入・歳出の枠と無関係なので、一般会計予算より柔軟に活用可。

問題　**財投活用の多い機関**による、**非効率的な運用**が多かった。
　▶「財投機関」。主に公庫・公団などの特殊法人

対策　**財投改革**（2001年）で「資金運用部＋預託制度」を廃止。
　▶郵貯・年金の活用廃止

◎今後、財投機関は自ら「**財投機関債（≒社債）**」を発行して資金調達。
　（→不足分は政府の「**財投債（≒国債）**」で穴埋め）

242　｜　第2講　経済分野

郵便貯金や年金の積立金には、将来的に利子をつけて国民に返す必要がある。だから財投を活用する機関（＝財投機関）は、**ある程度お金を稼ぐ必要がある**。

だからその配分先は公庫や公団などの、いわゆる特殊法人がメインだ。住宅ローンの貸付や公団住宅の建設なら、利子や家賃を稼げるからね。ちなみに国債も利子が稼げる（＝収益性がある）ため、財投資金による国債購入もOKだ。

でも、そのせいで特殊法人の多くは、あまり努力をしなくなった。**毎年あまりに多くの資金が回ってくるから、「国民に損させちゃいけない」って意識が薄れた**んだね。でもそれは、郵貯や年金の当事者である僕たちからすれば冗談じゃない。

だから財投は2001年に改革され、**郵貯と年金の活用は廃止される**ことになった。そのかわり各財投機関は、自らの名前で「**財投機関債**」を発行することになったわけだ。

こうなると、財投機関も甘えは許されない。だって国民から「特殊法人なんか信用できるか！」なんて思われたら、たちまち財投機関債は売れ残ってしまうからね。郵貯や年金に頼らない財投機関が求められることになる。果たして彼らは、ピシッとできるのかどうか…。

14 財政 ｜ 243

チェック問題 | 14

政府の経済的な役割に関する記述として最も適当なものを、次の①～④のうちから1つ選べ。

① 社会的に必要とされ利潤を生み出しやすい公共財を広く国民に提供し、適正な資源配分をめざす。
② 所得が高くなるにつれて税率が高くなる累進税率の累進性を緩やかにして、所得再分配の効果を高める。
③ 景気の動向をにらみつつ増減税したり財政支出の増減を裁量的に行ったりして、景気を安定させる。
④ 寡占や独占によって市場での価格競争による調整機能が十分に働かなくなってきたときに、プライス＝リーダー（価格先導者）として市場に参入する。

（センター本試験）

 … ③

解説 経済を安定化させることは、財政の重要な機能だ。通貨量の調節なら日銀と思いがちだけど、増減税や公共事業など、政府にしかできないことでは政府も頑張るわけだね。
①：利潤を生み出しやすい公共財ばっかり作ったんじゃ、適正な資源配分とはいえない。不平等を是正することも政府の大きな仕事なんだから、利潤の枠に縛られない公共財も供給しなきゃ。
②：累進課税は金持ちからいっぱい税金を取ることで、所得分配の不平等を是正するシステムなんだから、緩めちゃダメでしょ。貧富の差がすごいことになるよ。
④：市場の価格形成に政府が介入したんじゃ価格統制になり、資本主義の大前提である「自由」に反する。**プライス＝リーダー**は「**価格支配力を持つほど市場占有率の高い大企業**」って意味なんだから、自由競争の勝利者がなるもの。政府が介入してなるもんじゃない。

15 戦後の日本経済

1 戦後復興期

😊 日本の戦後復興について教えてください。

😥 戦後日本の経済復興は、**GHQ主導の三大改革**から始まったんだ。これはGHQが示した経済民主化指令に基づいて実施されたもので、**財閥解体・農地改革・労働の民主化**の3つの改革だ。内容は以下のようなものになる。

● GHQ主導の三大改革

改革	主な内容
財閥解体	独占的大企業を解体し、**独占禁止法**の制定へ。
農地改革	**自作農創設特別措置法**に基づき、**寄生地主**（自らは農業せず）から農地を買収し、農家に売却。 ➡農家は小作農（他人の土地）から**自作農**（自分の土地）へ。
労働の民主化	**労働三法**の制定で、**労働組合の育成**へ。

とてもいい改革ばかりですね。

だね。確かにどの改革も、戦前の弊害を除去し、日本経済の民主化を実現する上で欠かせないものばかりだ。

　でもこれらは、当時の日本がただちに求めていた改革ではない。当時の日本は、戦費捻出で紙幣増刷、戦争のせいでモノ不足、戦地からの引揚者急増と、とにかく**インフレ要素であふれ返っており、物価も戦前の100倍を軽く超えていた**。いわゆるハイパーインフレだ。

それはすごい！

加えて、あたり一面焼け野原だ。そんな働く場所もないような状態で、労働組合だけ先に育成してどうするんだって話だよ。

　この頃の日本は、何よりもまず、**まともな経済活動が行える経済環境の回復を望んでいた**。でもGHQは、これをやってくれない。なら自分たちでやるしかない。

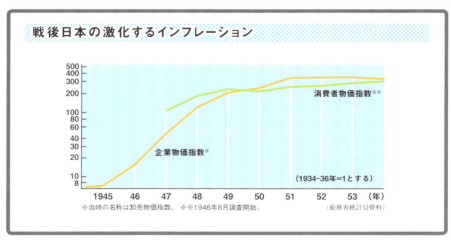

▶ 日本がとった具体的な経済復興策

まず日本が行ったのが、**傾斜生産方式**だ。これは産業再建のため、まず**全産業の基礎となる石炭・電力・鉄鋼などの産業（＝基幹産業）に、重点的に投資するやり方**だ。

😃 **なるほど、効率のよさそうな再建策ですね。**

😟 ところが当時は、そのための資金がない。国民が働ける場所もない状況では、税収なんか期待できないからね。そこで政府は、**復興金融金庫**という特殊法人を設立し、**そこに社債を大量発行させ、それを日銀に引受けさせた**んだ。これがいわゆる**復興金融金庫債**による資金調達だ。詳しい説明は省略するけど、事実上、**国債を日銀が引受けるのと、ほぼ同じやり方**だ。

😆 **え、そんなことしたら確か…**

😟 そう、これは紙幣の増刷から悪性インフレにつながるため、やってはいけない禁じ手だ。でも仕方ない。だって金がなかったから。つまり**政府は、インフレがさらに加速することは覚悟の上で、まず産業の再建に乗り出した**わけだ。

その結果、物価は戦前の200倍を超えた（＝**復金インフレ**）。でもそのおかげで、**まずは基幹産業が再建**されたんだ。

😮❓ **じゃ、後はインフレ対策ですか？**

😟 その前にもう１つ。実は日本の復興には、アメリカからの**ガリオア**（＝占領地域**救済**政府資金）と**エロア**（＝占領地域経済**復興**資金）に基づく援助も、大いに役立ったんだ。

これらはGHQではなく米政府が行ったものだけど、これらのおかげで日本には、**救済用のガリオアに基づいて食糧と医薬品が、復興用のエロアに基づいて工業用原材料や機械が、それぞれ供給**された。これも覚えておいてね。

そしてついに、残る課題はインフレの収束と経済的自立になった。GHQは、これら２つに必要な方向性を「**経済安定九原則**」にまとめ、それを具体化するために、アメリカから経済顧問のドッジを招いた。そこで実施された政策が、**ドッジ＝ライン**だ。

15　戦後の日本経済　｜　247

経済安定九原則…1948年、GHQが発表

- **インフレ用**：総予算の均衡、徴税強化、物価統制の強化など。
- **自立用**：貿易と為替統制の改善・強化、単一為替レートの設定など。

これらの具体化＝「**ドッジ＝ライン**」
　　　　　　　　　　∥
- **超均衡予算**…「超増税＋財政支出の削減」の**デフレ**政策。
- 復興金融金庫や補助金の廃止（＝「**竹馬経済**」からの脱却）。
- 単一の固定為替レート（１ドル＝**360**円）の設定など。

＋

- **シャウプ勧告**…「**間接**税➡**直接**税中心」へ転換する税制改革。

 ドッジ＝ラインのねらいは何ですか？

インフレ収束と経済的自立だ。
ドッジは日本経済を評して「**竹馬経済**」と呼んだ。これは当時の日本が、**一方の足を復興金融金庫がらみの補助金に、もう一方の足をアメリカからの援助に乗っけただけの、非常に不安定な体制**だということだ。

　日本が本気で自立するには、竹馬の２本の足を切るしかない。そこでドッジは、補助金・援助金の類を廃止しつつ、インフレ収束用の荒療治を実施した。これが「**超均衡予算**」だ。これは、超増税と財政支出の削減を軸とした、想像を絶するほどの財政引締めであり、意図的にデフレ方向に引っ張るデフレ政策だ。このため日本は、インフレは収束したが、**反動で一時深刻なデフレ不況（＝安定恐慌）に陥った**。

 大変じゃないですか。

でも**この頃、朝鮮戦争による特需景気（＝朝鮮特需）が発生したおかげで、何とかこの危機を乗り切ることができた**んだ。民間企業は米軍から注文された軍需物資を生産して外貨を稼ぎ、1951年には安定恐慌を脱した。

さあこれで、インフレは収束した。産業基盤も整った。企業はドルもたっぷり持っている。あとは成長するだけだ。

 **単一為替レートと固定為替レート**

　かつての日本には、政府が決めた為替レートもあったが、同時に貿易する企業ごとに設定した為替レートも無数に存在した。これを複数為替レートという。
　でもこれじゃ、諸外国が日本と安定的に貿易できないから、経済的自立の妨げになる。そこでドッジ＝ラインでは、<u>為替レートを政府が決めた公定為替レート一本に絞らせた</u>。これが「**単一為替レート**」だ。
　そして、さらに日本の貿易相手からすれば、<u>通貨価値を不動の「1ドル＝360円」に固定する</u>方が、為替リスクがなくて断然いい。これが「**固定為替レート**」だ。
　つまり当時の日本は、「単一為替レート＆固定為替レートの国」ってことだね。

---

2 高度経済成長期

高度経済成長期ってどんな時期ですか？

　高度経済成長期は、日本が**年率10％前後**の経済成長を実現した18年間（1955〜73年）のことだ。18年間もこの水準をキープした例は他国にはない。まさに「奇跡の経済成長」だ。

日本の高度成長期（1955〜73年）

 **神武景気・岩戸景気**（1955〜61年）…**共通した特徴**あり。

　↓

　輸入中心の民間設備投資に支えられた好景気。
　▶外国から新技術を導入し、重工業化をめざす。

　➡※ただし輸入のしすぎで**外貨不足**が発生。
　　▶外貨がないと輸入もできない＝「国際収支の天井」

※その他のキーワード
- 神武：**耐久消費財**ブーム
  　　　（冷蔵庫・洗濯機・白黒TV＝「**三種の神器**」）。
  　　　1956年『経済白書』の「もはや戦後ではない」が合言葉。
- 岩戸：池田勇人内閣が「**国民所得倍増計画**」を発表。
  　　　　　　　　　　　（1960〜70年でGNPを2倍に）

※この頃日本は、**先進国の仲間入り**。

- **貿易の自由化**…「GATT12条国→11条国」へ（1963年）。
  ➡これで「輸入数量制限の撤廃」が実現。
- **資本の自由化**…「IMF14条国→8条国」へ（1964年）。
  ➡これで「**資金移動の自由化＋企業進出の自由化**」が実現。
- **OECD**（＝経済協力開発機構。別名「**先進国クラブ**」）加盟（1964年）。

[中盤] **オリンピック景気**…（東京オリンピックに合わせての**公共事業**の急増（首都高・新幹線など）。
（1962〜64年）

（オリンピック後激減で、反動不況発生。） ➡ このとき、**戦後初の赤字国債**を発行。
▶昭和40年不況（1965年）

[後半] **いざなぎ景気**（1965〜70年）…**輸出**中心の好景気、ついに実現。

⬇

- 神武・岩戸期の重工業化の開花（➡競争力up）。
- 外貨不足も解消し、**景気拡大局面が戦後3番目の長さ**（57ヵ月）に。
  ▶大型の好景気としては戦後最長

  戦後最長：アベノミクス景気（74ヵ月超）2012〜19年
  戦後2位：いざなみ景気（73ヵ月）2002〜08年

- 1968年には西独を抜き、**GNPが西側諸国で2位**に。

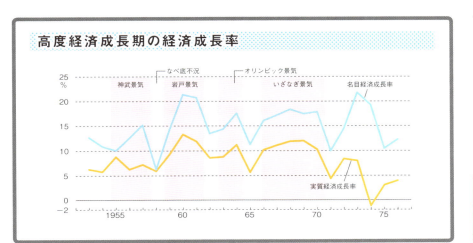

😊 前半の特徴「輸入中心」て本当ですか？　日本は輸出の国じゃ…

😟 輸出中心になるのは、もう少し後の話だよ。高度成長初期は、まだ外国と品質面で張り合えるほど質の高い商品はなかった。

だから**企業は最新式の機械や技術を輸入し、それらを自分の工場にガンガン設備投資**していったんだ。こうしてじっと力を蓄えていたのが、**神武景気**であり**岩戸景気**だ。

だからこれらの好景気は、商品が売れまくった結果というより、輸入機械導入のための工場の建て替えや道路の拡張で、世の中のお金の流れが活性化した、その結果としての好景気だ。

😐 でも輸入ばかりなんて無理があるのでは…

😟 そうなんだよ。**輸出で外貨を稼ぐことなく輸入ばかりだと、当然外貨は足りなくなり、輸入もできなくなる（＝国際収支の天井）**。だからこの2つの好景気は短命に終わったんだ。

しかし間に国内公共事業完結型の**オリンピック景気**をはさんで、**ついに日本にも輸出型の大型景気が到来**する。それが**いざなぎ景気**だ。

😊 いざなぎ景気では、何で輸出型になれたんですか？

15　戦後の日本経済　　251

神武・岩戸の頃の地道な設備投資がようやく実を結んだから、というのが、いちばんの理由かな。つまりやっと諸外国から「日本のモノは安いだけでなく品質もいい」って認められたわけだ。

　ちなみに当時の日本の得意産業は、**重厚長大型**と呼ばれる**重化学工業**。つまりこの頃から「**日本といえば造船・鉄鋼・石油化学**」という**高度成長期的イメージが定着していった**ということだね。

● **高度成長の要因**

　高度成長の要因としては、こんな理由が考えられる。

❶ 活発な民間設備投資＋技術革新➡**重工業化**に成功。
❷ 政府の**産業優先政策**…生活関連社会資本は後回しに。
❸ 積極的な銀行貸出（**間接金融**）…国民の高い貯蓄率が背景。
❹ **１ドル＝360円**の固定為替レート…**円安**で**輸出有利**。

　円安だとなぜ輸出有利なんですか？

　「１ドル＝360円」という為替レートは円安であり、それは「日本人が360円も払わなければ、アメリカ人から１ドル札をもらえない」という、**円の価値が低く扱われている状態**だ。

　しかしこれは、逆にみると、「**アメリカ人はたった１ドル払うだけで、日本で360円もする商品が買える**」状態ともいえる。彼らにとって１ドル札は100円玉ぐらいの感覚だから、これはすごいことだ。

　つまり「**円安＝日本のモノが安い**」ということなんだ。円高はその逆。

　安ければ売れるのも当たり前。だから品質の高い商品が作れるようになったいざなぎ景気あたりから、輸出も伸びてきたんだね。

3 石油危機～バブル景気

　高度成長期はいつ終わったんですか？

1970年前後から徐々に陰りが見え始める。原因はいくつかあるが、主要なものを挙げてみよう。

▶ **インフレ**

　この時期の好況は、物価の上昇も早めた。**そのスピードは、明らかに僕たちの昇給ペースよりも上だった。**

▶ **暮らしにくさ**

　政府の産業優先政策のせいで、産業道路や港湾整備は充実していたが、**学校・病院・公園などの生活関連社会資本は決定的に不足しており、一般道の舗装率や下水の普及率に至っては、先進国中最低レベル**に甘んじていた。

▶ **公害**

　いくらGNPが伸びても、公害がひどい国では台なしだ。だからこの時期「**くたばれGNP**」**なんて言葉も流行した。**

　このようにさまざまな原因があったんだけど、これらはどれも決定的なマイナス要因ではない。

> じゃ、決定的な要因って何ですか？

　円高の進行と、**石油危機**だ。
　円高は「19 国際経済」でも説明するけど、1971〜73年で固定相場制が崩れたことで、必然的に進行した。「**円高＝日本のモノは高い**」だから、日本の商品は売れなくなる。これはまずい。
　そして決定打となったのが、1973年の**第一次石油危機**だ。**第四次中東戦争**のせいで石油価格が**4**倍に上がり、**重化学工業の壊滅と石油関連商品の値上げが、同時発生した。**
　「**不況＋インフレ**」の同時進行は、**スタグフレーション**だ。これが起これば完全にアウト。1973年に日本の高度成長は終わり、翌1974年には、**戦後初のマイナス成長**を記録した。

▶ 高度成長後～1970年代の不況克服期

1975年から、日本は**本格的に赤字国債を発行**し始めた。ついに不況時代の到来だ。**そこでやるべきことは、具体的な不況への対処と、今後への備え**だ。今後同じような事態に直面したときにも同じドタバタ劇では、芸がなさすぎる。だから今のうちにいろいろやっておく必要がある。

石油危機後の取り組み（1970年代半ば～）

❶ **インフレ抑制**…総需要抑制政策（公定歩合9％に up）
　　　　　　　　▶公定歩合＝日銀が市中銀行に資金を貸し出すときの金利

❷ **経営の合理化**…
　企業の対応

- **ME革命**（マイクロ＝エレクトロニクス革命）に伴う**FA化・OA化**。
  ▶FA＝ファクトリー＝オートメーション
  　OA＝オフィス＝オートメーション

- **減量経営**（当時は解雇よりも新規採用見合わせが中心）

❸ **産業構造の転換**…石油不足にも耐えうる産業中心にシフト。

- **重厚長大**型：**重化学工業**などの素材産業（資源多消費）。
  ▶鉄鋼・造船・石油化学
- **軽薄短小**型：**加工組立・知識集約型**産業（省エネ・省資源）。
  ▶家電・自動車・コンピューター部品など

---

❶ スタグフレーションは一度の対策では解決できない。なぜなら、インフレ部分を抑えると通貨が減ってますます不況になり、不況対策をすると通貨が増えてますますインフレになるからだ。

　だから政府は、**まず総需要抑制政策でスタグフレーションのインフレ部分を抑えて普通の不況と同じ形にし、それから不況対策をする**ことになった。その政策の中で、史上最高の公定歩合9％が出現したんだ。

❷ 不況時に行う企業努力を、今は**リストラクチャリング**（＝再構築）と呼ぶが、この当時は「**減量経営**」と呼んだ。この頃の大学生も就職は厳しかったんだよ。そして人件費削減のために、コンピューター技術を駆使して工場の自動機

254 ｜ 第2講　経済分野

械化（＝**FA**化）、オフィスの自動機械化（＝**OA**化）を進めていった。これらを総合して**ME**（**マイクロ＝エレクトロニクス**）**革命**という。

❸　第一次石油危機のときと同じヘマをしないために、**日本の企業は徐々に得意産業を変えていった。**

重化学工業のままでは、またいずれ石油供給に振り回されてしまう。だからこの時期、「**日本といえば造船・鉄鋼・石油化学**」から「**日本といえば家電・自動車・コンピューター部品**」へと、**産業構造の転換**を実行した。この転換は大正解だった。その辺はこの後、見ていこう。

▶ **1980～90年代**

1980年代の幕開けは、日本の努力が正しかったかどうかが試される事態から始まった。

第二次石油危機だ。**イラン革命をきっかけに再び石油の価格が高騰し、ほとんどの国は「世界同時不況」**に苦しんだ。

😀　えー！　じゃあ、また日本はどん底になっちゃうんですか？

😟　ところが日本は、産業構造を変えていたおかげで大丈夫だった。だから諸外国が苦しむ中、日本は**新しい得意産業の商品を欧米諸国に売りまくる**ことで乗り切ることができたんだ。

ただその売り方が、諸外国から「**集中豪雨型輸出**」と呼ばれるほどすさま

15　戦後の日本経済　　255

じかったせいで、**貿易摩擦が激化**した。確かに世界中が苦しい中、日本ばかりが外需頼みで車や半導体を節操なく輸出したら諸外国も気分がよくないよ。

そこで先進諸国は1985年、ニューヨークのプラザホテルで、先進5カ国蔵相・中央銀行総裁会議（**G5**）を開催した。いわゆる**プラザ合意**だ。そしてそこで、**日本の商品が売れなくなる経済環境**がつくられた。何をされたと思う？

 う〜ん、何だろう？

 円高誘導だ。「円高＝日本の商品は高い」だからね。
正確にいうと、プラザ合意は「**アメリカ救済（＝ドル安誘導）」が主目的**で、日本をたたくのはついでだ。つまり**不況にあえぐアメリカをドル安で助けつつ、ついでに調子に乗ってた日本を円高でこらしめる**という合意だね。

 でもドル安誘導って、何をどうするんですか？

 「**ドル売り・円買いの協調介入**」だよ。各国中央銀行は、一斉に手持ちのドルを売りまくり、かわりに円を買いまくるわけだ。これでドルは売れ残り（＝ドル安）、円は品不足（＝円高）になる。

円高の進行後も、売買契約期間の関係で**日本の貿易黒字は一時的に拡大**した（＝**Jカーブ効果**）が、その後は当然輸出が停滞し、日本はいわゆる「**円高不況**（輸出の停滞からくる不況）」に備えなければいけない局面に突入した。

プラザ合意と円高不況

プラザ合意（1985年）…G5の合意に基づき、**ドル安・円高へ誘導**。
→ **円高不況**（輸出停滞）が懸念され、**公定歩合2.5％にdown**。

↓

 円高＝「日本のモノは高い／**外国のモノは安い**」だから…。

↓

（円高メリットで、深刻な不況には至らず。） ⇒
- 輸入原材料安で、生産コストdown。
- **人件費の安いアジアへの工場移転**。
  ▶ ただしその分、**国内産業の空洞化**が進む

- 不況対策は不要。
- 公定歩合は2.5％のまま。

→ 「カネ余り」の銀行資金が<u>土地・株取引</u>に過剰融資され「財テク」ブームが過熱。

 不況対策として、何か手は打ったんですか？

 1987年、**日銀が公定歩合を2.5％まで下げた**。標準的な水準が5％前後だから、これは驚くべき低さだ。

 何でそんなに極端に金利を下げたんですか？

 それはこの頃ちょうど、1970年代からバンバン発行されている国債の償還（＝返済）が始まっていたからだ。

　つまり**本来なら日銀とポリシー＝ミックスして財政政策を行うべき政府の方は、それよりも 財政再建（＝借金返済）を優先**させた。だから政府は手を打たず日銀だけに不況対策を任せ、そのせいでこんな極端な低金利になったんだ。

 そうだったのか。

 この低金利のおかげで、市中銀行は日銀から金を借りまくり、「**カネ余り**」ともいえる状態が発生した。不自然な状態だけど、とりあえずこれで不況への備えは万全…のはずだった。

　ところが実は、その不況がなかなか深刻化しなかったんだ。

 なぜですか？　円高は輸出不利のはずなのに。

それは**円高にはメリットもある**からだ。つまり「円高＝日本の商品は高い」ということは、逆にいえば「**外国の商品は安い**」ということだ。ならば**輸入原材料や外国人労働者の人件費が安くなるわけだから、それらをうまく活かせばコストを下げ、商品を安くして売れる**ということになる。

　結局この円高は、深刻な不況には直結しなかった。なのに公定歩合2.5％のせいで、銀行はカネ余りだ。こうなると金は、不況対策以外の方向へ貸し出される。その結果どうなったと思う？

15　戦後の日本経済

どうなったんですか？

土地と株式への投資に、お金が集中し始めたんだ。その結果、地価・株価が上昇し（＝**資産インフレ**）それに牽引されて生まれた好景気が、いわゆる**バブル経済**（＝**平成景気**）だ。

バブル経済（平成景気） … いざなぎ景気（57ヵ月）に次ぐ、**戦後４番目**（51ヵ月）の景気拡大局面（1986〜91年）。

- 土地・株式への**値上がり期待感**が主要因（➡ 実体経済とは無関係）。
- **円高**で輸入品が安く、**好況なのにインフレが少なかった**。
- 「**公定歩合up＋不動産への融資規制**」で、バブルは崩壊。

この時期はすごかったみたいですね。

ほんとにすごい時期だったな。不動産や株式へ投資する「**財テク**」ブーム、カネ余りからくる銀行の**過剰融資**、世界的な美術品の買い漁り、私大ブームや就職戦線の「**売り手市場**（＝労働力の売り手である大学生有利の市場）」、ブランド物のスーツを着て車を乗り回す大学生、「結婚相手は三高（＝高学歴・高収入・高身長）じゃないとイヤ」と言ってた女子大生…あの頃の日本人は、誰一人として「ジャパンマネーが世界最強」だと信じて疑わなかった。

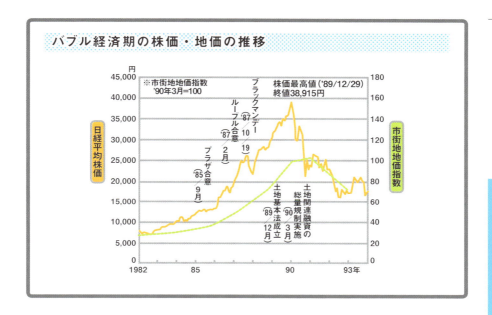

😐 今となってはまったく想像できない時代ですね。

👱 でも、バブル経済は本当の意味での好況ではない。本当の好況が、モノを作って売るという実体経済の伴ったものだとするなら、**バブルは人々の期待感が生み出した幻想**にすぎない。

　だから期待感がしぼんだとき、あっけなく崩壊した。1980年代の終わり頃から、政府は上がりすぎた地価を沈静化するため、**公定歩合の引き上げ（6％へup）** や、**不動産融資への総量規制**を始めた。そして、こんな些細なことが人々の期待感をしぼませ、バブルは弾けてしまったんだ（バブル経済の崩壊）。

😣 そうだったのか…

👱 期待感がしぼんだ後、地価と株価は底が抜けたように下落した。特に株価の下落は早く、**日経平均株価**（1989年に最高値38,915円を記録）は、わずか1年ほどで約半分の2万円前後まで下がった。

　株価・地価の下落（＝**資産デフレ**）は実体経済も冷え込ませ、投資・消費は大幅に縮小した（＝**逆資産効果**）。バブル経済崩壊の後、日本は平成不況（1991

15　戦後の日本経済　　259

〜93年）に陥った。倒産・リストラ・貸し渋り…。特に銀行の**貸し渋り**（貸さない）と**貸しはがし**（早期回収）は問題だ。

何で銀行はそんなことをしたんですか？

彼らはバブル期の**過剰融資**がたたり、貸付先企業の倒産などで**回収できなくなった貸付金（＝不良債権）の問題**に頭を悩ませてたんだ。

国際社会には、**国際決済銀行（BIS）**が設定した**「自己資本比率8％未満の銀行は、国際業務禁止」**という規制（＝BIS規制）があるからね。つまり、ただでさえ地価・株価の下落で自己資本比率が目減りしている中、これ以上不安要素を抱えたくないというのが、当時の銀行の本音だったということだ。

だから彼らは公定歩合が0.5％（1995〜2000年）になり、**0.1％**（2001〜06年）になっても貸し渋りを続けた。

銀行が貸さない限り、景気回復はあり得ない。この銀行の態度は、バブル後の不況をいたずらに長引かせた原因の1つになったといえるだろうね。

ちなみに、その後景気は徐々によくなり、不良債権問題も解決したが、**リーマン＝ショック**（米バブル崩壊）や**東日本大震災**のあおりを受け、再び撃沈。2020年には新型コロナ騒動により、先行きが見えない状況となり、バブル後の不況は「**失われた10年**」どころではなくなってしまった。

4 バブル後の経済政策

バブル後は不況対策のやりすぎで、財政構造もおかしくなった。だから橋本内閣のとき、将来的な赤字国債ゼロをめざす改革を行ったが、さまざまな悪条件が重なってうまくいかなかった。

その後、小渕内閣時から国債濫発に歯止めがかからなくなり、財政状況は一気にボロボロになった。その後、小泉内閣時に引き締めたため、一時的に持ち直したが、その後の政権ではまた国債濫発。結局、赤字国債発行額は年々増え続けているのが現状だ。

財政構造改革法…財政赤字の削減をめざす試み
（1997年　橋本内閣）　▶目標＝赤字国債ゼロ

- 消費税「3％➡**5％**」へup
- 所得税の特別減税の中止
- 医療費up（サラリーマン1割➡2割負担）

➡ 政府の収入は増えたが**国民の負担額、急増**。
　▶デフレ要因の集中

＋

アジア通貨危機…タイ通貨**バーツ**の暴落により、東南アジア全域が深刻
（1997年）　　な不況に（＝日本からの**対アジア融資も不良債権化**）。

◉回復しかけた景気が悪化。➡ 1998年、**目標の先送り**決定。

次は金融機能の健全化をめざす政策だ。

金融面でのさまざまな政策

● **金融再生法**（1998年）…目的：❶銀行の**破綻処理**／❷混乱期の預金者保護

❶
- 中小銀行：**3年以内に受け皿銀行を探す**が、なければ清算される。
- 大銀行：**一時国有化**（＝**特別公的管理**）し、**絶対に受け皿銀行を探す**。

❷
銀行破綻時には、**預金保険機構**が**預金払い戻しを保証**。
▶ただし上限1000万円＝ペイオフ

…
- 2001年まで：**ペイオフは凍結**。
　▶預金全額保護
- 2002年以降：**ペイオフは解禁**。
　▶上限1000万円に戻った

● （金融機能早期健全化法）…**破綻防止**のため、銀行の規模に応じて**公的資金**を注入。
▶自己資本比率→低いほど条件が厳しい

15　戦後の日本経済　261

- **ゼロ金利**政策…**銀行間の短期資金の貸し借り**のみ、実質的に金利ゼロに。
  - ▶**無担保コール翌日物金利**→「公定歩合ゼロ」ではない
  ＋
- **量的緩和**政策…**大規模な買いオペの一種。**
  - ▶**無担保コール翌日物金利**→「公定歩合ゼロ」ではない
  ＋
- **マイナス金利**政策…「**銀行→日銀**」へ資金を預ける際、**預ける側が金利を取られる。**▶**日銀当座預金へ**
  - ➡ つまり銀行は、日銀に預けるよりも、**企業や国民に貸し出す方が得**に。　▶世の中の資金を増やし、デフレ解消へ

（銀行保有の**不良債権**処理）…
- 再生不可の企業分：**整理回収機構**が買い取り、資金を回収。
- 再生可の企業分　：**産業再生機構**が買い取り、**企業再建を支援。**

　体力のない銀行を中途半端に救済すると、貸し渋りは減らない上、国民の預金が必要以上に分散する。

　だから弱った銀行に引導を渡すため、**金融再生法**が作られた。これで弱体化した銀行をつぶしていけば、いずれ金融機能は健全化する。これは正しい判断だ。

　しかし**大銀行だと、つぶすにつぶせない。金融恐慌の引き金になりかねないか**ら。だから**大銀行には公的資金を注入して、絶対につぶさない。**全然納得はいかないけど、やむを得ない処置だ。

　そしてこれだけ銀行がつぶれる時代になると、当然預金者の保護が必要になる。だからしばらくの間、ペイオフは凍結されていた。

　ペイオフとは「銀行倒産時、預金保護は1000万円を上限とする」制度だ。そして**その凍結は「預金全額保護」を意味する。**

　でもそれも終わり、定期預金では2002年より、普通預金では2005年より**ペイオフは解禁**された。つまりこれからは、**また「上限1000万円の保護」に戻った**わけだ。預金も「自己責任」の時代になったんだ。

チェック問題 15

金融システムが不安定なときに人々の貯蓄を守るための仕組みに関連して、日本の預金保険制度に関する記述として最も適当なものを、次の①～④のうちから1つ選べ。

① ペイオフの解禁が段階的に進み、金融機関が破綻したときに払い戻される定期預金等の保証範囲が、一定限度額の元本と、その利息とに限定される。

② 金融の自由化や国際化が進む中で、預金者の損失や金融機関の破綻を防ぐために、護送船団方式に基づいて監督体制が強化される。

③ 金融政策を執り行う日本銀行が、預金者の損失や金融機関の破綻を防ぐために、市中銀行に対して資金の借入れや貸出しを行う。

④ 多額の不良債権を抱えた金融機関に対し、預金者保護のために経営を建て直すべく、政府が特例国債を発行する。

(センター本試験)

解答 … ①

解説
①：**ペイオフ**とは**預金保険機構**が、**銀行が倒産したとき預金を上限1000万円まで保護**してくれるシステムだ。金融機関の倒産が相次いだバブル後、預金者の不安解消のため「全額保護（＝**ペイオフ凍結**）」にした時期もあったが、2002年度から定期預金で上限1000万円復活（＝**ペイオフ解禁**）、2005年度からは普通預金でも同様になった。

②：旧大蔵省がガッチリ守って「**銀行は一行もつぶさない**」方針であった**護送船団**方式は、今日はなくなっている。

③：日銀は、市中銀行にお金を「貸出し」はするが、「借入れ」はしない。だって市中銀行が日銀にお金を貸すときの利子率（＝逆公定歩合??）なんて聞いたことないでしょ。

④：そういうこともあるかもしれないけど、少なくともこれは預金保険制度じゃないな。

16 日本経済の諸問題

 ここでは何を勉強するんですか？

 ここではいわゆる「高度成長の歪み」について見ていくよ。

日本は高度成長期、ペティ・クラークの法則で知られる産業構造の高度化があり、その流れの中で中心的な産業が第一次から第二次、そして**第三次産業へと向かい始めた**。そしてその間、GNPを伸ばすことだけに、がむしゃらに邁進した。でもそのせいで、**さまざまな分野で歪みが生じて**しまったんだ。

1 中小企業問題

中小企業の定義

旧・中小企業基本法（1963年）	資本金	従業員数
製造業その他の業種	1億円	300人
卸売業	3千万円	100人
小売業 サービス業	1千万円	50人

新・中小企業基本法（1999年）	資本金	従業員数
製造業その他の業種	3億円	300人
卸売業	1億円	100人
小売業	5千万円	50人
サービス業	5千万円	100人

❶ **中小企業の形態**

系列企業：**旧財閥系の企業集団などの中の子会社的な企業**。大集団の歯車の１

つとして**切り捨てられることはないが、経営に自主性はなく**、社長その他役員の多くは、親企業からの出向組だ。

下請け企業：系列企業のようにグループの歯車ではなく、仕事を回してもらっているだけの企業。人員・資金不足から自主性を発揮する余裕がなく、大企業の下請け仕事に追われ、**不況時には真っ先に切り捨てられる**（＝**景気変動の調節弁**）。

独立企業：上記以外。ハイテク関連の**ベンチャー企業**や**ニッチ**（すき間産業）、地域密着型の**独立企業**などがある。ベンチャー企業は「**小資本だが高い技術**」を武器に、将来性あふれる事業展開をめざす。ベンチャーを支える投資会社を**ベンチャー＝キャピタル**、個人投資家を**エンジェル**と呼ぶが、銀行からは融資を断られることも多い（不動産担保等を持っていないことが多いから）。

❷ 中小企業の割合・大企業との格差

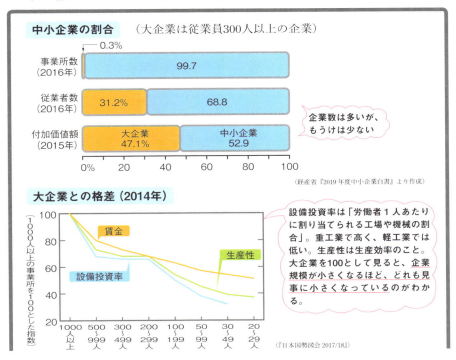

16　日本経済の諸問題　｜　265

中小企業は
- **労働集約型**（投下資本量＜労働量）が多い（⇔ **資本集約型**）。
- **資本装備率**（労働者1人あたりの工場や機械）が低い。
- **労働生産性**（労働者1人あたりの生産量）が低い。
- 地方銀行や信用金庫がメイン（**大銀行は大企業にしか貸さない**）。
  ▶ 金融の二重構造

◉ 企業数は多い（全企業の90％以上）がもうけは少ない（同50％弱）。
▶ 大企業との「**経済の二重構造**」（先進国と途上国並みの格差）発生

 何かすごい差がありますね。

 そうなんだ。**日本の大企業と中小企業には、まるで先進国と途上国の間のような経済格差があった**んだよ。これを1957年の経済白書は「**経済の二重構造**」と呼んだ。

しかしこうした不平等を是正するのが政府の仕事だ。だからこれらに対しては、以下のようにさまざまな対策が講じられてきた。ただどれも、抜本的な中小企業救済にはつながっていないのが現状だ。

主な対策立法

中小企業基本法（1963年）	中小企業構造の高度化と、事業活動の不利の是正をめざす（➡ 具体性なし）。
大規模小売店舗法（1973年）	デパートやスーパーなどの大型小売店の出店を規制し、中小商店の活動を確保。 ➡同法は2000年廃止。**大規模小売店舗立地法**となり、ほぼ自由化（※大型小売店への規制は、2006年の改正都市計画法で若干規制強化）。

2 農業問題

 農業問題って、どんな問題なんですか？

戦後GHQが実施した**農地改革**により、地主から農地を借りていた小作農たちがついに念願の自作農（自分の農地で農業に従事）になったという話は、「15 戦後の日本経済」でも見た通りだ。

しかしこれは嬉しい反面、問題点もあった。自作農になれたまではよかったが、改革で農地があまりに細分化されたため、**かえって農家の零細化を促進**させ、**かえって農業所得は減少**してしまったんだ。

> それはまずいですね。

このままでは選挙で票がもらえなくなる——農民団体の支持に依存する自民党にとって、これはピンチだ。ここから、非常に積極的な農民支持政策が始まっていくんだ。

```
農業所得の支持政策
❶ 農業基本法 … 農業所得を向上させ「自立経営農家」の育成を。
  （1961年）              ▶農業で他産業なみの所得
  ・生産の選択的拡大  … コメ中心 ➡ 収益性の高い作物へ転換。
  ・農産物価格の安定
  ・農業構造の改善    … 機械化・近代化の促進。

❷ 食糧管理制度 (1942年～)
     従来 ： 政府がコメを農民から強制的に買い上げ、
            国民に配給。▶戦時中の食糧不足対策
     1960年～： 農民からのコメの買い取り価格 up。国民
               への販売価格は据え置き。▶露骨な選挙対策
```

❶ 農業基本法（1961年）

> 農業基本法は農家に自立を促す、いい法律ですね。

確かにその通り。でも、うまくいかなかったんだよ。
なぜなら時代が悪かった。**高度成長期はちょっと都会に出れば、いくらで**

16 日本経済の諸問題

も工業の仕事があった時代だからね。結局、保守的な農民たちは、**先祖代々の手法を変えるより、都会での出稼ぎや、町工場での労働日数を増やす方を選んだ。**

> （＾＾）　つまり、兼業農家の増加ですね。

農業メインの兼業農家を第一種兼業農家という。**高度成長期に増えたのは、農業以外がメインで「農業はついで」の第二種兼業農家**だ。ちなみに、1995年よりこれらの呼称が変わり、微妙に分類方法も変わったが、ほぼ従来の第一種兼業農家が「**主業農家**」、第二種兼業農家は「**準主業農家**」に含まれることとなった。

❷ 食糧管理制度（1942年〜）

> （＾＾）　食糧管理制度って、何ですか？

食糧管理制度は、元々は戦時中の食糧不足対策だった。つまり、コメを政府が強制的に買い上げ、それを国民に配給するというものだった。

これが農家の所得アップのためにアレンジされた結果、なんと1960年からは、こんな形になったんだ。

コメを政府が「**農民から高く買い、国民に安く売る**」。

> （・・）　え〜!?　仕入れ値の方が売り値より高いってこと？

そうなんだよ。信じられないよね。ちなみに、農家から高く買う価格を「**生産者米価**」、国民に安く売る価格を「**消費者米価**」というが、当然**このやり方は、食糧管理特別会計（＝食管会計）の赤字を拡大させる**。

でも農家の所得さえ増やせば、自民党は選挙で勝てる。結局食糧管理制度は続けられて**この赤字幅（＝逆ザヤ）がどんどん拡大**した結果、ついに野党から厳しく批判され、その後の「**総合農政**」につながっていくんだ。

❸ 総合農政（1970年〜）

1970年から始まった**総合農政**では、**減反（田んぼを減らすこと）と自主流通米制度（一部良質米のみ自主販売可に）を柱に、逆ザヤの縮小をめざす**ことになった。しかし基本的に❶と❷は継続された。

268　｜　第2講　経済分野

総合農政（1970年〜）
- **減反**政策：「**田んぼを減らせば補助金**をあげる。」
- **自主流通米**制度：（一部良質米のみ、**食糧庁を通さ**ずに自主的販売可へ。）
⇒ **政府買い取り米の削減**

❹ 1980年代以降の農政

日本にとっての1980年代といえば、**日米貿易摩擦**の時代だ。

  貿易摩擦って工業分野でしょ。農業は関係ないのでは…

一見無関係に見えるけど、つながってくるんだ。なぜなら日米貿易摩擦の基本的な形は「日本ばかりオレたちにモノを売るな。お前らもオレたちのモノを買え」だよね。ならば僕らが買う商品は、アメリカにたくさんあって日本に少ないもの、つまり農産品ということになる。

日本の食糧自給率は低い。下のグラフより明らかだけど、**供給熱量（カロリー）ベースで見た自給率**（※人間が1日にとるカロリーの何％分が自給食糧か）は、**わずか40%**前後しかない。

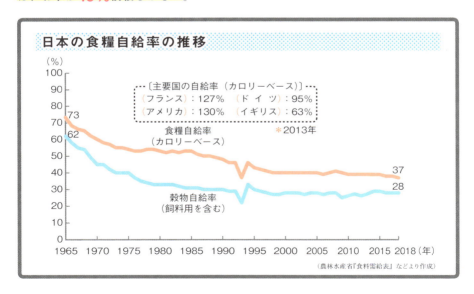

日本の食糧自給率の推移

〔主要国の自給率（カロリーベース）〕
（フランス）：127％　（ドイツ）：95％
（アメリカ）：130％　（イギリス）：63％
＊2013年

食糧自給率（カロリーベース） 37
穀物自給率（飼料用を含む） 28

（農林水産省『食料需給表』などより作成）

そういう意味では、アメリカの主張は正しい。でも自民党にとっては、正しい正しくないなんて問題ではなかった。彼らが恐れていたのは「**農産物の自由化→外国の安い農産物の流入→日本の農家の不利益→自民党の選挙敗北**」という流れだ。このままではその流れにはまってしまう。何とかしないと。

どんな手を打ったんですか？

牛肉・オレンジの自由化だ。日本で圧倒的に多いのはコメ農家だから、この辺なら風当たりもキツくない。しかもこれらはアメリカが輸出を拡大したがっている品目だから、アメリカへ顔向けもできる。これは1990年代初頭に実現した。

じゃ、コメの市場開放はせずに済んだんですね。

しかしどうやら、その問題を避けてばかりもいられなくなってくるんだ。いわゆる**GATTウルグアイ＝ラウンド**の問題だ。

GATTウルグアイ＝ラウンド？

1986年から**GATT**（関税及び貿易に関する一般協定）の**加盟国が****ウルグアイ****に集まって、貿易の自由化について話し合っていた**んだけど、ここでは**農産物の自由化についての話も進ん**だ。そうなると、GATTの目標が世界中で自由貿易を実現することである以上、当然日本のコメも問題になる。

それはまずいですね。

日本は必死になって抵抗したが、**1993年に冷夏などの影響を受けて「****コメ不足➡緊急輸入**」という事態になった。あれ一発で、自由化反対の根拠が弱くなってしまった。つまり諸外国から「完全自給もできもしないくせに自由化に反対するな」と言われ、主張を退けられたんだ。

こうしてコメは自由化される運びとなった。1995年からしばらくの間だけは「**自由化猶予のかわりに最低輸入義務（＝ミニマム＝アクセス）の設定**」という特例措置が許されたけど、**1999年からはそれもなくなった。これからは農家が競争力をつけて、安い外国米に対抗しなくてはいけない時代に入ってきたんだ。**

❺ コメ自由化後の農政

1995年以降の流れを受け、日本の農政は大きく転換された。

 どんな具合に転換されたんですか？

基本的に「保護よりも競争力アップ」の方向性にだ。まず**食糧管理法が廃止されて新食糧法**（食糧需給価格安定法）**となり**、従来の保護一辺倒から競争力アップへの転換が図られた。次いで1999年には、農政のあり方を抜本的に改めるため、**農業基本法も改正された**。

コメ自由化後の農政

- **新食糧法**（1995年〜）…「農民保護 ➡ 競争力up」への転換。
  - ヤミ米＝「**計画外流通米**」として容認。▶コメの種類が増えるほど、競争激化
    （※計画外流通米と自主流通米は2004年より「**民間流通米**」に）
  - 販売の許可制 ➡「**登録制**」へ。▶販売店の数を増やし、販売店間でも競争激化
  - 一律減反の廃止（自主的判断で減反）。▶減反なしなら生産量増える＝競争激化
  - **市場原理**の導入（生産者米価・消費者米価の廃止）。▶価格設定でも競争激化

- **新農業基本法**（＝**食料・農業・農村基本法**（1999年〜））
  …農政の基本理念の変更。
  - 農村の**多面的機能**。…景観地／水源確保／**環境保全**
  - 食糧の安定供給。
  - 農村の振興…「**地産地消**（＝地元生産・地元消費）」を軸に。

なお、農村の振興案としては、近年農林漁業の「**六次産業化**」も注目されている。六次産業とは、例えば農家自らが生産（＝第一次産業）したものを食品加工（＝第二次産業）し、販売（＝第三次産業）までする産業モデルだ。「**1＋2＋3次＝6次**」というわけだね。

農政は今、大きな転換点を迎えている。今後に注目だ。

3 消費者問題

消費者問題って何なんですか？

消費者問題とは、**消費者が受けるさまざまな被害や不利益**のことだ。
この問題は高度成長期にもあった。現在もある。ただ昔と今とでは問題の性質が違ってきているので、正確に把握しよう。

●**高度成長期の消費者問題**：薬害、有害商品、誇大広告など。

薬害	サリドマイド	妊婦が睡眠薬を摂取し、四肢の未発達な子どもを出産。
	スモン病	整腸剤の影響で、失明・歩行不能などの被害。
有害商品	森永ヒ素ミルク	ミルクにヒ素混入。乳児に多数の死者・中毒者が出る。
	カネミ油症	健康食品にPCB（ポリ塩化ビフェニール）混入。
誇大広告 不当表示	消費者は**広告や宣伝に左右**されやすく（＝**依存効果**。ガルブレイスの言葉）、**他の消費者にも左右**されやすい（＝**デモンストレーション効果**）ので、これらの影響大。

※これらのうち、商品の誇大広告やラベルの不当表示などにだまされるのは、よく商品のことを調べもせず、すぐ宣伝や他者の動向に飛びついてしまう我々自身にも責任がある。

●**現代の消費者問題**：悪徳商法、食の安全など。

悪徳商法	キャッチセールス：路上や街頭で声をかけ、雑居ビルなどに連れていき契約。 **アポイントメント商法**：電話で会う約束をして商品を販売。 **ネガティブ＝オプション（送り付け商法）**：勝手に商品を送付し、代金を請求。 **マルチ商法**：訪問販売相手を、新たな販売員として次々に勧誘。
食の安全	輸入：BSE問題、輸入農産物の**ポストハーベスト**農薬。 　▶＝狂牛病　　　　　　▶収穫後の農産物用。日本は禁止 国内：**食品偽装**（消費期限や産地偽装）多発。

金融拡大・不況からくる**自己破産**（裁判所に認められれば債務免責）の増加など。
　▶※ただし「（2003年）：約24万件→（2018年）：約7万件」と、かなり改善

昔も今もいろいろあるんですね。

　企業と消費者の関係は「**消費あってこその生産**」が大原則だから、両者の力関係は**消費者の方が上**だ。ということは、**いいモノを適正な価格で買うのは消費者の権利**ということになる。こういう消費者のあり方を「**消費者主権**」という。

　消費者主権？　もうちょっとわかりやすく教えてください。

　つまり「**お客様は神様です**」って立場のことさ。今日的な意味でこの考えが出てきたのは、1960年代のアメリカからだ。ケネディ大統領の教書に出てきた「**消費者の4つの権利**」からだね。

● **消費者の4つの権利**：1962年、ケネディ大統領発表。
- ・安全を求める権利
- ・選ぶ権利
- ・知らされる権利
- ・意見を聞いてもらう権利

▲ケネディ

　これらの権利を確保するために、僕らがやるべきことは2つある。
　まず1つ目は、僕ら自身が立ち上がって、**消費者運動**を展開することだ。つまり不買運動や商品テスト運動はもちろんのこと、「**消費者自身が資金を出し合い、安全でいいものを安く仕入れて販売**」する「**生活協同組合**（＝**生協**）」を結成することなんかだね。

　生協も消費者運動だなんて考えたこともありませんでした。

　そしてもう1つは、政府に消費者保護を求めること。
　僕らによる自助努力も大切だけど、それだけでは限界がある。消費者主権の考えでいけば、政府による**消費者保護行政や立法作業**も求めていかないと。高度成長期みたいに、企業ばっかり保護しててはダメだってことだよ。

16　日本経済の諸問題　｜　273

● **消費者保護行政**：「消費者支援＋事業者規制」の両面から実施。

> ● **消費者保護基本法**（1968年）
> **中心的立法**。国・地方・事業者・消費者の役割の明確化。
> ➡ 2004年より**消費者基本法**へ（消費者の権利を明記）。
>
> ● **製造物責任法**（＝**PL法**・1994年）
> **メーカーに過失がなくても**、欠陥証明ができれば損害賠償。
> ▶ メーカーの**無過失責任**を認める
>
> ● **特定商取引法**（2001年に訪問販売法を改正）
> 悪徳商法につながりやすい**無店舗販売（訪問販売やマルチ商法）から消費者を守る**ための法。
>
>
> 内容：
> ・マルチ商法に対する規制
> ・**クーリング＝オフ制度**
> …**一定期間内なら契約の無条件解除可**（原則8日以内）。
>
> ● **国民生活センター**（国の機関）／消費生活センター（地方の機関）
> 消費者からの**苦情処理・商品テスト**の実施。
>
> ● **消費者契約法**（2001年）
> 強引な勧誘 or 不当な契約 ➡ 契約解除可へ。

😀 製造物責任法の「無過失責任」って何ですか？

😥 企業が行政の基準を守り、**まったく違法行為がなくても、結果的にその商品で被害者が出た場合は損害賠償**するという原則だ。企業には厳しいけど、消費者主権なら仕方ないともいえるね。

😀 クーリング＝オフって、期間内ならどんな契約でも解除できますか？

😥 いや、あくまで消費者保護が前提だから、対象は**悪質性・高額性を伴う受動的な契約**に限られる。つまり行政が守ってあげないと取り返しがつかないような契約限定ってことだね。

例えば、悪質な訪問販売をはじめとする悪徳商法、不動産・生保の契約や高額商品のローン契約（＝割賦販売）なんかだね。逆に、**自分からわざわざ店に出向いて買った商品や、わざわざネットで調べて通信販売で買った場合は、保護の対象にはならない**。気をつけてね。

> 消費者問題で、他に覚えておくことはありますか？

2009年に発足した**消費者庁**は、覚えておくべきだね。消費者問題がここまで多様化した昨今、**消費者行政を統轄する行政機関**誕生の意味は大きい。

あとは**自己破産**も正しく理解しておこうね。あれは**「裁判所が支払不能と認めた人の債務を免除」してくれる、国民の救済システム**だ。つまり権利なんだから、「自己破産する恥をかくぐらいなら…」なんて思い詰めるのは間違っているってことだよ。

●**その他**：食の安全対策、グレーゾーン金利の撤廃。

2000年 改正JAS法… ▶日本農林規格
・農産・畜産物の品質や原産地表示の義務化。
・**遺伝子組み換え食品**の表示義務化。

2003年
・**食品安全基本法**…安全性検証／安全確保義務（国・地方・事業者）
・**牛肉トレーサビリティ法**…**生産・流通履歴を明らかに**。

●**グレーゾーン金利**の撤廃
Ⓐ **利息制限法**（利息の上限に関する法）…上限15〜20%（➡超は民事的に無効）
Ⓑ **出　資　法**（金の貸し方に関する法）…上限29.2%（➡超は刑事処罰の対象）

$\begin{pmatrix}両者の間（15〜29.2\%）\\がグレーゾーン金利\end{pmatrix}$＝「**民事的に無効だが処罰できない**」金利の幅。
▶貸金業者の強引な金利や取立に

⬇

2010年
・出資法改正で「**上限金利20%**」に。
・$\begin{pmatrix}サラ金規制法（貸金業法）改正で\\Ⓐの上限超だと行政処分の対象に。\end{pmatrix}$ ➡

4 都市問題

　高度成長期は、都市化の進行した時期でもある。産業構造の高度化により、都市は今まで以上に産業・娯楽の中心となった。人々はこぞって都市に移り住み、都市人口はこの時期急増した。

　ただし、オフィスビルだらけの暮らしにくさもあって**中心部の人口は次第に空洞化し、周辺部が過密化**した（＝**ドーナツ化現象**）。すると今度は周辺人口がパンパンになり、本来の都市計画にはなかった団地やニュータウンの造成など、**周辺部の無計画な市街地化**（＝**スプロール現象**）へとつながっていったんだ。

それは何か問題があるの？

　もちろん。本来の都市計画にないってことは、**生活関連社会資本**（上下水道・学校・病院など）も整備されてないってことだ。特に**高度成長期は、産業優先政策がとられていたから、これらの整備は後回し**にされ、生活環境はどんどん悪くなっていった。

　しかも都市に人が集まりすぎて、農村部では過疎化が進行している。このアンバランス、早く何とかしないといけない。

　そこで政府は、対策として「**全国総合開発計画（全総）**」を策定し、**過疎と過密を同時に解決できる道を探る**ことになったんだ。

●**主な全国総合開発計画**…目的：国土計画で、過疎・過密を解消。

全国総合開発計画 （全総・1962年〜）	全国に「新産業都市（工業開発の拠点都市）」を指定し、重点開発を行う。
新全国総合開発計画 （**新全総**・1969年〜）	工業開発した<u>地方と都市を、高速交通網で結ぶ</u>「ネットワーク方式」。
第三次全国総合開発計画 （三全総・1977年〜）	高福祉社会も視野に入れた、人間居住の総合環境を創造する「定住圏構想」。
第四次全国総合開発計画 （**四全総**・1987年〜）	**東京一極集中を是正**する「多極分散型国土」をめざす。

この中で、**特に大事なのは「新全総」と「四全総」**だ。

まず**新全総**だけど、当時の首相、田中角栄（かくえい）は、著書『**日本列島改造論**』の中で、新全総の具体化とも思える構想を示し、それを推進するための新しい省庁として1974年**国土庁**を設置した。

「こりゃ田中角栄は、本気だぞ」――人々はそう思い、今後開発が進みそうな地方の土地を、値上がり目当てで買う人が増えた。地価はグングン上がり、まるでバブル期のような状況が生まれた。

そこに第一次石油危機が重なり、世の中は「**狂乱物価**（きょうらん）」と呼ばれる、ものすごいインフレ状態になってしまったんだ。

四全総は、東京への一極集中を是正するため、いっそ**首都機能を地方へ移転し、東京は経済の中心地にしてはどうか**という、いわゆる「**遷都論**（せんと）」が盛り上がったことで重要だ。

今は高度成長期でもバブル期でもない、経済の停滞した時期だけど、それでもまだ**三大都市圏**（**東京・大阪・名古屋圏**）**には総人口の約50％が集中**しており、都市問題が解決しているとはいえないのが現状だ。

😊　都市問題は、このくらいですか？

最後に、近年郊外や地方都市で増加している問題を一つ。近年は**郊外型大型商業施設が増えたことで、従来まで地元の中心地であった商店街がシャッター街に**、なんて話をよく聞く。そこで中心市街地の魅力を高めるため、「**まちづくり三法**」が整備された。頭に入れておいてね。

まちづくり三法（1998～2000年）
- **都市計画法改正**…大型店の郊外立地の制限可に。
- （**大規模小売店舗立地法**）…出店可な地域で出店する場合も、**地域の生活環境には配慮**。
- **中心市街地活性化法**…国の支援で市街地整備・商業活性化。

16　日本経済の諸問題

コラム　シャッター街

　先日、久しぶりに地元・愛媛県新居浜市に帰ってみてびっくりした。

　僕の高校時代までの思い出がつまった市の中心部「昭和通り」が、見事なまでのシャッター街になっていた。思い出の場所が皆無になった喪失感にパニクりながら、地元の友人に聞いてみた。そしたら彼は、こう答えた。「今は店も客も全部、モールに持っていかれたよ」

　僕が地元を離れて20年も経つ間に、市内の楽しいものは全部郊外のショッピングモールに持っていかれていた。どうりで家族も近所の人も、みんなモールに行け行けと言うはずだ。彼らにとってはショッピングモールこそが生活と娯楽の中心であり、外部者に誇れる市の自慢の施設なんだろう。

　実際に行ってみたら賑わっていた。ここに３日もいれば、マジで市内の知り合いすべてに会えるだろう。でもなんかイヤだ。市内の中高生みんながモールでデートなんてぞっとする。もはやよそ者の身勝手な感傷なのかもしれないけど、あえて言いたい。カムバック昭和通り！

チェック問題 | 16

農産物を含む市場開放の要求に関して、日本の市場開放に関する記述として適当でないものを、次の①〜④のうちから1つ選べ。

① 1980年代末に日米牛肉・オレンジ交渉が決着し、その結果、牛肉とオレンジの輸入自由化が行われた。

② 1990年代の半ばに、コメは、ミニマム＝アクセスによる輸入が開始され、その後関税化が実施された。

③ 1980年代後半から90年代にかけて、日本の市場開放を協議する日米構造協議や日米包括経済協議が開かれた。

④ 1980年代半ばに始まったウルグアイ＝ラウンドでは、日本や発展途上国の主張が認められ、農業分野の交渉はテーマから除外された。

（センター本試験）

 解答 … ④

解説　これは逆だ。GATTのそれまでの交渉（1960年代のケネディ＝ラウンドや70年代の東京ラウンド）では、工業分野での交渉しかしなかった。それが**ウルグアイ＝ラウンド**から、ようやく**農業分野の自由化にもメスが入った**んだ。

①：これは牛肉・オレンジの自由化の流れ。

②：1995年、日本はコメの自由化を待ってもらうかわりに、GATTから最低輸入義務（＝ミニマム＝アクセス）が課せられた。その後1999年に、とうとうコメの自由化が始まった。ちなみに**自由化ってのは「輸入数量制限を取っ払うかわりに関税を課す」わけだから、「自由化≒関税化」と考えよう。**

③：これは「20 日本経済の国際化」（p.332〜参照）に書かれている通りの内容。

17 労働問題

1 労働運動の歴史

労働運動の歴史

世界
- 英：18世紀後半の産業革命期
  - **ラッダイト**運動 ➡ **チャーチスト**運動 ➡ 20世紀：・労働党結成
    - ▶機械打ち壊し運動　　▶労働者の参政権要求運動　　・**普通選挙**実現
- 米：（世界恐慌後のニューディール政策）　（冷戦期の社会主義弾圧）
  - **ワグナー法**（＝全国労働関係法・1935年）　**タフト＝ハートレー法**
  - ▶団結権・団体交渉権get　　　　　　　　　　▶労働組合の抑圧立法（1947年）

日本
- 戦前：**労働組合期成会**結成 ➡ **鉄工組合**の誕生へ（1897年）。
  - ▶組合育成のための組織　▶日本初の労働組合
  - but [・**治安警察法** / ・**治安維持法**] などで弾圧 ➡ その後**大日本産業報国会**に全組合が統合される。
- 戦後：弾圧立法・組織は**すべて廃止**。➡ **労働三法**の制定へ。

労働問題発祥の地は、ご想像の通りイギリスだ。「2 人権保障の発展」に出てきたラダイト運動もチャーチスト運動も、どちらも19世紀イギリスでの話だしね。やはり産業革命の国には、それなりの苦労がある。

日本の労働問題はどうかというと、戦前の労働組合は治安維持法で徹底的に弾圧されたし、戦時中に至っては、すべての組合は解散させられ、大日本産業報国会という組織に統合された。つまり戦前は、まともに労働運動をやれる状況ではなかったんだ。

しかし戦後の民主化のおかげで、今では労働者の権利は細かく保障されている。ではその内容、一体どのように保障されているのか。

2 労働三法

❶ 労働基準法

労働基準法って、どういう法律ですか？

労働基準法は、労働条件の最低基準を規定した法律だ。つまり、そこに書かれているよりも劣悪な労働条件があった場合、その違反部分が無効になるという内容だ。それではその主な内容を見てみよう。

● **労働基準法** …労働条件の**最低基準**の設定。

労働時間	**1日8時間／週40時間**以内。週1日は休日設定。有給休暇の保障など。
労働時間の例外	・変形労働時間：（週40時間以内なら、1日あたりの労働時間の変形可。）（その一種） ・フレックスタイム制：1日の勤務時間帯の**自主選択可**。
賃金	**男女同一賃金**の原則。
年少者	児童（＝15歳未満）の使用禁止。
女子	生理＋出産休暇OK（「**深夜労働の禁止**」の**女子保護規定は撤廃**）。
その他	差別・強制労働の禁止。解雇の制限・予告義務。

- これらに違反する労働契約は、**違反部分が無効**になる。
  - 労働契約…使用者と個々の労働者。
  - **労働協約**…使用者と**労働組合**。
  - 就業規則…使用者が定める。

  → 労働協約が いちばん強い

- **監督機関**：労働基準監督署など（都道府県内に数カ所）。

特に注意すべき点は何ですか？

労働時間に関する規定では、特に例外規定が大事だから、覚えておこう。**変形労働時間**とは1週間の法定労働時間（現在は週40時間以内）を超えない範囲なら、日々の勤務時間のあり方を変形できる制度で、例えば「私は1日12時間働くから、そのかわり週3日勤務にして」みたいな形も認めるものだ。**フレックスタイム制**はその一種で、「私は朝が弱いから、午後1時から9時までで」みたいな形を指す。

1980年代後半から、このような時代のニーズに合った労働時間の組み方も可能になってきたんだ。その他にも、デザイナーや弁護士みたいな9時〜17時で縛るのが難しい職種については、最初に労使間で話し合い、「**実働が何時間であっても、9時〜17時で働いたものとみなして給料を決めましょう**」という「**裁量労働制**」（＝**みなし労働制**）も認められている（※裁量労働制は2000年より、**一般のサラリーマンにも導入できる**ようになった）。

労働時間に関しては例外だけでも覚えることが相当あるんですね。

覚えるには面倒だけど、どれも僕らの雇用形態を少しでも快適にするための例外だから、ありがたいと思わなきゃ。

あと注目すべきものとして、近年の**女子労働者の保護規定の撤廃**は、絶対に覚えておこう。1999年から、**女子に対する深夜労働の禁止規定と、時間外労働の制限規定がなくなった**。これらの保護の根底には「女性は保護すべき対象」との差別的感覚がある上、近年の長引く不況下では、これらの保護規定があだとなって、女性の雇用が伸びないからだ。「女性は深夜働か

せられなくて不便だから採用しない」──こんなの女子も望んでいない状況だ。ならばこれらは、なくなってよかった規定だね。

そして最後に、「差別労働の禁止」の意味にも注意しよう。

この規定がある以上、労働基準法上は、**不法就労者に対しても平等な労働環境を保障しないといけない**。彼らに対する取り締まりは、入管法（出入国管理及び難民認定法）に基づいてなされているが、少なくとも**労働立法上は、彼らはすべて、日本人と対等に扱われなければならない**。

❷ 労働組合法

 労働組合法は、どんな法律ですか？

労働組合法は、労働三法の中で最も早い1945年に制定された。これは戦前（＝組合活動の弾圧）への反省から、労働の民主化を進める上で、同法制定が最優先であるとの認識に基づいている。

労働組合法の目的は、**憲法第28条で保障されている労働三権を活用できる環境を整え、労働者の経済的地位の向上を図る**ことだ。

労働三権とは、次の3つを指す。

労働三権（憲法第28条）

・**団 結 権**…労働組合への加入・結成権。
・**団体交渉権**…労働組合と使用者の話し合いの権利。
・**争 議 権**（**団体行動権**）…労働者の権利をめぐって闘う権利。

- **ストライキ**：労務の提供拒否。▶給料上げなきゃ、働かないぞ
- **サボタージュ**：作業能率を低下させる。▶給料上げなきゃ、サボるぞ
- **ピケッティング**：出入口に座り込み・腕組み。▶スト脱落防止のため

※これらに対する**使用者側の対抗手段はロックアウト**（作業所閉鎖）のみ。
　　　　　　▶使用者側に認められた唯一の争議行為

17　労働問題　283

これら労働三権は、憲法第28条でしっかり保障されている。ということは、正当な争議行為であるならば、**その過程で多少法律に触れるようなことをしても、ある程度大目に見てもらえる**ことになる。

 え、そうなんですか？

そうなんだよ。仮に労働者が権利行使の過程で刑法や民法に触れるようなことをしても、それが正当な権利行使なら、多くの場合裁判上の責任は問われない。これを「**刑事上・民事上の免責**」というんだ。

何といっても憲法は国の最高法規。法律よりも上位だからね。

そして労働組合の権利がここまで認められている以上、使用者側は労働組合に対し、めったな悪さはできない。**使用者の労働組合に対する不当・違法行為のことを「不当労働行為」という**んだけど、労働組合法ではこれを厳重に禁止しているんだ。

不当労働行為：使用者の労働組合への不当・違法行為

団結権の侵害：
「労働組合に加入するなら、お前はクビだ」
「組合に加入しないなら雇ってやる」（＝黄犬契約）

団体交渉権の侵害：「組合との話し合いには、一切応じない」

組合の自主性の侵害：
「組合運営に参加させろ」
「組合に活動資金を援助してやろう」
　　　　▶お金をめぐんでもらうと、激しく闘えなくなる

不当労働行為の救済申し立てへの侵害：「労働委員会に告げ口したらクビだぞ」

 わ〜、偉そうな社長さんが普通にやりそうなのばっかり。

 でもやってはいけない行為だよ。組合への資金援助ですら組合懐柔策とみなされるから気をつけて。

そしてこれらの不当労働行為があったとき、僕たちを助けてくれるのが、前に学んだ行政委員会の1つ、**労働委員会**だ。その構成は、使用者側から選出される使用者委員と、労働者側から選出される労働者委員、そして労働法の専門家から選出される**公益委員**からなる。

次はその労働委員会が、どうやって労働者を助けてくれるかを見ていくけど、その前に組合加入と従業員資格の関係について見てみよう。

ショップ制：組合加入と従業員資格の関係

❶ クローズドショップ　　使用者は必ず、労働組合加入者だけを雇用。
❷ ユニオンショップ　　　雇用された者は必ず、労働組合に加入義務。
❸ オープンショップ　　　雇用と労働組合への加入は、無関係。

⬇

日本では❶は見られず、❷か❸が一般的だが、日本で❷を採用している企業の多くではルールそのものが形骸化しており、**途中で組合を抜けても解雇されないことが多い**。これを「**尻抜けユニオン**」という。

---

❸ 労働関係調整法

労働関係調整法って、どんな法律ですか?

労働関係調整法は、**労使対立を調整するために作られた法律**だ。労働組合法をフォローするための法律と考えてくれていい。

調整のための手段は「**斡旋・調停・仲裁**」の3つだ。これらは、**労働委員会**（使用者委員、労働者委員、公益委員で構成）が中心になって、以下の手順で実施される。

❶ 斡　旋	労使双方の意見を聞き、交渉を取り持つ。
⬇	
❷ 調　停	労働委員会側から、解決案を提示。
⬇	
❸ 仲　裁	公益委員のみで、解決方法を決定。

17 労働問題 ｜ 285

必ずしも全部やるわけじゃないからね。これらは「❶でダメなら❷。❷でダメなら❸」という具合に、必要に応じて段階的に実施していく。たいがいは❶か❷ぐらいで解決する。❸までいくのはまれだ。

ただし❸までいった場合には、強制的な解決が図られる。

強制的な解決って?

実は❸の**仲裁**は、ほとんど裁判と同じなんだ。

「**行政委員会には、準司法的機能がある**」というのを、政治分野で勉強したでしょ。仲裁とはその1つだよ。基本的に仲裁までもめるような案件は相当こじれた労使対立だから、もはや当事者間で解決するのは難しい。だから労働委員会の中でも法律の専門家である公益委員のみで構成する仲裁委員会が間に入って裁定を下す。もちろん**その決定には法的拘束力がある**。これが労使対立の、最後の最後の解決手段なんだ。

最後に、公務員の労働三権について覚えておいてもらおう。

基本的に公務員は、すべての職種で争議権はなし(＝**ストは全面禁止**)だけど、職種によって「ストだけダメ」な場合と「三権すべてダメ」とがあるから、間違えないように。次ページの表にあるけど、**治安維持系の公務員は労働三権すべてダメ**で、**あとはみんなストだけダメ**と覚えておくといいよ。

公務員の労働三権 …ストは全面的にダメ！

	団結権	団体交渉権	争議権
民 間 企 業	○	○	○
公務員の一般職 ▶国・地方とも	○	△ ▶労働協約はなし	×
警察・消防・自衛隊員 などの治安維持系	×	× ▶国・地方とも、労働三権すべてなし	×

3 日本の労働問題

ここでは日本の主な労働問題を、順を追って見ていこう。

三大雇用慣行

❶ **終身雇用制**：新卒雇用者は、原則的に定年まで解雇しない。

- 長所 雇用の安定、企業への帰属意識の強化。
- 短所 **労働意欲の低下につながる**恐れあり。
  - ▶クビになりにくい→「仕事なんか適当でいいや」

❷ **年功序列型賃金**：勤続年数・年齢などで賃金を決定。

- 長所 生活の安定。
- 短所 **高齢になるほど人件費がかさむ。**
  - ▶不況時には、中高年はリストラの対象に。

❸ **企業別組合**：各企業ごとに組織される労働組合。

- 長所 企業状況に応じた労働条件の改善要求可。
- 短所 同じ会社の「上司 vs 部下」だと闘いづらい。

特に大事なのは❶と❷だ。**労働者はいったん会社に入ると、基本的には定年までクビにならず、しかも毎年確実に給料が上がる**——これらは戦後の長きに渡って日本を支えてきた雇用システムだ。

🙂 ┃ ごく当たり前の雇用形態ですよね。

😟 でもこれは恵まれたシステムだよ。この形なら生活は安定するし、40年も勤めてれば「会社は第二の我が家」みたいな帰属意識も強くなる。我が家のためならムチャな残業だってバリバリこなす。**こうして企業戦士を養成し、日本は高度成長を実現した。**

でもいったん国が不況になると、これらは短所が目立ち始める。終身雇用は無能な社員も排除しないし、年功序列型賃金は中高年の給料を高額にする。

だからバブル後の日本では、これらの見直しが急ピッチで進んだんだ。その結果、**中高年はリストラされ、かわりに人件費の安いパートや派遣社員が増え**、給

17 労働問題 ┃ 287

料も成績で決定する**能力給**や仕事内容で決定する**職務給**主体の所が増えている。

❶ 女子雇用

労働基準法の女子保護規定が近年大幅に撤廃されたことは、p.281で見た通りだ。ここではそれ以外の法整備について見てみよう。ノート部分だけだけど、かなりあるので、しっかり見ておいて。

女子雇用をめぐる状況

●男女雇用機会均等法

	制定当初（1986年）	その後の改正
雇用・昇進等	機会均等の「努力義務」	「**差別禁止**」規定に（1997年改正）
制　裁	な　　し	違反企業名の公表（1997年改正）
その他	な　　し	**セクハラ防止義務**（1997年新設） ▶「男性へ」のセクハラ防止義務（2007年改正） **マタハラ・パタハラ防止義務** （2016年新設）

※マタハラ＝**マタニティ＝ハラスメント**（妊娠・出産を理由とした、女性に対する嫌がらせ。男性の育休取得などに対する嫌がらせはパタハラ（**パタニティ＝ハラスメント**））。

●育児・介護休業法（1995年）…1999年施行。育児・介護目的での休業可に。

- 男女労働者とも、休業申請可。▶育児・介護は男女の仕事
- 企業は申し出を断れない。▶ただし違反しても「罰則なし」が現状
- 休業中の所得保障が不十分。▶従来の「所得保障なし」よりは改善

※2005年の改正で「派遣労働者も育児・介護休業が可」に。

●パートタイム労働法（1993年）…**通常の労働者（正社員も含めたフルタイム労働者）**との条件格差是正をめざす。

※2007年の改正（施行は2008年）で「差別的な取扱の禁止」などが追加。

◎ 派遣労働者…「**派遣元企業**」に雇用され、「**派遣先企業**」に派遣。
　　　　　　　▶人材派遣会社　　　　　　　　▶実際に働く場

288　｜　第2講　経済分野

● **労働者派遣事業法**改正（制定は 1985 年）

1985 年：**専門職種だけ**（通訳・秘書・プログラマーなど **13** 業種）。

1999 年：**原則自由化**（「港湾・運送・建設・警備・医療・製造」はダメ）。
▶主にブルーカラー（肉体労働）で禁止

2004年：
- 派遣期間「1 年 → **原則 1 年／上限 3 年**」に延長。
  ▶専門職種は「期間制限なし」
- **製造業でも派遣 OK** に（＋医療も一部解禁）。

ただし製造業派遣は、労働条件の劣悪な**日雇い派遣**（雇用期間がその日限り〜 30 日未満）や**ワーキングプア**（働く貧困層）増加につながった。

2008 年のリーマン＝ショック後：「**派遣切り**」「**雇い止め**」増が問題に。
▶打ち切り　　▶更新しない

2012 年：**日雇い派遣の原則禁止**。

2015 年：派遣期間「**すべて上限 3 年**」に（専門職種も含めて）。

3 年超で本人が希望すれば、派遣元企業に以下が義務付け。
「**派遣先への直接雇用依頼 or 新たな派遣先の提供**」

2018 年：非正規雇用の「**3 年・5 年ルール**」スタート。

（5 年ルール）：**パート・バイト**で勤続年数 5 年超
▶労働契約法改正

（3 年ルール）：**派遣労働者**で勤続年数 3 年超
▶労働者派遣事業法改正

➡ 「有期→**無期雇用**」へ変更申し入れ可に

「**正社員への変更**」ではないが、企業の多くは**理解不足**で**勘違い**。
▶無期になる以外の労働条件は従来のまま　　▶正社員にするとコストがかかる

➡ 派遣労働者の「**3 年雇い止め**」という社会問題に。

2　経済分野

17　労働問題　289

❷ 失業問題

バブル後の長引く不況も、2013年から始まったアベノミクスのおかげか、まだ好況とまではいかないまでも、かなり持ち直してきた印象だ（※あくまで新型コロナ騒動（2020年）の直前までの話です）。それとともに**日本の完全失業率も、一時期とは比べものにならないくらい改善**されてきた。

完全失業率って何ですか？

完全失業率とは、**生産年齢人口**（15〜64歳）から**非労働力人口**（子ども・学生・老人・専業主婦など）を引いた「**労働力人口**」のうち、**働きたくても仕事に就けなかった人の割合**を指す。その数値が、2019年平均で**2.4%**、完全失業者数は**162万人**だ。

それは多いんですか？ 少ないんですか？

かなり少ない。だって**過去最悪の2002年が5.4%（359万人）**でリーマン＝ショック直後の2009年が5.1%（336万人）だったんだよ。それらと比べたら、半分以下だ。

ほんとだ。

ただしこの数字だけでは、まだまだ日本の完全復活とはいい切れない。なぜなら**完全失業率には、フリーターやニートは含まれない**からね。何で含まれないかというと、完全失業率とは「**働く意思と能力はあるのに、所得のある仕事に就けない人**」の率だからだ。そうすると、フリーターは「所得あり」でニートは「働く意志なし」、つまり両方とも含まれないことになる。

なるほど。

というわけで、たとえ完全失業率は下がっていても、非正規で働いているフリーターや失業者とほぼ変わらないニートが多いとしたら、まだ日本の完全復活とは呼べないんだ。とはいえ、ここまで数字が改善しているということは、少なくとも日本経済が回復基調にあったことは、間違いなさそうだ。

そして完全失業率が改善されてくると、もう1つ改善されてくるものがある。**有効求人倍率**だ。

　　　有効求人倍率？　何ですかそれ。

　　　有効求人倍率とは、**求職者1人あたりへの求人数**だ。これは、例えば100人が仕事を求めている世界に100件の求人があれば、その世界の有効求人倍率は1.00倍になる、というふうに考える。

　　　なるほど。

　　　その数値が2019年平均で、何と**1.60倍**にまで上昇した。過去最悪の数値が2009年の**0.47倍**だったことを考えると、**わずか10年ほどで、劇的に改善**していることがわかるよね。

　　　ほんとだ、すごい！

　　　でもまだ完全復活ではない。バブルの頃と比べて、好景気の実感はないし、実質賃金もあまり上がっていない。非正規雇用だって多い。でも、いい流れであったことは確かだ。このままうまく完全復活といってほしいところだが、新型コロナ騒動により、この流れにストップがかかってしまう懸念がある。

17　労働問題　　291

❸ その他

▶ 長時間労働

　日本人は**残業代も出ない**「サービス残業」で**過労死**するような、ちょっと信じられない民族だ。だから近年、労働時間の短縮、いわゆる「時短」をめざす動きが本格化している。

　この時短、**一定量の仕事を多くの人で分かち合う**ワークシェアリング（オランダ・北欧・独で盛ん）と組み合わせれば、失業率の改善にもつながり効果的だが、バブル後のリストラでかえって労働者不足となった企業などでは、さっぱり時短は進まなかった。

　結局、不況で仕事量が減る形の時短が、近年ようやく進んだ。これでやっと日本でも**ワークライフバランス**（仕事と家庭生活の調和）が改善されそうだ。

▶ 高齢者雇用

　日本は、年金給付額が少ないのに住居費は高く、高齢者の多くは生活不安を抱えている。

　だから**日本では、高齢者の勤労意欲は高い**。でも高齢者への有効求人倍率は0.5％前後だ。これも皮肉な話だ。

　ただし、その高齢者の不安を、いくぶんか緩和させる法律がスタートした。

　　高齢者雇用安定法が改正され、2013年より「60歳の定年後も**希望者全員を65歳まで雇用する義務**」が始まったんだ。違反企業名は公表するという社会的制裁付きだけど、これは年金の支給開始年齢が65歳からになりつつある現在、ありがたい改正だ。

▶ 外国人労働者

　外国人労働の扱いでは、近年ついに新たな動きが出た。

　従来までは、1990年の入管法（出入国管理及び難民認定法）改正に基づき「**知識・技能のある外国人の受け入れは拡大／単純労働者は認めず**」が**基本**だった。つまり非肉体労働者である**ホワイトカラー**は歓迎するが、肉体労働系で主に「**3K**（＝バブル期の若者が嫌った「**きつい・汚い・危険**」な仕事）」を担当してくれる**ブルーカラー**は受け入れないという方針だ。例外的に**技能実習生**（途上国への国際貢献としての受け入れ）やEPAに基づく**フィリピン・イン**

ドネシア・ベトナムからの看護師・介護士の受け入れはあったが、基本的に単純労働者に対しては、なかなか門戸を開放しなかった。

しかしその方針が、大きく変わった。2018年に、**外国人労働者の受け入れ枠が拡大**された（2019年より施工）。今後は介護・建設・宿泊・農業など**「人手不足の14業種」**に関しては、**特定技能1号・2号**という名で、**単純労働者にも門戸が開放**されることになった。

確かに、少子高齢化が進む今後、**期待される労働力は**「**女性・高齢者・外国人**」になる。日本の労働環境は、かなり変わりそうだ。

▶ 労働組合組織率の低下

戦後すぐの頃には50％を超えていた**労働組合組織率**（＝加入率）も、2019年には**16.7％**と下がっている。このままでは、使用者と組合に守ってもらえない労働者の間で、労働契約がらみの紛争が多発してしまう。

そこで2008年より**労働契約法**が施行され、労働契約がらみのルールを体系的に規律することになった。

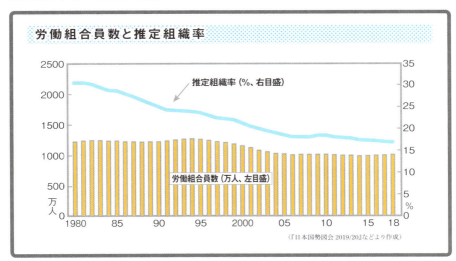

17 労働問題

コラム 大学生とストライキ

我が母校・早稲田大学では、授業料値上げに反対するために、在学中2年に1回、学生たちがストライキを行った。ただ、そのやり方が間違っていた。

大学側にダメージを与えたいんなら「値上げを撤回しろ、さもないと我々は授業料の支払いを拒否する」が正しい。でも僕らの闘い方は「値上げを撤回しろ、さもないと我々は後期試験を受けない！」だった。

おい、それじゃ自分の将来にダメージ与えるだけだぞ——心ある学生たちは心配していたが、僕の周辺は僕を筆頭に「試験なくてラッキー」とはしゃいでいた。愚かな大学生というものは、どの時代にも存在する。

しかし、その後僕らを待っていたのは、怒り心頭の大学側から試験がわりに示された、こんな感じの報復レポートの嵐だった。"（タイトル）フレックスタイム制について／（枚数）A4レポート用紙60枚（厳守）"——すみません！ ちゃんと授業料払うから許してください！（※でも2年後には忘れてまたはしゃぐ…）

チェック問題 17

労働組合法と労働関係調整法についての記述として誤っているものを、次の①～④のうちから1つ選べ。

① 労働組合法により、正当な争議行為により生じた損害については、使用者は労働組合に賠償を請求できない。
② 労働関係調整法に基づく仲裁裁定には、労使いずれも従わなければならない。
③ 労働組合法により、公務員にも争議権が保障されている。
④ 労働関係調整法は、主として労働委員会が争議の調整を行うこととしている。

（センター本試験）

 … ③

 公務員は、憲法第15条で「**全体の奉仕者**」と規定されているから、自分の給料が安いなんて私的な理由でストライキを行うことはできない。

ただし、**団結権**と**団体交渉権**は認められている上、**人事院**という行政委員会が、民間企業の労働条件とかけ離れていないかどうかをチェックしてくれているため、国による不当な搾取は起こらないようになっている。警察官や自衛官、消防署員などは「スト＝治安マヒ」につながるため、**労働三権**はすべて認められていない。

①：ストライキは、憲法第28条で認められた国民の権利だ。だから正しく行使されていれば、刑罰も受けないし、損害賠償も不要だ。
②：労働委員会が下す**仲裁裁定**は、ほとんど裁判の判決に近いものだから、労使ともその内容には拘束される。
④：その通り。

18 社会保障

社会保障の歴史・その他

- 初の社会保障：英の**エリザベス救貧法**（公的扶助・1601年）
- 初の社会保険：独・**ビスマルク**首相の「**アメとムチ**」より（19世紀）

  ||

  ┌労働者の不満を┐　…**疾病保険法**など＋**社会主義者鎮圧法**
  └骨抜きにすべく┘　　▶社会保険＝アメ　　▶弾圧立法＝ムチ

- 初の社会保障の語：米の**社会保障法**（➡ニューディール政策の一環・1935年）
  ➡※ただし米には現在も**公的な健康保険なし**（➡「**生活自助**」が原則）。
- 生存権：憲法上初は独の**ワイマール憲法**。本格的な具体化は英の**ベバリッジ報告**（1942年）より（➡「**ゆりかごから墓場まで**」をめざす）。
- 日本：・戦前：**恤救規則**（公的扶助）より始まる、**恩恵的な施策**。
  ・戦後：憲法第25条に**生存権が規定**され、**国民の権利**に。

※社会保障の財源の取り方
　●英・**北欧**型＝**租税**中心。／●大陸型（独仏など）＝**保険料**中心。

社会保障の歴史について教えてください。

　世界の社会保障は、イギリスの**エリザベス救貧法**から始まった。これは囲い込み運動で犠牲になった農民を助けるために行われた、世界で初めての生活保護だ。

　その後、社会保障は資本主義の発展に伴って充実し、ついに生存権の確立した20世紀、今日型の社会保障制度は完成した。

　その出発点となったのが、イギリスの社会保障制度改革委員会が作成した「**ベバリッジ報告**」だ。今後の社会保障の方向性を示したこの報告書のことを、戦後のイギリス政府はその内容を集約して「**ゆりかごから墓場まで**」という言葉で表現した。

　つまり「国民の生活不安を解消し、**生きている間中、最低限度の生活を保障する**」のが、今日型の社会保障だ。それを見てみよう。

1 社会保障の四本柱

　社会保障は「**社会保険・公的扶助・社会福祉・公衆衛生**」の４つの柱から成っている。これらのうち公衆衛生は、保健所の設置や感染症の予防、水質管理などを扱うため、これまでは内容的に現代社会とあまり関係がなかった。ただし2020年の新型コロナ騒動により、今後は扱いが変わってくる可能性がある。とりあえずここでは、それ以外の３つを見ていくことにしよう。

❶ 社会保険：生活不安への備え

　まずは医療保険から見てみよう。

医療保険…業務外の病気・ケガに適用

- **健康保険**：一般民間被用者（主にサラリーマン）用。
- **国民健康保険**：自営業・自由業・農家用。
- **共済組合**：公務員用。

→ 医療費はすべて**3割**負担。

18　社会保障　　297

（**後期高齢者医療制度**（2008年〜））：**75**歳以上用。老人が「医療費**1**割＋**保険料も一部**」負担。
▶従来の老人保健では「医療費1割」のみだった

ひと口に医療保険といっても、いろいろありますね。

ざっと大別した職種ごとのものと、高齢者用のものがあるからね。しかも保険料やら対象年齢やらで頻繁に制度変更があるので、注意が必要だ。特に高齢者に関しては、**昔は医療費無料**だったものが、**老人保健制度（1983年〜）からは一部負担〜1割負担**となり、さらに**後期高齢者医療制度（2008年〜）からは、保険料まで一部取る**ことになった。

高齢者は年金以外に収入がない人が多いのに、ひどいですね。

近年の少子高齢化に加え、不況からくる税収減・保険料滞納などもあるから、高齢者にも保険料を負担してもらうしかないんだよ。でも、自分が年取ったときのことを考えれば恐ろしいけどね。

次は年金保険だ。

年金保険…高齢者・障害者の生活を保障。

⬇

(a) **国民年金**：20歳以上の**全国民が加入**する「**老齢基礎年金**」。
(b) **厚生年金**：一般民間被用者（主にサラリーマン）用。
(c) **共済年金**：公務員用。

⬇

※ ・(a)は65歳より支給。(b)、(c)は従来は60歳から満額支給されたが、2001年より**段階的に65歳からの支給に変更**。
・(b)と(c)は2015年、**厚生年金に一本化**された。

※年金財源の取り方

❶ **積立**方式…**自分で長年積み立てた分**を、老後もらう。
　　　　▶年金の積立年数が長すぎるため、**物価上昇で価値が目減り**

❷ **賦課**方式…今の若者の保険料が、**そのまま今の高齢者に渡る。**
　　　　▶**物価上昇に対応しやすい**

日本は❷**を採用**しているが、内容的には「**修正積立（or 修正賦課）方式**」と呼べるもの（かなり❷寄りだが❶部分も残っている）。

> **国民年金だけは全国民加入なんですね。**

そう。国民年金は全国民に加入義務があり、全国民の老後の土台となっている**基礎年金**だ。

ただ、いろんな意味で問題がある。まず僕らは20歳を過ぎると、全員が国民年金に入り、現状の水準だと毎月1万5000円以上の保険料を納めなければならない。それもかなりの期間。

> **どのくらいの期間ですか？**

なんと60歳までの40年間。これは相当な負担だよ。

> **ひゃ～それは長い！**

でも65歳を過ぎてからもらえる年金は、わずか月4～6万円程度。これは少ない。国民年金で生活不安を解消するのは難しいね。

> **僕らの老後は不安でいっぱいなんですね…**

でもまあ、サラリーマンや公務員になれば、国民年金に加えて厚生年金ももらえるからまだマシだ（**※公務員用の共済年金は2015年より厚生年金に一本化**された）。でもこれだって今後は**支給開始年齢が上がっていく**んだよ。僕たちの生活不安は、一体どこまで拡大することになるんだろうね。

18　社会保障　｜　299

ちなみに**日本の年金財源の取り方は賦課方式**だけど、前ページにも書いてある通り、内容的にはまだ積立方式の部分も残っている「**修正積立（or 修正賦課）方式**」と呼べるものなんだ。

最後に、その他の社会保険もまとめて挙げておこう。これらはサッとわかるものばかりだから、目を通しておいてね。

> **その他の社会保険**
> ・**雇用保険**（俗に「失業保険」と呼ぶ）…「**失業時＋育児介護休業時**」に一定期間給付。
> ・**労働者災害補償保険**（＝労災保険）…**業務上の病気・ケガ**に適用。
> ※労災保険のみ、保険料は「**事業主のみが負担**」する。
> ・**介護保険**…2000年に生まれた新しい社会保険（→p.305）。

❷ 公的扶助：生活困窮者の救済

公的扶助って、どんな社会保障ですか？

公的扶助は、俗にいう「**生活保護**」のことだよ。もちろん経済的に苦しい人を助けるための制度だから、保険料の類は取らない。

日本では1946年に制定された**生活保護法**で具体化されている。この法により、**生活保護の対象者は生活・教育・住宅・医療などの面で、国の保護を受けることができる**んだ。

ただし日本の生活保護は問題が多い。かつては保護水準の低さの問題(※これは朝日訴訟後、大幅に改善された)があったし、今日的には保護がすぐ打ち切られる問題がある。ひどい話だけれど、何か些細な理由（車があるなど）があれば、すぐに「それは最低限度の生活を超えてますね」などと言われて打ち切られてしまうことが多い。

それはひどいですね。

また受け取る側も、近年は**不正受給**が問題視されている。受給者に申告していない収入が十分にある場合や、親族に扶養できる稼ぎがある場合は、生活保護費は支給されない。何といっても生活保護は、**本人の資産・能力に加えて「親族の扶助」で足りない場合の補足**が原則なんだから。

> そうですよね。

収入隠しや親族との口裏合わせをする不正な受給者が増えると、本当に必要としている人へ十分な金額をまわせなくなってしまう。そうでなくても**2011年の震災以降、生活保護の受給者数は過去最高だった1951年（204万人）を上回り続け、210万人前後**になっているというのに、それは絶対よくないよ。そんなことにならないように、受け取る側も、保護基準をしっかり認識する必要があるね。

❸ 社会福祉：社会的弱者の救済

> 社会的弱者って、どんな人たちのことですか？

彼らを救済するための法律をまとめて「**福祉六法**」と呼ぶんだけど、それを見れば社会的弱者とされる人がわかるよ。

> どんな法律なんですか？

児童福祉法・**母子**福祉法・**老人**福祉法・**身体障害者**福祉法・**知的障害者**福祉法の５つと、あとは公的扶助で扱った**生活保護**法だよ。これできちんと覚えられるでしょ。

> ほんとだ、法律とセットで覚えられる。

ここまで見てきた社会保障は、国民みんなを救済するものが基本だった。でも、多数者の救済だけが社会保障じゃない。障害者や高齢者、母子家庭など、少数派の社会的弱者を助けることも、当然社会保障の重要な仕事だ。彼らはさまざまな意味でハンディキャップを背負っているから、もちろん保険料の類は取らない。**社会福祉は全額公費で実施する**。

18　社会保障

社会福祉が注目され始めたのは、いつ頃ですか？

 高度成長期かな。**あの頃って確かにGNPはグングン伸びていたんだけど、国民生活は放ったらかしだった**からね。公害はひどい、医療費は高い、病院は足りない、産業道路以外はロクに舗装もしていない…。

 ひどい状態ですね。

身の周りには病気やケガの原因が山ほどあるのに、政府はほとんどフォローしてくれない。いくら国が金銭的に豊かになっても、これでは話にならない。だから国民は「真の豊かさ」を求め、ついに1973年、その一部を勝ち取った。

この年には国民の生活不安の解消に直結するさまざまな制度が、一気に充実した。だから1973年は「**福祉元年**」と呼ばれているんだ。

福祉元年（1973年）

・医療費引き下げ…**老人医療の無料化**など、医療負担downへ。
　　　　　　　（※今日は医療費1割＋保険料一部負担）
・年金の**物価スライド制**…物価上昇に合わせ、年金給付もup。

ただしこの年は、運悪く**石油危機と重なってしまった**。国家的な経済危機と重なっては、もう福祉どころではない。だからこの年の後半には、早くも「**福祉見直し論**」が登場する。つまりもう政府には余裕がないから、これからは**高い水準の福祉を受けたいなら、それなりの負担は覚悟しろ**ということだ。

福祉についてはもう1つ、新しい考え方を知っておこう。1990年代以降に登場する、**ノーマライゼーション**と**バリアフリー**、それから**ユニバーサルデザイン**の考え方だ。ノーマライゼーションは「**高齢者や障害者も、普通に暮らせる社会づくり**」で、バリアフリーは「**高齢者や障害者にとっての、物的障害物の除去**」、そしてユニバーサルデザインは、「**障害の有無にかかわらず、万人に使いやすくデザインされた製品**」を指す。いずれも社会的弱者との共生をイメージした言葉で、出題頻度は高い。しっかり覚えておこう。

2 高齢化社会

　<mark>高齢化率が7％以上</mark>の社会を<mark>高齢化社会</mark>という。高齢化率というのは65歳以上比を指すんだけど、日本の高齢化率はどのくらいだと思う？

　う～ん、10％ぐらいですか？

　何と**2019年8月**で**28.4％**（**約3588万人**）に達している。高齢化が「年を取りつつある」という意味だとすると、これはもっと上の段階だ。実際、WHO（世界保健機関）の分類では、高齢化率が14％以上の社会を「<mark>高齢社会</mark>」、21％以上を「<mark>超高齢社会</mark>」と呼んでいる。<mark>日本はすでに2007年から、超高齢社会に突入し、2009年からは高齢化率も世界一になっている</mark>んだ。

　ひゃ～、日本はそんなことになってたのか。

　次の表で国際比較するとわかるように、日本の高齢化のスピードは驚くほど速い。

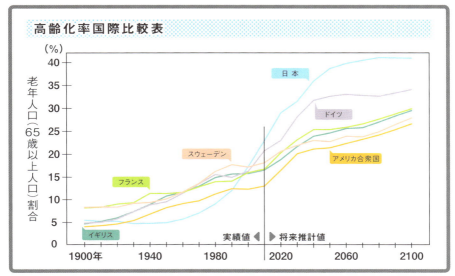

高齢化率国際比較表

　確かに日本は、戦後の栄養・医学の改善で平均寿命が伸び、<mark>現在は男女合わせると、**平均寿命世界一の国**</mark>だ（※国と地域で見たら、香港(ホンコン)に次いで2位）。でもこの高

18　社会保障　｜　303

齢化の速さは、ちょっとそれだけでは説明がつかない。実はもう1つ理由があるんだ。

何ですか？

少子化の同時進行だよ。高度成長期以降、仕事を求めて地方から都市に定住する若年層が増加した。でも彼らの多くは子育てする時間も余裕もなく、手助けを頼める両親も田舎に残している。

さらに加えて、今度はバブル後の不況だ。時間がない・お金もない・親も近くにいないでは、ますます子どもの持ちようがない。

そんなに深刻なんですか…

だから今、**出生率はどんどん下がっている**。女性が一生のうちに産む子どもの数の平均（＝**合計特殊出生率**）は、今や**1.42**（2018年）だ。終戦直後のベビーブームで生まれた、いわゆる「**団塊の世代**」の頃のピーク時が4.5だったことを考えると、これからますます高齢者が増え、少ない若者でその高齢者を養っていかなきゃならないことがわかるだろう。

そうなると、やはりお金が問題になる。次のグラフは「**国民負担率**」といって、**国民所得に占める租税と保険料の比率**を表しているんだけど、今は欧州よりも低いこの数値も、近い将来にはスウェーデン並みにまで上がっていくかもね。

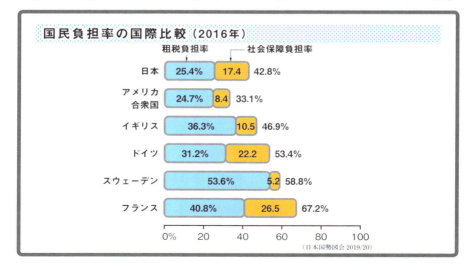

いずれにしても、ここまで高齢化が進んだ以上、**高齢者福祉の充実は急務**だ。そこで政府は対策として、1990年より「**ゴールドプラン**」を開始した。これは旧厚生省が中心となって、**高齢者福祉サービスの基盤整備の推進**を提唱したものだ。

このプランはその後さらに発展し、「新ゴールドプラン → ゴールドプラン21」へと引き継がれている。ここで生まれた主なサービスは、以下の通りだ。

ゴールドプラン21で利用できる主なサービス

- **介護訪問**………**ホームヘルパー**が身の周りの世話をしてくれる。

- **看護訪問**………看護師が来てくれ、医療面の世話をしてくれる。
  ▶地域ごとにつくる**訪問看護ステーション**や病院から**派遣**

- **通所介護**………**デイサービスセンター**（地域ごとに設置）で高齢者を
  ▶デイサービス　　　　昼間だけ預かり、食事・入浴・リハビリなどのサービス実施。

- **通所リハビリ**…病院や老人保健施設に通い、機能訓練など実施。
  ▶デイケア

- **短期入所介護**…一時的な介護困難時、**特別養護老人ホーム**などで、高
  ▶ショートステイ　　齢者を短期間だけ預かる。

- **介護老人福祉施設**…常時介護が必要で、家庭での生活が困難な高齢者用。
  ▶特別養護老人ホーム

高齢化の進行に伴って、もう1つ解決すべき問題がある。何だと思う？

やっぱりお金ですか？

そう、**財源確保の問題**だ。国の一般会計歳出のグラフ中、いちばん幅が広いのが社会保障関係費なのは前に勉強した通り（→p.240）だけど、実はその内訳は、**年金と医療にばかり予算配分し、福祉予算がほとんどない状態だった**。だから新しい社会保険制度をつくって、新たな保険料を国民から徴収しようという話になった。そうしてできたのが**介護保険**制度なんだ。

18　社会保障　305

歳出に占める社会保障関係費の内訳

年金：医療：福祉＝**5：4：1** ➡ 福祉予算が足りない。

対策 **介護保険**を新設して**医療と介護を分離**し、**5：3：2**にしよう。

　この保険ができたことで、事実上**高齢者の医療と介護は分離**された。つまり今後は、病気やケガの高齢者は医療保険、体の機能が衰えてきた高齢者は介護保険と、用途によって使い分けるようになったんだ。

😊 **目的に合わせた細分化は、いいことですね。**

😞 でもこれはいい換えれば、今後は**介護目的で病院に入院することができなくなる**ことを意味する。だって病院は、病気やケガの人用の施設だからね。つまり**介護サービスは在宅サービス**と、**病院以外の施設を使った施設サービス**を中心に展開されることになる。

介護保険制度：2000年よりスタート

- 高齢者の自立支援のため、**在宅介護サービスの充実**をめざす。
- 保険料は**40歳以上の全国民**が負担。運営は**市町村**（国ではない）。

● **適用手順**

・**要介護認定**を受ける…（健康状況に関するアンケートに答え、介護サービスを受ける必要があるかをチェック。）

⬇

・**ケアプラン**の作成…（ケアマネージャーと呼ばれる専門職が、各人に必要な介護サービスを選択。）

⬇

・サービス利用 ➡ ※ただし
- ・介護保険料は**高齢者も支払う。**
  - ▶**年金から天引き**
  ＋
- ・サービス料の**1割は自己負担。**

306 ｜ 第2講　経済分野

こういうふうにしっかり制度化されると、安心ですね。

でもこの介護保険、けっこう問題点も多いんだ。

まず最初の問題は、特に**地方で、要介護認定が厳しすぎたり、保険料が高すぎたりする所が多い**点だ。地方の多くは人口が少ないのに高齢者比率が高いため、赤字を出さないためには、介護サービスをなるべくしないか、保険料を高くするかしかない。これは高齢者にとってはかなり辛い現実だ。

次はサービス不足の問題だ。介護サービスの中心は「在宅サービス」のはずなのに、在宅で日常の世話をしてくれる**ホームヘルパー数が足りない**。また同様に、在宅の医療的世話を行う看護師の詰め所・**訪問看護ステーション**も足りていない。

ただ、日本は**インドネシア・フィリピン・ベトナムと経済連携協定（EPA）を結んで2008〜09年から看護師・介護福祉士の外国人受け入れを始めたり、2018年には「特定技能」枠で介護の人材受け入れを始めている**から、将来的にはこの問題も解消に向かうかもね。

今はまだ資格試験や介護の現場での言葉の壁など問題は山積みだけど、少子高齢化の進む日本は、遅かれ早かれ外国人の看護師・介護福祉士に頼るしかなくなることは間違いない。

そして最も厄介な問題が「**老老介護**」の増加だ。**介護保険の導入で介護目的の入院はできなくなり、強制的に退院させられた高齢者も多い**。例えば81歳の妻が83歳の夫の面倒を見たり、70歳の息子が95歳の母親の面倒を見るなんてことも起こってくる。これが老老介護だ。

老老介護は今、社会問題にまでなっている。**社会保障を拡充させた結果、かえって社会不安が拡大している**。ということは、この介護保険、まだまだ不備が多いということだ。

チェック問題 | 18

社会の高齢化に対応する日本政府による政策に関する記述として最も適当なものを、次の①〜④のうちから1つ選べ。

① 高齢者が負担する医療費の高さが問題として指摘され、現在、高齢者の医療保険料は原則として無料となっている。

② 国民年金の老齢年金については、現在、支給開始年齢が65歳から60歳に引き下げられている。

③ 在宅介護の充実を目的として、ホームヘルパーの増加などを盛り込んだ政策が実施された。

④ 介護サービス利用を保障する介護保険制度が導入され、原則として、20歳以上の国民の保険料納付が義務付けられた。

（センター本試験）

解答 … ③

 ちゃんと勉強していれば、素直に解ける問題だね。**老人福祉サービスの充実といえば「ゴールドプラン」**だけど、介護保険制度をにらんで在宅介護の充実に言及しているのは、その後示された「**新ゴールドプラン〜ゴールドプラン21**」だ。

①：2008年に**後期高齢者医療制度**が導入されたことで、今後は**高齢者も保険料を一部負担**しなければならなくなった。

②：いやいや、そんな嬉しい事実はない。65歳だね。

④：介護保険の保険料は「**40歳以上の全国民**」が負担する。

19 国際経済

1 国際通貨・貿易体制

外国為替って何ですか？

外国為替とは、**外国為替手形を使った、海外への支払方法**のことだ。
外国と貿易などをする際、わざわざ現金を運ぶよりも、支払い時にその手形を渡し、お金は近くの銀行に入金する方が、安全で便利だからね。その仕組みは、次の図のようになる。

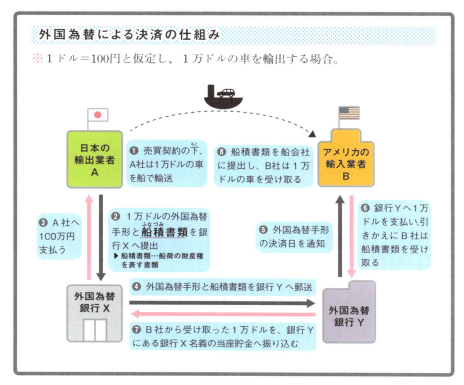

そしてその中で、当然自国通貨と相手国通貨の交換も入ってくるわけだけど、その**異なる通貨間の交換比率**のことを**外国為替相場**というんだ。

異なる通貨の交換？

そう、貿易の際に必要でしょ。「13 通貨と金融」でもやったことだよ。ほら、お年玉袋で3000バーツもらったらとか金本位制がどうとかの、あれだよ。あの **金本位制** が、そもそも最初の通貨の交換システムなんだよ。

でもそのやり方はうまくいかなくなり、その後「1ドル＝360円」でおなじみの **固定相場制** になる。でもそれも崩れて、現在は市場での需給関係で通貨価値を決める **変動相場制** だ。一体なぜ変わったのか。それらの移り変わりについて、これから見ていくことにしよう。

戦前の国際通貨体制

● **金本位制**…通貨の価値を **金との交換** で保証。

金には世界共通の価値があるため、貿易を促進する反面、国の信用が低下すると金が流出し、制度が維持できない。

→ **世界恐慌** 後、**崩壊**。

◉ 金と交換可の通貨の**消滅**！ → 世界貿易の縮小 → **ブロック経済** 化
▶共通通貨で植民地と結合

◉ 植民地を「持てるブロック」と「持たざるブロック」の対立が激化。
➡ 植民地の再分割をめざし、**第二次世界大戦** へ突入。

どうだろう、これが戦前の国際通貨体制を崩壊させた過程だ。

ここからわかることは、金本位制は通貨価値を安定させ貿易を促進させる、非常に優れたシステムだけど、**国の信用低下に伴い、金が流出してしまうという欠点** があるということだ。

どういうことですか？

つまり、自分の取引先の国家に信用不安が起こると、誰もが「**あの国の通貨、もうすぐ金と交換できなくなるんじゃないか**」と考える。そうすると

みんな「今のうちに金と交換しちゃえ」と考え、金は際限なく流出する。これでは金の保有量が不足して、制度が維持できなくなる。

なるほど。

だから、世界の信用不安が一斉に起こったあの**世界恐慌後、世界中すべての国の金本位制は崩壊した**んだ。

こうなると、もうよその国の通貨なんか信用できない。貿易は縮み、同じ通貨を使える植民地とばかり結びつき（＝**ブロック経済**）、ついには戦争へと至る。これが**第二次世界大戦の経済的要因**なんだ。つまり経済面から見た場合、**第二次世界大戦の原因は、通貨価値の混乱からくる世界貿易の縮小だった**と説明できるんだ。

へぇ〜、勉強になりました。

同じ過ちを繰り返さないためには、**通貨価値をガチガチに固定する必要がある**。だから戦後の通貨体制は、固定相場制から始まったんだ。

19　国際経済　311

❶ 戦後の国際通貨体制：ブレトン＝ウッズ体制

戦後の経済体制は、**ブレトン＝ウッズ協定**に基づく**IMF（国際通貨基金）**と**IBRD（国際復興開発銀行）**の設立と**GATT（関税及び貿易に関する一般協定）** の発効から始まった。

IMFとGATTがめざすものは、それぞれ新しい通貨体制と自由貿易体制の確立だ。どちらも第二次世界大戦への反省から誕生した。

❷ IMF（国際通貨基金）

> **IMF（国際通貨基金）** …1945年設立
>
> **目的**
> - ❶ 為替の安定………**固定相場制**。
> - ❷ 為替の自由化……**為替制限**の撤廃。
> - ❸ 国際収支の安定…赤字加盟国への**短期**融資。
>
> ※（日本は1952年加盟）➡ 1964年、IMF**14条**国（為替制限可）から**8条**国（為替制限不可）へと移行。 ▶「**資本の自由化**」の実現

💬 **IMFがめざすものは何ですか？**

IMFは、**戦争の経済的要因を通貨の側面から除去**するために設立された。だからやるべきことは、まず何をおいても❶の「為替の安定」だ。そして通貨価値を安定させたければ、交換レートをガチガチに固定しちゃえばいい。そのような目的で、IMFは**固定相場制**を採用した。

💬 **固定相場制って、どんな制度なの？**

わかりやすくいうと、**変形の金本位制**だ。この当時、世界のほとんどの国は金不足だった。でもアメリカだけは莫大な金保有量を誇っていた。

ならば世界の通貨の中で**米ドルだけが金と交換できる**ようにした上で、そのドルを貿易の中心通貨（＝**基軸通貨**）にし、各国通貨をすべて「１ドル＝いくら」で表示していけば、**世界の通貨価値は間接的に金の価値と結びつく**ことになる。

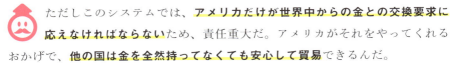

 ただしこのシステムでは、**アメリカだけが世界中からの金との交換要求に応えなければならない**ため、責任重大だ。アメリカがそれをやってくれるおかげで、**他の国は金を全然持ってなくても安心して貿易**できるんだ。

❷の**為替制限**とは、例えば「円とドルの交換は禁止します」みたいな「**通貨交換の制限**」のことだ。これがなされれば、当然貿易は縮小する。だからIMFでは原則的には認めない。

ただし**例外的に、途上国（＝IMF14条国）には認められる**。途上国の商品は競争力がなく、輸入ばかりが増えがちになるため、場合によっては為替制限を認めてもらえないと、際限なく貿易赤字がふくらむ恐れがあるからだ。

日本も最初は途上国扱いだった。でも**オリンピック景気の頃からは先進国扱い（＝IMF８条国）に格上げ**されている。このIMF14条国から８条国への移行を「**資本の自由化**」というんだ。これで正確にはp.250にも書いたように、**資金移動が自由化されるとともに、企業進出の自由化**が実現した。

❸も戦争要因の除去には不可欠だ。国際収支の赤字国、つまり**金のない国は、局面打開のために戦争を画策する可能性がある**。だからそういう国に融資することは、戦争防止につながるんだ。

❸ IBRD（国際復興開発銀行）

IBRDは通称「**世界銀行**」とも呼ばれ、**戦後復興資金の貸付用（その後は途上国への援助用）に設立された**。

戦後復興と途上国、この２つは、どちらも気長に待たないといけない融資先だ。だからIBRDの融資は、IMFと違って**長期**融資だ。

❹ GATT（関税及び貿易に関する一般協定）

> GATT（関税及び貿易に関する一般協定）…正式機関なし。協定のみ
> ↓ ※現在はWTO（世界貿易機関）へ発展（＝初の正式な国際機関）。
>
> 基本原則
> ・自由・無差別主義…
>   - 自由貿易確保のため、**関税引き下げ**。
>   - 輸入数量制限（＝非関税障壁）の撤廃。
>   - （1国に与えた貿易上の特権は、全加盟国に適用させる（＝最恵国待遇））。
>   - （自国民や自国企業と同様の権利を、相手国民や企業にも与える（＝内国民待遇））。
>
> ・多角的交渉…全加盟国での貿易ルールの検討（＝ラウンド交渉）。
>
> ※（日本は1955年に加盟）➡ 1963年、GATT**12条**国から**11条**国へと移行。
> ▶数量制限可　　▶数量制限不可

GATTって何でしたっけ？

GATT（関税及び貿易に関する一般協定）は、戦後の自由貿易体制の守り神的な協定で、戦争の経済的要因を貿易の側面から除去するために結ばれたものだ。ただし**単なる協定であって、正式な国際機関ではなかった**んだ。正式な国際機関化したのは**1995年で、GATTはWTO（世界貿易機関）として生まれ変わった**。

GATTの仕事について教えてください。

その前に、まずは貿易の障害物からだ。**自由貿易の障害物は2つ。それは高い関税と輸入数量制限**だ。これらをそれぞれ「関税障壁」と「非関税障壁」と呼ぶ。

関税とは輸入品に対して政府がかける税で、本来は国内外の価格差を適正なレベルに調節するために存在している。でもありがちなのが、**自国産業を保護するために、輸入品に不当に高い関税をかけるケース**だ。これは自由貿易を阻害（そがい）する。

だからGATTは、その不当に高い「関税障壁」をチェックし、適正なレベルに引き下げるまで監視するんだ。

輸入数量制限（＝非関税障壁）の方は、存在そのものが貿易のジャマだから、原則的に許さない。すべて撤廃を求めていくのが基本だ。

ただしIMF同様、**途上国には例外的にアリ**だ。こちらはさっきと同じ理由になるので、説明は省こう。

> GATTで他に気をつけるべき点はありますか？

あるよ。**GATT最大の特徴ともいえる、「ラウンド交渉」**だ。
GATTは国家間の力関係が如実（にょじつ）に反映する**二国間交渉を歓迎しない**。弱者と強者の話し合いじゃ、自由貿易もへったくれもないもんね。だから**あらゆるテーマを多国間で話し合い、何年もかけて吟味（ぎんみ）する**。これがラウンド交渉だ。

ちなみに日本のコメ問題を討議したのは、GATTウルグアイ＝ラウンドだ。これはGATTがウルグアイで開いた多国間交渉という意味だね。

GATT・WTOのラウンド交渉

ケネディ （1964-67年）	工業製品関税の一律50％引き下げ。
東京 （1973-79年）	同じく工業製品で、さらに関税33％引き下げ。 「非関税障壁＋農産物」でも一定の合意。
ウルグアイ （1986-94年）	「農産物の**例外なき関税化／知的所有権／サービス貿易**」で合意。＋**WTO**の設立交渉。
ドーハ （2002年-）	**WTOになって初のラウンド交渉**だが、先進国と途上国の対立などで長期化し、いまだ**最終合意に至らず**。

❺ ブレトン＝ウッズ体制の崩壊

固定相場制の崩壊

背景 米の国際収支が徐々に悪化 ＝ 対外的な支払い増 ⇒ 金の国外流出
- ▶日欧復興＋ベトナム戦争
- ▶金準備高の減少

↓

※ドルへの不安増 ⇒ 「ドル売り・金買い」増 ⇒ 固定相場制ピンチ
- ▶固定相場制は崩れる？
- ▶ドルより金を持つ方が安心だ

対策 **SDR**（IMF特別引出権）…金・ドルに次ぐ「**第三の通貨**」創設。
　　　＝

> IMFへの出資額に応じて各国に配分された権利（当初レートは「1ドル＝1SDR」）。貿易用の通貨・ドルが不足した国は、ドル黒字国との間で**「ドルとSDRの権利の交換」**をする（※ドル不足の根本解決ではない）。

1971年：**ニクソン＝ショック**…**ドルと金の交換、ついに一時停止**に。
- ▶ドル＝ショック
- ▶固定相場制の一時放棄

↓

同年：**スミソニアン協定**…**固定相場制の再構築**をめざす試み。

↓

・ドルの**切り下げ**（ドル安へ）　⇒　米を貿易黒字にし
・円の**切り上げ**（円高へ）　　　**金保有量の回復**を。
　▶1ドル＝360円→308円へ

but 米の国際収支悪化は止まらず、1973年に**変動相場制**へ移行。
➡1976年に正式承認（＝キングストン合意）。

通貨の安定をめざして始まった固定相場制だけど、先ほどもいった通り、このやり方はアメリカに大きな負担がかかる。

どういうことですか？

固定相場制の正体は、**アメリカ一国で支える変形の金本位制**だ。その本質が金本位制である以上、いかに大量に金を保有しているとはいえ、**アメリ**

カー国の信用低下がそのまま「金流出→制度崩壊」につながる危険性は、常にある。そしてその危惧は、ノートで見る通り現実のものとなってしまった。

> アメリカにいろいろあったようですね。

アメリカは冷戦期、西側のボスとして無駄な出費が多く、そのせいで次第に国際収支が悪化してきた。気前のいい援助に加えてベトナム戦争への出費、日本・ECの経済的台頭など、気づいてみるとドルの対外支払い額は、かなりのものになっていた。

アメリカにとってドルの対外支払いは、金の海外流出を意味する（貿易相手国にドルを支払うとき、交換用の金もセットで渡すイメージ）。ならばアメリカの国際収支の悪化はアメリカの金不足につながるため、世界の人々に「ドルは危ない」との危機感を抱かせた。世界では先行き不安なドルよりも金を持ちたがる人が増え、ドルと金の交換が進み、金の流出にますます拍車がかかった。

そして1971年、ニクソン大統領の発表により、ついに**ドルと金の交換は一時停止されてしまった（＝ニクソン＝ショック）**。これは金準備高の不足した**アメリカが、固定相場制を一時放棄した**ことを意味する。

> それって、とてもマズいんじゃないですか？

うん、ものすごくマズい。かつてのように、世界から金と交換できる通貨が消えたわけだからね。

通貨の混乱は戦争の危機を招く恐れがある——**固定相場制は早急に再構築される必要があった**。さあ、そのためには何をすればいい？

> 何ですか？

為替をドル安誘導して、アメリカが貿易黒字国になればいいんだ。ドル安になれば、アメリカのモノは売れる。売れれば代金の形でドルが返ってくる。そしてドルが返ってくれば、セットで金も返ってくるから、これで固定相場は再構築できる。そこで同年末、**スミソニアン協定**が結ばれ、アメリカを貿易黒字国にするためのドル安（円高・マルク高）政策が実施され、1ドル＝308円になった。

19 国際経済　317

それでうまくいったんですか？

ダメだった。その後もアメリカからのドル支出（ベトナム戦争への出費の継続）は止まらず、ついに**1973年、固定相場制を放棄して変動相場制へ移行した**んだ。つまりこれからは、通貨価値は金の価値に縛られず、市場での需給関係で決定する**変動相場制**になったということだ。

2 南北問題

南北問題について教えてください。

南北問題は、**発展途上国と先進国の間の経済格差の問題**だ。
この問題、そもそもの原因は先進国の方にある。かつて先進国は、途上国の多くを**植民地支配**した。そして途上国に対し、**先進国で需要のある商品（農産物や地下資源など）ばかりを生産するよう強要した**。そのせいで途上国の多くは、いまだにそれら**特定の一次産品に依存する経済構造（＝モノカルチャー経済）から脱却できない**でいる。

一次産品の国際価格は、豊作・凶作や新鉱山の発見などに左右されるため、非常に不安定だ。当然国際収支は赤字になりやすい。そうすると先進国やIMF、IBRDからの借金もかさみ、ついには返済不能に陥ってしまう。これが**累積債務問題**だ。

累積債務問題への対策

- **モラトリアム**（支払い猶予令）…外国への債務返済の一方的停止。
- **リスケジューリング**（返済繰り延べ）…外国への債務返済の延期。
- **デフォルト**（債務不履行宣言）…外国への債務の返済不能を宣言。

◉1980年代の**メキシコのデフォルト**より、**中南米中心に増加**。
　　　　　　　　　　　　　　　　▶第二次石油危機が主要因

ここまでくると、もはや自力解決は難しい。しかも途上国をここまで追い込んだ根本原因は、先進国にある。

だから**南北問題の解決には、先進国の協力が不可欠**なんだ。

❶ 南北問題解決への取り組み

問題解決への第一歩として、1964年の国連総会採決で設置されたのが、**UNCTAD**（アンクタッド）（**国連貿易開発会議**）だ。UNCTADは南北間の話し合いの場というより、今まで伝える機会のなかった**途上国からの要求を伝えるための場**だ。ちょっとその要求内容を見てみよう。

南北問題への対処

・**UNCTAD（国連貿易開発会議）**…**途上国の要求**結集の場（1964年〜）。
　＝
　⇒ ・初期：「援助よりも貿易を」➡ その後：「援助も貿易も」
　　　(a) **一般特恵関税**（とっけい）
　　　(b) **一次産品の価格安定** などを要求。
　　　(c) GNP比1％の援助

・1973年：**石油危機**…資源エネルギー不足で先進国は大混乱。
　　　　　　　　　　➡途上国は**自らの資源が武器になる**と気づく。

・**新国際経済秩序**（ちつじょ）**（NIEO）（ニエオ）宣言**…先進国と**対等な貿易**を要求（＝強気）。
　▶国連資源特別総会（1974年）にて

途上国からはいろんな要求が出されてますね。

(a)**一般特恵関税**とは文字通り「特に恵まれた関税率」のこと。それを要求したってことは、つまり「先進国の皆さん、我々**途上国のモノを輸入する際の関税を、もっと引き下げて**ください」と言ったわけだ。

これは当然の要求だ。**途上国の商品は、品質よりも安さが大きな競争力となる**。

そこに高関税をかけられたのでは、せっかくの安さが台なしだ。このぐらいの配慮は必要だね。

(b)一次産品の価格安定も、モノカルチャーの国々にとっては必要だ。しかし**「値上げ」ではなく「価格安定要求」**というあたりが、何ともつつましいね。

(c)経済援助も必要だね。**GNP比１％の援助**要求ということは、「皆さんの稼ぎの100分の１でいいから、我々に回してください」ということだ。

本来ならその場限りの援助よりも継続的な貿易の方がありがたいけど、そうもいっていられない。今まで迷惑かけられた分と思えば、援助要求も当然だ。

これらからわかることは、途上国の要求は、全体的に控え目だったということだ。ところがある事件をきっかけに、がぜん強気になる。何だかわかる？

　石油危機ですね。

　その通り。1973年の**第一次石油危機**だ。これ一発で先進国は大きく動揺した。この事実で、途上国は大事なことに気づいたんだ。

「そうか、**オレたちが豊富に持つ資源は、先進国と闘うための武器になる**んだ」

これで強気になった途上国は、翌1974年に開かれた**国連資源特別総会の場で、新国際経済秩序（NIEO）の樹立宣言**を発表した。これは今後途上国が、**先進国と「対等」に渡り合うための決意表明**と考えられる。つまり「イヤなら資源を売ってやんないよ」のスタンスだ。

　途上国は、強気に何を要求したんですか？

　まず先進国に「**天然資源の恒久主権**」の承認を求めた。これは「**ウチの資源はウチのもの**」という、所有権の確認だ。こういう「ウチの資源はウチのもの」的な考えを「**資源ナショナリズム**」というんだけど、この際、誰のものかはっきりさせようという宣言だ。

そして**一次産品の値上げ**要求。ここからは「イヤなら売ってやんないよ」という姿勢が、さらに強く伝わってくる。

加えて**多国籍企業の規制**も求めた。これまで途上国の資源は、**先進国の多国籍企業によって食い物にされてきた**ことを考えると、これも当然の要求だ。

まさに「持てる者の強み」ですね。

このように、この時期以降、途上国は簡単には先進国の言いなりにならなくなってきた。でもまだ、途上国が豊かになったわけではない。

新たな関係をきちんと機能させていくには、まだまだ先進国の協力が必要だ。

❷ その他
▶ **南南問題**

地球儀を見ると、**先進国は北半球に多く、途上国は赤道付近から南半球に非常に多い**ことがわかる。これが南北問題という呼び名の由来だ。

そして、南北問題が先進国と途上国の格差ならば、**南南問題は途上国間の格差**の問題だ。途上国の中には**最貧国**（**LDC**）もあれば、産油国や**NIES**（ニース）（**新興工業経済地域**）、あるいは近年伸びてきた**BRICs**（ブリックス）などの豊かな国々もある。**これらの国や地域がみんな同じ途上国サイドにいると、意見の統一が困難になる**。これが南南問題だ。

アジアNIESとBRICs

・**アジアNIES**…韓国・香港（ホンコン）・台湾（たいわん）・シンガポールの「**アジア四小龍**（よんしょうりゅう）」

・1980年代、**中南米NIESの衰退**と入れ替わるように台頭。

（メキシコ・ブラジル・アルゼンチン） ⇒ （第二次石油危機より累積債務（るいせきさいむ）に苦しむ。）

※**円高**による**日本からの直接投資の増加**も、成長を後押し。

・国土や地域面積が**小さい**ため、**農産物・資源に乏しい**。
　▶工業品の輸出や金融業で成長

but （急成長のアジアNIESも、1997年の**アジア通貨危機**で**韓国が後退**。）⇒（その後、IMFの支援を受け、**IT化に成功**し回復。）
　▶タイのバーツ暴落（ばくらく）より不況波及

19　国際経済　│　321

- **BRICs**…経済成長著しい新興国群。
  ‖
  - ブラジル（**B**razil）：鉄鉱石生産世界2位
  - ロシア（**R**ussia）：天然ガス生産世界2位
  - インド（**I**ndia）：ITの急成長国
  - 中国（**C**hina）：人口世界1位＆経済急成長

  ⇒ 莫大な土地・資源・人口で急成長中。

- ◎2050年には4カ国すべてが日本のGDPを抜く見通し。
  ▶中国はすでに2010年に日本を抜いた

※なお近年は、この4カ国に南アフリカを加えて、**BRICS**とすることが多い。
　　　　　　　　　　　　　　　　　　　　　▶**S**outh Africa

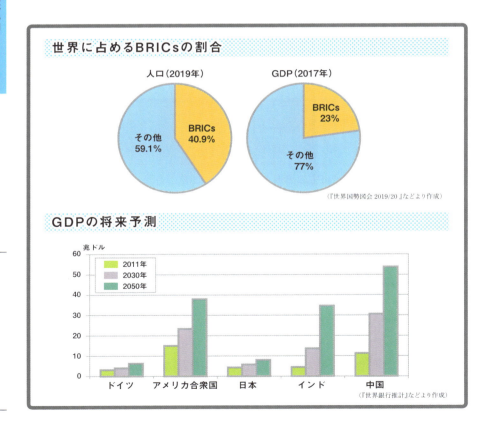

3 ヨーロッパの統合

欧州統合の動きは、独仏を中心に進められてきた（英は消極的）。この統合は、EC（欧州共同体）からEU（欧州連合）に移り、さらに本格的になっていく。

欧州統合の目的って何ですか？

不戦共同体をつくることが当初の目的だったんだけど、その後は**経済的な意味合いが強まった**。つまり次第に戦後復興の協力体制づくりになり、今目的には「**加盟国全体で単一国家同様の巨大経済エリア**を形成」するための欧州統合というニュアンスが強まっている。

欧州統合の動き

- ●EC発足：**ECSC**（欧州石炭鉄鋼共同体）・**EEC**（欧州経済共同体）・**EURATOM**（欧州原子力共同体）が1967年に統合。
- ●EC加盟国数：原加盟国は6カ国
  ➡仏・西独・伊・**ベルギー・オランダ・ルクセンブルク**。最大時12カ国。
  ▶ベネルクス3国

- ●**EC**（**欧州共同体**）…**独仏**中心で統合に向けた取り組みを実行。
  ▶英は常に消極的

- ・域内関税の撤廃＋対外共通関税（＝**関税同盟**）
- ・**市場統合**…「**人・モノ・カネ・サービスの自由移動**」実現。
- ・（通貨統合への準備）：
  - ・EMS…**域内のみ固定相場制**を継続。
  - ・ECU…域内だけで通用する**実験的通貨**単位。
  ▶EMSとECUは、将来的に単一通貨に束ねやすくするための、実験的努力

- ●**EU**（**欧州連合**・1993年〜）…ECで実現した内容を**さらに拡大強化**。
  ➡共通の議会や司法、通貨をめざす。

- EUの目的：「市場＋政治＋**通貨**」**の統合**をめざす。

- **通貨統合**：1999年、単一通貨**ユーロ**導入。
  ▶ **欧州中央銀行（ECB）が発行・金融政策**
  ➡ **2002年より一般流通**スタート（英・デンマーク・スウェーデンなどは不参加）。

 僕らが知らない所で、ずいぶん頑張っていたんですね。

そうなんだよ。彼らはまず仏の提案で1952年に**ECSC**（欧州石炭鉄鋼共同体）をつくり、これがうまくいったため、1958年には**EEC**と**EURATOM**も設立し、そしてついに1967年には、三者を統合させて**EC（欧州共同体）**を設立し、さらには1993年、そのECをさらに発展的な組織である**EU（欧州連合）**へと移行させてきたんだ。

なるほど。

彼らは欧州全体を単一国家同様に機能させるため、**加盟国間での関税の撤廃**など（＝**関税同盟**）を皮切りに、**人・モノ・カネ・サービスの自由移動（＝市場統合）**や通貨の統合（**ユーロ**）も実現させ、さらにはその議長を俗に「EU大統領」と呼ぶ欧州理事会や欧州議会などに見られる**政治統合**まで実現させてきた。

そしてEUは、その後さらなる発展・拡大をめざした。

- **2004年**
  - **旧東側の東欧10カ国**がEU加盟。現27カ国（2020年4月末現在）。（同年、旧東欧は**NATOにも加盟**）
  - **EU憲法**条約を採択。全加盟国が国民投票で可とすれば発効。
    ▶ ただし2005年に仏・オランダが**国民投票で否決**。未発効に

◉2009年、**EU憲法にかわる最高法規的条約**として、**リスボン条約**発効。

> 旧東側諸国まで取り込んだんですか、すごい！

しかもそれだけでなく、同じ2004年には**EU憲法**条約まで採択された。これは文字通り「**EUの最高法規的な条約**」であり、これが整うことでさらに単一国家同様の体制に近づくはずだった。しかし…

> どうしたんですか？

実はこの**EU憲法条約、採択はされたが発効していない**。**フランスとオランダが国民投票で否決**したためだ。

> えー、何で？

つまり**国家レベルで考えればメリットも大きい欧州統合も、個人レベルで考えたらいろいろ問題がある**ということだ。だって人・モノ・カネの移動が自由になれば、他の加盟国からの移民や出稼ぎも増えるでしょ。するとそれは、政府目線で考えれば国内生産が活性化されるから「GDPの増加につながるプラスの要素」になるけど、国民目線だと「自分の雇用が圧迫されるマイナスの要素」になってしまうから。

> あ、ほんとだ。

そういう意味では欧州の統合も、常に政府目線で考えず、国民投票で合意を得るためにも、まず各国内での合意形成、いい換えれば国民への十分な根回しが必要だったのかもしれないね。

> なるほど、難しいもんですね。

結局2009年に、EU憲法にかわる最高法規的条約として**リスボン条約**を発効させることはできた。しかしここで始まったEUの動揺は、この後さらに大きくなっていく。

> どういうことですか？

ギリシア危機と**イギリスのEU離脱問題**（いわゆる**ブレグジット**（Britain Exit））だ。

 ギリシア危機？　ブレグジット？

まずはギリシア危機から説明しよう。
ギリシア危機は、**EUの持つ潜在的な問題点を露呈**する形となった。つまりEUは、うまく機能すれば、同じ通貨でたがいの国を自由に行き来できるわけだから、エリア全体の経済発展に大きなプラスとなる。

 ふむふむ。

でもその反面、マイナス要素も多い。つまり他国と単一国家同様でやっていこうとすると、**雇用は取られる、自国と関係ない財政負担を強いられる、全体ルールに縛られて窮屈になる**なども発生するんだ。

 うわ、ストレス要因だらけじゃないですか。

ギリシア危機も、そのマイナス要素が露呈したトラブルだ。この危機、ギリシアが巨額の財政赤字を隠していたのが発覚して通貨危機に陥ったというものだけど、ここでEUの持つ負の側面が炸裂する。

 何ですか？

ギリシアが使っている通貨はユーロでしょ。ならばこの通貨危機を見た世界中の人々は、こう思うわけだ。「**ギリシアがやばい。ということは、ユーロがやばい！**」

 そんなばかな!?　あ、でもそうなるのか…

そう、ギリシア危機はEUみんなが同じ通貨を使っているせいで起こった「**ユーロ全体の信用低下**」の問題、まさにEUの負の側面だ。ユーロの信用を回復させるためには、EU全体でギリシア救済のためにお金を負担してやるしかない。

みんな悪くないのにたった1国のせいで… ひどい話ですね。

そして**イギリスは、そんなEUに愛想を尽かして「いち抜けた」を宣言**した。これが**ブレグジット**だ。

今度はイギリスのEU離脱問題ですね。

そもそもイギリスは、<u>最初から欧州統合に批判的</u>だった。統合初期にはEEC（欧州経済共同体）に加入せずにデンマークやスウェーデンらと**EFTA**（**欧州自由貿易連合**。「自由貿易だけ」の結びつき）を結成し（1973年ECに加盟したため脱退）、EC時代から**シェンゲン協定**（パスポートなく域内自由移動できる協定）に入らず、EUでも<u>ユーロを導入せずポンドを使い続けていた</u>。

このように、元々EUから一歩引いていたイギリスだけど、そこに近年立て続けに、**シリア難民**の分担受入、ギリシア救済金の分担拠出、手厚い社会保障を求めての東欧移民の増加などが起こった。そのため、ストレスが頂点に達した2016年、イギリスでは**EU離脱の是非を問う国民投票**が実施され、その結果、僅差ではあるけど「**賛成多数**」になってしまったんだ。

なるほど。

この投票結果に**キャメロン**首相は辞任、かわってサッチャー以来の女性首相・**メイ**首相が誕生したが、事態をうまく収束できず、2019年に辞任。続いて誕生した**ジョンソン**首相が議会大混乱の末、ついに2020年「**EU離脱法**」を可決させ、**イギリスはEUを初めて離脱する国になった**んだ。

ブレグジットが吉と出るか凶と出るかはわからない。ただ今後、他のEU加盟国に与える動揺は大きいね。

さて、EUはこのように、最近でこそ負の側面が露呈して大騒ぎになっているけど、結成からしばらくは、非常にうまく機能しているように見えた。
これに焦ったのは、世界の他の地域だ。自分たちがボンヤリしている間に、ヨーロッパでは着々と各国の協力体制を深め、総合的な経済力を高めている。ひょっ

とすると、21世紀の経済リーダーは、日米ではなく"ヨーロッパ合衆国"なんてことにもなりかねない。

こんな焦りにかられ、遅ればせながら**世界のその他の地域でも、グローバリズムに逆行する地域的経済統合（リージョナリズム）の動きが進行**している。

どれも最終目的が自由貿易である以上、閉鎖的なブロック経済とは別だ。でも今は、その是非を論じている場合ではない。ヨーロッパに取り残されないことの方が、各国にとって大切なんだ。

地域的経済統合の動き

名　称	加盟国	内　容
アジア太平洋経済協力会議（APEC）	日・米・豪・ASEANなどの環太平洋諸国	自由貿易拡大、投資の促進
ASEAN自由貿易地域（AFTA）	ASEAN（東南アジア諸国連合）加盟国	関税の段階的引き下げ
北米自由貿易協定（NAFTA）	アメリカ・カナダ・メキシコ	貿易・投資の促進
南米南部共同市場（MERCOSUR）	ブラジル・アルゼンチンなどの南米諸国	域内関税撤廃、対外共通関税

＋

- **FTA**（自由貿易協定）…モノの輸出入の自由化。
- **EPA**（経済連携協定）…モノ＋「**投資ルール・規制緩和**」も含む。
- **TPP（環太平洋経済連携協定）**＝環太平洋パートナーシップ協定

＝

シンガポール・ブルネイ・NZ・チリのEPAに2009年**米**が参加表明。

➡ **日・豪・加**なども加え、最終的に12ヵ国で**2015年に大筋合意**。

内容 原則「**全品目の完全自由化**」めざす。

▶例外は認めるが難しい

2015年：**大筋合意**…全品目中「**95.1％**」が自由化されることに。

➡ ※コメは例外品目として「**少しだけ自由化／ほぼ守った**」

問題 米の**保護主義**…「現状での自由化は、単なる**市場の消失**だ」

▶**トランプ**政権　　➡ 2017年、**アメリカはTPPを離脱。**

2018年：米以外の11ヵ国で「**包括的及び先進的なTPP**」が発効。

▶＝CPTPP。俗に「TPP11」

➡ 従来協定を原則採用。**米が要求していた内容**だけ凍結。

・TPP以外の日本の最新動向

2019年：**日本とEUとのEPA**（＝**日欧EPA**）発効。

➡「日本94％／ EU99％」の関税が撤廃。

2019年：**日米貿易協定**が始まり、同年9月に**最終合意**。

➡「米の農産物＋日本の自動車」の関税を、TPP水準まで下げることで合意。

ASEAN（**東南アジア諸国連合**）…経済・政治・安保等での地域協力めざす。

➡
- 東南アジア全域の国々が10ヵ国参加（＝**ASEAN10**）。
- 加盟国は同時に**AFTA**（**ASEAN自由貿易地域**）の一員として、域内関税＋非関税障壁の撤廃をめざす。

　さらに近年は、地域的経済統合だけでなく、二国間や少数国間での**自由貿易協定**（**FTA**）や**経済連携協定**（**EPA**）づくりも活性化している。そのいちばんの理由は、自由貿易の守護神であるべき**WTOが、もはや機能不全寸前**の状態だからだ。

どういうことですか？

　WTOの多国間交渉は、確かにある時期までは有効だった。だが、加盟国が増えすぎた。**160カ国以上も抱えてしまっては、もはや迅速な意思決定などできない**。だから各国は、**なるべく小さな集団をつくり、国益と関係ある地域だけを選んで、それぞれで自由貿易の交渉**を行うことが増えたんだ。

なるほど。これでひと安心ですね。

19　国際経済　｜　329

しかし、そうなると、また**かつての弊害が出てくる**。**TPP（環太平洋経済連携協定**）もEPAの一種だが、日本もこれに参加したところまではよかったけど、当初はアメリカのゴリ押しにやきもきした。結局TPPは、2017年に**アメリカが離脱**して「**TPP11**」になったことでひと段落したが、やはり国の数が減ると、**交渉そのものはスピーディになるが、強国のゴリ押しが止められないという弊害**が出てくる。難しいね。

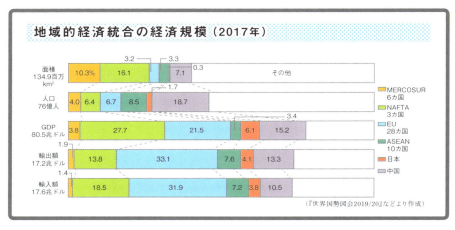

チェック問題 19

GATTやWTOの下での多角的貿易交渉に関する記述として最も適当なものを、次の①～④のうちから1つ選べ。

① GATTの下で実施されたウルグアイ＝ラウンドで、戦後初めて多角的関税交渉での関税の大幅引き下げが実現した。

② 最恵国待遇を加盟国に無差別に与えることは、自由貿易や多角主義と並んで、GATT・WTOの基本原則の1つである。

③ WTOは、IMFや世界銀行とともに、金融面からGATTの機能を補強してきた国際機関である。

④ 現在、工業品に対する日本の平均関税率は、先進諸国の中でも依然高い方であり、そのさらなる引き下げが強く要求されている。

（センター本試験）

解答 … ②

解説 難しい言葉さえちゃんと理解できていれば、内容的にはひねりのない素直な問題だ。でも、言葉が難しいね。**最恵国待遇ってのは「えこひいき禁止」ってことだ**。どこか特定の国だけ貿易面でえこひいきすれば、他の国とケンカになる。それを避けるためには、一国にいい条件を与えたときは、他の国も同じように扱わなきゃ。

①：「ウルグアイ＝ラウンドで初めて」って内容なら、農業分野の交渉だね。関税の大幅引き下げだけなら、1960年代のケネディ＝ラウンドで、すでに実現している。

③：WTOはGATTが正式な国際機関になったものだから×。

④：**日本が高い関税をかけてるのは、工業製品じゃなくて農産物（ていうかコメ）**。日本製の工業製品は品質で勝負しているから、安い輸入品をムリヤリ高関税で高くするような国内産業保護は不要。でもコメは、**安い輸入米が入ってくると自民党が農協から票をもらえなくなるから、高関税でガッチリガード**している。

20 日本経済の国際化

1 国際収支

まずは**国際収支**について見ておこう。

国際収支とは、**外国との間におけるお金の受け払い**のことだ(公的・民間とも含む)。考え方は簡単で、**こちらから外国に支払ったときが赤字、受け取ったときを黒字**と表現する。

●2014年までの国際収支表

経常収支	貿易・サービス収支	・貿易収支：モノの輸出入の差額。 ・サービス収支：モノ以外(**輸送費・旅費・保険料・特許使用料**など)。	
	所得収支	非居住者に支払われる賃金。 海外投資で得た収益全般(利子・配当収入も含む)。	
	経常移転収支	資本形成(建設事業など)以外の移転。 食糧・衣服等の援助。／国際機関への拠出金。／外国人労働者の本国への送金。	**※移転収支** = 見返りなし。 **あげる・もらう。** ▶無償援助や賠償金など
資本収支	**資本移転収支**	資本形成(建設事業など)にかかわる移転。 ▶費目分類上は「その他資本収支」に入る	
	その他資本収支	資本移転収支 ＋ 特許権の取得にかかる費用。	
	投資収支	一方的な移転ではなく、**将来的な見返りを求めての支出**。 ・**直接投資**：**海外工場建設**などにかかる費用。 ・証券投資：外国の株や国債購入にかかる費用(＝**間接投資**)。 ・金融派生商品／・その他投資：その他の投資や貸付・借入。	
外貨準備増減		国際収支の不均衡の調整用。国内外貨の不足に備える準備金。	
誤差脱漏		ここまでの収支の誤差。	

332 ｜ 第2講 経済分野

新しい国際収支表（2014年改訂）の変更点

- 経常収支
  - 貿易・サービス収支…従来と変わらず。
  - 第一次所得収支…旧「所得収支」。
  - 第二次所得収支…旧「経常移転収支」。
- 資本移転収支…以前は「その他資本収支」の一部だったが独立して「資本移転等収支」に。
- 金融収支
  ▶旧「投資収支」
  - 直接投資／証券投資／金融派生商品／その他投資
  - 「外貨準備増減」は、金融収支の一部に。
- 誤差脱漏

※「経常収支＋資本移転等収支－金融収支＋誤差脱漏＝0」になる。

国際収支って何ですか？

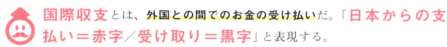
国際収支とは、<u>外国との間でのお金の受け払い</u>だ。「**日本からの支払い＝赤字／受け取り＝黒字**」と表現する。

　ちょっと面倒なんだけど、この**国際収支表が2014年1月に大きく改訂**された。受験生にとっては負担だけど、泣きごとを言ってもしょうがない。新旧両方出る可能性があるから、両方覚えよう。

わ〜やだなー。で、どこが変わったんですか？

　まず従来までの国際収支表を説明しておくと、**貿易・サービス収支**、**所得収支**、**経常移転収支**の3つを合わせて「**経常収支**」、**その他資本収支**、**投資収支**の2つを合わせて「**資本収支**」といった。あと、これらに加えて「外貨準備増減」と「誤差脱漏」。これらがいわゆる大きな費目名だった。

ふむふむ。

　そして新しい国際収支表では、大きな費目が「**経常収支**」「**資本移転等収支**」「**金融収支**」「**誤差脱漏**」の4つになった。その中身は「新

20　日本経済の国際化　｜　333

しい国際収支表」の所をしっかり見て覚えてね。

😊 **他に気をつける点はありますか？**

そうだな。日本は**リーマン＝ショック後、貿易黒字が伸び悩み、2011年か**ら**貿易収支が赤字**になり、**その後は小幅で赤字と黒字を行き来**するようになった。ことは、ぜひ覚えといて。

😐 **それ、大事なんですか？**

めちゃくちゃ大事だよ。だって**日本はバブル後ずっと「不況になるほど貿易黒字が増加する国」**だったんだから。

😊 **不況で黒字？　意味がわかんないんですけど。**

つまり、不況になると、まず国民がモノを買わなくなる。となると企業は、利益を上げるためには、もう海外へモノを売るしかなくなる。そうすると貿易黒字が増え続けるというわけさ。

😊 **なるほど。**

でも実は、日本のモノを買ってくれていた最大のお得意様はアメリカだったんだ。だから、リーマン＝ショックでアメリカの消費が冷え込むと、たちまち日本の貿易黒字は減っていった。

　さらに2011年の東日本大震災で産業が受けたダメージも加わり、貿易収支はついに赤字になったんだ。

😐 **アメリカ以外の国に売れば？　近隣のアジア諸国とか…**

アジア諸国に日本の工業製品は高すぎる。結局僕らの輸出は、**本当にアメリカ頼みの部分が強かった**ということさ。

　ただし、貿易赤字国になったとはいえ、プラザ合意以降の円高のおかげで「海外への工場移転→そこからの収益」は増えているから、プラザ合意の翌年の1986年から今日まで、**所得収支**（2014年からの呼び方だと**第一次所得収支**）は**ずっと黒字**だ。これも覚えておいてね。

334 ｜ 第2講　経済分野

2 日米貿易摩擦

 日米貿易摩擦って、昔からあるんですか？

うん。ただし対象品目は時代とともに変化している。「**軽工業→重工業→家電製品**」と時代ごとの日本の得意産業が、そのまま摩擦対象になってきたんだ。初期の摩擦理由は、円安からくる商品価格の安さ、そして**高度成長期より後は、技術力の高さ**だ。誰だって商品を買うなら、より優れたものが欲しい。そういう理由で日本商品は売れた。特に**70年代後半から80年代にかけて、家電・自動車・半導体は売れに売れた**。日本の技術力のなせる業だ。

しかし調子に乗りすぎた。この頃アメリカ経済はどん底だったんだ。第二次石油危機のダメージ、レーガン大統領の経済政策（＝**レーガノミクス**）の失敗からくる財政と貿易の「**双子の赤字**」…。当時のアメリカはまさに、息も絶え絶えの状態だった。

誰だって自分の体調が悪いときに、よそ者に我がもの顔で自宅の庭を荒らされたら面白くない。こういう流れで1980年代には**ジャパン＝バッシング**（＝**日本叩き**）が始まり、日米貿易摩擦は本格化していったんだ。

1980年代の貿易摩擦対策

- 企業による輸出の**自主規制**。
- 欧米（特に米）での、自動車などの**現地生産**。
  ▶コスト削減効果はないが、雇用を悪化させた埋め合わせになる
- **内需主導型**への転換。
  ‖
- 国産品はなるべく国民が買うようにする（＝輸出減）。
- 政府が公共事業などで**有効需要を創出**する（輸出減＋輸入増）。
  ▶国民がお金を持てば、国産品も輸入品も買うようになる。

❶ **本格的摩擦〈その１〉**：スーパー301条

1988年、アメリカは貿易摩擦対策として、通商法第301条を改正した。これがスーパー301条だ。

スーパー301条って何ですか？

スーパー301条は、不公正貿易国からの輸入品に対し、一方的に法外な報復関税をかけるという恐ろしいアメリカの国内法だ。もちろん相手国の同意もなく、こんな一方的な課税が許されるはずがない。1989年、人工衛星やスーパーコンピューターなど数品目で適用を受けた日本は、当然GATTへ提訴した。

❷ **本格的摩擦〈その２〉**：日米構造協議

スーパー301条の適用後、アメリカはたたみかけるように、同年中に日本に市場開放を要求してきた。それが日米構造協議だ。

日米構造協議？

そう、いわゆる日米の二国間交渉だ。アメリカからの大まかな要求内容は「市場開放」、つまり日本にある自由競争の阻害要因を排除して、米企業も参入しやすい市場をつくれというものだ。

アメリカの要求は正しい。でも、それを求める状況がひどいね。だってスーパー301条でさんざん脅しをかけた直後の話し合いだ。こんなのビビって、まともに話し合いなんかできるわけがない。しかも多国間じゃなく二国間。これではアメリカがゴリ押ししてきても、誰も止めてくれない。

結局、日本政府は、大筋でその内容を受け入れるしかなかった。これを受けて1990年、スーパー301条は解除されたんだ。

❸ 本格的摩擦〈その３〉：日米包括経済協議

　一度そういう弱腰な交渉をすると、相手方にナメられる。だから1993年、今度は**日米包括経済協議**の場で、アメリカから**もっと露骨な要求**が出された。

 何ですか？

 アメリカからの輸入をもっと増やせという要求だ。しかも何をどのぐらい買うか、具体的に**数値目標**を示せと言ってきたんだ。

 えー、それって自由貿易ではないじゃないですか！

　そう。これは管理貿易、明白な自由貿易のルール違反だ。当然交渉は決裂し、アメリカはスーパー301条の復活を、日本はWTOへの提訴を、それぞれ発表した。

　でもその後は日本政府じゃなく、**日本の企業が譲歩して、輸出の自主規制と輸入の数値目標の方針を、自主的に発表した**んだ。企業からすれば、WTOでダラダラ話し合っている間に、自分たちの商品に報復関税をかけられてはたまらない。結局**ここではスーパー301条は発表だけで済み、実際の適用は回避**することができた。

　スーパー301条は本来、２年間だけの時限立法のはずなのに、何かあると復活してくる。やっぱり二国間交渉は難しいってことだね。

3 ODA（政府開発援助）

　政府の行う途上国への贈与や貸付を**ODA**（**政府開発援助**）という。

　OECD（**経済協力開発機構**。俗に「**先進国クラブ**」）内にある**DAC**（**開発援助委員会**）が定める国際目標は、DAC加盟国がそれぞれ1年間に「**GNI比0.7％**」を拠出することだ。

　このODA、日本は金額面ではけっこう頑張っている。2000年代初頭までは毎年1兆円程度を出し、1990年代は**10年連続金額世界1位**になったんだ。ただしその後は減額傾向が続き、2018年は世界4位、その額は5538億円（一般会計当初予算）まで減っている。なお、日本はその**拠出額の多くをアジアに配分してきた**が、近年は**アフリカの資源獲得競争が激化**しており、**アフリカ向けODAを増額**している。

　さらに日本（というか日米）のODAは**対GNI比も低く**、2018年は日本が0.28％で、アメリカが0.17％だ。どちらもDAC加盟国の中ではかなり低い。これらは日米のGNIが巨大なせいもあるが（※実際アメリカは支出総額なら世界一）、GNIが多い国には多い国なりの貢献が期待されるので、このGNI比では失望される。そしてもう一つ、日本のODAは**グラント＝エレメント**（**援助のうちの贈与的要素**）**が低い**という指摘もある。低いとはいっても**88％**程度だから数字的には悪くないが、何せ**DAC加盟国の平均が95.2％で、17ヵ国が100％を達成**しているから、これらと比べると、確かに低いか。

　加えて日本のODAには、一部ひどいものがある。「**アンタイド**比率（＝使い道指定なしの比率）」は高いのに、「**タイド＝ローン**（＝使い道指定ありの「**ヒモ付き**援助」）」の評判があまりにも悪すぎる。例えばタイド＝ローンの一部は、**材料の発注先から工事の請負先まで、すべて日本の特定業者に指定**してあったりする。

　公共事業の輸出じゃないんだから、こんなとこでゼネコン・商社・政治家が利権を貪っちゃダメ。日本の評判がますます悪くなるよ。

　その日本のODA、2015年から方針が変わった。**国家安全保障戦略で打ち出された「積極的平和主義」に基づき、ODAをより戦略的に活用**することになったんだ。それと同時に従来までの政府の方針「ODA大綱」も「**開発**

協力大綱」に改められた。

それによると、これからの日本のODAは、**もっと国益を重視し、貧困国だけにとらわれず、資源国との関係も強化し、さらには軍事目的使用を禁止してきた日本のODAが、今後は非軍事目的であれば、他国軍の支援まで可能**となったんだ。日本のODAも、今まさに大きく変わりつつあるね。

ODA（政府開発援助）

途上国への贈与・借款。「**GNI比 0.7%**」が国際目標。

- **OECD**（経済協力開発機構）内の**DAC**（開発援助委員会）が測定・検討。
  ▶ OECD加盟国は2020年現在30カ国。うちDAC加盟国は29カ国＋EU
- **技術協力・人材育成・人事派遣**などもODAに入る。

政府の方針　**ODA大綱**（1992年閣議決定）…「**ODA実施4原則**」策定。

内容　❶ 環境・開発の両立／❷ 軍事目的使用ダメ
　　　　❸ 相手国の軍拡路線への注意／❹ 相手国の民主化・人権保障等に注意

↓

2003年改定：国際貢献から次第に「**国益重視**」に。

　協力目的：我が国の安全と繁栄確保に資する（＝役立てる）ため
　その他：「**人間の安全保障**」の視点（**UNDP**（国連開発計画）が提唱）。

軍事的な安全保障ではなく、貧困・環境への対処など**人間一人一人の安全保障**。➡ その支援なら**NGOへの無償資金協力**等もする。

2015年改定：**開発協力大綱**（国家安全保障戦略に基づく）という名へ。
　　　　　➡ 積極的平和主義で**ODAの戦略的活用**を。

　協力目的：**国益の確保**。
　他国軍支援：**非軍事分野（災害救助等）では協力可**に。
　支援対象国：**成長した国**も支援可に（資源国との関係強化）。

● 日本のODA

- **総額世界4位**（米・独・英に次ぐ）。／ **アンタイド比率**が高い。
  - ▶1990'sは10年連続世界一だった
  - ▶使い道指定なしの比率
- **対アジア**が多いが、近年**アフリカ向け増額**。（資源競争を意識）
  - 対GNI比が低い…**0.28%**（米とともに低水準）
  - 援助のうちの贈与的要素(＝グラント＝エレメント)が他国より少なめ。

  問題　日本は**88%**程度と一見多いが、**DAC加盟国中17カ国が100%**を達成している。

  - 相手国の需要と合わないODAも多い。

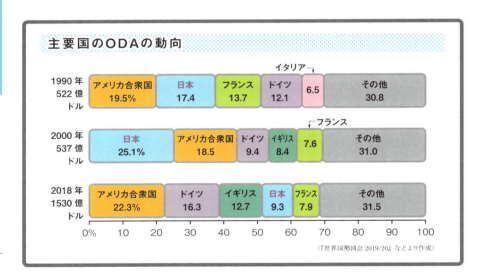

主要国のODAの動向
（『世界国勢図会 2019/20』などより作成）

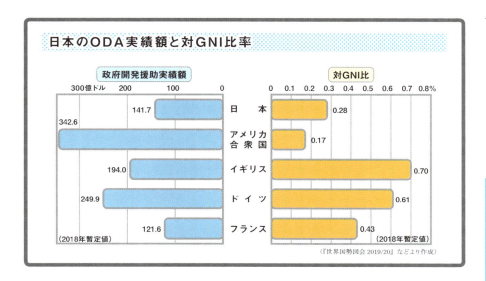

20 日本経済の国際化

チェック問題 | 20

アメリカの対日貿易赤字をめぐる貿易摩擦に関する記述として適当でないものを、次の①～④のうちから１つ選べ。

① 日米構造協議では、摩擦の一因が日本の経済構造の特殊性にあると米が主張し、日本は実効的な措置をとるよう迫られた。
② 米は、貿易相手国に対する一方的な制裁措置を含む包括通商法をGATTルールに基づいて制定し、日本に市場開放を迫った。
③ 摩擦是正のために実効的な措置をとるべきだとの米の要求が強まり、日本の自動車メーカーは対米輸出自主規制を行った。
④ 日本は、米が関心を持つ農産物の輸入自由化を段階的に実施し、コメも部分的に市場が開放された。

(センター本試験)

解答 … ②

解説 「一方的な制裁措置を含む包括通商法」とは、もちろん**スーパー301条**（＝米通商法改正301条）のことだね。これは自由貿易や多国間交渉を原則とするGATTの基本ルールに反するから、日本も米から適用を発表された後、GATTに提訴した。
①: 日米構造協議のテーマは、**米から日本への「市場開放要求」**だったね。**つまり日本の市場が普通と違って閉鎖的だった**ってことだ。
③: 1990年代の**日米包括経済協議**の後、米は日本の自動車に対しスーパー301条を適用すると発表した。これに対し日本政府は、できたばかりのWTOに提訴すると発表したんだけど、日本の自動車メーカーにしてみれば、**WTOなんぞでダラダラ話し合っている間自動車が売れなければ、会社がつぶれてしまう**。だからメーカー側は、涙をのんで自発的に輸出自主規制を発表したんだ。ひどい話。
④: コメの部分開放とは、GATTウルグアイ＝ラウンドの成果を受けて1995年から始まった「**最低輸入義務**（＝**ミニマム＝アクセス**）」設定のこと。この後1999年から、高関税ではあるけど、コメの輸入は本格的に自由化された。

21 環境・資源と人間生活

1 地球環境問題

環境問題への取り組みが本格化し始めたのは、1970年代だ。

戦後復興と経済発展の時期は、だいたい世界中で共通している。1950～70年あたりの20年間だ。この時期、世界は環境への配慮なく、経済成長に熱中した。そしてようやくひと段落した頃、気づいてみれば地球環境は至る所で深刻なダメージを受けていた。

経済的に貧しいときには環境をかえりみる余裕はなく、余裕ができて振り返ったときには手遅れ寸前。なかなか難しいもんだけど、まだ手遅れでない以上、やるしかないよね。

❶ 主な問題と対策

酸性雨：硫黄酸化物（SOx・工場の煙より）や窒素酸化物（NOx・排ガスより）が、大気中の長距離移動で酸性雨に。森林・遺跡等を破壊。

対策 （長距離越境大気汚染条約（1979年）） → これに基づき
- ヘルシンキ議定書（SOx削減用）
- ソフィア議定書（NOx削減用）

オゾン層の破壊：フロンガス（スプレーやエアコンで使用）の大量使用で成層圏の**オゾン層**が破壊され、地表に**紫外線**が直射。
▶1980年代、南極上空での**オゾンホール**発見より顕在化

対策 （**モントリオール議定書**（1987年））…**フロンガス**製造・使用の**全廃**。
▶ただし**先**と**途**では期限が違う

- **特定フロン**：先進国は1995年末までに（→途上国は2015年末までに）
- **代替フロン**：先進国は2020年末までに（→途上国は2030年末までに）

地球温暖化問題

化石燃料の大量消費で**温室効果ガス**（CO_2・メタン・フロンなど）がたまり、平均気温が上昇して極地の氷が溶け、**海水面の上昇や異常気象が発生**。

対策
- （**気候変動枠組条約**（1992年））…温室効果ガス濃度の安定めざす（→具体性なし）。
  （※同条約の締約国会議＝**COP**）
- **京都議定書**（1997年）…**各国の具体的なCO_2削減数値目標**を設定。
  ▶COP3にて　　　　　▶EU 8％／米 7％／日本 6％など

⬇

◉ 先進国全体で**1990年総排出量比5.2%の削減**を（**2008～12年**）で
 → さまざまな工夫（**京都メカニズム**）で達成めざす。▶第一約束期間

- **排出権（量）取引**…各国間で%の売買可。（国家間＋企業間）
- （**クリーン開発メカニズム（CDM）**）…**先進国の援助で途上国のCO_2削減**を実現。
  → その一部を自国努力分にカウント可。
- **共同実施（JI）**…**先進国同士で共同のCO_2削減プロジェクト**。

問題
- **米が議定書を離脱**…ブッシュ大統領（子）時に離脱。
- **途上国は目標設定せず**…まず工業化が先。
  ▶特に中国はCO_2排出量世界1位／インドは4位

ポスト京都：「**第二約束期間（2013〜20年）の目標＋米中参加**」必要だが…

- 意見まとまらず ➡ 結局「**現状の議定書を2020年まで延長**」で合意。
- （途上国との不公平感）➡ **日本・カナダ・ロシア・NZは議定書から事実上離脱。**
  ▶ 正しくは「参加し続けるが削減義務は負わず」に
- 米・中・印は、**COPには参加し始めた**が、**削減義務はない**まま。

2015年：**パリ協定**採択（COP21にて。2016年発効）

2020年からは
- **すべての国**が参加
- 各国が**自主的に削減目標**を設定

➡ 世界の平均気温上昇を**産業革命前比2℃未満**に抑え、21世紀後半には**温室効果ガス排出実質ゼロ**をめざす。

[問題] **トランプ**米大統領の動向。➡ 2019年、**米が離脱**。

ダイオキシン：**農薬やプラスチックの燃焼**で発生。ガンや奇形児の原因に。

[対策]
- **バーゼル条約**（1989年）…有害廃棄物の越境移動の規制。
- **ダイオキシン類対策**特別措置法（そち）（1999年）…排出規制や改善命令。

環境ホルモン：ダイオキシン類が原因とされる。本来のホルモンの働きを混乱させ、**生殖異常**など発生。
▶内分泌かく乱化学物質
　　▶『**奪われし未来**』（コルボーン著）より注目集まる

[対策]
- （**特定化学物質管理促進法**（＝**PRTR法**））…環境ホルモンの疑いのある特定化学物質を使用した企業に、報告義務。
  ▶※まだ実態調査の段階。具体策まだ
- 民間で「**プラスチック→代替素材**」への転換始まる。

21　環境・資源と人間生活　｜　345

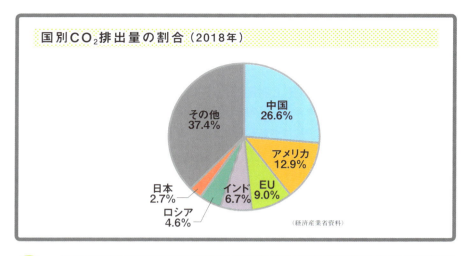

😊 ダイオキシンと環境ホルモンは、聞いたことあります。

この2つは、新しい環境問題のテーマなので要注意だ。新しすぎて対策そのものも手探り状態だから、「だいたいこんな問題」程度の覚え方で試験に臨もう。

その他、これらの環境対策についても覚えておこう。

その他の環境対策

- (熱帯雨林の減少 / 砂漠化の進行)…**砂漠化対処条約**（1994年）で対処。

- (野生生物の保護)…
  - **ワシントン条約**（1973年）
    ▶絶滅の恐れのある動植物の国際取引に関する条約
  - **生物多様性条約**（1992年）
    ▶生物の多様性保全／持続可能な利用

- 湿地保全…**ラムサール条約**（1971年）で対処。

❷ 世界的規模の取り組み

次は個別の取り組みではなく、<u>**国連中心の取り組み**</u>を見ていこう。

国連主催の環境会議は、その後の世界の環境対策の基本指針となる。その辺も踏まえた上で、しっかり内容を吟味しよう。

国連人間環境会議：1972年・ストックホルム（スウェーデン）で開催。

・スローガン：「**かけがえのない地球**」

| 成果 |
- **国連環境計画**の設置（国連が初めてつくった**環境対策の中心機関**）
  ▶（＝UNEP）   ▶本部ナイロビ
- 人間環境宣言（「経済成長→環境保護」への転換の呼びかけなど）

※同会議をきっかけに、**世界の環境対策は本格化**していく。

国連環境開発会議：1992年・リオデジャネイロ（ブラジル）で開催。
▶「地球サミット」

・スローガン：「**持続可能な開発**」➡開発権の**世代間公平**（現在＋将来）

| 成果 |
- リオ宣言…「持続可能な開発」をめざす宣言。
- **アジェンダ21**…環境保護のための**具体的な行動計画**。
  ▶森林・野生生物保護・砂漠化防止・途上国の貧困解決など

環境開発サミット：2002年・ヨハネスブルク（南アフリカ）で開催（地球サミット10周年）。

世界首脳会議の形で開催➡日本からは当時の小泉首相も参加。
| 目的 | 「アジェンダ21」の実施状況のチェック。
| 力点 | 途上国の貧困解決（➡「貧困が環境破壊を招く」との視点）。

リオ＋20：2012年、リオデジャネイロで開催（地球サミット20周年）。
▶国連持続可能な開発会議

➡完全**ペーパーレス会議**で開催（PCやタブレット型端末が活躍）。

21　環境・資源と人間生活

● 環境問題をめぐる代表的な出版物・用語

『沈黙の春』 （カーソン）	環境問題に関する最初期の警告本。DDTなどの農薬が生物濃縮を引き起こす危険性を検証。
『成長の限界』 （ローマクラブ）	今のペースで環境破壊が続くと、近い将来人類は死滅すると警告。 ▶ローマクラブ…世界の科学者・経済学者の集まり
『複合汚染』 （有吉佐和子）	化学肥料や農薬などの複合が相互に影響し合い、より深刻な環境汚染を発生させると警告。
宇宙船地球号	地球は宇宙船同様、閉ざされた空間。▶みんなで守ろう
ナショナル＝トラスト	遺跡や景観地を買い取って保護する市民運動。
ゼロ＝エミッション	資源の連鎖で「**廃棄物ゼロ**」をめざす計画（法整備はまだ）。
エコマーク	環境保全に有用な商品のマーク（財団法人日本環境協会認定）。
エコシステム	「生態系」のこと。
バルディーズ の原則	「企業には、製品の環境への影響に責任あり」とする企業倫理原則。▶**アラスカ沖原油流出事故後に確立**
ISO14000シリーズ	製造業の品質管理で、**環境管理や環境監査**について定めた**国際規格**。▶ISOは「国際標準化機構」
グリーン購入法	できる限り環境負荷の小さいものを購入するようにという、**国や地方の機関への義務**付け。リデュース
デポジット制度	製品価格に一定金額を上乗せして販売し、空き缶などの容器の返却時に代金の一部を返金する制度。
エルニーニョ現象	ペルー沖で観測される、海水温が上昇する現象。
グリーンGDP	環境対策費用を差し引いて計算したGDP。
環境税	環境負荷の大きな行為や製品への課税。 ▶**EU諸国の炭素税**などが代表的

▶ ※炭素税… 化石燃料使用者に対し、炭素含有量に応じて課税
　　日本の「地球温暖化対策税」（2012年〜）は化石燃料の利用量に応じて課税

・グリーンコンシューマー　環境保護のための推進者

❸ 日本の公害・環境問題

日本の公害問題について教えてください。

日本の公害問題は、明治期から始まっている。イメージとしては高度成長期からだけど、明治期にも公害はあったんだ。

あの時期の日本は、早く西洋に追いつきたかった。だから**殖産興業**と称して、強引に**政府主導の資本主義（＝「上からの近代化」）**政策を展開していた。その過程で官営工場や政商が発展し、そこで公害は発生したんだ。「**足尾銅山鉱毒事件**」ってあったでしょ。国会議員**田中正造**が天皇に直訴したやつ。あれが明治の代表的な公害だ。

しかし、やっぱり公害といえば高度成長期だ。この時期の日本では、産業優先政策がとられていた。だから**企業の公害たれ流しを政府が黙認**し、行くとこまで行ってしまったわけだ。いわゆる**外部不経済**の**顕在化**だね。こうして**四大公害病**は発生した。

高度成長期の四大公害病

- 四日市ぜんそく（亜硫酸ガス・三重）
- イタイイタイ病（カドミウム・富山）
- 水俣病（有機水銀・熊本）
- 第二水俣病（有機水銀・新潟）

1967〜69年に提訴
→ ●すべて原告勝訴（住民側）

すべて原告勝訴って、すごいじゃないですか。

でも複雑な気持ちだ。確かに住民の努力もあったし、弁護団も頑張ったと思う。でもそれ以上に、この手の裁判で企業が全面敗訴するなんて、あまりないことだ。となると、この結果の意味するところは…

何ですか？

それは「**誰が見ても原告が勝つしかないぐらい、深刻な状態**」に住民が放置されていたということだ。ひどい話だけど、これが産業優先の高度成長期だよ。こりゃ「くたばれGNP」なんて言葉が流行るわけだよ。

しかしまあ、こういう判決が出てきたんだ。遅まきながら、そろそろ政府も何とかしなくちゃいかんでしょう。

公害防止行政

- **公害対策基本法**（1967年）…「**7つの公害**」を規定。公害行政開始。
  - ▶ **大気汚染・水質汚濁・土壌汚染・騒音・振動・地盤沈下・悪臭**

  問題 「**経済との調和**条項」を含む（➡ 事実上の産業優先）。
  - ▶ 環境保全は経済発展を阻害しない程度に

- ※「公害国会」（1970年）…公害関連の法整備。➡ 1971年、**環境庁**設置へ。
  - ▶「経済調和条項」も削除

- **環境基本法**（1993年）…地球サミットを受け、**公害対策基本法を改正**。

- **環境アセスメント法**…（大規模開発事業の環境への影響を**事前に調査**。）➡（事業計画の適否を判断。）
  - （1997年）

初期の公害防止行政には、まだ経済発展への未練があった。でなきゃ「**経済との調和条項**」なんて、考えるわけないよ。しかもこれ、公害対策基本法の第1条だったんだよ。当時の政府はこれがいちばんやりたかったのかね。

さすがにこれは1970年の「**公害国会**」で削除され、ようやくまともな公害防止行政になっていく。

あとは地球サミット後に大きく変わったね。**環境基本法**も**環境アセスメント法**も、どちらも根底にあるのは「**持続可能な開発**」だ。ようやく「環境後進国・日本」も、世界の環境保全の流れに歩調を合わせられる所まで来たってことだ。

最後に、行政判断の目安になるルールも覚えておいてもらおう。

350 | 第3講　社会・倫理分野

> **公害の行政判断の目安となるルール**
> - **汚染者負担の原則**（PPP）…外部不経済の内部化。OECDで採択。
> - **無過失責任**…企業に過失がなくても、被害が出れば損害賠償。
> - 汚染物質排出の「**総量規制**」（➡ 従来の「濃度規制」を改正）。

❹ リサイクルの動向

　地球サミットの前後から、リサイクルに対する関心も次第に高まり、日本でも各種のリサイクル法が制定されていた。

　その流れを後押ししたのが、2000年制定の「**循環型社会形成推進基本法**」だ。この法律では、**まだまだ使える廃棄物を循環資源ととらえ、その有効利用をめざす**ことになった。

　それと前後する形で、従来までの**リサイクル関連法も改正・強化され、また新しい法も制定された**。

> **リサイクル関連法**
>
> ● **循環型社会形成推進基本法**（2000年）…リサイクル関連法の軸となる法。
>   　**目的**　有用な廃棄物＝「**循環資源**」ととらえ、環境への負荷を低減。
>
> 　・**3つのR**＝廃棄物の「**リデュース ➡ リユース ➡ リサイクル**」の優先順位。
> 　　　　　　　　　　▶発生抑制　　▶再使用　　▶再生利用
> 　　※近年はここに「**リフューズ**」（不要なものを買わない・断る）を
> 　　　加えて「**4R**」とも呼ばれるように。
> 　・**拡大生産者責任**…メーカーには「**生産→使用→廃棄**」まで一定の責任あり。
>
> ● **容器包装リサイクル法**（1997年）
> 　・自治体：すべての容器包装ゴミの**回収義務**。
> 　・企　業：それらを自治体から引き取り、**再商品化（＝リサイクル）義務**。
> 　　　　　　▶再商品化義務は「ペットボトル・ビン・紙・プラスチック」容器の4つ

アルミ缶・スチール缶の扱い
これらは**すでにリサイクルが進んでいて**資源化率が高いので、あえて企業に**再商品化（＝リサイクル）**の義務付けはなし。ゴミとして出す市民のために、自治体（市町村）の**回収義務**のみあり。

- **家電リサイクル法**（2001年）…**家電四品目**のリサイクルを推進
  ▶冷蔵庫・洗濯機・エアコン・TV
  - 小 売 店：回収義務
  - メーカー：再商品化（＝リサイクル）義務
  - 消 費 者：**リサイクル費用の負担義務**
    ▶※パソコンは別法のパソコンリサイクル法で対処（ほぼ同内容・2003年～）
- **自動車リサイクル法**（2002年）…自動車「**購入時**」にリサイクル費用を「**前払い**」。
- **食品リサイクル法**（2000年）…事業者の義務（食品ごみの堆肥化など）
- **建設リサイクル法**（2000年）…事業者の義務（分別解体＆再資源化）

2 人口問題

　地球人口は2011年、ついに<u>**70億人**</u>を突破した。しかも2019年には**77億人**に達している。これは大変な数字だ。なぜなら食糧と居住面積からいって、**地球が養える人口の限界は75億人**といわれてきたからだ。

　人口が増えすぎると食糧が足りなくなるのは、**マルサス**も『**人口論**』で指摘する通りだ（人口は幾何級数的（≒かけ算）で増えるのに、食糧は算術級数的（≒たし算）でしか増えない）。

　実際には75億人を超えても何とかなっているとはいえ、このペースなら、間違いなく、今世紀中に100億人を突破する。でも日本は少子化の進行で人口は減少中だ。では、どこが人口を増やしてるのかというと…。

 大体想像つきますよ。発展途上国ですね。

その通り。==途上国の==**人口爆発**==は、近い将来、確実に地球に深刻な影響を与える==。ここではその問題を考えてみよう。

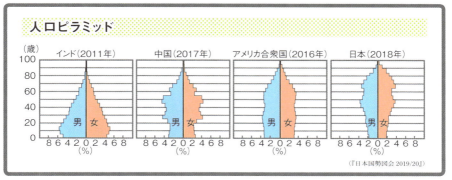

人口ピラミッドは、その国の近代化に伴い「多産多死型」→「多産少死型」→「少産少死型」へとシフトする。

==**多産多死型**==は昔の途上国のパターンだ。今日では==昔ほど深刻な伝染病や食糧難がない==ため、長生きする人も増えてきたが、昔の途上国や最貧国では、40歳以上が急に少ないピラミッドになる。

==**多産少死型**==は今の途上国のパターンで、これが==**人口爆発の最大の原因**==だ。ここではインドがその形になっているが、見てみると確かに生まれてくる子が多く、年を取ってもあまり死んでいない。これは人口は爆発的に増える。

==**少産少死型**==は2パターンある。1つは==**アメリカのパターン（＝つりがね型）**==で、==こちらは少子化があまり進んでいない==。そしてもう1つが==**日本のパターン（＝つぼ型）**==で、こちらは==**典型的な少子高齢社会**==だ。この形になると、==若者に大変な負担==がのしかかる。本来なら、これら2つが先進国のピラミッドだけど、中国は1979年から始めた「一人っ子政策」のせいで、このつぼ型になっている。（==※中国の「一人っ子政策」は**2015年終了**==。今日は2人目もOKに）

次に地域別の将来人口を見てみよう。
==**アジアの人口が多い**==のは一目瞭然だが、アフリカにも注目しよう。右へ行くにつれてふくらんでいるけど、これは==**アフリカの人口増加率がアジアよりも高い**==ことを意味している。

いずれにしても、**世界人口の70％以上が途上国**で占められているのは事実で、この状況を打破しない限り、地球に明るい未来はない。

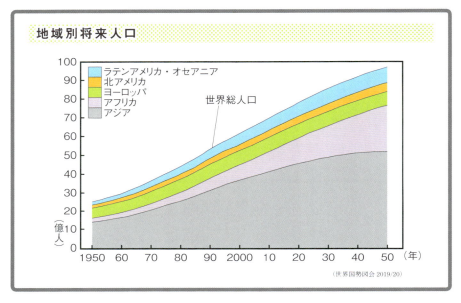

最後は、人口問題の対策を軽く押さえておこう。

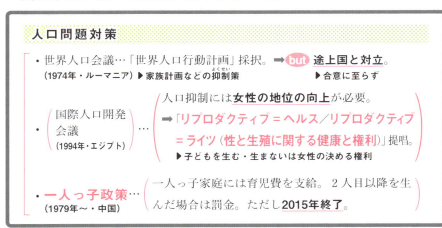

3 資源・エネルギー問題

18世紀の産業革命や20世紀の技術革新がなかったら、今の快適な暮らしは成り立たない。でも**生活を便利にするには、より効率のいいエネルギーが必要になる**。

エネルギーの多くは有限だ。21世紀を迎えた今日、その限りあるエネルギーと上手につき合っていくことは、「現代社会」で考えていくべき重要なテーマだといえる。

石油利用
のあり方
- **一次エネルギー**…自然界から採ったエネルギーをそのまま活用。
  ▶水力や石油・天然ガスなどの直接的利用
- **二次エネルギー**…**一次エネルギーを加工した**エネルギー。
  ▶電力や都市ガス

従来日本の中心的なエネルギーは石炭。➡ **but** 1960's に石油への転換（＝**エネルギー流体革命**）があり、**石油依存度**up（ただし**枯渇が心配**）。

対策

- 省エネルギーの促進…**コジェネレーション**（エンジンなどの**廃熱を利用**）など。

- **バイオマス**（広い意味での「**生物エネルギー**」）などの実用化。

- 価格が上がれば**海底油田や極地**などの開発進む。➡**確認埋蔵量**の増加へ。
  ▶採掘して採算の合う埋蔵量

- 燃費のいい車への乗り換え…**自動車税の グリーン化税制**を導入（2001年）。
  ▶燃費のいい車は減税／悪い車は増税

- **原子力**への転換…再利用可／枯渇しにくい／温暖化対策（CO_2が出ない）
  ➡ただし**臨界事故**など、**事故の被害は甚大**。

世界の主な原発事故
スリーマイル島（アメリカ・1979年）／**チェルノブイリ**（ロシア・1986年）／**福島**（日本・2011年）

※福島第一原発事故前後の発電割合の変化

2010年 火力61.8％／原子力28.6％／水力その他9.6％

2014年 **火力90.7％**／原子力0.0％／水力その他9.3％

◎**2013年９月より原発稼働一時的にゼロに。** 全54基停止。

ゼロの理由：定期点検後、安全基準を満たさないと再稼働できないが

　　　　　原子力規制委員会の新しい規制基準が、非常に厳しい。
　　　　　▶独立性が高く、「政府＋電力会社」を厳しくチェックする組織（2012年〜）

➡ **but** 2014年の川内原発（鹿児島県）、2015年の高浜原発（福井県）の新基準
　　クリアーを皮切りに、今日は**少しずつ原発再稼働**が始まっている。

各国の動向：**国により方針違う**…
- 独：**2022年までに全廃を宣言。**
- 仏：全電力の**75％以上が原子力**（推進国）。

核燃料サイクル（再利用）のあり方

- **プルサーマル**…ウランと、**再処理使用済みウラン**（**プルトニウム**）
　　　　　　　　を混ぜた**MOX燃料**を使う、再利用システム。
- **高速増殖炉**…「MOX燃料からウランを**消費量以上に増殖**」できるはず
　　　　　　　の画期的な原子炉。➡ **but** 福井の「**もんじゅ**」で事故。
　　　　　　　　　　　　　▶2016年に廃炉が決定

今後のエネルギー

- **バイオエタノール燃料**…サトウキビやトウモロコシなどを原料とす
　　　　　　　　　るバイオマスの一種。➡ **but** 穀物価格up
　　　　　　　　　　　　　の懸念、温暖化対策にならず。
- **シェールガス**…頁岩（シェール）と呼ばれる堆積岩の層から採取され
　　　　　　　る**天然ガス**。**米に莫大な埋蔵量。**

- **メタンハイドレート**…永久凍土や海底に封じ込められたシャーベット状の天然ガス。日本近海で膨大な量が発見。
- **再生可能エネルギー**…風力・地熱・太陽光等、自然界から無尽蔵に取出可。➡2011年「**再生可能エネルギー法**」成立。**電力会社が民間で作られたエネルギーを買い取ることを義務化。**
  but 供給過多のため2015年より**買取り抑制**へ。

よく聞くけど、石油依存度って何ですか？

石油依存度とは、**エネルギー消費に占める石油の割合**のことだ。下の図からわかる通り、**日本の石油依存度は現在約40%**だ。かなり高いけど、高度成長期と比べたら、ずいぶん低くなった。それにしても1970年との違いはすごいね。こうやって**高度成長前と後で比べると、生活の便利さとエネルギーの効率化が、**いかに**密接に結びついているかがわかる。**

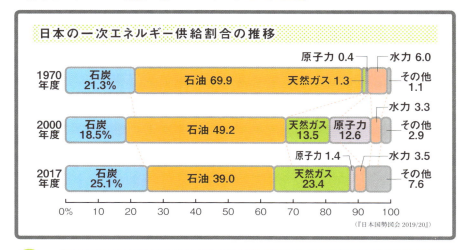

でもそうなると、石油が足りなくなったら困りそう…

そうなんだよ。そういう意味でいうと、エネルギー問題とは突き詰めれば「今後、**石油に替わり得るエネルギーをどうするか**」という問題ともいえるんだ。

具体的にはどうなると思いますか？

今後石油が不足してきたら、みんな金に糸目をつけなくなるから、**確認埋蔵量**（＝採掘して採算の合う埋蔵量）は増加するだろうな。だって極地や海底に行けばまだ石油はあるんだから、「少々高くてもそれが欲しい」って時代になれば、**どんなにコストのかかる僻地の石油でも、ちゃんと採算が合う**ことになる。これが確認埋蔵量の増加ね。

なるほど。

加えて近年は**天然ガス**への需要、特にアメリカで実用化が進められている**シェールガス**（頁岩層に含まれる化石に由来する）や、日本近海に大量にあるとされる**メタンハイドレート**（シャーベット状になった天然ガス）への需要が高まってきている。

じゃエネルギー問題は大丈夫そうですね。

でも、これらはすべて化石燃料であるため有限だ。だから近年では**省エネルギー**化への努力（エンジン等の**廃熱を利用**する**コジェネレーション**もその一種）と合わせて、「**代替エネルギー**」（**再生可能エネルギーやバイオマス**）への転換や原子力への転換も、少しずつ進んできたんだ。

そういうのも聞いたことある。

しかし、あまり順調とはいえない。**再生可能エネルギー**は現状まだ**安定供給が難しい**し、**バイオマス**もトウモロコシなどを利用した**バイオエタノール燃料**が実用化されつつあるものの、石油に替わり得るところまでは至っていない。結局**容易に電力転換できる火力に匹敵するものは、原子力**ぐらいだ。

　原子力の利点は、いくつかある。まず**プルサーマル**や**高速増殖炉**を使った**再利用が可能**なこと、再利用がきくため**枯渇しにくい**こと、そしてCO_2を出さないから**温暖化対策になる**ことなどだ。

いいことだらけじゃないですか。でもわかりますよ、問題点。

そう、その最も期待される原子力は、ひとつ**扱いを間違えると、最も危険なエネルギー源**にもなり得るってことだね。

かつて、1979年にアメリカの**スリーマイル島**では放射能漏れ事故が、1986年に旧ソ連の**チェルノブイリ原発事故**が、そして2011年、日本の**福島第一原発**では炉心溶融・水素爆発による放射能漏れ事故が、それぞれ発生した。

他にも日本では、**核燃料サイクル**（使用済み核燃料の再利用システム）で実用化が期待された**高速増殖炉「もんじゅ」のナトリウム漏れ事故**や、**茨城県東海村のJCO核燃料再処理施設**での小規模な**臨界事故**などが起こっている。どの事故も単に事故にとどまらず、一次産品の風評被害や外国人退去などにつながり、問題は非常に大きくなった。

わかります。特に福島の事故は忘れられません。

しかも加えて、**放射性廃棄物の処理の問題**がある。現状ではとりあえず地中深くに貯蔵庫をつくって保管しているけど、それが将来的にどういうトラブルにつながるのか、まったく予測できない。このように、さまざまな意味で怖いのが、原子力の利用なんだ。

難しいもんですね。

しかも、日本の原子力行政は、あまりにもわかりにくい。だって**推進役で**あるはずの**資源エネルギー庁**とお目付け役であるはずの**原子力安全・保安院**が、同じ**経済産業省内**にあったんだよ。これではちゃんと規制できているとはいえないね。

そこで2012年、お目付け役・規制役である後者は「**原子力規制委員会**」になり、**環境省の外局に移管**されたんだ。

21　環境・資源と人間生活

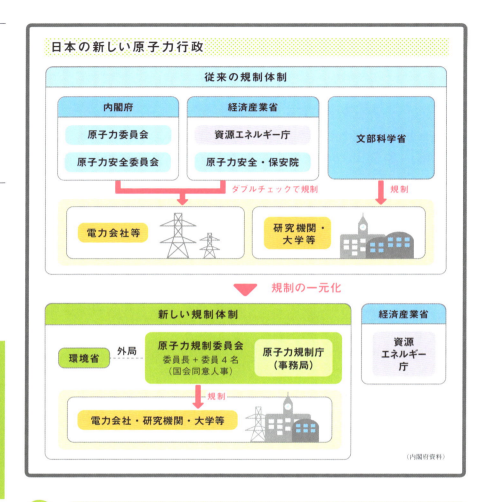

(内閣府資料)

😊 よその国は、どういう状況なんですか？

😥 世界全体で見ても、統一した方針は打ち出されていない。例えば同じEU内で見ても、**ドイツでは原発全廃の方針、イタリアも国民投票で原発稼働に反対**を打ち出しているのに、**フランスでは全電力の70％以上は原発**からの供給と、ほんとに国によりバラバラな状況だ。

😐 日本はこれから、どうしていくのかなあ…

日本では2011年、**再生可能エネルギー法**が制定され、民間で作られた同エネルギーを**電力会社が買い取る義務**が生まれた。でも政府は、原発再稼働を基本方針としているよ。ちなみに、全電力に占める原子力発電の割合は、震災直前の2011年2月が**32%**、震災後の2014年度の数字を見ると、一時的なものとはいえ、**0%**などという数字になっている。

エネルギーと産業社会の共存は難しい。単純に金銭では解決できないだけに、非常に厄介だよ。

その他、何か気をつける点はありますか?

エネルギー問題ではないけど、資源問題なら、近年は**レアメタル**（**希少金属**）がよく話題になっていたね。

レアメタル?

ケータイ、スマホや液晶テレビなどに不可欠なくせに、産出量がきわめて少ない金属さ。これはかなり**中国に埋蔵量が偏っているんだけど、日本国内でもうまくすれば採れる**んだ。

どこに埋まってるんですか?

ケータイやスマホの中さ。だから**使用済み携帯電話やスマートフォンは「都市鉱山」**とも呼ばれ、**リサイクルに向けた動き**が進んでいる。覚えといてね。

21 環境・資源と人間生活

チェック問題 | 21

廃棄物問題に関する記述として最も適当なものを、次の①〜④のうちから1つ選べ。

① 廃棄物問題の解決に向け、日本がめざすのは大量生産・大量消費・大量リサイクルを特徴とする「大量リサイクル社会」であると法律に明記された。

② 家電リサイクル法が、回収と再資源化を義務付けているのはテレビ・冷蔵庫・洗濯機・エアコンである。

③ 廃棄物問題の解決に向け、各家庭で行われるべきごみ・資源全般の分け方や出し方が全国一律に定められた。

④ 友人からもらった古着を着用することは、3R（リデュース・リユース・リサイクル）の中のリサイクルの例に該当する。

（センター本試験）

解答 … ②

解説 純粋に知識だけを問う素直な問題。ちゃんと勉強してれば楽勝で解けるね。家電リサイクル法で義務付けられているのは、ここにある4品目のみ。よく**模試なんかで間違いの選択肢を作るときには、ここに「パソコン」を混ぜる**から覚えといて。パソコンは別法として「**パソコンリサイクル法**」がある。

①：こんなの聞いたことがない。そもそも、「大量生産・大量消費」なんて高度成長期のノリを引きずってたら、環境なんかとたんにボロボロになるよ。

③：ごみの出し方は、自治体ごとに異なる。

④：古着をそのまま着るんなら「リユース（再使用）」だね。

青年期の課題と人間形成

青年期の流れ

中学生: 第二次性徴（せいちょう）の発現期 … （肉体的な変化（精通・初潮など）が現れ、自分の中の激しい**性衝動**や**異性愛**の感情を自覚。）

- 男女はたがいの存在を強烈に意識し始める。
- 性の悩み＝親に言えない初めての秘密。

● 次第に**自我**（＝他人と区分された自分自身という意識）が芽生えてくる。
▶異性愛：「男女は別」という自我／性の悩み：「親とは別」という自我

高校生:
❶ **親との分離**が進行し、情緒的に不安定に。
❷ さまざまな**葛藤**（かっとう）（＝両立不可の複数の欲求への迷い）との闘い。

❶ **第二反抗期**：**親からの自立**を求めての**反抗**が増える。
　▶性衝動＝「自立できる」というサインだから
アンビバレンス：**相反する2つの感情**の同居を自覚。
　▶親は好きだけど嫌い → 「愛着と自立」の葛藤

❷ 「接近—接近」型：「大学に入りたい」＋「遊びたい」
「接近—回避」型：「大学に入りたい」＋「勉強したくない」
「回避—回避」型：「勉強したくない」＋「不合格したくない」

大学生: アイデンティティ（＝自我同一性）確立のための**モラトリアム期** ＝ 自立に向けての最終準備段階！

- **アイデンティティ**：「これが自分だ」と言える、一貫性のある自分。
- **モラトリアム**：さまざまな責任や義務を負う前の「**猶予期間**（ゆうよ）」。

（束縛（そくばく）なく過ごせるモラトリアム期に**対人関係を多く持つ**（＝自我の明確化）ことで、確固たる自分（アイデンティティ）を確立。➡自立した大人へ。）

3 社会・倫理分野

22 青年期の課題と人間形成　｜　363

1 青年期とは

> 青年期って人生のどのあたりの時期ですか？

肉体に性の特徴が現れてから自立した大人になるまでの時期、この長い長い悶々とした時期が**青年期**だ。

青年期の長さは国によって違う。一般に文明国ほど長いといわれてるんだ。

> なぜ文明国の青年期は長いの？

それは**学校で教育を受ける期間が長いから**だ。

文明国では職業選択の幅も広いし、専門知識を要する仕事も多い。そうなると、例えば中学を出てすぐ医者や弁護士というわけにもいかないから、当然高校・大学と、自立に要する時間も長くなる。

でも肉体的にはすでに大人だ。**第二次性徴**が発現した肉体は、早く親から独立して、結婚・出産をしたがっている。でもまだ学生だから、それもできない。

つまり「**肉体的には大人だが、社会的には子ども**」——このジレンマが、文明国の青年期を長く複雑なものにしてしまっているんだ。つまり僕たちは、自然に反した青年期の過ごし方をしているから、この時期やたら不安定になるわけだね。

> じゃ文明国以外の青年期は違うの？

マーガレット＝ミードの研究によると、**文明国以外での青年期は短く、しかも安定**している。そこでの職業選択は農業・漁業・狩猟などが主だから、文明国ほど専門知識を要さない。だから体が大人になると、青年は早々に成人として大人社会に仲間入りし、家庭を持って働き始める。そこにあるのは自然な流れだけだ。

でも日本に暮らす僕たちに、そんな過ごし方はできない。やるべきことはこの長い長いトンネルを正しく過ごし、健全に自立できる努力をするだけだ。

❶ 青年期を特徴づける表現

冒頭のノート部分からまとめると、青年期とは「**第二次性徴**の発現から**自**

我が芽生え、その後さまざまな**葛藤（コンフリクト**）や対人関係を経て**ア**
イデンティティ（確固たる自分像、自分らしさ）を確立し、自立した大人にな
るまでの時期」ということができる。

　この青年期、非常に複雑な時期だけに、それを特徴づける言葉も多い。だから、
冒頭のまとめに書いた言葉だけではなく、これらも覚えておこう。

青年期を特徴づけるキーワード・その他

- **第二の誕生**…（第二次性徴後の自我の芽生えの時期が、人生を主体的
  ▶ルソー　　　に生きる「第二の誕生」の時期（『**エミール**』）。

- **マージナル＝マン**…（青年期は大人と子どもの中間期。大人でも子
  ▶周辺人・境界人（レヴィン）　どもでもない、不安定な時期。

- **疾風怒濤の時代**…青年期はさまざまな意味で激動の時期。
  　　　　　　　　　▶**元々はドイツの文学運動を示す言葉**

- **心理的離乳**…青年期は親から精神的に独立しようとする時期。
  ▶ホリングワース

- **脱中心化**…児童期に人間が自己中心的な思考から脱する過程。
  ▶ピアジェ

- ギャングエイジ…仲間集団を形成して徒党を組み、集団内でのルールや
  　　　　　　　　　行動の仕方を学ぶ児童期。

- 『**子供の誕生**』…かつての子どもは「**小さな大人**」（従弟として職業訓練）。
  ▶アリエスの著書　➡今は「**大人への準備期間**」という**独自の価値**が認められた。

- **ヤマアラシのジレンマ**…近づきすぎると傷つけ合い、離れると孤独になる。
  　　　　　　　　▶**人間関係には適度な心理的距離が必要**

22　青年期の課題と人間形成　　365

> なんか独特な言葉が多いですね。

そうだね。ただ、全部に共通してあてはまるキーワードがあるとすれば、それは「不安定」だ。青年期は、とにかく不安定だ。感情面での激しい起伏は、主に前半期に見られる。それは、中高生の頃に、肉体の変化に対するとまどい・異性への強い興味・肉親や生活に対する嫌悪・家庭外の人物の理想化などが、いっぺんに現れるからだ。**これらはすべて「親からの自立と新しい生活への欲求」**であり、どれも大切で、理性で抑え込むべきではないものばかりだ。

> なるほど。

でも、青年期の過ごし方で最も注意を要するのは後半期、つまり大学生あたりの時期だ。**この時期は労働と受験地獄という責任と義務が免除された・貴重な貴重な**モラトリアム**期（＝猶予期間）**だ。この時期にやるべきことは、自立した一人前の大人になるための準備だ。

> そのためには何が必要なんですか。

対人関係を多く持つことだ。
この時期の最も大事な課題は、**アイデンティティ**の確立だ。そしてそれが「**これが自分だと言える確固たる自分像**」である以上、**他人とつき合わない限り、自他の区分を明確になどできない。アイデンティティを確立しないと自立した大人とはいえないし、その確立には他者との対人関係が不可欠**だ。

つまりアイデンティティは、部屋にこもって１人で確立するものではないんだ。この確立ができなければ、僕らは**アイデンティティの危機（拡散）**と呼ばれる、**自分らしさがわからない心理的混乱**に陥ってしまう。ちなみに、モラトリアムもアイデンティティも、同じ心理学者**エリクソン**の言葉だから、関連づけて覚えよう。

そしてもう１つ。自立した大人になるためには、経済的にも情緒的にも、そろそろ親から離れた自分独自の基盤・価値観を築き上げる必要がある。そのため、アメリカの教育学者**ハヴィガースト**は、**青年期の発達課題**として次のようなものを挙げている。

青年期の発達課題
- 同世代の男女との、洗練された人間関係。
- 男または女としての役割を理解する。
- 両親や他の大人からの、情緒的自立。
- 経済的独立、職業選択や結婚の準備をする。
- 社会的に責任ある行動をとる ＋ その指針となる価値観を学ぶ。

どう、大変でしょ。君らも大学に受かって安心して、その後ボーっと過ごしてはダメだよ。この時期、やるべきことは多いんだ。

 そうか、大学生になれば遊べるとばかり考えてた…

 もちろん大いに遊べばいい。でも遊んでばかりの人は、せっかくのモラトリアム期を自立のための経験と学習の時期とは考えず、無責任に自由を謳歌できる時期だと勘違いしている。

そういう人は、**社会に出る直前になって、自立への不安に押しつぶされそうになる**。するとどうなるか。こんな人間になってしまう可能性があるんだ。

自立への不安がもたらす病理的症状

ピーターパン＝シンドローム	…「大人になりたくない。モラトリアムがいい」と考える男性が示す心理。
シンデレラ＝コンプレックス	…「いつか素敵な王子様が私を幸せに……」と空想する、女性の依存的心理。
ステューデント＝アパシー	… 大学入学で燃え尽きた、無気力・無感動な学生。無意味な留年・転部などを繰り返す。
青い鳥症候群	… 自分にふさわしい仕事や人生を求め、次々と転職。
パラサイト＝シングル	… いつまでも親に経済的に寄生する独身男女。

22 青年期の課題と人間形成 | 367

| **永遠の少年**
▶ユング | … | 傷つくことを恐れ、人と深くつき合えないため、自分らしさが確立できない。
▶「ひきこもり」もこの一種 |

これらは僕たちが思っている以上に身近な問題だ。こうならないよう、しっかり自覚して青年期を過ごそうね。

❷ 青年文化

青年層を中心に形成される青年文化の特徴としては、次のような点が指摘されている。これらも頭に入れておこう。

> **青年文化の特徴**
> ・**流行**に支えられている(**アイデンティティが未確立**だから)。
> ・**青年層に特有**の風俗的現象。
> ・既成の価値観に対する**逸脱性・反抗性**が強い。
> ・**大人の商業主義**の手の中で踊らされている。

2 適応と欲求

欲求の実現を、心理学では「**適応**」という。例えば「大学に入りたい」という欲求への適応は、志望校に合格することだ。

でも、この例ならわかりやすいけど、**適応は不成功に終わることも多い**。僕たちは、受験勉強に集中すべき時期に、いろんな葛藤に悩まされ、結局、適応に失敗することも多い(みんな、心して聞くように)。そうなると、僕たちの心の中には当然、**欲求不満**が生じる。

欲求不満は不安や不快などを伴う、精神的な緊張状態だ。それがあまりに強すぎると、僕たちはノイローゼや自殺、犯罪などに追い込まれることもある。そういうのを「**失敗反応**」という(※再適応をめざして地道に取り組むのは「**合理的解決**」、欲求不満を除こうとする八つ当たりやかんしゃくなどの衝動的な行

動は「近道反応」という）。

　でも受験の失敗で、死んだりグレたりする人は少ない。なぜなら**僕たちの心の中に、その緊張を解消しようとする無意識の働きが起こるから**だ。このようなメカニズムを**防衛機制**という。つまり防衛機制とは、極度の緊張に自分の心がつぶされないための、**心理面でのさまざまなごまかし**のことだ。

●防衛機制の種類

種　　類	内　容　と　例
抑　圧	緊張のもととなる体験を、意識の底に沈めてしまう。 ▶恐怖の体験で記憶が飛ぶようなパターン
反動形成	適応の困難な欲求に対し、正反対の行動をとる。 ▶好きな子への意地悪 → 嫌われることを正当化する理由を先につくる
合理化	適応への失敗を、負け惜しみで納得してしまう。 ▶イソップ物語の「キツネとすっぱいぶどう」の論理
代　償	適応できない欲求と似た欲求を実現し、満足する。 ▶「バスケやりたいけど背が低い」→「野球で頑張るぞ」
昇　華	本能的な欲求を、社会的価値の高い欲求に向けかえる。 ▶性欲 → スポーツで発散
退　行	緊張局面に対処しきれなくなり、年齢にふさわしくない後退的行動に出てしまう。
投　射	自分がつくった緊張状態を、人のせいにする。 ▶「やつはオレを嫌ってる。イヤなやつだ」
同一視	他者の能力や業績を自分のもののように考え、満足する。 ▶「うちの県から総理大臣が出た。誇らしい」

　ちなみに、防衛機制の名づけ親は、心理学者の**フロイト**。彼については、章末でまた触れることにする。

　あと、欲求に関しては、**マズロー**の「**自己実現**欲求」についても覚えておこう。

　マズローによると、人間の欲求には５段階あり、これらを段階的にクリアーすることで健全な人格が形成されるんだそうだ。

22　青年期の課題と人間形成

5段階の欲求
▶マズロー

（健全な人格形成には、自己実現欲求を満たした達成感（＝**至高体験**）が必要。）

生理的欲求 ➡ 安全欲求 ➡ 愛情欲求 ➡ 尊重欲求 ➡ **自己実現欲求**

- 食べたい / 寝たい
- 安全でいたい
- 愛してほしい
- 認めてほしい
- 自己の可能性を実現したい

● **個性の形成**

個性とは「その人らしさ」のことで、**その人の持つ「気質・能力・性格」のことを指す。**

形成要因は遺伝の影響とも考えられるし、環境の影響とも考えられる。どちらかに決めるのは難しい。だから「現代社会」では「**遺伝**と**環境**の相互作用で形成」ととらえることになっている。

個性の分類についても諸説あり、どれが正しいと決めるのは難しいが、出題はされるので、すべて覚えておこう。

● **体型**による分類：**クレッチマー**

体　型	気　　質	特　　　徴
やせ型	分裂気質	非社交的で無口。
肥満型	そううつ気質	社交的。躁と鬱が交互にくる。
筋骨型	粘着気質	几帳面。実直。義理がたい。

● 関心の向きによる分類：ユング

外向型	交際好きで精力的。決断力と実行力あり。
内向型	内向的で思慮深い。控え目で気難しい。

● **追求する価値**による分類： シュプランガー

タイプ	追求する価値
理論型	整合性・合理性に価値を見出す。
経済型	利益の追求に価値を見出す。
審美型	美に価値を見出す(＝芸術型)。
社会型	友人・福祉・奉仕などに価値を見出す。
政治型	権力に価値を見出す(＝権力型)。
宗教型	救いに価値を見出す。

● **その他**：さまざまな人間観

ホモ＝サピエンス (＝「知恵のある人」)	理性を持つ動物としての人間を表す言葉。リンネが命名。
ホモ＝ファーベル (＝「工作人」)	道具を作り、世界を変えてきた存在としての人間。ベルクソンが命名。
ホモ＝ルーデンス (＝「遊戯人」)	遊びの中から文化を形成してきた人間。ホイジンガが命名。

3 代表的な心理学者

最後に、有名なフロイトとユングについても、簡単に見ておこう。

● **フロイト**(1856～1939)
　オーストリアの精神医学者。無意識に抑圧された性衝動を自覚させていく斬新な手法で、精神分析学を確立。著書は『精神分析学入門』など。

　フロイトは、精神分析の草分けともいうべき人物だ。**性と無意識のメカニズムへの注目**と、着眼点も大いに興味をそそる。

22 青年期の課題と人間形成

でも、出題されるのは次のようなメカニズムぐらいなので、そこだけ見ておくことにしよう。

フロイトの「心の三層構造」…防衛機制発動のメカニズム

❶ **エ ス** … 無意識の領域にある**本能的な欲求・衝動**。
　▶イド　　　　性衝動（＝**リビドー**）がエネルギーの源泉。

❷ **エ ゴ** … 「他人と区分された自分」という意識。
　▶自我　　　　社会への適応のため、❶と❸を調節。

❸ **スーパーエゴ** … 幼少期に親のしつけで学ぶ「**道徳的良心**」。
　▶超自我　　　親にかわって自我を監督（＝**自我の検閲者**）。

◉ ❷が❶や❸に圧倒されると、非常手段として**防衛機制**が働く。

コラム　フロイトとライヒ

　フロイトはとても面白い人だけど、倫理ではあんまり出てこない。それは彼が青年期よりも幼児期を重視したのと、性（リビドー）を重視しすぎたせいだ。文部科学省はそういう人、あんまり好きじゃないみたい。

　僕も予備校で初めてフロイトを教えた頃、何のためらいもなく「男根期」だの「去勢不安」だの言って、生徒に引かれたことがある。第二次性徴は「性器期」だしね。そりゃ引くわ、みんな。文部科学省、正解。ただし**エディプス＝コンプレックス**（同性の親を殺し、異性の親と結ばれたいという欲望）は範囲に入るから覚えといてね。

　でも心理学の世界では、フロイト以上に性を追求した人もいる。それがライヒだ。ライヒは性のエネルギーを「オルゴンエネルギー」と呼び、晩年はそのオルゴン抽出機の開発に心血を注いだ（すげえぜ、ライヒ！）。こんな危ない奴、教科書に出てくるはずがない。彼は文部科学省上「いなかった」ことになっている。

　でも実は、彼の著書『きけ小人物よ！』は、ニーチェ以上に僕の魂をゆさぶる、ものすごい名著だ。今では入手困難だけど、機会があればぜひご一読を。

● **ユング**(1875〜1961)

スイスの精神医学者。フロイトの協力者だったが、性偏重のフロイトと決別し、独自の無意識理論を確立する。著書は『無意識の心理』など。

ユングはフロイト同様、無意識のメカニズムを探った人だが、フロイト以上に出題される言葉は少ない。一応、参考までに全体図を示すから、覚えていて。

ユングのとらえる人間の心

表　面： **ペルソナ** ▶仮面 … 自我につけるマスク。社会に示す表面的な自己。
▶年齢や職業にふさわしい態度など。

↓

その下： **個人的無意識** … 自分の経験に基づく、抑圧された無意識。
フロイトが扱ったのはここまで。

↓

その下： **集合的無意識** … 個人の経験とは無関係に、**人類が普遍的に持つ共通の無意識**。どの民族にも共通するイメージ（＝**元型（アーキタイプ）**）あり。

- **影**（シャドウ） … 自分の性格を補完する、隠れた性格。
  ▶おとなしい人の激しい面など。

- **太　母** … 人類に共通する、普遍的な母のイメージ（慈しみ＋感情的）。青年期にここから自立しないと、感情的な太母に翻弄されて自我が飲み込まれ、マザコンになる。
  （グレートマザー）

↓

- **アニマ** … 男性の中の女性的部分。グレートマザー克服後に明確になる「母と区分された女性」。

- **アニムス** … 女性の中の男性的部分。グレートマザーを克服するための、理性的な父のイメージ（＝老賢者）。

↓

22　青年期の課題と人間形成

> ユングによると、これらを克服すると、僕らの心の宇宙は整理され、まるで**仏教のマンダラ図や風景が出現**する。それは僕らの心の宇宙が整理されたイメージだ。これにて自我（個性化）は完成。

　フロイトの心理学は「**ひと皮むけば、人間の無意識はこんなふうになってるよ**」というものだ。でもユングのは「**無意識というマンホールのふたを開け、深く深く潜っていこうよ**」というもので、これがまた面白い。特に集合的無意識に登場するキャラは面白いね。グレートマザーだの老賢者だの、まるでゲームや神話のようだ。

　国や地域を問わず、人類はみんなこれらのイメージを持っている。だから各国の神話には共通性がある。マンダラ模様も、なぜか世界中にある。そう考えると、人の心は面白い。これがユングの心理学だ。

心の奥に深く深く降りてゆくと、いちばん底▶
にはマンダラ図の形で、すべてが整理された
イメージがある。
マンダラは中心を持った、心の宇宙の見取図
だ。ユングにとってここで示されているもの
は、いろんなイメージが中心へと向かう、個
性化の過程だ。

チェック問題 | 22

青年期に関する記述として適当でないものを、次の①〜④のうちから1つ選べ。

① マズローは、青年を、大人と子どもの境界に位置しながら、いずれの集団にも属さない周辺人（境界人）と呼んだ。
② ハヴィガーストは、親や他の大人からの情緒的自立など、大人になる過程で青年が取り組むべき発達課題を提唱した。
③ 親や教師などからの保護を束縛や強制と感じ、親や教師などに否定的態度を示す青年期の一時期は、第二反抗期と呼ばれている。
④ 青年期の始まりを告げる急激な身体的変化は、心理的な成熟に先立って現れるとされている。

（センター本試験）

 … ①

「青年期」の出題は、特徴的な言葉がそのまま素直に出されることが多いから、かなりとっつきやすいよ。「周辺人（境界人）」とくれば**レヴィン**だよね。マズローは「**自己実現欲求**」の人。
②：**ハヴィガースト**といえば「**発達課題**」ってのも、覚えとこう。
③：「第二反抗期」は、第二次性徴の発現により自我が芽生えてきた青年が、親からの自立を求めて反抗する時期を指す。確かに体は子どもをつくれる体になっているのに経済的に自立できず、まだ親と暮らさなきゃならない状況じゃ、イライラするよね。
④：我々の大人への入り口は、ある日突然肉体的な変化の方からやってくる。そこに心がついていくには時間がかかるから、青年期は不安定になるんだね。

23 現代社会の特質

1 大衆社会

大衆社会とは、20世紀以降の現代社会のことだ。

大衆とは、**意識や生活レベルに大きな差のない、平均化・均一化の進んだ現代人**のことだ。大衆社会は、そのような「名もなき大衆」を中心として構成されている。

大衆の成立要因…近現代の社会的変化と密接に関連

・産業革命／技術革新：「**大量生産・大量消費**」の実現。
　　　　　＋　　　　　▶みんなが均質で安い商品を買えるようになった

・人権保障の整備／情報化：**義務教育やマスコミ**の普及。
　　　　　　　　　　　　　▶みんなが同じ知識・情報を持つようになった

⤷ ◉**人々の平均化・均一化**進む（＝**大衆化**）。

なんかこう書かれると他人事みたいに見えるけど、**ここに出てくる大衆とは、まさしく僕たち自身のこと**なんだ。

> え、そうなの？

そうだよ。だって僕らは、みんなが同じような消費生活を送り、同じ教科書や新聞、テレビ番組から知識や考え方を吸収しているけど、これで平均化や均一化が進まない方がおかしい。中には個性的に見える人もいるけど、それも平均化の枠からはみ出していない、理解できる範囲内での個性だ。完全に規格外で理解を超える個性を持った人なんか、そうそういないでしょ。

> なるほど。

では、僕たち大衆は、一体どうやって秩序（＝社会的性格）を形成するのか、次はそいつを考えてみよう。

アメリカの社会学者**リースマン**は、著書『**孤独な群衆**』の中で、興味深

376　│　第3講　社会・倫理分野

い考察をしている。それによると社会の秩序は、社会の構成員たる僕たちが、**何に同調するかで決まる**のだそうだ。その同調の対象は、時代によって異なる。

時　代	社会的性格	同　調　の　対　象
市民革命前	伝統指向型	先祖代々の伝統に同調。
市民革命後	内部指向型	自己の**良心**に同調（自由権意識の現れ）。
現　代	**他人指向型**	大規模社会の中で個人の無力感が強まり、不安から**他者**（**マスコミ**など）に同調。

> これだけではわかりにくいな。

　　まず、**市民革命前**というのは、絶対王政の頃と考えてみよう。その時代は当然、王に逆らったりできない。だから人々は、生きるためには王国の伝統に従うしかなかった。ここまではわかるよね。

> はい。

　　でもその王政が、市民革命で倒れた。すると人々は、自分の自由な価値観通りに動く（＝自己の良心に従う）ことに喜びを見出すようになった。これが**市民革命後**の時代だ。

> それもわかります。

　　でも現代は、社会の規模が大きくなりすぎた。すると人々は、自分ひとりでできることが減って自己の無力を痛感し、不安になる。そうなると、もう自由な意思決定なんて怖いだけだ。だから**現代大衆は、何かあるとすぐマス＝メディアなどの情報にすがって他人を真似**（＝他者と同調）**し、他者と同じである自分に安心**する。これが**他人指向型**だ。
　　自覚できているかどうかはともかく、確かに僕らにはそういう面がある。そういった**主体性のなさや受動性こそが、大衆の特質**なんだ。

> なんか気が滅入っちゃいますね。

23　現代社会の特質　　　377

まあ、あんまり深刻に考えすぎないことだよ。せっかくだから、ここで大衆の特徴もまとめておくね。

> **大衆社会の特徴**
> ・**流行**に流されやすい（他人指向型 ➡ 安易に他者に同調）
> ・文化の低俗化（平均化・均一化 ➡ 万人（ばんにん）に受容可能なレベルまで下げる）
> ・**政治的無関心**（大規模社会 ➡ 自分の1票で社会が変わる気がしない）

流行に流されるって、青年期と同じ特徴ですね。

うん。でもいろんなことが違う。**青年期の流行は、アイデンティティ確立のために、ある意味必要**なものだ。なぜなら流行に流されるということは、いい換えれば「**他者に興味がある**」ということであり、そうした**他者への興味が、最終的には自分らしさであるアイデンティティにつながる**わけだからね。

なるほど。

でも、青年期も過ぎたのにまだ流行を求めている人は、意味が違う。彼らの多くは、**人と違うことをするのが不安で、人と同じであることに安心感を感じている**んだ。これが他人指向型の心理、いい換えれば大衆心理なんだ。

うわ～、痛烈だな～。

高度成長期の日本人も、自分たちのことを「**1億総中流**」なんて呼んで喜んでいた。戦後すぐの**第一次ベビーブーム**に生まれた人たちも、自分たちのことを誇らしげに「**団塊（だんかい）の世代**」と呼ぶ。**この他人と同じであることを喜ぶ中流意識・集団意識も、まさに他人指向型**だね。

そして流行だけでなく、**テレビ番組の多くが低俗といわれるようになった理由**も、**選挙の投票率が低下**した理由も、**突き詰めれば根本部分を、大衆社会に求めることができる**んだ。

僕らは現代社会に生きる以上、大衆である運命からは逃れられない。でもだからこそ、その大衆社会をしっかり理解しておきたいね。

ではここからは、大衆社会の特質を、個別に見ていこう。

大衆社会の特質

❶ **都　市　化** … 都市人口の急増に伴う、生活・意識の変化。
❷ **官　僚　制** … 組織の巨大化と、その管理・運営システム。
❸ **情　報　化** … 多様化したマス゠メディアと、その問題点。
❹ **国　際　化** … ボーダーレスの時代に生きる注意点。
❺ **家族の変化** … 都市化に伴う家族形態の変化。
❻ **女性の社会進出** … 女性の社会的地位の向上と権利の問題。

---

❶ 都市化

ここでは何を見ていくんですか？

都市人口の急増に伴う、人々の生活や意識の変化だな。
高度成長期、都市部では**ドーナツ化現象**が起こり、そのせいで周辺部で**スプロール現象**が起こった。ここまでは前に教えたよね。

はい。確か「16 日本経済の諸問題」で習いました。

そのときは、生活関連社会資本の不備を問題視したけど、今回は人々の「意識の変化」の方に注目するよ。

この流れで都市と周辺部を過密化させたのは、地方からの流入者だ。その彼らが、新しい土地で新しい社会集団をつくることになる。すると**日頃つき合う社会集団**も、**基礎的集団**重視から**機能的集団**重視へと変わってくる。

どういうことですか？

つまり、今までの人間関係は、**地元の仲間や身内といった自然なつながり**が軸だったでしょ。これが**基礎的集団**。でもこれからは、そんな自然な人間関係ではなく、**職場や学校や病院みたいな、便利だからつながっている人為的なつながり**が人間関係の軸になっていくんだ。これを機能的集団というわけさ。

23　現代社会の特質　｜　379

> なるほど。

　もちろんそれで、いいこともあった。この形はとても効率的で便利だし、何より**個人の自由がある**。

　地方出身でないとわかりにくいと思うけど、田舎の人間関係ってほんと濃密だからね。なんというか、村人全体が身内であると同時におたがいの監視役みたいな感じ。何かあると助けてくれてとても心強いけど、運命共同体だぞって言われているみたいで閉塞感が強い。

> そういうものなんですか。

　そうなんだよ。でもだからこそ、そこを出て都市に来た人たちは、開放感を味わえるわけだよ。ああ自由っていいな……、てね。

> なるほど。

　でもその後、それがいいことばかりではないことに気づく。なぜなら**地域社会との離反は、帰属すべき社会集団の喪失**をも意味するからだ。そして、独りぼっちで都市に投げ出された個人は心の拠り所をなくし、不安や孤独・無力感にさいなまれていく。こうして**現代人は、他人指向型人間になっていく**んだ。今日では、都市部のニュータウンなどでも**新しいコミュニティづくり**が始まっている。都市の人間に欠けているのは連帯感と帰属意識。対処の方向性は決まったが、うまくいくかどうかは不明だ。

　最後に、いろんな社会学者の分類も覚えておいてね。

	テンニース(独)	マッキーバー(米)
基礎的集団 (地元や家族)	ゲマインシャフト(共同社会) ＝ 愛情による結合	コミュニティ(地域社会) ＝ 共同体意識を持つ地域的な結合
↓ **機能的集団** (会社や学校)	↓ ゲゼルシャフト(利益社会) ＝ 利害による結合	↓ アソシエーション(結社体) ＝ 特定の機能を分担

❷ 官僚制

官僚制とは何ですか？

官僚制とは、巨大化した組織の管理・運営システムだ。
社会が大規模化してくると、企業も行政組織も当然巨大化してくる。だから、そこを合理的かつ効率的に管理・運営するには、官僚制というシステムが必要になってくるわけだ。

官僚って、確か公務員のことですよね？

正確には「公務員が官僚と呼ばれることが多い」だけで、言葉の定義からすれば、巨大民間企業の人だって官僚と呼んでいいはずだ。でも、誰もそんな呼び方はしない。だからここは、一般的な使い方通り、「官僚＝公務員／官僚制＝行政機関のシステム」でイメージしておこう。

官僚制にはどんな特徴があるんですか？

マックス＝ウェーバーによると、官僚制には次のような特徴がある。

官僚制の特徴…マックス＝ウェーバー（『支配の社会学』より）

- **職務の専門化** … 高級技術官僚（**テクノクラート**）による支配。
- **明確な職務権限** … **縄張り主義**（**セクショナリズム**）の発達。
- **階層性**（**ヒエラルキー**）… **ピラミッド型の上下の序列**。
- **合理性の追求** … 文書主義、規則万能主義。

つまり、エリート官僚を頂点に置いたピラミッド組織をつくり、その下で各部署が自分の役割を正確・忠実に果たしていくのが官僚制だ。
ピラミッド型にすることで命令系統の混乱を防ぎ、縄張り主義と文書主義を徹底させることで業務の混乱を避ける。巨大組織の効率的運営だけをめざすと、こういう形になるんだ。

> へぇ〜、すごく効率的で隙がない集団みたいですね。

でも問題点も多い。ここまで多くの約束事でがんじがらめになってしまうと、**効率的どころかかえって非効率的になってしまう**。こういうのを「官僚制の**逆機能**」というんだけど、「**お役所仕事**」とか「**官僚主義**」っていった方がわかりやすいかな。黒澤明監督の『生きる』という有名な映画の中で、市民が市役所のいろんな窓口をたらい回しにされたりする光景が出てくる。あれなんかがまさにそうだ。

> そっか、いいことばかりじゃなく、逆もあるのか…

それともう1つ。ここまで大きなシステムをつくると、かえってそれに人間が支配されてしまう恐れがある。**人間が自分のつくり出したものに支配され、次第に人間性を失っていく**ことを**人間疎外**とか**自己疎外**というけど、まさにその危険性があるのが官僚制だ。

❸ 情報化

ダニエル＝ベルの『**脱工業社会の到来**』や**アルヴィン＝トフラー**の『**第三の波**』が情報化社会の到来を**予測**してから40年。今日ではインターネットの普及・定着を軸に、従来型マス＝メディア（新聞・雑誌・テレビなど）とは違った形で情報化が進展している。

> 確かに。20年前と比べるだけでもまったく違いますもんね。

本当にそうだよ。**インターネット**なんて、元々は**研究機関同士の情報交換用に研究・開発された技術**だ（※よく言われるような「軍事技術としての開発」ではなく、その研究が「米国防総省の管理下で進められた」もの）。それが世の中に普及しただけで、こうも変わるのかってくらい、世の中は変わったね。

しかし情報化の進展は、常に問題をはらんでいる。しかも新しい技術が開発されれば、それに合わせて犯罪技術なども高度化し、新たな問題点も出てくる。ここでは従来型マス＝メディアの問題点と近年型の問題点を、順に見てみよう。

従来型マス＝メディアの問題点

- 一方的な情報伝達…**ステレオタイプ**の反応を誘発する。
    - ▶固定イメージ→「あの団体は全員悪者だ」みたいな反応
  ＋
- **商業主義・扇情主義**…売れ線狙いの興味本位・低俗な報道。
    - ▶コマーシャリズム　▶センセーショナリズム

↓

世論形成
に悪影響　⇒　政治権力と結ぶと、**世論操作**につながる恐れ。

> マス＝メディア＝立法・司法・行政に次ぐ
> 「**第四の権力**」と呼ばれるほど影響大。

- **管理社会**化　生活の管理・抑圧が進んだ社会
- **全体主義**化　国家の下、個人を統制した社会

などにつながる恐れあり。
▶オーウェルが『1984年』で警告

従来からマス＝メディアは、「**第四の権力**」と呼ばれるほど社会的影響力が大きかった。だからこそ営利目的に偏りすぎたり政治権力に利用されたりすることなく、本来期待される役割である「公正な報道」を心がけてほしいもんだね。そして、受け手である僕らの側も、**メディア＝リテラシー**（マスメディアの与える情報を批判的に読み解く能力）をもって、情報に接しなければならない。

次は近年の新しい問題だ。

情報化の進展により生まれてきた問題点

- コンピューター犯罪　…　**クラッカー**（悪意のある**ハッキング**をする人）やコンピューター＝ウィルス。
- **テクノストレス**　…　端末の使いすぎによる視力低下、うつ病など。
- 個人情報の流出　…　現代的プライバシーの侵害。
- **デジタル＝デバイド**…　情報機器やネットワーク環境の有無などからくる各種の格差。
    - ▶情報格差
- **サイバーテロ**　…　インターネット等を利用して、社会に重大な損害を与える行為。

23　現代社会の特質　│　383

😐 こちらはネット社会の問題点ばかりですね。

本当にそう。近年型の問題は、ネットワーク環境や情報ツールの普及からくるものばかりだ。ここまでくるともう君がいう通り「ネット社会」って単元をつくって学んだ方がいいように思えるね。

では次は、特に21世紀以降の **IT**（＝**情報通信技術**）**化**の進展に関して、少し古いけど2001年に制定された **IT基本法** の内容を押さえておこう。

IT基本法：IT戦略本部の下、**5年以内に世界最先端のIT国家**をめざす。
（2001年）　▶内閣府内　　　▶「e-Japan戦略」

具体的な内容＝「e-Japan重点計画」

- **ブロードバンド**（**高速通信網**）**整備**…光ファイバー、CATV回線などを活用。
- **デジタル＝デバイド**の**解消**…IT機器への習熟度から生じる経済格差の解消。
  ▶情報格差
- **eコマース**の**促進**…（ネット活用の「**電子商取引**」）⇒
  - B to B（企業対企業）
  - B to C（企業対個人）
  - C to C（個人対個人）
- **電子政府**の**実現**…2003年までに行政手続をインターネットで。
- **IT特区**の**設置**…IT先進モデル地区構想（沖縄が有力）。

🙂 他にも覚えておくことはありますか？

山のようにあるよ。しかも今後、まだまだ増えるだろうね。

近年の情報通信技術の進歩は、驚異的に早い。スマホやタブレットなんて想像すらできなかったし、コミュニケーションツールだって、いまやメールよりも、**LINEやツイッター、Facebookのような双方向性のあるSNS**（ソーシャル＝ネットワーキング＝サービス）**が主流**になってきている。

でも、技術が進めば進むほど、犯罪やトラブルも多様化・複雑化する。それも忘れないようにね。

最後にITに関する犯罪やトラブルに対する法整備と、IT関連の用語をまとめておこう。巻末の「27 時事問題」にも大事な用語が出てくるから、確認しといてね。

IT化をめぐっての法整備

- **不正アクセス禁止法**…他人のパスワードの不正利用やデータの改ざん×。（2000年）

- **電子署名・認証法**…ネット上の文書に、**紙の文書同様の法的効力**を認める。（2001年）

- 青少年ネット規制法…（2009年）　保護者の申し出があれば、18歳未満の携帯電話などに**フィルタリング**（**有害サイトアクセス制限**）をかける義務付け。

IT・その他の用語

- ネットバンキング…　ネット上での銀行取引サービス。無店舗銀行も存在。　ジャパンネット銀行（2000年）が初（IYバンクやソニー銀行も）。

- **電子マネー**…　ICカードに現金情報を記録し、お金のように使う方式。　Suica（スイカ）やPASMO（パスモ）が典型。

- **SOHO**（ソーホー）の増加…Small Office ／ Home Office。ネットを使った**在宅小規模経営**。

- オンライン証券…　ネット上での株取引専門の格安証券業者。　▶ディスカウント＝ブローカー　「格安＋24h取引」➡**デイトレーダー**の増加につながる。

- **ユビキタス**…「**いつでもどこでも**」ネット接続できる環境や技術。

- **ノマドワーキング**…スマホやノートPCで場所を選ばず仕事をする働き方。
  ▶ノマド＝遊牧民

- **SNS**…Facebookやツイッターなど、**双方向性**のある**webサイト**。

3　社会・倫理分野

23　現代社会の特質　｜　385

❹ 国際化

　現代は世界中で「人・モノ・カネ・情報」の**ボーダーレス**(＝**無国境**)**化**と**グローバル**(＝**地球規模**)**化**が進展している。

😊　確かにそれは、いろんな分野で進んでますね。

　当然、異文化に触れる機会も多くなる。そこで注意を要するのが**異文化理解**のあり方だ。その注意点をしっかり把握しよう。

😮?　異文化理解には、どういう姿勢が必要なんですか？

　それはまず**文化相対主義**(＝絶対的な文化などない)や**多文化主義**(さまざまな人種や民族の文化の多様性を尊重)の立場に立ち、**自民族中心主義**(＝**エスノセントリズム**)を排除することだ。

　つまり、まず偏狭でエゴイスティックな民族意識を捨て、異文化の多様性を尊重しよう。そしてその上で、**異文化の持つ普遍性と個別性を理解**していこう。

異文化の普遍性と個別性の理解

- **普遍性**：**同じ人類**が生んだ文化
- **個別性**：**異なる風土・民族**が生んだ文化

　→　**どちらも理解**

　これが異文化理解の基本の形だ。

❺ 家族の変化

都市化の進行に伴い、家族の形態も大きく変化してきた。

戦前の日本では、**民法に規定された「家」の概念に基づき家族を構成**するのが基本だった。これを「**家制度**」という。

> 😮❓ **家？　建物としての「家」のこと？**

😖 そうではなくて、この場合の「家」とは、**財産・家名・家業などを継承（けいしょう）させる共同体**だ。茶道や華道、歌舞伎、能などの集団では長のことを「家（いえ）」元とか宗「家（もと）」とか呼ぶけど、それと同じ考え方で家族をとらえたものだね。ちなみに**家制度における長は家長（かちょう）、つまり父親**だ。

家長の権限は絶対だ。婚姻・財産・居住権など、家族はあらゆる事柄で、家長には絶対服従だ。この**家長の権限は、民法の規定により長男1人が相続する（＝家督相続（かとく））**。長男がいないときは養子もOK。**家制度では血のつながりより「お家の存続」の方が重視される**。一方、女子の地位はおそろしく低い（＝男尊女卑（だんそんじょひ））。

> 😄 **すごいな～。家族愛よりも制度重視ですか。**

😖 でもこれは、不自然な形態だ。だから**戦後廃止され、今日では核家族（かく）（夫婦と未婚の子ども）が主流になった**んだ。

> 😊 **核家族は戦後の新しい家族って感じですもんね。**

😖 いや実は、核家族は新しい家族のスタイルではない。それどころか、**核家族は人類にとって最も普遍的な家族の形態**なんだよ。

> 😣 **えー！　そんなバカな。**

😖 なぜなら人間は、第二次性徴（せいちょう）の発現後に自立への欲求が高まり、親から離れて独立するものだけど、その**自然の欲求に従って動けば、人類はみな核家族になるはず**だからだ。つまり家制度は、中世～近代にかけての武家社会が、この自然な流れをゆがめてできた産物なんだ。

しかし、核家族にも問題点は多い。今日現れてきている問題点を、簡単に押さえておこう。

23　現代社会の特質　　387

核家族化の問題点

- （家族の絆の希薄化）…「**家族の最小限の機能**」すら、機能不全に。
  ▶ パーソナリティの安定化／子どもの社会化

　「家に帰るとホッとする」という気持ちも、子どものしつけも、関係性の希薄な核家族では、十分に機能しないことが多い。

- 負担の増加　…育児負担増、働き手は病気やケガで休めない。
- **少子化**　…育児負担の増加に対応しきれず、**出生率低下**。
  ➡ 特に都市部で**DINKS**（=Double Income No Kids）増加。
- 独居の高齢者の増加　…核家族の構成から外れてしまう。

❻ 女性の社会進出

　今日の日本国憲法**第24条**では、戦前の民法に基づく家制度とは違い、「**両性の本質的平等**」が保障されている。

　これにより**女性の高学歴化**が進行し、加えて家電製品（冷蔵庫・洗濯機・掃除機・炊飯器など）の技術革新が**家事負担を軽減**させ、さらには核家族化によって**家計負担が増加**している。どれも女性の社会進出につながる要素ばかりだ。近年では出産育児の時期にいったん会社を辞め、子育て終了後に再び就職するパターンが定着してきた。

　そうすると、女性の労働力率を表すグラフは右図のように「**M字型カーブ**」になる。この**Mがだんだん上にシフトしているのはそれだけ女性の社会進出が増えてるってこと**なんだ。

　これだけ女性の社会進出が常態になってくると、当然、環境面での整備が必要になってくる。

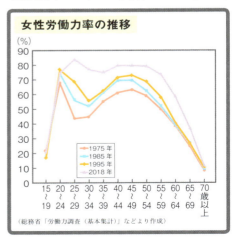

女性労働力率の推移
（総務省「労働力調査（基本集計）」などより作成）

男女共同参画社会基本法（1999年制定）

目的 男女の固定的な役割意識を改め、仕事・家庭・政治にともに参加。
　　　➡ **ジェンダー**（社会・文化的に形成された男・女らしさ）の撤廃をめざす。

〈主な内容〉
- ・男女の役割の固定化　➡　できる限り中立に。
- ・家庭生活と社会参加の両立（男女とも）
- ・**積極的差別是正措置**… 実質的平等のため、一定の範囲で**女性のみに特別な機会**提供（「女性の課長数だけ増やす」など）。
　▶ポジティブ＝アクション

●**夫婦別姓**… 夫婦の98％は夫の姓で統一しているが、これは女性の不利益大とされる（名刺の刷り直し、出版物の著者名の変更など）。

対策　**選択的夫婦別姓制度**の導入**案**（＝民法改正案）　➡　but 実現には至らず。

性的暴力への対処

- ・**セクハラ**：男女雇用機会均等法改正で、セクハラ防止義務。
- ・**ドメスティック＝バイオレンス（DV）**：**親しい男性（＝夫・恋人）からの暴力。**

国連「**女性2000年会議**」を経て、日本でも2001年、「**DV防止法**」成立。

❼ その他

NPO（非営利組織）とNGO（非政府組織）の違い

どちらも**民間**で**非営利**の**活動**を行う団体で、**実質的には共通概念**。強調したいポイントの違い。近年は公害や震災対策、いじめへの対処、ホームレス支援など、**行政の不備が目立つさまざまな面を**、NPOやNGOが**補完**している。

23　現代社会の特質

日本での使い分け

- **NPO**：主に**国内で**行う、「非営利」の活動。
- **NGO**：主に**国境を越えて**行う、「民間」の活動。

※　よく比較されるもの①…ODA（政府開発援助）と NGO

- **ODA**：政府による政府に対する開発援助。
- **NGO**：市民による市民に対する開発援助など。

※　よく比較されるもの②…ボランティアと NPO

- **ボランティア**：**個人**で自発的に行う無償活動。
- **NPO**：**組織**で継続的・自発的に行う無償活動。

⬇

一定規模以上の活動を継続的に行うため、**有償**の専従スタッフや専門家を確保することが多い。　➡　（●利益配分はしないが **活動に費用はかかる**。）

負担軽減のため、**NPO 法（特定非営利活動促進法）**成立（1998 年〜）。
一定基準を満たした NPO は **認定 NPO 法人**となり、**税制優遇**あり。

　以上、いろんな問題を見てきたけど、すべてに共通していえることは、世の常識は時代とともに変化するってことだね。

390　│　第 3 講　社会・倫理分野

チェック問題 | 23

男女が性別にかかわりなく活動できる社会の実現をめざす法制度に関する記述として最も適当なものを、次の①〜④のうちから１つ選べ。

① 男女雇用機会均等法は、各企業に対して、従業員数を男女同数にするよう求めている。
② 育児・介護休業法は、乳児を持つ親が育児休業を申し出ることを義務付けている。
③ 男女共同参画社会基本法は、国や自治体の政策・方針の立案や決定に、男女が共同で参画する機会を確保するよう求めている。
④ ドメスティック＝バイオレンス防止法は、職場の上司による暴力や性的な嫌がらせから被害者を保護している。

（センター本試験）

解答 … ③

 男女共同参画社会基本法は、男女の固定的な役割意識（＝ジェンダー）をなくすことを目的に、1999年に制定された。2001年には内閣府内に「**男女共同参画会議**」も設置されている。

①：何でもかんでも男女同数がいいとは限らない。例えばエステティックサロンとか女子寮の管理人など、男性が勤めにくい職場もあるし、過去の差別を是正するため、一時的に男子や女子のみの雇用を増やさないといけない場合もある（＝積極的是正）。
②：同法では、育児休業を求めてきた労働者の申し出を企業は拒否できないことになっているが、労働者側が必ず育児休業を求めないといけないとは規定されていない。所得保障が不十分な法だから、金銭的に働きたい人だっているもんね。
④：これは**セクハラ**や**パワハラ**と呼ばれるもので、ドメスティック＝バイオレンス（DV）ではない。

23 現代社会の特質 | 391

24 日本の伝統文化

1 伝統的な心情…『古事記』の「国生みの神話」より

上位の神々の命により、イザナギとイザナミは日本列島（＝葦原中国）を生み、その後さらに**様々な神々**を生んだ。

ところが火の神出産時の大やけどでイザナミは死に、死者の国（＝**黄泉の国**）の住人となる。
イザナギは救出に向かうが、すでにイザナミは死者の**穢れ**に毒されていた。その醜悪さに驚き、イザナギは命からがら現世に逃げ帰る。

黄泉の国から逃げ戻ったイザナギは、川で**禊**をして穢れを洗い清めた。その穢れからさらに**様々な神が生まれ**、最後に**天照大御神**や**スサノヲノ命**が生まれた。天照は天界（＝**高天原**）、スサノヲは海原を治めることになった。

ある日、スサノヲが天照に会いに高天原を訪れた。しかし天照は高天原を奪われないかと心配し、スサノヲの心を確認した。その結果「**清き明き心**」ありと判断され、スサノヲは高天原に入る。

高天原に入れてもらえたスサノヲは、有頂天で暴れ回り、**天照の祭祀を妨げた**。天照は恐れ悲しんで、**天岩戸**にこもってしまった。

事件後、スサノヲは反省の意を示すために**祓い**をし、その後高天原を追放された。

古代の日本は、海・山・木など、あらゆる自然の事象に神を見出す**アニミズム**（＝精霊信仰）の国であり、多神教（＝**八百万の神々**）の国であった。

様々な意味で不吉・不浄のもとになるもの。特に日本人は、伝統的に死の穢れを嫌う。

死の穢れを嫌う反面、1つの生命の死は別の生命の肥やしになるという農業国的発想もある。

天照 … 太陽神。姉。
スサノヲ… 暴風神。弟。

純粋でにごりのない心。古代日本人の理想的心情。

日本は農業国だったから、荒ぶる神々（＝自然）をコントロールする祭祀は、古代の最重要事だった。それを妨げたスサノヲは重罪！

罪悪を、身につけているものを差し出すことで償うこと。

何のために古事記なんか見るの？

『**古事記**』は日本古来の神話だ。なら、そこには外来思想の影響を受ける以前の、日本人の伝統的な心情が表れているはず。それが『古事記』に注目する理由だ。読み取るべきポイントはこのようになる。

ポイント⑴：**現世肯定的**態度

高天原は神々の暮らす所で、黄泉の国は死者の住む穢れた国だ。ならば僕たちが暮らすべき場所は、現世しかない。

死後に極楽往生を願うのは、外来思想である仏教から派生した、社会不安の大きかった時代の考え方だ。古代日本人は死後に希望など抱かなかった。

ポイント⑵：**深刻な罪意識なし**

イザナギは、古代日本人が最も忌み嫌う「死の穢れ」に冒された。なのにたかだか川で洗い清めた（＝**禊**）程度でケロッとしている。一方、スサノヲは重罪を犯した。なのにヒゲや爪の一部を切っただけ（＝**祓い**）で許された。

そう考えると日本人の罪意識は軽い。対して欧米人などキリスト教文化圏の人々が抱く「**原罪**」（＝生まれながらの罪）という意識は、洗おうが何をしようが取れることはない。結局、日本人はそれと比べると**楽天的**なんだ。

ポイント⑶：**共同体の和の重視**

古代の日本は農業国だった。農作業で必要なことは、共同作業を滞りなく進行させつつ、自然をうまくコントロールすることだ。

ならば共同体の協調性を保つことと祭祀を行うことは、どちらも非常に大切な仕事ということになる。スサノヲはそれらを乱した。だから彼は重罪なんだ。

ちなみに天照は、天皇家の祖とされる。**天皇は彼女から、古代の最重要事である祭祀を引き継いだことで、為政者たりえた**。

「祭事」と「政」、どちらも「まつりごと」と読むのは、こういうわけなんだ。

ポイント(4)：清き明き心(＝清明心)

共同体の和を保つためには、「清く明るい心」は不可欠だ。この心は、現在でも日本人の美徳として受け継がれている。

結局、古代日本人は、豊かな実りのある「葦原中国」という現世で、清く明るい心を持って、共同体の和を乱さず、純粋に楽しく暮らすことをよしとしていたわけだね。

2 現代日本人の特質

😊 ここから現代の話になるんですか？

😟 ここまでは、古代において形成された日本人の特質の話だった。今度はそれらが、現代にどうつながっているのかを見てみよう。ただし、現代日本人を特徴づける要素は、地理的要因と歴史的要因の二側面からとらえるのが基本だ。だから両方見ていくよ。

日本は島国だ。**外国と比べて、他民族と接触する機会が極端に少なかった**。だから僕たちは、多かれ少なかれ「**島国根性**」を持ち合わせている。

僕たちは同じ日本人に対しては甘えに近い身内意識で接するのに、外国人に対しては媚びたり無視したり排斥しようとしたりと、いろんな形で過剰な反応を示す。こういう「**ウチとソト**」の二面性、**これが島国根性**だ。まずはこれが、地理的要因として考えられる。

そして歴史的要因。こちらはもちろん、ここまで見てきた流れがメインになる。つまり僕たちは、**弥生時代以降の稲作農耕のせいで、共同体の和を重視するクセが染みついている**。そこから個別の、いろんな特性が現れてくるんだ。

現代日本人の特性

- **身内意識**…日本人独自の「甘え」意識。（土居健郎『「甘え」の構造』）

  ⬇

  他人の好意への依存。他者との分離を否定し、他人や集団に寄りかかる。企業の「家族的経営」（サービス残業や休日出勤の要求）などは、その現れ。

- **タテ社会**…能力差より地位・年功重視。（中根千枝『タテ社会の人間関係』）
- **本音とタテマエ**…共同体の和を乱す本音は、正しくても慎む。
- **恥の文化**…「世間に恥ずかしくない行動」重視。（ベネディクト『菊と刀』）

  ▶欧米は「罪の文化」→「自分の良心に恥ずかしくない行動」重視

 地理と歴史さえ押さえれば、大丈夫なの？

 いやいや、他にも、**気候風土**に日本人の特性を求める見方もある。**和辻哲郎**は著書『風土』の中で、日本と他の地域を自然環境の違いで比較し、その上でそれぞれの特性について言及している。

地域	タイプ	自然	人間の態度
日本	モンスーン型	気まぐれな自然	台風の暴威への**諦め**。台風同様の**激しさ**。
中東アフリカ	砂漠型	荒々しい自然	厳しい自然からくる**対抗的・戦闘的**態度。
欧州	牧場型	従順な自然	規則的な地中海性気候からくる**合理的**態度。

24 日本の伝統文化

● 日本人の生活

　ここでは何を見ていくんですか？

　ここで見ていくのは、僕たち日本人にとっての1年だ。これは「ハレ」と「ケ」に大別できる。

　ハレとは**改まった特別の日**のことで、節分・ひな祭り・七夕など**毎年決まった時期に行う年中行事**と、七五三や成人式・結婚式みたいな**人生のどこかで行う通過儀礼**（イニシエーション）とから成る。それに対して**ケ**とは**日常、ふだんの日**のことを指す。

　「ハレ」の方が楽しそう。

　まあそう思うよね。でも覚えておいて。**どちらが大事かといえば、これは絶対ケ**だ。

　ケ（つまり日常）は農耕民にとって、農作業日を意味する。ならばそこに異常があってはまずい。だからハレの日にお祭りをやり、自然をコントロールする。つまり**ハレの日は、ケを順調に維持するために存在している**んだ。

　荒ぶる神々（＝台風など）に突然来られて暴れられると、せっかくの農業の成果が台なしになる。だから年中行事でお祭りをして、来てほしい時期に神様に来てもらう。

　降るべきときに降り、照るべきときに照れば、農業は安泰だ。こうしてコントロールしていけば、自然もまんざら捨てたもんじゃない。

　神祭りのおかげで、日本人はようやく自然をゆとりをもって眺められるようになった。**自然はおっかないものから、美しいもの・風流なものへと変貌していった**んだ。そこから、**自然の生命力や風流を愛でる日本人の美意識が育まれていった**わけだね。

❸ 日本人の美意識・精神・学問・文化

日本人の美意識・精神

- **わび**（千利休） …「**物質的な不足**」からくる風流。
  - ▶簡素で枯れた趣
- **さび**（松尾芭蕉）…「**心情的な孤独**」からくる風流。
  - ▶ひっそりと閑寂な情感
- **もののあはれ** … 何かに触れて起こる、**心の深い感動**。
  - ▶平安文学
- **無常観** … **万物は移ろいゆく**ものであるという人生観。
  - ▶仏教思想の影響

日本人の学問

江戸期：儒教思想（儒学・朱子学・陽明学）の隆盛と、その反発。

- **朱子学**…私利私欲を制御することで、本来の自己の善性に立ち返ろうとする立場。 ▶江戸時代の中心学問

- **陽明学**…無理に欲望を制御せず、**先天的な道徳知（＝良知）を磨いて実践**する立場。 ▶朱子学への批判

- **古学**…孔子・孟子の原典から、儒教本来の思想に立ち返ろうとする立場。
  - ▶朱子学・陽明学は原典から離れすぎ

- **国学**…儒教・仏教以前の、**日本固有の道徳や思想**の研究。
  - ▶中国思想が幅をきかせすぎ→日本文化の純粋性を守れ

24 日本の伝統文化

幕末〜明治：**和魂洋才**…精神文化は朱子学。科学技術は西洋。
　　　　　　　▶西洋との技術格差への焦り

明　　治：**脱亜入欧**…独立に消極的なアジアと歩調を合わせる
　　　　　（福沢諭吉）　のはやめ、欧米列強の仲間入りをめざせ。

日本人の文化

- **柳田国男**…無名の民衆（＝**常民**）の生活に、日本の基層文化を
  ▶民俗学の父　　見出す（常民の精神＝**自然崇拝と祖先崇拝**）。

- 柳　宗悦…古来からの手作り工芸品（＝**民芸**）の美を再発見。

- 和辻哲郎…日本に伝来した仏教などの外来文化は、**伝統的心情
  の上に重なっていく**（＝日本文化の**重層的性格**）。
  ▶融合ではなく、両者共存

　　　　　　　　　　　＋

　　『**古寺巡礼**』（旅で見た古美術・古建築の印象記）で、
　　飛鳥・奈良の古建築に日本文化最高の姿を見た。

チェック問題 24

一般に日本文化の特徴といわれていることとして適当でないものを、次の①～④のうちから1つ選べ。

① 日本は「タテ社会」といわれ、個人の能力や資格よりも、集団内での地位や上下関係を重視する傾向が強い。
② 「恥の文化」の欧米に対して、「罪の文化」の日本では、人々は内面的な罪の自覚に基づき行動する傾向が強い。
③ 個人主義が発達した欧米に対して、人間関係の和を重んじる日本社会は、集団主義的な傾向が強い。
④ 日本人は、表面的な意見である「タテマエ」と、本当の考えである「ホンネ」とを、時と場合に応じて使い分ける傾向が強い。

（センター本試験）

解答 … ②

 ベネディクトの『菊と刀』によると、日本人は他人の目を重視して行動する「**恥の文化**」、欧米人は自己の内面的な良心を重視して行動する「**罪の文化**」を形成している。ちょっと簡単だったかな。

24 日本の伝統文化　｜　399

25 現代と倫理

1 代表的な哲学

ひと頃出題が減っていた哲学分野が、近年少しずつ出されるようになった。油断していると足をすくわれるので、しっかり見ていこう。

❶ 古代ギリシアの哲学

紀元前6世紀、**古代ギリシアの都市国家（ポリス）では、奴隷制が発達**した。おかげで市民は暇になり、暇つぶしとして「**万物の根源（アルケー）**」探しに熱中した。そう、哲学発祥の地とされる**古代ギリシアの哲学は、何と市民の暇つぶしから始まった**のだ。

その後ギリシアは、3人の偉人を生む。**ソクラテス、プラトン、アリストテレス**だ。一見彼らの哲学はバラバラだが、実は共通点がある。それは「**善＝秩序・調和**」という古代ギリシア的な価値観だ。

彼らを学ぶときは、その価値観を軸に学ぶとわかりやすくなるよ。

- **古代ギリシア** …**万物の根源**（＝**アルケー**）の探究より始まる。
  - （**アルケー**）の探究者 …タレス、ピュタゴラス、ヘラクレイトス、デモクリトスなど。
    水　　　　数　　　　火　　　　原子

- ※ この後、**アテネ市民の政治参加**(しかも**直接民主制**)が実現したことで、人々は自然探究より**政治の場での弁論術**を磨くことに熱中し始める。

　　　　　　　　　　　↓

- **ソフィスト**の登場…（アテネ市民に弁論術を指導した**職業教師**。
  ▶「知者」の意　　→ **詭弁**が流行し、**利己的風潮**が蔓延。）

- **ソクラテス**…ソフィストがつくった**利己的風潮への批判者**。

　　↓　　　　　　　　▶弁論術では「**善く生きる**」ための真の知は得られず

  ・**問答法**：**対話**を通じて矛盾を突き、相手が**無知であるとの自覚**(＝**無知の知**)**に至る手助け**をする。
  　　　　▶ソクラテスは手助けのみ→「問答法＝助産術」

  ・無知に気づくと**知への憧れ**(**愛知**)発生。➡真の知を得る出発点に。
  ・善への無知(知の不足)が悪行につながる。➡「**知徳合一**」

- **プラトン**…ソクラテスの弟子。イデア論の提唱者。

　　↓　　・万物の**本質・原形**。**永遠不変**の真の実在。
  ・**イデア**：・天上のイデア界にあり、**現実界との接点なし**。
  　　　　・ただし魂だけはイデア界との接点あり(元イデア界の住人)。

（現実界の善や美に触れる。）→（魂がイデア界を思い出し、**イデアへの憧れ**(＝**エロース**)が高まる。）→（現実界をイデア界に近づけられる。）

- **アリストテレス**…プラトンの弟子。イデア論の批判者。

　　↓
  ・イデア論批判：事物の本質は、**個々の事物の中に内在**。
  　　　　▶本質だけイデア界にあるのは変
  ・人間の最高善・幸福：理性を最大限働かせる「**観想(テオリア)的生活**」。

  ・ギリシアでは「**善＝秩序・調和**」と考えるから、最高善のためには**中庸**(＝極端を避けるバランスのよさ)を実現した生活が必要。
  ・そのためには、**ポリスでの社会正義**は不可欠。➡**人間はポリス的動物**。

❷ 近代の哲学

ギリシア・ローマ時代以降、ヨーロッパは長い間キリスト教の価値観、より正確には、腐敗したローマカトリック教会の価値観に支配され、人々は人間性を喪失していた。

しかし教会の影響力が次第に衰えてきたのを受けて、14～16世紀には**ルネサンス**（＝ギリシア・ローマ時代の「**文芸復興**」）をめざす動きが起こり、世の中にはようやく人間性回復のきざしが見え始めた。

つまり古代ギリシア・ローマという、**まだキリスト教がなかった時代の人々の作品を通して、自由な生き方を学ん**だわけだ。

この時代、腐敗した教会は**ルター**や**カルヴァン**といった抵抗者（＝**プロテスタント**）による**宗教改革**で改革され、ガリレイやコペルニクスら科学者は、昔ほど神への遠慮なく、自然探究に没頭できるようになった。つまり**この時代は、神中心の考え方から人間中心の考え方へとシフト**してきた時代なんだ。

こんな時代に生まれてきた科学的なものの見方・考え方を見てみよう。カントとヘーゲルはこの後の時代の人だけど、ここに一緒に入れておくね。

近代の哲学…人間生活を改善する、よりよい科学・社会の思想

- ●ベーコンの**経験論**…**実験・観察**を重視する立場。

  ⬇

  ・真理探究方法：**帰納法**…（個々の事実を実験・観察し、法則性を導く。）

  ・科学的態度：　正しい認識を得るため、偏見（＝**イドラ**）を排除。

- ●デカルトの**合理論**…**理性の働き**（＝推理・推論）を重視。

  ・真理探究方法：**演繹法**…法則性から個々の事実を推測。

- **カント**の批判：事物認識には「**経験論＋合理論**」の**共働**が必要。

  ▶（素材をとらえ）＋（分析する）→認識

  （カントの考える理想世界）…まず各人が**自らの理性が発する道徳的な命令に自ら従い**…

  ▶自分の道徳律で自分を律する（＝**自律**）＝他者の縛りではないので**自由**

  その上で他者の自由も尊重し、**他者を縛らず価値あるものとして尊重する**社会。 ＝ ・**目的の王国**（理想国家）
  ・この考えを国際社会に応用した理想世界は、**国際連盟**がつくる。

  ▶他者を**手段**として扱わず**目的**として扱う　　▶『永遠平和のために』

- **ヘーゲル**…人間は**自由を本質とする何ものか**（＝**絶対精神**）に操られて自由をめざし、**その積み重ねで社会・歴史は発展**する。

  発展法則＝**弁証法**　…**ある物**と**別の物**の**対立**から、**よりよい物**が誕生。
  　　　　　　　　　テーゼ　　アンチテーゼ　矛盾　　ジンテーゼ

  ➡**社会主義**でも**労使対立が社会発展につながる**説明で活用。

- その他の思想家：**パスカル**…「**人間は考える葦である**」

  ▶思考にこそ人間の尊厳あり

❸ 19～20世紀の思想

19～20世紀といえば、産業革命があり、経済が大きく発展した時代だ。

そんな時代に生まれてきた**功利主義**には、**カント的な道徳主義への反発**という側面もある。つまり、産業革命でもたらされた飽くなき利潤追求は、**動機が不純に見え、道徳的とはいえない**かもしれない。しかし、**行為の結果が人々に快楽や幸福をもたらすならば、それは善**でいいじゃないか、という考え方だ。

さらに**実存主義**には、同じく産業革命によって巨大化した社会の中でもがく人間の姿が垣間見える。どうもおかしい。人間が機械を発明したはずなのに、**オレたちはいつの間にか機械に使われ、人間性を喪失**している（＝**自己疎外**）。今のオレたちは、ただの社会の歯車だ。交換可能なただの部品だ。これでいいのか？

いや、よくない。もっと主体的な生き方がしたい。**人間の生き方に対する答え**が欲しい！

でも既存の哲学には、その答えがない。ならばつくろう——という流れが、実存主義の背景にはあるんだ。

功利主義：行為の善悪の基準を、その行為が**快楽や幸福をもたらすか否か**に求める考え。

- **ベンサム**…量的功利主義。「**最大多数の最大幸福**」をめざす。

※ (多数者が苦痛なとき) ＝ (社会的な不正あり) ➡ ●**多数決の原理**で是正。
　　　　　　　　　　　　　　　　　　　　　　▶イギリスの普通選挙に影響を与える

- **J＝S＝ミル**…質的功利主義。**快楽に質的差異**あり。
　　　　　　　　　　　　　　　　▶低俗な快楽よりも高尚な快楽を

プラグマティズム：真に価値のあるものは、**実用的な効果を持つものだけ**
▶実用主義　　　　　　　とする考え。アメリカ生まれの哲学。

実存主義：現実存在としての**人間の生き方を考える哲学**。

⬇

- **キルケゴール**…大規模社会では、自分の必要性を見出せず**絶望**
　　　　　　　　（＝**死に至る病**）に至る。➡多くの人は
　　　　　　　　他者と平均化し、これを紛らわせる。
　　　　　　　　▶絶望はごまかせるが、**主体性なき生き方**に

　[対策] 他者と平均化せず、自分1人で(＝**単独者**として) **神を信じる**ことから、
　　　　主体的な生き方を探れ。
　　　　　　▶創造主である神は、何の必要性もなく自分を創ったりしないはず

- **ニーチェ**……現代は人生に意味や価値を見出せない"価値否
　　　　　　　定（＝**ニヒリズム**）"の時代。➡そんな無価値
　　　　　　　な時代に**新たな価値を創造できる自己肯定的**
　　　　　　　人間（＝**超人**）となれ。

- ヤスパース…人生には越えられない壁（＝**限界状況**）がある。
  ➡これを自覚し、その中で最善を尽くせ。
- ハイデガー…人間の根本不安は「**死への不安**」。これを直視
  し、不安をごまかす生き方をやめよ。
- サルトル…「**実存は本質に先立つ**」（＝「人間とはこんなも
  の」という本質などない）。➡その意味で人間は**自**
  由。だからこそ一切の行動に**責任**あり。
  ▶＝「自由と責任」

❹ 現代のヒューマニズム

ヒューマニズムとは、**非人間的な状況からの解放をめざす思想**だ。偉人伝に出てくるような有名人ばっかりだから、ここは落ち着いて学べると思うよ。

現代のヒューマニズム

- **シュヴァイツァー**：アフリカでの医療・伝道活動に一生を捧げた。
  ➡「**生命への畏敬**」こそ倫理の核心と考えた。
- **ガンディー**：「**非暴力・不服従**」で、英の植民地支配に抵抗。
- **マザー＝テレサ**：神の愛（＝**アガペー**）の実践者として、インドのスラム街で貧民のために献身的に働いた。
- **キング牧師**：黒人解放運動。社会変革＝「**愛と非暴力**の結合」。
- **アインシュタイン**：哲学者ラッセルとともに**核兵器廃絶運動**を展開。
  ➡**パグウォッシュ会議**開催へ。
  ▶科学者による核廃絶会議
- **ロマン＝ロラン**：人類愛のためなら、**平和の敵とも闘え**。
  ▶戦闘的ヒューマニズム
- **フロム**：ナチス支持者＝**自由への不安から、自ら権威に服従**。
  ➡**権威主義的性格**（『自由からの逃走』）。

2 代表的な宗教

ここでは世界の代表的な宗教について見てみよう。

世界三大宗教といえば、ご存知「**仏教・キリスト教・イスラーム**」だ。これらはそれほど細かくでなくていいので、要点だけしっかり押さえていくことにしよう。

世界三大宗教

仏教系

- **ヒンドゥー教**…現代インドの中心宗教。**多神教・カースト制度・輪廻転生**の教え。
- **仏　教**…**仏陀**(ブッダ)(＝真理に目覚めた者)の教え。
  ➡ 東南・東アジア中心。　▲仏陀
  - **大乗仏教**：**一切衆生の平等な救済をめざす**(➡中国・朝鮮・日本へ)。
    「生きとし生けるものすべてが乗れる大きな乗り物」という意味。
  - **上座部仏教**※：修行による**個人的完成**をめざす(➡東南アジアへ)。
  ※「自分1人しか乗れない小さな乗り物」という意味で、「**小乗仏教**」との蔑称もあり。

キリスト教系

- **ユダヤ教**…『**旧約聖書**』。神による**イスラエル民族救済**の教え。
  - ▶神とユダヤ人との救済**契約** ▶ユダヤ人＝神の「**選民**」

- **キリスト教**…『**新約聖書**』。**神による全人類救済**の教え。
  - ▶**イエス**の教え ▶**無差別平等の神の愛**（**アガペー**）に基づく

▲イエス

  - カトリック（旧教）：宗教改革以前の主流。現在は中南米中心。
  - プロテスタント（新教）：宗教改革以後の主流。現在は欧米中心。

- **イスラーム**…『**クルアーン**』。アッラーの神と**ムハンマド**への信仰。
  - ▶コーラン ▶マホメットともいう
  - **ムスリム**（＝イスラーム教徒）の**生活全般の規範**。

　ここで終わりといきたいところだけど、そうはいかない。この中には、今日の日本人の生活に根ざした大事な宗教が含まれていない。それは儒教だ。「現代社会」で宗教を学ぶときには、「三大宗教＋α」という形で、儒教まで押さえるようにしよう。

儒教　君子・聖人（儒教が理想とした人間像＝）
孔子・孟子などの思想。**現世における世俗的な道徳**が中心。
➡現在の**東アジア文化圏**（中国・朝鮮・日本）**の根本道徳**。

儒教思想

- **儒学**
  - **孔子**…**仁**（人間愛）＋**礼**（それに基づく社会規範）を重視。
  - ※後継者たちの方向

▲孔子

  - **孟子**：仁重視➡**性善説**に基づく君子の統治（＝**王道政治**）を提唱。
  - **荀子**：礼重視➡**性悪説**を基本に、人間を礼で矯正する**礼治主義**を提唱。

▲孟子

- **朱子学・陽明学**… 後世に確立された**新儒教**。**日本でも江戸時代に流行**。

  ↓

  - 朱熹(朱子学)…「**禁欲＋学問探究**」を通じて、**人間本来の善性に立ち返ろう**とする学問。
  - 王陽明(陽明学)… 本来人間には善悪両面あり。無理な禁欲より**良知**(先天的な道徳知)を**磨き実践**せよ。

※儒教思想への批判…**道家**の示した「**道**(タオ)」の思想が代表的。

▶道＝万物を生む大いなる大自然の根源

- **老子**… 儒学は人為的で不自然。道に従う「**無為自然**」をめざせ。
- **荘子**… 道と一体化した理想的人間(＝**真人**)として生きよ。

▲老子

→ 無為自然（人間の立場を離れてあるがままに世界を眺める。ありのままの自然に自己を委ねる）

3 世界の文化との交流

ここでは歴史的な文化の交流ルートを覚えておいてもらおう。

アジアとヨーロッパの文化は、古くから主に3つのルートを使って交流してきた。ときたまこれが出題されることがあるので、地図込みで、一応頭に入れておいてね。

東西文化の伝播経路
- **絹の道**(**シルクロード**)…地中海世界と中国を結ぶ主要ルート。
- 草原の道(ステップロード)…天山山脈北部の草原。遊牧民が利用。
- 海の道(海のシルクロード)…海上経由でヨーロッパと中国を結ぶ。

4 生命倫理(バイオエシックス)

　従来までの人間の生死は、単なる自然現象にすぎなかった。
　しかし近年の医療技術や生命工学(**バイオテクノロジー**)の進歩は、そこに従来なかった新しい問題を生み出した。
　<u>生命に対する人為的操作は、どこまで許されるのか</u>。人間の生死に人間の手が加わることで、一体どんな問題が起こるのか。生命倫理とは、それらを考える項目だ。

❶ 生まれ方の問題
　ここでは、**人工生殖技術**と**クローン**について見ていく。
　人間の誕生方法の選択肢は、非常に増えた。このあたりの技術が普及すれば、不妊治療の役に立つし、人間以外で活用すれば、食糧対策や種の保存にも活用でき

25　現代と倫理　　409

そうだ。

 いいことばっかりですね。

 しかし、けっこう問題も多い。問題の多くは、**法に触れるかどうかよりも、道徳的に大丈夫なの？** といった性質のものだ。そう、生命倫理で扱うテーマは**合法性よりも「倫理的に許されるか」という点に着目**して見ていくのが基本だ。

人工生殖技術
- ❶ 人工授精…母体内に精子を人工的に注入。
- ❷ 体外受精…体外での人為的な受精後、母体に戻す。
- ❸ 代理出産…第三者の子宮を借りる（精子・卵子は夫婦のもの）。

問題
- ❶ 精子提供を受ければ**夫婦間以外の出産**も可（反倫理的？）。
- ❷ 男女の生み分け、生む、生まないの選択可（反自然的）。
- ❸ 親権をめぐるトラブル（卵子提供者 vs 出産者）。

❶も❷も、法的には何ら問題はない。❸だって出産後は子どもを出産者に引き渡す契約になっているんだから、まったく法的問題はない。

でも、確かに倫理的にはしこりが残りそうなものばかりだ。どれをとっても、どこからかクレームがきそうだ。こういう内容を扱うのが生命倫理。つまり、**生命倫理に万人が納得できる結論は、なかなかない**んだ。

クローンについても、同じような視点で確認しておいてね。

クローン：無性的に増殖した、遺伝子組成がまったく同じ個体や細胞群。

※羊など（クローン羊**ドリー**）で成功。人間でも技術的に可能。

問題
- ・個人の複製は許されるのか（「キリスト複製論争」あり）。
- ・法的性格の問題（→法的には「本人」or「子ども」？）。
- ・生の連続性…無限の生命への得体のしれない恐怖。

◉日本では**クローン規制法**で、**クローン人間の作製は禁止**。
（2000年）

▶欧州諸国も禁止

※ただし、**ES細胞**(受精卵から特定部位だけの複製を可能にする万能細胞)・**iPS細胞**(こちらは受精卵を使わずに同等のことができる**人工多能性幹細胞**)の研究・作製は、日欧ともにOK。

あ、iPS細胞って、確かノーベル賞の…

　そうなんだ。これは従来「万能細胞」として注目されていた**ES細胞**と同等のこと、つまり特定部位だけの複製を作れる**人工多能性幹細胞**なんだけど、ES細胞が受精卵から作られる点で倫理的問題を指摘されていたのに対し、**iPS細胞の方は受精卵を使わない。だから、生命倫理上の問題もクリアー**しているということで、大変話題になったんだ。

　ちなみにES細胞やiPS細胞は、理論上は**特定の組織や臓器に成長させることも可能な細胞**だから、技術面さえ追いつけば、自分の皮膚や臓器などのスペアなども作れることになる。こういう医療を**再生医療**というんだ。

　日本の京都大学の山中教授は、iPS細胞の開発で、2012年にノーベル医学・生理学賞を受賞したんだ。

❷ 死の判定の問題

　臓器移植技術の進歩は新たな問題を生んだ。新鮮な臓器を入手することの重要性が一層高まったからだ。

　でも、新鮮な臓器が欲しいという理由だけで「脳死も人の死」と認めてしまってもいいのか。次は、脳死と臓器移植の問題について見てみよう。

死の判定

従来の人の死
=
心臓死のみ
}
・・・
- 心臓の停止
- 呼吸の停止
- 瞳孔の散大
⇒「死の三徴候（ちょうこう）」に基づく。
▶脳死判定なし

but 臓器移植法より、条件付きで「脳死 ＝ 人の死」となった。
▶1997 年

[
- 臓器提供＋脳死判定受け入れ意思を、**生前に書面で明示**。
- 家族もそれらに同意。
▶ドナーカードも可
]

この臓器移植法が 2009 年に改正され、こうなった。

臓器移植法改正（2009 年）

- 今後は**どんな場合でも**「**脳死＝人の死**」（臓器提供意思の有無にかかわらず）。
  ▶ただし家族に脳死判定拒否権あり
- 臓器提供は「**家族の意思**」だけで OK。→本人が拒否の場合を除く。
- 臓器提供は **15 歳未満からでも OK**。→従来は禁止。
- **運転免許証や健康保険証にも臓器提供意思表示欄**を創設。
  ▶従来のドナーカードも継続

　従来の臓器移植法では、必要事項を記入した**ドナーカード**（＝臓器提供意思表示カード）を持っている人だけ、心臓死と脳死の「2 つの死」があるという奇妙な状況だった。

　しかも、そのドナーカードが広まらない上、15 歳未満からの提供はダメで、その結果、**12 年間でわずか 81 件しか脳死者からの臓器移植が行えなかった**。これでは、待機患者が気の毒だ。

　そこで、上記のような改正となったわけだ。今では確かに、健康保険証の裏にも、臓器提供の意思表示欄ができている。

　これによって臓器移植は進むだろう。しかし、**脳死を人の死として全面的に認**

め、死の判定基準を広げたことで、**今度は生死の判定が雑になったなどの批判が起こる可能性**も出てくる。そう考えると、やはり生命倫理に完全な正解を求めるのは難しいね。

最後にもう１つ付け加えておくと、日本は元々臓器移植法とは無関係に、**欧米よりも臓器提供者（＝ドナー）の数が少ない**んだ。

理由は、日本人独特の死生観にあるとされる。つまり日本人は伝統的に死の穢（けが）れを嫌うから、「**死体をいじる or 死体からもらう＝穢れ**」という意識を拭いきれないという説だ。

❸ 死に方・治療態度の問題

死に方の問題とは、半端な延命治療で苦しみたくないとか、植物状態で長々と生きたくないといったような問題だ。つまり医療技術の進歩に伴って、死の選び方にも配慮が必要になってきたんだ。

❹ 近年注目される死と治療

近年の医療は、昔みたいにいたずらに生命を神聖視して何が何でも延命を図った考え方（「**生命の神聖性＝SOL（Sanctity of life）**」重視）とは違って、**場合によっては「死ぬ自由」をも求める「生命の質＝QOL（Quality of life）」重視**へと、変わりつつある。

そのあたりを、さまざまな言葉とともに見ていこう。

・**安　楽　死**…治癒の見込みのない末期患者の苦痛緩和（かんわ）が目的。
▶安楽死合法国はオランダ・ベルギーなど少数

　安楽死には**積極的安楽死**（薬物投与などで「殺してあげる」）と**消極的安楽死**（延命治療をやめる）の２パターンがあるが、日本では「**前者は殺人罪で起訴／後者は法的に容認**」となる。

3　社会・倫理分野

25　現代と倫理　｜　413

- **尊　厳　死**…「**人間らしい死**」の選択と実現。
  ▶植物状態や抗ガン剤治療での延命の拒否

> 　延命技術が進歩したせいで、近年は植物状態や苦痛を伴う治療による延命も増え、それを「人間らしくない生」と感じる人も増えた。ならば**「人間らしく死にたい」という患者の自己決定権を尊重**することも大切だ。
> 　**尊厳死とはそのような生き死にについての「理念」であり、それを具体化するための「手段」が安楽死**となる。

- **リビング＝ウィル**…生前に示す主に「**尊厳死の宣言書**」。

> 　植物状態になってからでは意思表明のしようがないため、もはや尊厳死は選択できない。ならば自分が将来的にそのような状態になることに備えて、**意識があるうちに「植物状態になったら尊厳死を希望」と示しておく必要**がある。このように、**意思の示せるうちに自分の死のあり方についての意思を示しておくこと**をリビング＝ウィルという。

- **インフォームド**…医師による治療方針の「**説明**」と患者の「**同意**」。
  ＝コンセント　　▶医師の使命感で、望みもしない臓器移植や抗ガン剤投与をされては迷惑

> 　かつての医療は「医師が患者を治すのは当然」と考え、患者が望んでいない治療（抗ガン剤治療）などを、医師が勝手にどんどん行うことが多かった。こういう従来の医療のあり方を「**パターナリズム（父権的温情主義）**」という。
> 　**でも今は、患者の自己決定権尊重が主流**。なら医師は、患者に対して**事前に治療方針を「説明」し患者もそれに「同意」した場合にのみ治療を行うべき**だ。この考えをインフォームド＝コンセントという。

- **ホスピス＝ケア**…治療の見込みのない末期患者用の介護。
  ▶苦痛緩和 ＋ 死の恐怖の緩和

❺ その他の近年の動向

その他、出題が予測される範囲を、軽く見ておくことにしよう。

- **出生前診断**
  妊娠成立後(＝受精卵が子宮に着床後)に、胎児の異常の有無を診断。

- **着床前診断**(＝受精卵診断。こちらは「**妊娠成立前**」)
  体外受精の受精卵に、異常がないかどうかを診断。

- **遺伝子組み換え食品**
  1994年より商品化。→ 2001年より「**食品表示**」開始。

  > 組み換えなし：**表示義務なし**。
  > 組み換えあり：「遺伝子組み換え○○使用」
  > あり＋なしの混合：「遺伝子組み換え○○**不分別**」

- **ヒトゲノム**
  ヒトの全遺伝情報の解析。→**解読完了**(日米英が宣言・2003年4月)
  ➡ 今後は「ポスト＝ヒトゲノム計画(＝新薬・治療法の開発)」加速へ。

25 現代と倫理 | 415

チェック問題 | 25

日本における宗教についての説明として最も適当なものを、次の①～④のうちから１つ選べ。

① 仏教は、外来宗教の１つであり、平安時代には「大乗仏教」と呼ばれる日本独自の仏教思想が成立した。

② 神道は、アニミズムの色彩を持ち、日本人の道徳や習慣の基本を形成してきたが、明治政府により国教としての統一聖典が整備された。

③ 儒教は、江戸幕府による保護を受け、宗祖の廟に全国から庶民が巡礼に訪れるようになった。

④ キリスト教は、戦国時代にイエズス会宣教師によって伝えられて、その後西日本を中心に広まり、庶民だけでなく大名にも信仰する者が現れた。

（センター本試験）

解答 … ④

解説 これは書いてある通りだね。ザビエルやキリシタン大名なんてのは、勉強してなくても常識で対処できる範囲だ。ただ「西日本を中心」って箇所に確信を持てなかった受験生は多いと思う。こうなると消去法も使う必要があるね。

①：**大乗**は「**生きとし生けるものすべてが乗れる大きな乗り物**」って意味で、一切衆生の救済をめざす。**小乗**は「**自分１人しか乗れない小さな乗り物**」って意味で、修行による個人的完成をめざす。これらの区別は、**インドで仏陀が死んだ後に生まれたもの**だ。

②：戦前あった国家神道の考え方は、あくまで政策や精神的支柱といった範囲のもので、統一聖典の整備は行われていない。

③：儒教の宗祖（＝宗教の開祖）の廟（＝霊を祀る所）といえば、孔子廟か。確かに湯島の聖堂に孔子を祀ってはいるけど、「全国から庶民が巡礼」はしてないなあ。第一、**儒教のタテ社会の序列を好んだのは、庶民じゃなく為政者（＝武士）**だもんね。

課題追究学習

　課題追究学習はセンター試験の晩年、現代社会で**数年間連続して出題された**、非常に出題頻度の高い単元だった。

　受験勉強は、ともすれば知識の詰め込みになりがちだ。しかしそんなの、本当の勉強とはいえない。ただ単に、与えられたものを消化しているだけじゃないか。

　今後の人生で、僕らはさまざまな課題に直面するはずだ。そうしたとき必要になってくるのが、それら**課題の「学び方」「調べ方」のスキル**だ。この単元ではありがたいことに、それらを学ばせてくれる。他の単元とはひと味違った単元だが、この機会にぜひそのやり方を知り、直面する課題を主体的に追究できるようになってもらいたい。

　でも、それを受験に出すのって正しいのかな？　それって別の意味での詰め込みなのでは？　まあ、固いことは言いっこなしだ。とにかくやっておいて損のない単元なんだから。

　この単元を通じて、君らが受験勉強とは違った**課題の「学び方」「調べ方」を習得し、人生において臨機応変に使い分けられる**ようになってもらえれば幸いだ。

会議のあり方

- **ブレインストーミング**
  他者を批判せず、次々と自由に意見を出させる会議方法。
  ▶新たなアイデアを生むため

➡ 出たアイデアを**カード**に書き、それを**内容別にグループ化**して解決方法を探る。
　＝「**KJ法**」
　　▶川喜田二郎東工大教授が考案

3　社会・倫理分野

公開討論のあり方

- **パネル＝ディスカッション**…「**代表者**」による公開討論。
- **シンポジウム**…「**聴衆への質疑応答**」付きの公開討論。
- **フォーラム**…「**全体で**」の公開討論。

研修のあり方

- **ワークショップ**…講師から一方的に講義を受けるのではなく「**参加体験型**」の教育研修。
- **ロールプレイ**…「**役割演技**」を交えた研修。

その他

- **アクティブ＝ラーニング**…講師からの一方的な講義ではなく、生徒たちが主体的に**仲間と協力**して課題を解決する学習方法。
- **アンケート**…多くの人に同じ質問をして回答を求める調査方法。
- **プレゼンテーション**…会議において、伝えたいテーマや企画を、効果的に表現・提示。
- **ディベート**…肯定・否定の2チームに分かれて行う討論方式。

27 時事問題

■アベノミクス

● 安倍総理の経済政策。➡「三本の矢」を軸とした「日本再興戦略」

❶ 大胆な金融政策…金融緩和積極派の黒田日銀総裁と協力して…

> インフレ目標（＝インフレ＝ターゲット）を2％と宣言し
> そこに到達するまで「ゼロ金利＋量的緩和」を継続。

＝ 異次元の
金融緩和

- デフレ脱却をめざす通貨増 ➡ 徹底すれば「円安 ➡ 輸出系企業の株価 up」に。
- 今後は特に量的緩和をより重視。
  ➡「無担保コール翌日物」から「マネタリーベース」重視へ。

  ＝銀行間の短期金利。　　　　＝日銀が供給する通貨量。
  ゼロ金利の指標。　　　　　**量的緩和の指標。**

  ← 現金通貨 と日本銀行当座預金残高の二つを合計したもの

❷ 機動的な財政政策…大規模な積極財政で、デフレ脱却をめざす。

❸ 新たな成長戦略（＝日本再興戦略）

- 産業再興
- 市場創造　➡ **日本復活につながる、新たな成長戦略を探れ。**
- 国際展開

> この中で「観光立国化」にも力を入れ、**訪日外国人
> 旅行者（インバウンド）数は 2018 年に 3000 万人**超に。

2015年：**新三本の矢**…「アベノミクス第2ステージに移る」と宣言。

| 希望を生み出す
強い経済 | ➡ | 490 兆円の名目 GDP を
2020 年までに **600 兆円**に。 |

| 夢をつむぐ
子育て支援 | ➡ | 合計特殊出生率1.4 の現状を
希望出生率の **1.8** まで上げる。 |

➡ **一億総活躍社会**をめざす

▶ 一億総活躍担当相も設置

| 安心につながる
社会保障 | ➡ | 介護のために離職する人を
ゼロに（＝**介護離職ゼロ**）。 |

4 時事問題

27 時事問題 ｜ 419

● アベノミクスの意思決定機関

- **経済財政諮問会議**…政権奪取で復活した機関。毎年「**骨太の方針**」を発表。
- **規制改革推進会議**…規制緩和で経済活性化を。
- **産業競争力会議**…「競争力 **up** →産業再興」につながる成長戦略を。

骨太の方針2018 …**人づくり革命／生産性革命／働き方改革**
▶これらは安倍内閣の成長戦略

● 人づくり革命

- **幼児教育と保育の無償化**（2019年10月**完全実施**）。
- 高等教育の無償化…低所得世帯の国立大学授業料免除（私立は一部免除）めざす。
- **リカレント**教育の拡充（社会人の就活用**学び直し**）。
- **外国人労働者の受入拡大** … 従来は「**単純労働はダメ／高度な知識・技術ありはOK／技能実習生**（途上国への国際貢献）は5年在留OK」だったが

出入国管理及び難民認定法改正（2018年）… 今後は**不足する人材を確保すべき14業種**については、
▶介護・建設・宿泊・農業など

（**特定技能**1号）：**一定技能**が必要な業務。→ 最長5年
（**特定技能**2号）：**熟練技能**が必要な業務。→ 期限更新も可。
➡ 単純労働に門戸開放

　　　＋

外国人技能実習制度…従来の技能実習生の新名称。在留資格は3年に短縮。

● 生産性革命＝「**未来投資戦略2017**」の具体化めざす。

● **第四次産業革命**…「機械化→大量生産化→デジタル化」に続く**次世代型産業革命**。
▶現在進展中　　　▶一次　　▶二次　　　▶三次

- **IoT**（＝Internet of Things。つまり「モノのインターネット」）
　　　…従来ネットワーク接続されていなかったものが、つながり、情報交換で相互に制御できる仕組み（会社からTV録画予約／帰宅前にエアコンをオン等）。

- **ビッグデータ**…従来のデータ管理では難しかった、リアルタイムに変化するような巨大で複雑な非定形データ（カーナビやGPSなど）。
- **AI**（人工知能）…人間の知的ふるまいを人工的に再現。コンピューターが自ら学習。順応性・柔軟性あり。➡ これらで少子高齢化に対応。

◉これらで「**狩猟→農耕→工業→情報**」に次ぐ新たな社会（＝**Society5.0**）をめざせ。

|長所| 生産性、少子高齢化への対応／|短所| 雇用の減少の懸念。

（対策の1案）：**ベーシックインカム**（BI）の導入案

全国民に無条件で支給される「**最低所得保障制度**」。AI等の普及で雇用が減っても、生産性さえ上がれば国民所得は増えるから、この所得保障は可能。

●**働き方改革**…「**１億総活躍社会**」をめざして。

少子高齢化の中、期待される労働力は「**女性／高齢者／外国人**」。特に「女性」は即戦力として期待されるので、安倍内閣は 2015 年「**女性活躍推進法**」を制定し「**2030**」（2020 年までに**指導的地位に占める女性比率を 30％**に）をめざす。

⬇

その実現のため、以下をめざす…
- 働き方の**多様性**（**ダイバーシティ**）…育児・介護との両立など。
- **フレックスタイム制**の見直し。
- **同一労働・同一賃金**…正規・非正規の格差是正のため。

＋

●**女性活躍以外の改革として**
- **ワークライフバランス**（**WLB**）の改善（「**残業時間上限規制**」など）。
- 労働を「**働いた時間ではなく成果**」で評価。

「**高度プロフェッショナル制度**」（俗に「高プロ」）の導入（2019 年スタート）
年収**1075 万円**以上で高度な職業能力ありの労働者に**成果型労働制**を導入。
▶つまり能力の高い人の労働生産性を「労働時間ではなく仕事の成果」で評価

| 長所 | 今後高プロは、能力に見合った高い賃金をもらえることに。 |

| 短所 | $\left(\begin{array}{l}\text{労働時間以外}\\\text{での評価}\end{array}\right)$ ➡ 高プロだけ**労働時間規制から外れる**ことに。

▶残業させ放題＋残業代タダ

■ オバマケア

● **アメリカ初の「国民皆保険」の試み。**

米の公的
医療保険 ＝ [・**メディケア**（**高齢者用**）
・**メディケイド**（**低所得者用**）] ➡ 全国民対象の公的医療保険なし。
これら以外は**民間の保険に加入**。

▶ただし、6人に1人は未加入

対策 全国民を強制的に「**民間**医療保険のいずれかに加入」させる（2014年〜）。

▶公的制度として「国民皆保険」をつくるのではない

| 反発 | ・「保険加入の強制は、自由権の侵害だ」
・増税につながる。／・フリーライダー発生につながる。

➡ トランプ大統領は廃止を求めたが、2020年現在、**存続**。

■ 北朝鮮の核問題

南北対立の：**朝鮮戦争**…1953年、**板門店**で「**休戦**」協定（**終戦していない**）。

▶以後38°線は「軍事境界線」に

きっかけ

1993年：北朝鮮、**ノドン**ミサイル発射実験（**核を外交カード**にする**瀬戸際外交**）。

1993年：$\left(\begin{array}{l}\text{米主導のIAEA、}\\\text{特別査察を要求}\end{array}\right)$ ➡ **but** 北は**拒否**後、**NPT条約を脱退**。

▶米朝間緊張

1994年：**カーター・金日成会談**で**核開発凍結**の合意（＝**米朝枠組み合意**）

➡ 1995年、米主導で**KEDO**（＝**朝鮮半島エネルギー開発機構**）設立

▶日米韓で北の原発平和利用を監視＆支援

その後：
┌ **1998年〜**：韓国・金大中の「**太陽政策**（＝北との融和政策）」あるも…
└ **2000年**：初の**南北首脳会談**（金大中─金正日）。

┌ **1998年**：日本近海への**テポドン**発射疑惑。
└ **2003年**：再び**NPT条約を脱退**。　　　➡ 2005年には「**核保有宣言**」へ。
　　　　　　　　　　　　　　　　　　　　▶ここで KEDO 解散

※同2003年より「**六カ国協議**（日韓北＋米ロ＋中）」スタート（〜2007年）。
　　　　▶ここで米は「**完全かつ検証可能で不可逆的な廃棄／非核化（CVID）**」求める

➡ ┌─────────────────────────────────┐
　 │ 2005年、保有宣言後の協議で「**核放棄**の共同宣言」出す。　　│
　 │ **but** 2006年「**地下核実験＋テポドン 2 号発射実験**」強行。　│
　 └─────────────────────────────────┘

2011年：金正日死去。後継は**金正恩**に。
2017年：北初の**大陸間弾道ミサイル**（**ICBM**。米も射程に）発射実験に成功。
2018年4月：板門店で**南北首脳会談**（**文在寅─金正恩**）。
2018年6月：初の**米朝首脳会談**…シンガポールにて（トランプ─金正恩）。

トランプ（北の**体制**を**保証**してやる）　➡　正恩（半島の完全非核化に向けて努力する）

● その他の北朝鮮ワード

┌ ・**主体（チュチェ）思想**…優れた指導者による政治を説く思想（金日成）。
└ ・**先軍政治**…軍事優先の政治。

27　時事問題　│　423

■EUの動揺…ギリシア危機 & 英のEU離脱問題

●ギリシア危機

2009年：**ギリシアの財政赤字が、公表額より多い**ことが発覚。

・「ギリシアがやばい ＝ ユーロがやばい」に ➡ ユーロ全体の価値 **down** へ

▶一国の信用 **down** は EU 全体の信用 **down** に

・EU には**第2、第3のギリシア**もいるぞ＝「**GIIPS**（or PIIGS）問題」

▶ポルトガル・伊・アイルランド・ギリシア・スペイン

2010年：ギリシア、**EU**とIMFから**条件付きで緊急融資**を受ける。

▶条件：2012年までの財政再建

2011年：ギリシア、財政再建断念 ➡ 追加融資なくなり、**再び危機**に。

2015年：ギリシア、IMFの救済案を**国民投票で否決**。

➡ 財政破綻しかかるも、直後に救済案受入に転換。**破綻は回避**。

（ギリシアは破綻こそ免れたが、緊縮財政のせいで…）

・経済は疲弊…失業率は**19.1%**（→ うち24歳未満は37.6％！）

・**世代間の不公平**…平均賃金を100とすると年金は**106**（月24.4万円）。

▶年金の方が賃金より高い

◉若年層のギリシア離れ深刻に ＋ **債務残高もなかなか減らず**。

▶不満 ＋ 職探し　　　　　▶対GDP比は186.8％（2018年）

●ブレグジット＝英のEU離脱問題

背景

・イスラーム国のせいで **EU 諸国全体に シリア難民**急増。（→治安悪化へ）

・EU 加盟の他国（特に東欧）からの移民流入。（→雇用悪化・社会保障費増大）

・ギリシア救済に EU 各国の税金を使うことへの不満。

・**英・スウェーデン・デンマーク**などは**ユーロ未導入**国。（→抜けやすい）

2016年：EU残留の是非を問う**国民投票** ➡ 僅差で残留派を抑え、**離脱派が勝利**。

▶首相もキャメロン首相から**メイ**首相へ

2020年：大混乱の末、**ジョンソン**首相の下、英議会で**EU離脱法**可決。

英・EU双方とも**EU離脱協定**に署名した上で、**英は正式にEUを離脱**。

▶「合意なき離脱」は回避

■G8（G7）& G20サミット

- G8 ＝ **主要国首脳会議**（米・英・仏・独・日・伊・加・ロシア）
  - ▶首脳宣言は各国事務レベル代表会議（＝**シェルパ会議**）で決定
    - ただし2014年より**ロシアの参加資格を停止**。現在は **G7 サミット**。
      - ▶ウクライナの「**クリミア併合問題**」を受けて
    - 2016年には**日本で６回目のサミット**（**伊勢志摩サミット**）
      - ▶**東京**（３回）／**九州沖縄**／**北海道洞爺湖**に続く
- G20 ＝ **金融サミット**（G7 ＋ EU ＋ロシア＋ BRICS を中心とする新興国）

● **G20大阪サミット**（**2019年6月**）…初の日本開催。

主なテーマ … ❶自由貿易への努力／❷地球環境問題／❸デジタル経済

❶ **米中貿易戦争**の長期化が背景

- 自由・公平・無差別な貿易＆投資環境の実現に努力する。
- **WTO改革**が必要…貿易をめぐる**「紛争解決制度」の見直し**を。
  - ▶トランプ「**WTOは途上国優遇を見直すべき**」
- 「**保護主義と闘う**」の文言は、**２年連続で見送り**（米の強い反対で）。

❷
- 「**パリ協定に沿って行動**」の確認（EUの要求。米の離脱決定も再確認）。
- 「**大阪ブルー・オーシャン・ビジョン**」（日本が提案）の共有。
  - ▶海に流出のプラごみを**2050年までにゼロ**に

❸
- 「**大阪トラック**」…**データ流通の国際ルール**を策定（WTOの枠組みで）の始動宣言。
- 巨大IT企業（特に**米IT大手4社**（＝**GAFA**））への**新たな課税ルール**検討。
  - ▶Google ／ Apple ／ Facebook ／ Amazon

⬇

※仏の「**デジタル課税法**」（通称「**GAFA 課税法**」）…2019年7月成立。
国際的な IT 企業に課税。施行後は GAFA に、**仏での売上に３％課税**。

● **その他**

- G20大阪で**米中首脳会談** → **米中貿易戦争**（報復関税合戦）は**一時休戦**へ。
- その翌日（6月30日）、**板門店**の北朝鮮側で**米朝首脳会談**（顔合わせ程度）。

27 時事問題 | 425

●G7ビアリッツ゠サミット（仏・2019年8月）

メインテーマ …「**不平等との闘い**」。**マクロン**仏大統領が主導。

（注目すべきポイント）

- ・EUの**多国間主義**…保護主義との闘い／温暖化対策／イランへの制裁

  vs　▶国際協調を

- ・米の**自国第一主義**…**貿易摩擦**／パリ協定離脱／イラン核合意離脱

  ▶米の国益を　　▶米中・米仏 ➡　※仏のデジタル課税法にトランプが猛反発。

  　　　　　　　　　　　　　　　→ このせいで**首脳宣言の作成見送り**に。

※米は**EU**と**疎遠**になるかわりに**英・ジョンソン新首相との親密さ**を強調。

　　　　　　　　　　　　　　▶英も自国第一（ブレグジット）で共通

成果文書（首脳宣言がわりに作成）の主な内容

貿易　：**WTO改革**の必要性と、**国際課税制度**の現代化をめざす。

イラン：G7は**イラン核保有に反対**。

香港　：「**逃亡犯条例**改正」に反対する民主化デモを弾圧する**中国**に対し、G7
　　　　は1984年の英中共同声明（香港の「高度な自治」を返還後50年間保証し
　　　　た声明）の存在と重要性を再確認し、**暴力回避を求めた**。

※香港の「**逃亡犯条例**」改正案

　改正が実現すると、中国は香港に対し、逃亡した犯罪容疑者の身柄引き渡し
を要求可に。→ **香港市民が中国当局の取締対象となる恐れ**があるため、高度な
自治を認めた「**一国二制度**」に反するとして、**2019年激しい反対デモ**が発生
（＝**香港民主化デモ**）。→ 2019年10月、逃亡犯条例改正案は**正式に撤回**。

■象徴天皇制と天皇の生前退位

●皇室典範の注意点

・戦前：**憲法と同格**。**議会は関与不可** → 現在：通常の**法律と同格**に。

▶国会で自由に改廃可

・皇位は「**男系男子**」（＝「僕の父は天皇だ」と言える男子）のみが世襲。

▶憲法上は「世襲（第2条）」だけだが、皇室典範だと男系男子の世襲

●天皇の生前退位…過去58回あり（1817年の光格天皇が最後）

「象徴としてのお務めについての天皇陛下のおことば」（2016年）

前陛下は2016年、上記タイトルのビデオメッセージを国民向けに発し、現在自身が高齢と健康面から、**象徴としての公務に不安**があるため、生前退位を望むことを、あくまで「**私見**」として「**示唆**」された。

（なぜ私見としての示唆だったのか？）

天皇が**公に退位の意向を明言**することは、**国政機能行使の可能性**があるから。

▶法or典範改正の要求　　　　　　▶憲法第4条に違反!?

対策案は2つ：（国会が自発的に）
- **皇室典範**を改正（→ この場合は**今後ずっと制度化**）
- **特 例 法**を制定（→ この場合は前陛下**一代限り**に）

[結果] 2017年：「**天皇の退位等に関する皇室典範特例法**」制定。

➡「**一代限り**」で**退位**を承認。（平成は31年4月30日で終了に）

2019年5月1日：新元号「**令和**」スタート。➡「徳仁天皇／**明仁上皇**」誕生。

■消費税の増税

（1989年）：3％ →（**1997年**）：5％ →（**2014年**）：**8％** →（**2019年**）：**10％**に。

▶うち1%は　　　　　　▶うち1.7%は　　　　　▶うち2.2%は
地方消費税　　　　　　地方消費税　　　　　　地方消費税

◎これで税収は**5.6兆円**強増。この増税分は

・将来世代の負担軽減（＝赤字国債発行を抑制）
・**少子化対策**（＝**幼児・高等教育の無償化**）　　　　に使われる。
・社会保障の充実（＝低所得の高齢者を支援）

　　　　＋

増税前の「**駆け込み需要**」（今のうちに家や車を買おう）に景気**up**の期待。

【消費税の長所】　**不況時でも税収確保**しやすい（モノが売れれば確実に10%**get**）。

【消費税の短所】

・「**益税**」の発生…事業者に納税義務のない部分。
　＝

（売上1000万円以下の事業者）：消費税の**納税義務なし**（＝**免税事業者**）。
（売上5000万円以下の事業者）：「**簡易課税制度**」を適用。

消費税は売上金に対してかかるが、その売上の50〜90%
を**仕入れ額とみなして税率計算**（＝**みなし仕入れ率**）。　➡　これが実際の仕入額より
高ければ納税額 ④ に。

・**逆進性up**…消費税は「**水平的公平**」ではあるが、**低所得者の負担感は大**に。
　　　　　　　　（対策）：**軽減税率**…**一部対象品目**（飲食料品・新聞）のみ消費税は**8％**
　　　　　　　　　　　▶他は標準税率（つまり10％）

・駆け込み需要後の消費の冷え込み。

・（免税取引 の不公平）…**輸出品**は、国内で資産の譲渡があっても、実際の消費地が
　　　　　　　　　　　海外になるので、**消費税が免除される場合あり**。

- **各国の消費税（付加価値税）率**

$\left[\begin{array}{l}（スウェーデン・デンマーク）：25\% \\ （ギリシア）：23\% \\ （英・仏・伊・独）：20\%くらい \\ （米）：7～9\%（州ごとに異なる）\end{array}\right]$ → $\binom{ただし}{欧は}$
- **間接税中心**（直接税は低い）。
- **生活必需品**への課税は低い。
  ▶ 逆進性緩和措置

■財政健全化とデフレ対策

- **財政赤字**…2020年は一般会計予算102.7兆円（→うち公債金31.7％）。

プライマリー＝バランス（PB）…**国債分を除いた**、歳入と歳出のバランス。

➡ **PBは赤字**

- ◉財政健全化には、**まずプライマリー＝バランスの黒字化**が不可欠。
  ▶ つまり「国債費＞公債金」が続くこと。

- **デフレ傾向**：政府による**デフレ認定**が示されたのは「2001～2006年＋2009年～2020年4月現在」
  ▶ 実際にはGDPは1994年から**名実逆転**（1997年除く）

ここに**2009年～の超円高**が続けば、日本経済大ピンチ！ ➡ 円高＆デフレ対策を実施。
  ▶ 2011年に1ドル＝75円の史上最高値

円高対策	・2010年、**6年ぶりの「円売り介入」**。➡ but 欧米との協調なく効果小。 ・製造業の**現地生産**増…貿易摩擦対策ではなく、**為替(かわせ)リスク**をなくす。
不況・デフレ対策	2010年より**ゼロ金利＆量的緩和**を復活。 ▶ 2006年終了以来

⬇

- ◉**アベノミクスでのリフレーションの成果**が出始め、これらは**かなり改善**。デフレ脱却のきざし（2019年10月、安倍首相が「デフレではない状況をつくりだすことはできたが、デフレ脱却という段階には至っていない」と発言）。

成果：

| 為替相場（対米ドル） | 2012年：86円 | →2019年：109円 |
| 日経平均株価 | 2012年：10395円 | →2019年：23656円 |

※年末時点

● 景気判断

- **日銀短観**…景気の現状や先行きを、**企業経営者にアンケート**。そのうち、「業績よいと答えた企業の数−悪いと答えた企業の数＝**業況判断指数（DI）**」
- **景気動向指数**…**内閣府が発表**する総合的な指数。

■ 世界遺産

- 人類が共有すべき普遍的価値を持つ遺跡や景観・自然。
- **世界遺産条約**（＝世界の文化遺産及び自然遺産の保護に関する条約）が根拠。
  ▶ **UNESCO**（国連教育科学文化機関）総会で採択（1972年）
- **世界遺産委員会**（UNESCO内に設置）が審査・認定を行う。

正式分類　「自然遺産／**文化遺産**（**富士山はここに分類**）／複合遺産」の3つ。

その他の分類

- **危機遺産**…世界遺産のうち、世界遺産委員会が「**危機にさらされている世界遺産リスト**」に加えたもの。▶ **バーミヤン遺跡** など
- **負の世界遺産**…正式分類ではなく、明確な定義もない一般的な呼称。
  ▶ **原爆ドーム／アウシュビッツ収容所** など

● 日本の主な世界遺産

法隆寺／屋久島／原爆ドーム／白神山地／厳島神社／石見銀山　など。

2013年以降連続して登録された日本の世界遺産

富士山（2013）／**富岡製糸場**（2014）／**明治日本の産業革命遺産**（長崎の**軍艦島**や静岡の**韮山反射炉**など・2015）／ル・コルビュジエの作品群（その1つが日本の**国立西洋美術館**・2016）／「**神宿る島**」沖ノ島（2017）／**潜伏キリシタン関連遺産**（2018）／**百舌鳥古市古墳群**（**仁徳天皇陵**など・2019）

■日韓トラブル…特に文在寅(ムンジェイン)政権誕生(2017年〜)より急激に悪化

日韓外交の根幹…**日韓基本条約** + **日韓請求権協定**（ともに1965年）
　　　　　　　　　▶国交正常化

（第1条）：「日本→韓国」への**経済協力**。（無償3億+有償2億→計5億ドル）
（第2条）：両国間の請求権問題が「**完全かつ最終的に解決**」されたことの確認。
　　　　　　　　　　　　　　　▶「両国＋その国民・法人」の「**すべて**」の**請求権**（財産・権利等）
（第3条）：（この協定に関する／紛争が起これば）　まず**外交**解決 → 無理なら「**仲裁委員会**」が裁定。
　　　　　　　　　　　　　　　　　　　　　▶両国の対話　　　　　▶日韓＋第三国で構成

背景 朴正煕(パクチョンヒ)大統領の「**開発独裁**」(＝経済開発を大義名分とする独裁政治)
　➡ 国民の反発を軍事力で抑え、日韓関係で**体面よりも実利**を取った。

but ・**竹島**問題…韓国が不法占拠中（日本政府の見解。李承晩(イスンマン)大統領時代より）。
その後も ・歴史認識…安倍首相は「**村山談話**」を踏襲するも、韓国は認めず。
　＋　　　　　　　　　▶※村山談話…植民地支配と侵略への、痛切な反省とお詫び（1995年）

・**従軍慰安婦**(1993年)…**河野談話** →(1995年)：**アジア女性基金**の後…
　　　　　　　　　　　　　▶心からのお詫びと反省　　▶民間募金を償い金に

　　　　　　　　　　　┌─────────────────────────────────┐
　　　　　　　　　　　│・日本政府は「**心からのお詫びと反省**」。　　　│
・**日韓合意**(2015年)…│・日本政府拠出で「**和解・癒やし財団**」設立。　│
　　　　　　　　　　　│　10億円拠出。　　　　　　　　　　　　　　　　│
　　　　　　　　　　　│・この問題は「**最終的かつ不可逆的に解決**」と確認。│
　　　　　　　　　　　└─────────────────────────────────┘

but ┌韓国の市民団体、大使館や領事館前、海外などに「**慰安婦像**」を設置。
　　　　└(2019年)：**文在寅**大統領、和解・癒やし財団を一方的に解体。
　　　　　　　　　　　　▶日韓合意は破棄せず

・**レーダー照射**(＝攻撃前の照準合わせ)問題(2018年)
　…韓国の駆逐艦(くちくかん)が、日本の排他的経済水域内で**自衛隊機にレーダー照射**。
　　➡ 韓国は当初事実を認めるも、その後**否認**。逆に**日本を非難**してきた。

・**徴用工**問題(2018年)…元労働者が「徴用(強制労働)だった」として日本企業
　▶戦時中日本企業の募集で　　相手に裁判が起こり、2018年、韓国大法院(＝最高裁)
　　働いた労働者。　　　　　　が**日本企業に賠償を求める判決**を確定。
　　日本では「募集工」　　　　　　　▶日韓請求権協定に明確に違反（日本政府）

（2019年）：韓国を**ホワイト国**（現「**グループA**」）**から除外**。安全保障貿易管理（＝

キャッチオール規制）優遇国から外し、軍事転用可能な品の**輸出**

管理を厳格化。

➡ 韓国は「**GSOMIA（軍事情報包括保護協定）**」**破棄で対抗**を試みるが

断念。　▶同盟国等との秘密軍事情報の漏洩を防ぐ協定

■司法取引…刑事訴訟法改正により、日本でも2018年より導入

❶ 自己負罪型（＝「自分の犯罪」を認める→減刑や不起訴）　　➡　米独は**❶❷**

❷ 捜査公判協力型（＝「他人の犯罪」を説明→減刑や不起訴）　　　**日本は❷のみ**

$\begin{pmatrix} 対象とな \\ る犯罪は \\ 特定犯罪 \end{pmatrix}$ ＝ ・**企業犯罪**（一定の**財政経済犯罪**）のみ
　　　　　　　　　　▶贈賄・横領・背任・談合など
　　　　　　　　　　＋
　　　　　　　　　・**組織犯罪**（薬物・銃器など主に**暴力団系**）　➡ $\begin{pmatrix} 殺人や \\ 性犯罪は \\ 対象外 \end{pmatrix}$

長所　証拠を集めやすくなる。

短所　**冤罪**の危険性…（対策）：虚偽の申告 → 5年以下の懲役に。

■核兵器禁止条約

コスタリカ・**マレーシア**の共同提案 ➡ 2017年、国連本部で採択。
▶コスタリカは「平和憲法・軍隊廃止」で有名な国

貢献したNGO「**核兵器廃絶国際キャンペーン（ICAN）**」に**ノーベル平和賞**。

背景　**核拡散防止条約（NPT）体制下**では**核軍縮進まず→非保有国が提案**。
　　　　▶大国（米・英・仏・中・ロ）の核保有は容認

「核兵器は存在そのものが脅威 ＋ **非人道的**。完全な廃絶を」

1996年：$\begin{bmatrix} 国際司法裁（ICJ） \\ の勧告的意見 \end{bmatrix}$…「核使用は**国際法・人道法に一般的に反する**」

432　｜　第4講　時事問題

2009年：オバマ米大統領の**「核なき世界」演説**（＝プラハ演説）➡ ノーベル平和賞

2013～14年：核兵器の**非人道性に関する国際会議** ➡ 数回開催。
　　　　　　　　　　▶＝非人道性会議

2015年：（**NPT再検討会議**が紛糾）… ・安全保障か、**非人道性**か。
　　　　　　　　　　　　　　　　　・アラブ（**中東非核化を**）vs 米英（**イスラエル**を擁護）
　　　　　　　　　　　　　　　　　➡ 結局合意文書できず。　▶事実上の保有国

2016年：「**核兵器禁止条約**の制定交渉、2017年より開始」が決定。

2017年：**採択**。➡ ※ただし同条約には「**国連五大国・印パ・NATO諸国・日本**」
　　　　など**多くが不参加**。　▶核兵器を保有　▶米の「**核の傘**」で保護

● 条約内容

- **ヒバクシャ**の受け入れがたい苦痛に留意。
- 核兵器の「**開発・製造・保有・使用・実験・威嚇・移譲**」の禁止。
- **国際管理**／**国内法**の整備＆罰則
- 本条約発効**前**に、**保有・管理・廃棄**の申告。
　　　　　▶廃棄が進んでいない場合はただちに廃棄
- 本条約は、**平和的核エネルギーの研究・使用には悪影響を及ぼさない**。

（※核保有状況）…ロ：8500発／米：7700発／仏中英：各200～300発
　　　　　　　　印パイスラエル：各80～120発／北朝鮮：不明

■ IT革命 …情報通信技術（Information Technology）全般の技術革新

● IT化をめぐっての法整備

- **電子署名・認証法**…ネット上の文書に、**紙の文書同様の法的効力**を認める。
　▶2001年

- **不正アクセス禁止法**…他人のパスワードの不正利用／データの改ざんを禁止。
　▶2000年　　　　　　　➡ 1年以下の懲役 or 50万円以下の罰金。

●IT・その他の用語

- **デジタル＝デバイド**…IT機器への習熟度から生じる経済格差など。
  ▶情報格差

- **eコマース**の促進 … ネット活用の「**電子商取引**」 ➡
  - ・B to B（企業対企業）
  - ・B to C（企業対個人）
  - ・C to C（個人対個人）

- **ユビキタス** … 「**いつでもどこでも**」ネットワークにアクセスできる技術や環境。元々は「神の普遍性」を表すラテン語。

- **ノマドワーキング**… ノートPCやスマホを使って、**場所を問わず仕事をする**働き方。
  ▶ノマド＝遊牧民

- **SNS**（ソーシャル・ネットワーキング・サービス）
  …Facebookやツイッターなど、**双方向性**のある**webサイト**。

- ※ 双方向性の逆＝情報の「**非対称性**」…情報伝達が一方通行で、**受け手の側から送信できない**状態（➡ 従来型のマスメディアはこれ）。

- ネットバンキング … ネット上で振込・残高照会サービスを行う無店舗銀行。ジャパンネット銀行（2000年）が初（セブン銀行やソニー銀行も）。

- **SOHO**（Small Office ／ Home Office）…ネットを使った**在宅小規模経営**。

■WTOと自由貿易

●**新ラウンド交渉**… ウルグアイ＝ラウンドは長すぎたので、今度は「短期間での集中討議 ＋ 合意」をめざす（＝**ドーハ＝ラウンド**）。
（2001年～・06年に一時中断）

主なテーマ

- **反ダンピング措置**…発動ルールを厳しくし、アメリカの横暴を許すな。
  ▶ダンピング＝不当な安売り。反ダンピング措置＝「不当な安売り国への報復関税」（米が濫用）

434 ｜ 第4講 時事問題

- **環境保全**…自由貿易などでの**グローバリズム**（＝世界規模化）の進展は、**環境破壊につながる**懸念。
  　　　　　▶環境保護系のNGOが、WTO会議を混乱させたことあり
- **農　　業**…日本のコメ問題などの、今後の扱いについて。
- **WTOの問題点**：加盟国が増えすぎ、**ラウンド交渉がさらに長期化**する恐れ。

⬇　　　　　　　　　▶新しいテーマに対処できない

　対策　世界中で**２国間や地域間でのFTAやEPAをめざす動き**が加速。
　　　　　　▶少なくとも自由貿易をめざす以上、WTOに逆行はしない

■新たに制定、改正された法律

● IR（統合型リゾート）整備推進法…別名「**カジノ法**」（2016年）
「**統合型リゾート施設**」を設置するための法。
　▶ホテル・国際展示場・娯楽　→　◎ただし**必ずカジノを含む**
　　施設等込みの大型観光施設　　　（カジノ解禁は**成長戦略**の１つ）

　場所 ：政府は全国３カ所でのIR開業で調整中→**大阪・横浜**などが有力候補地。
　　　　　　　　　　　　　　　　　　　▶決定は2022年頃の予定

　開業時期 ：2020年代半ば予定（できれば2025年の大阪万博に間に合わせたい）

　目的 ：IRで**インバウンド**（訪日外国人旅行）増 → **財政難の改善**を。
　　　➡ ただしIRには必ずカジノを含むため、**適切な管理・運営**が必要。

　長所　観光客増／雇用の促進など

　短所　治安の悪化／**ギャンブル依存症**／多重債務／**マネーロンダリング**
　　　　　　　　　　　　　　　　　　▶＝資金洗浄
　　　　　　　　　　　　　　　　　　カジノで大金を賭け、わざと負ける
　　　　　　　　　　　　　　　　　　→ その後別の賭けで、カジノがその客を同額分勝たせる、など。

（対策）：「**ギャンブル等依存症対策基本法**」成立（2018年）

（2018年7月）：**IR実施法**成立。**カジノの具体的な運営方法**などを規定。
　　　　　　　　　▶事業者免許／入場制限／**カジノ管理委員会**の設置など

● 特定秘密保護法 (2013年)

特定秘密 ＝ 日本の安全保障に支障を与える恐れのある情報。

▶防衛／外交／スパイ防止／テロ防止

「漏らした公務員／不正入手者」は、懲役10年以下の刑に。

問題
- ・秘密内容の判断・期間（一応上限5年）は大臣裁量で変更可。
- ・表現の自由（第21条）・知る権利を侵害する可能性あり。

● ヘイトスピーチ対策法 (2016年) ＝「本邦外出身者（主に特別永住者）に対する不当な差別的言動の解消」のための法。

内容 「国民の努力義務／国の相談体制／地方との連携」程度。

問題 「禁 止 ＋ 罰 則」規定なし。➡ 実効性に疑問。
▶第19条や第21条違反の可能性

● 共謀罪 (＝テロ等準備罪) の新設 (2017年)

内容 2 人以上が「犯罪を行おう」と合意すること（＝共謀） ➡ これだけで罪に問われる。
▶つまり計画段階で罪に

対象 組織的犯罪集団に限定 ➡ 一般人は対象外。

目的 東京五輪でのテロ防止 ➡ それには「国際組織犯罪防止条約」（TOC 条約）加入が近道。
▶ 187 カ国加入。G7 で未参加は日本だけ。
ここに入れば各国が協力して予防措置可に

but 同条約は「共謀罪の成立」が事実上の加入条件に。
＋
▶ 2017 年 7 月、日本も TOC 条約加入。
2018 年には加盟国は 189 カ国に

その他の組織犯罪予防…資金洗浄／暴力団関係／振り込め詐欺　等。

問題 「第19条 ＋ 第21条 ＋ プライバシー」侵害？／「一般人」の選別は政府
▶特に第19条で保障する「内心の自由」

■選挙権

● **18歳選挙権**…2016年より「**満18歳以上の日本国民**」に選挙権。

- ・20歳未満の選挙権は、世界**176ヵ国**ですでに実現（92%）。
- ・被選挙権は「25歳以上」のまま（→「参院＋知事」のみ30歳）。
- ・2019年参院選における20歳未満の投票率。
  - ➡ 20歳未満の投票率は**32.28%**と、かなり低い。
    - ▶速報値は18歳が34.68% 19歳が28.05%。20代も低く**30.96%**（全体平均は48.80%）

● **二重国籍**者の選挙権…旧民進党時代の蓮舫代表など。

二重国籍であることは、国籍法だと「**不適切だが違法にはならない**」。

▶努力義務を怠っただけ

- ・22歳までに「**どちらかの国籍を選択**」する必要あり。
  - ▶放っておけば自動的に日本国籍になる
- ・日本国籍取得後は、もう**片方を放棄**する「**努力義務**」。
  - ▶罰則なし

- ・二重国籍の人に選挙権は認められるか？ … あり
- ・国会議員の場合、資格剥奪はあり得るか？… なし

理由 二重国籍者は「**日本国籍"も"ある人たち**」だから。

■2019年参議院議員選挙

（投票率）：**48.8%**…
- ・1995年の44.52%に次ぐワースト2位。
- ・24年ぶりに50%を割り込む。

（結果）：**自民が順当に勝利**するも、改憲に必要な**164議席は** **keep** **できず**。

▶改憲勢力（＝自民・公明・維新など）合わせて160

（その他）：**れいわ新選組**（山本太郎代表の作った新党）の活躍。

比例代表で今回から導入された「**特定枠**」で、**2人の重度障害者が当選**。

付録 日本国憲法条文一覧

＊部分要約

前文

日本国民は、**正当に選挙された国会における代表者を通じて行動**し、われらとわれらの子孫のために、諸国民との協和による成果と、わが国全土にわたって自由のもたらす恵沢を確保し、**政府の行為によって再び戦争の惨禍が起こることのないようにする**ことを決意し、ここに**主権が国民に存することを宣言**し、この憲法を確定する。そもそも国政は、国民の厳粛な信託によるものであって、その権威は国民に由来し、**その権力は国民の代表者がこれを行使し**、その福利は国民がこれを享受する。これは人類普遍の原理であり、この憲法は、かかる原理に基くものである。われらは、**これに反する一切の憲法、法令及び詔勅を排除する。**

日本国民は、**恒久の平和を念願**し、人間相互の関係を支配する崇高な理想を深く自覚するのであって、**平和を愛する諸国民の公正と信義に信頼**して、われらの安全と生存を保持しようと決意した。われらは、平和を維持し、専制と隷従、圧迫と偏狭を地上から永遠に除去しようと努めている**国際社会において、名誉ある地位を占めたい**と思う。われらは、全世界の国民が、ひとしく恐怖と欠乏から免かれ、**平和のうちに生存する権利**を有することを確認する。

われらは、**いずれの国家も、自国のことのみに専念して他国を無視してはならない**のであって、政治道徳の法則は、普遍的なものであり、この法則に従うことは、**自国の主権を維持し、他国と対等関係に立とうとする各国の責務**であると信ずる。

日本国民は、国家の名誉にかけ、全力をあげてこの崇高な理想と目的を達成することを誓う。

付録 日本国憲法条文一覧

第一章　天皇

1条 天皇は、日本国の**象徴**であり日本国民統合の**象徴**であって、この地位は、**主権の存する日本国民**の総意に基く。

3条 天皇の国事に関するすべての行為には、**内閣の助言と承認**を必要とし、内閣が、その責任を負う。

4条 天皇は、この憲法の定める国事に関する行為のみを行い、**国政に関する権能**を有しない。

第二章　戦争の放棄

9条
- 日本国民は、正義と秩序を基調とする国際平和を誠実に希求し、**国権の発動**たる戦争と、**武力による威嚇**又は**武力の行使**は、国際紛争を解決する手段としては、永久にこれを放棄する。
- 前項の目的を達するため、陸海空軍その他の戦力は、これを保持しない。国の**交戦権**は、これを認めない。

第三章　国民の権利及び義務

11条 国民は、すべての基本的人権の享有を妨げられない。この憲法が国民に保障する基本的人権は、**侵すことのできない永久の権利**として、現在及び将来の国民に与えられる。

12条 この憲法が国民に保障する自由及び権利は、国民の不断の努力によって、これを保持しなければならない。又、国民は、これを**濫用**してはならないのであって、常に**公共の福祉**のためにこれを利用する責任を負う。

13条 すべて国民は、**個人**として尊重される。生命、自由及び**幸福追求**に対する国民の権利については、**公共の福祉**に反しない限り、立法その他の国政の上で、最大の尊重を必要とする。

14条 すべて国民は、**法の下に平等**であって、人種、信条、性別、社会的身分又は門地により、政治的、経済的又は社会的関係において、差別されない。

15条
- 公務員を**選定**し、及びこれを**罷免**することは、国民固有の権利である。
- すべて公務員は、**全体の奉仕者**であって、一部の奉仕者ではない。

付録　日本国憲法条文一覧　　439

- 公務員の選挙については、**成年者**による普通選挙を保障する。

16条 何人も、損害の救済、公務員の罷免、法律、命令又は規則の制定、廃止又は改正その他の事項に関し、平穏に**請願**する権利を有し、何人も、かかる請願をしたためにいかなる差別待遇も受けない。

17条 何人も、**公務員の不法行為**により、損害を受けたときは、法律の定めるところにより、国又は公共団体に、その賠償を求めることができる。

18条 何人も、いかなる**奴隷的拘束**も受けない。又、犯罪による処罰の場合を除いては、その意に反する**苦役**に服させられない。

19条 **思想及び良心の自由**は、これを侵してはならない。

20条 ●**信教の自由**は、何人に対してもこれを保障する。いかなる宗教団体も、国から特権を受け、又は政治上の権力を行使してはならない。

　●**国及びその機関は、宗教教育その他いかなる宗教的活動もしてはならない。**

21条 ●**集会**、結社及び**言論**、**出版**その他一切の**表現の自由**は、これを保障する。

　●**検閲**は、これをしてはならない。**通信の秘密**は、これを侵してはならない。

22条 何人も、**公共の福祉**に反しない限り、居住、移転及び**職業選択の自由**を有する。

23条 学問の自由は、これを保障する。

24条 配偶者の選択、財産権、…　に関しては、法律は、個人の尊厳と**両性の本質的平等**に立脚して、制定されなければならない。

25条 すべて国民は、**健康で文化的な最低限度の生活**を営む権利を有する。

26条 ●すべて国民は、その能力に応じて、ひとしく**教育を受ける権利**を有する。

　●すべて国民は、その保護する子女に**普通教育を受けさせる義務**を負う。

27条 すべて国民は、**勤労の権利**を有し、**義務**を負う。

28条 勤労者の**団結**する権利及び**団体交渉**その他の**団体行動**をする権利は、これを保障する。

29条 ●**財産権**は、これを侵してはならない。その内容は、**公共の福祉**に適合するように、法律でこれを定める。

　●**私有財産**は、正当な補償の下に、これを**公共**のために用いることができる。

30条 国民は、法律の定めるところにより、**納税の義務**を負う。

31条 何人も、**法律の定める手続**によらなければ、その生命もしくは自由を奪われ、又はその他の刑罰を科せられない。

32条 何人も、裁判所において**裁判を受ける権利**を奪われない。

付録 日本国憲法条文一覧

33条 何人も、現行犯として逮捕される場合を除いては、権限を有する司法官憲が発し、かつ理由となっている犯罪を明示する**令状**によらなければ、逮捕されない。

34条 何人も、理由を直ちに告げられ、かつ、直ちに弁護人に依頼する権利を与えられなければ、**抑留**又は**拘禁**されない。

35条 捜索又は押収は、権限を有する司法官憲が発する**令状**により、これを行う。

36条 公務員による**拷問**及び**残虐**な刑罰は、絶対にこれを禁ずる。

37条 すべて刑事事件においては、被告人は、公平な**裁判所**の迅速な**公開裁判**を受ける権利を有する（＋**証人**を求める権利を有する／**弁護人**を依頼できる）。

38条
- 何人も、自己に不利益な**供述**を強要されない。
- 強制・拷問・脅迫・長期の拘禁後の**自白**は、これを証拠とできない。
- 自己に不利益な唯一の証拠が本人の**自白**の場合、有罪とされない。

39条 何人も、**実行の時に適法**であった行為については、刑事上の責任を問われない。又、同一の犯罪について、重ねて刑事上の責任を問われない。

40条 何人も、抑留又は拘禁された後、**無罪**の裁判を受けたときは、国にその**補償**を求めることができる。

第四章　国会

41条 国会は、国権の**最高機関**であって、国の**唯一の立法機関**である。

43条 両議院は、**全国民を代表**する選挙された議員でこれを組織する。

49条 両議院の議員は、国庫から相当額の**歳費**を受ける。

50条 両議院の議員は、国会の**会期**中**逮捕**されず、会期前に**逮捕**された議員は、その議院の要求があれば、**会期**中これを釈放しなければならない。

51条 両議院の議員は、議院で行った演説、討論又は表決について、**院外で責任**を問われない。

55条 両議院は、各々その**議員の資格**に関する争訟を裁判する。ただし、議員の議席を失わせるには、出席議員の三分の二以上の多数による議決を必要とする。

58条 両議院は、院内の秩序をみだした議員を**懲罰**することができる。ただし、議員を除名するには、出席議員の**三分の二以上**の多数による議決を必要とする。

64条 国会は、**罷免の訴追**を受けた裁判官を裁判するため、両議院の議員で組織する**弾劾**裁判所を設ける。

第五章　内閣

65条 　行政権は、内閣に属する。

66条 ・内閣総理大臣その他の国務大臣は、文民でなければならない。

・内閣は、行政権の行使について、国会に対し連帯して責任を負う。

68条 　内閣総理大臣は、国務大臣を任命し、任意に罷免することができる。

69条 　内閣は、衆議院で不信任の決議案を可決（又は信任の決議案を否決）したときは、10日以内に衆議院が解散されない限り、総辞職をしなければならない。

第六章　司法

76条 ・すべて司法権は、最高裁判所及び下級裁判所に属する。

・特別裁判所は、これを設置することができない。行政機関は、終審として裁判を行うことができない。

・すべて裁判官は、その良心に従い独立してその職権を行い、この憲法及び法律にのみ拘束される。

78条 　裁判官は、心身の故障の場合を除いては、公の弾劾によらなければ罷免されない。裁判官の懲戒処分は、行政機関がこれを行うことはできない。

79条 　最高裁裁判官の任命は、任命後初の衆院選の際国民の審査に付し、その10年後初の衆院選でさらに審査し、その後も同様とする。

80条 ・下級裁判所の裁判官は、最高裁の指名した者の名簿によって、内閣でこれを任命する。その裁判官は、任期を10年とし、再任されることができる。

・下級裁判所の裁判官は、定期に相当額の報酬を受ける。この報酬は、在任中減額されない。

81条 　最高裁判所は、一切の法律、命令、規則又は処分が憲法に適合するかしないかを決定する終審裁判所である。

82条 　裁判は、公開法廷でこれを行う。ただし裁判官の全員一致で、公の秩序又は善良の風俗を害するおそれがあると決した場合には、非公開にできる。ただし、国民の権利等が問題となっている場合は、常に公開しなければならない。

付録 日本国憲法条文一覧

第七章　財政

（省略）

第八章　地方自治

92条 地方公共団体の組織及び運営は、**地方自治の本旨**に基いて、法律でこれを定める。

95条 一の地方公共団体のみに適用される**特別法**は、その地方公共団体の**住民の投票**において過半数の同意を得なければ、国会は、これを制定することができない。

第九章　改正

96条 この憲法の改正は、各議院の**総議員の三分の二以上**の賛成で国会がこれを**発議**し、特別の**国民投票**において、その過半数の賛成を必要とする。

第十章　最高法規

97条 この憲法が日本国民に保障する基本的人権は、人類の多年にわたる自由獲得の努力の成果であって、現在及び将来の国民に対し、**侵すことのできない永久の権利**として**信託**されたものである。

98条 ● この憲法は、国の**最高法規**であって、これに反する法律、命令などは、その効力を有しない。

● 日本国が締結した**条約**及び確立された**国際法親**は、これを誠実に遵守することを必要とする。

99条 天皇及び国務大臣、国会議員、裁判官その他の公務員は、この**憲法を尊重し擁護する義務**を負う。

第十一章　補則

（日本国憲法施行時の諸注意数点。以上、合計**103**条）

付録　日本国憲法条文一覧 ｜ 443

さくいん

あ

愛知	401
アイデンティティ	363, 366
アイヌ文化振興法	33
iPS 細胞	411
アイルランド共和軍	160
アインシュタイン	405
アウシュビッツ収容所	30
アウン＝サン＝スーチー	164
アカウンタビリティー	113, 191
赤字国債	237, 250, 254
アガペー	405
アーキタイプ	373
アクセス権	53
アクティブ＝ラーニング	418
朝日訴訟	49
アジア・アフリカ会議	147
アジアインフラ投資銀行	179
アジア太平洋経済協力会議	328
アジア通貨危機	261, 321
アジア NIES	321
アジア四小龍	321
アジェンダ 21	347
ASEAN	329
アダム＝スミス	174
圧力団体	127
アニマ	373
アニミズム	392
アニムス	373
アパルトヘイト	31
アフガニスタン侵攻	148
アフマディネジャド	162
アフリカの年	147
アベノミクス	419
アポイントメント商法	272
天下り	112, 118

天照大御神	392
アメとムチ	296
アメリカ独立宣言	25
現人神	36
アラブの春	163
アリストテレス	401
アルヴィン＝トフラー	382
アルカイダ	161
アルケー	400
安全保障政策	70
安全保障理事会	140
アンタイド比率	338
安定恐慌	248
安定成長	217
アンビバレンス	363
安楽死	413

い

委員会中心	79
イエス	407
家制度	387
家永教科書裁判	45
育児・介護休業法	288
意見表明権	34
違憲立法審査権	93
いざなぎ景気	250, 251
『石に泳ぐ魚』事件	51
イスラエル建国	159
イスラーム	406
イスラーム国	163
李承晩ライン	167
伊勢志摩サミット	425
依存効果	272
依存財源	108
イタイイタイ病	349
一億総活躍社会	419

1 億総中流	378
一次エネルギー	355, 357
一次産品	318, 320
一事不再理	47
1 と 2 分の 1 政党制	131
一国二制度	160
一帯一路	162, 179
一般意志	17
一般会計	235
一般会計予算	235
一般財源	104
一般物価指数	217
一票の格差	42
1 府 12 省庁	115
遺伝子組み換え食品	275, 415
移転収支	332
イドラ	402
イニシアチブ	19
委任事務	102
委任立法	112
異文化	386
李明博	167
イラク復興支援特別措置法	68
イラン核合意	162
医療保険	297
岩戸景気	249, 251
インターネット	382
インターネット選挙運動	126
インバウンド	419, 435
印パ紛争	159
インフォームド＝コンセント	414
インフレーション（インフレ）	
	221, 253
インフレ＝ターゲット	419

う・え

ウイグル人の弾圧	179
ウイグル騒乱	165
ウィルソン	138
ウェストファリア条約	136
ウクライナ騒乱	158
失われた10年	260
疑わしきは罰せず	47
疑わしきは被告人の利益に	90
『宴のあと』事件	51
宇宙船地球号	348
『奪われし未来』	345
売りオペレーション（売りオペ）	
	226
売り手市場	258
ウルグアイ	315
益税	239, 428
エゴ	372
エコシステム	348
エコマーク	348
エス	372
エスノセントリズム	386
恵庭事件	62
エネルギー流体革命	355
愛媛玉ぐし料訴訟	44
エリクソン	366
エリザベス救貧法	296
エロア	247
エロース	401
演繹法	402
冤罪	48
円高	253
円高不況	256
円安	252

お

黄犬契約	284
王権神授説	9
欧州共同体	323, 324
欧州経済共同体	323
欧州原子力共同体	323
欧州石炭鉄鋼共同体	323
欧州中央銀行	324
欧州連合	324
王道政治	407
大きな政府	28
大阪空港騒音公害訴訟	52
大阪トラック	425
大阪ブルー・オーシャン・ビジョン	
	425
大津事件	91
公の弾劾	91
汚染者負担の原則	351
オゾン層の破壊	344
オゾンホール	344
オタワ＝プロセス	153
オバマケア	422
オフィス＝オートメーション	254
オブザーバー	139
オープンショップ	285
思いやり予算	66
お役所仕事	382
オリンピック景気	250, 251
温室効果ガス	344
オンブズマン制度	113

か

買いオペレーション（買いオペ）	
	226
海外派兵の禁止	74
改革・開放政策	178
外貨準備増減	332
階級政党	128
外交三原則	155
外国為替	309
外国為替相場	310
外国人技能実習制度	420
外国人参政権	54
外国人登録法	53
外国人の公務員採用	54
外国人労働者	292
介護保険	300, 305, 306
解散	87

会社企業の分類	187
解釈改憲	62
会社法	187
改正JAS法	275
外為法	230
ガイドライン	67
ガイドライン関連法	68
開発協力大綱	339
開発独裁	431
外部経済	200
外部不経済	200, 349
外務省公電漏洩事件	52
価格弾力性	197
価格の下方硬直性	199
価格の自動調節作用	195
化学兵器禁止条約	163
核拡散防止条約	152
核家族	387
閣議	84
核軍縮	152
拡大再生産	183
拡大生産者責任	351
核なき世界	154, 433
確認埋蔵量	355, 358
核燃料サイクル	356, 359
核保有宣言	423
家計	182
かけがえのない地球	347
駆け込み需要	428
駆け付け警護	144
影の内閣	95
囲い込み運動	171
貸し渋り	260
貸しはがし	260
過剰融資	258, 260
可処分所得	196
家事労働	214
寡占	199
家族的経営	395
カーソン	348
カーター・金日成会議	422
カダフィ政権	163
家長	387

さくいん | 445

葛藤	363
合併	203
家電リサイクル法	352
家督相続	387
カネ余り	257
カネミ油症	272
株価差益	189
株券電子化	188
株式会社	187, 188
株式持ち合い	203
株主	188, 189
株主総会	189, 190
貨幣資本	183
樺太・千島交換条約	166
ガリオア	247
カルヴァン	402
カルテル	199, 202
過労死	292
為替制限	312, 313
為替リスク	429
簡易課税制度	428
環境アセスメント法	350
環境開発サミット	347
環境基本法	350
環境権	52
環境税	348
環境庁	350
環境ホルモン	345
環境問題	349
看護訪問	305
監査役	190
関税及び貿易に関する一般協定	
	312, 314
関税障壁	314
官製談合	118
間接金融	223, 252
間接税	209, 212, 238, 239
間接選挙	96
間接投資	332
間接民主制	15, 18
完全雇用	175
完全失業率	290
完全普通選挙	119

観想的生活	401
環太平洋経済連携協定	328
ガンディー	405
カント	138
岩盤規制	108
カンボジア派遣	144
官民人材交流センター	112
管理価格	199, 203
管理社会	383
管理通貨制度	221
官僚制	379
官僚制の逆機能	382

き

議員政党	130
議員特権	78
議院内閣制	86
機関委任事務	102
基幹産業	247
企業	182
企業進出の自由化	250, 313
企業統治	191
企業物価指数	246
企業別組合	287
企業倫理	191
気候変動枠組条約	344
基軸通貨	313
期日前投票	126
技術革新	184
基準割引率及び基準貸付利率	
	225
寄生地主	245
基礎的集団	379
北アイルランド紛争	160
北大西洋条約機構	145, 149
北朝鮮	68, 422
キチンの波	184
絹の道	409
技能実習生	292
機能的集団	379
帰納法	402
詭弁	401

金正恩	423
逆ザヤ	268
逆資産効果	259
規約人権委員会	31
逆進性	239
キャピタルゲイン	189
キャピタルロス	189
ギャンブル等依存症対策基本法	
	435
牛肉・オレンジの自由化	270
牛肉トレーサビリティ法	275
『旧約聖書』	407
旧ユーゴスラビア問題	156
キューバ危機	146
教育委員会	101
教育基本法	39, 57
供給	193
供給曲線	192, 196
共済年金	298
協賛機関	36
共産主義	176
共産党の一党支配	177
教書	96
行政委員会	86, 89
行政改革	114, 118
行政改革推進法	118
行政監察官	113
行政権	20
行政権の肥大化	111
行政手続法	113
行政の民主化	113
共同実施	344
京都議定書	344
京都メカニズム	344
共謀罪	436
狂乱物価	224, 277
清き明き心	394
許認可	112
拒否権	96
ギリシア危機	424
キリスト教	407
キルケゴール	404
緊急特別総会	141

キングストン合意	316
キング牧師	405
金権政治	129
均衡財政	236
銀行の銀行	223
金準備高	316
緊張緩和	148
欽定憲法	9
金本位制	220, 310
金融緩和	224
金融再生法	261, 262
金融サミット	425
金融政策	233
金融庁	230
金融の自由化	226
金融引締	224
金融持株会社	230

く

草の根民主主義	107
クズネッツの波	184
具体的行動計画	347
「くたばれ GNP」	253
国地方係争処理委員会	103
クラスター爆弾禁止条約	153
グラスノスチ	148
クラスノヤルスク合意	166
クラッカー	383
グラント = エレメント	338
クリミア自治共和国	158
クリーン開発メカニズム	344
クーリング = オフ制度	274
グリーン購入法	348
グリーン GDP	348
『クルアーン』	407
グレーゾーン金利	275
クレッチマー	370
グレートマザー	373
クローズドショップ	285
グロティウス	10
グローバリズム	435
グローバル化	386

クロヨン	239
クローン規制法	410
軍事境界線	422

け

ケアプラン	306
経営者	189
経営の合理化	254
計画外流通米	271
計画経済	177
景気循環	184
景気動向指数	430
景気変動	184
景気変動の調節弁	265
軽減税率	239
経験論	402
経済安定九原則	247, 248
経済協力金	155
経済財政諮問会議	116, 420
経済産業省	116
経済社会理事会	140
経済主体	182
経済循環	182
経済制裁	162
経済成長率	215
経済特区	178
経済の安定化	232
経済の二重構造	266
経済連携協定	307, 329
警察予備隊	60
形式的法治主義	11
刑事上・民事上の免責	284
刑事補償請求権	48
傾斜生産方式	247
経常移転収支	332
経常収支	332
軽薄短小型	254
契約	407
系列企業	264
ケインズ	174
穢れ	392
ケネディ	146

検閲	45, 58
限界状況	405
検察官	90
検察審査会	94
原子力	359
原子力発電	355
建設国債	237
建設リサイクル法	352
減反	268
原発事故	355
憲法改正の発議	82
憲法研究会	38
憲法審査会	38, 39
憲法調査会	38, 39
憲法問題調査委員会	37
権利章典	24
権利請願	23
減量経営	254
権力分立	25

こ

公益委員	285
公害	253
公害国会	350
公開市場操作	225
公害対策基本法	350
公害問題	349
後期高齢者医療制度	298
好況	222
公共財	200, 232
公共事業	240, 250
公共の福祉	40
合計特殊出生率	304
公債金	236
孔子	407
合資会社	187
皇室典範	427
公衆衛生	297
工場制手工業	172
公職選挙法	42, 122, 123, 129
公正取引委員会	202, 204
厚生年金	298

さくいん | 447

厚生労働省	116	国際標準	230	国連多国籍軍	157
交戦権	59	国際標準化機構	348	国連難民高等弁務官事務所	33
控訴	90	国際復興開発銀行	312, 313	国連人間環境会議	347
高速増殖炉「もんじゅ」	359	国際法	137	国連平和維持活動	142
公聴会	80	国際法の父	136	国連貿易開発会議	319
公定歩合	225, 254	国際連合	139	誤差脱漏	333
公定歩合操作	225	国際連盟	138	コジェネレーション	355
公的資金	261, 262	国事行為	40	『古事記』	392
公的扶助	297, 300	国政調査権	83	児島惟謙	91
高等教育の無償化	32	国籍法	55	55年体制	131, 133
高度経済成長期	249	国籍法婚外子差別訴訟	55	個人的無意識	373
高度成長	217, 252	国体の護持	38	個人の尊重・幸福追求権	50
高度プロフェッショナル制度	421	国鉄	115	個性	370
公務員制度	117	国土交通省	116	護送船団方式	228
公務員の争議権	32	国土庁	277	コソボ紛争	156
合名会社	187	国内産業の空洞化	256	五大国一致の原則	140
合理化	369	国内総生産	211	国家	7
功利主義	21, 403	国富	208	国家安全保障会議	57, 69
合理論	402	国民ID制度	56	国家安全保障戦略	338
高齢化社会	303	国民主権	7	国会同意人事	83
高齢化率	303	国民純生産	209, 212	国家からの自由	22
高齢社会	303	国民純福祉	214	国家権力	11
高齢者雇用	292	国民所得	208, 212	国家による自由	27
高齢者雇用安定法	292	国民所得倍増計画	250	国家賠償請求	54
コーク	23	国民審査	92	国家賠償請求権	48
国王は君臨すれども統治せず	25	国民生活センター	274	国家への自由	26
国債	235, 237, 241	国民政党	128	国旗・国歌法	56
国債依存度	241	国民総生産	209, 211	国権の発動たる戦争	59
国際課税制度	426	国民総背番号制	56	国庫支出金	104, 105
国際協調主義	59, 69	国民投票	82	COP	344
国際刑事裁判所	140	国民投票法	39	固定為替レート	248, 249, 252
国際決済銀行	260	国民年金	298	固定資産税	104
国際原子力機関	152	国民負担率	304	固定資本減耗分	209, 212
国際貢献	144	国民保護法	67	固定相場制	310, 312, 316
国債残高	241	国立大学の法人化	114, 117	古典派経済学	174
国際司法裁判所	140	国連開発計画	339	『孤独な群衆』	376
国際収支	332	国連環境開発会議	347	子どもの権利条約	34
国際収支の天井	249, 251	国連環境計画	347	戸別訪問	124
国際人権規約	31	国連資源特別総会	319	コーポレート＝ガバナンス	191
国際通貨基金	312	国連持続可能な開発会議	347	コミュニティ	380
国際通貨体制	311, 312	国連障害者権利条約	35	コミンフォルム	145
国債発行の原則	237	国連人権規約B規約	34	コメコン	145
国債費	240	国連総会	140	コメ自由化	271

448 ｜ さくいん

固有事務	101, 102	
雇用保険	300	
ゴールドプラン	305	
ゴルバチョフ	148	
コールレート	225	
コングロマリット	203	
コンセンサス方式	152	
コンツェルン	203	
コンドラチェフの波	184	
コンプライアンス	191	

さ

在外選挙権訴訟	54
在外邦人の参政権（選挙権）	125
最恵国待遇	314
罪刑法定主義	47
在庫投資	184
歳出	235, 240
再審制度	90
財政	232
再生医療	411
再生可能エネルギー	357, 358
再生可能エネルギー法	357, 361
財政構造改革法	261
財政再建	257
財政再生団体	107
財政支出	234
財政政策	232, 233
財政投融資	242
財政の硬直化	240
最大多数の最大幸福	21
在宅サービス	306
最低資本金制度の廃止	187
最低輸入義務	270
財テクブーム	257, 258
財投機関債	242, 243
財投債	242
歳入	235, 236
財閥解体	202, 204, 245
裁判員制度	94, 95
裁判官の独立	92

裁判迅速化法	97
再販売価格維持制度	204
最貧国	321
財務省	116
裁量労働制	282
刷新	178
さび	397
サービス残業	292
サボタージュ	283
サリドマイド	272
サルトル	405
参議院議員選挙	123, 437
産業革命	26
産業構造の高度化	264
産業構造の転換	254
産業再生機構	262
残業時間上限規制	421
産業優先政策	252
サンケイ新聞意見広告事件	53
三権分立	20
三公社の民営化	115
三十年戦争	136
「三種の神器」	250
三審制	90
酸性雨	343
参政権	29
サンフランシスコ会議	139
サンフランシスコ平和条約	64, 166
三本の矢	419
三位一体改革	103, 105, 108
三面等価の原則	212, 213
三割自治	105

し

Jカーブ効果	256
自衛隊	60
ジェノサイド	164
シェールガス	356, 358
ジェンダー	389
自我	363
事業仕分け	116, 236

事業税	104
資金移動の自由化	250
資金管理団体	129
死刑廃止条約	34
資源エネルギー庁	360
資源の最適配分	193, 194, 195
資源配分調整	232
自己実現欲求	370
自己資本	183
自己資本比率	261
自己疎外	382
自己破産	272, 275
自作農	245
資産インフレ	258
資産デフレ	259
自主財源	104
支出国民所得	213
市場	193
市場開放	336
市場化テスト	118
市場の失敗（限界）	198
私人間	89
自然遺産	430
慈善活動	191
事前協議制度	65
自然権	11
自然状態	11
自然法	9
思想・良心の自由	43
持続可能な開発	347
下請け企業	265
自治事務	103
市中消化の原則	237, 238
市町村合併	106
失業問題	290
実質経済成長率	215, 217
実存主義	403
実存は本質に先立つ	405
疾風怒濤の時代	365
実物資産	208
自動安定化装置	233
自動車リサイクル法	352

さくいん | 449

児童福祉法	301	
死に至る病	404	
支払準備金	226	
支払準備率操作	225, 226	
死票	120	
シビリア＝コントロール	72	
司法権	20	
司法権の独立	91	
資本移転等収支	333	
資本収支	333	
資本集約型	266	
資本主義	29	
資本主義の矛盾	173	
資本循環	183	
資本装備率	266	
資本の自由化	250, 312	
資本の集積・集中	173	
自民族中心主義	386	
自民党(自由民主党)	131, 133	
『市民政府二論』	14	
シャウプ勧告	238, 248	
社会契約説	13	
『社会契約論』	16	
社会権	29	
社会権規約	31	
社会主義	403	
社会主義市場経済	178	
社会党(日本社会党)	131, 133	
社会福祉	297	
社会保険	297	
社会保障	232, 234, 296	
社会保障費	240	
社会保障法	296	
ジャスミン革命	163	
ジャパン＝バッシング	335	
自由	170	
シュヴァイツァー	405	
周恩来	147	
衆議院解散	87	
衆議院議員選挙	122	
衆議院議員定数不均衡問題	42	
衆議院の優越	81	
住基ネット	56	

19世紀的権利	26	
自由競争	170	
習近平	179	
自由権規約	31	
重厚長大型	254	
集合的無意識	373	
私有財産	16	
周辺事態	68	
重商主義	171	
終身雇用制	287	
修正積立方式	299	
修正賦課方式	299	
集団安全保障方式	137	
集団的自衛権	65, 70	
集中豪雨型輸出	255	
18歳選挙権	437	
18世紀的権利	23	
周辺事態法	67	
自由貿易	434	
自由貿易協定	329	
自由放任主義	172	
住民基本台帳ネットワーク	56	
住民自治	99	
住民税	104	
住民投票	19, 106	
住民投票権	54	
住民投票条例	106, 109	
主業農家	268	
祝祭日の給与	32	
ジュグラーの波	184	
主権	7, 8	
朱子学	398	
主循環	184	
恤救規則	296	
出資法	275	
出生前診断	415	
出入国管理及び難民認定法		
	420	
ジュネーブ軍縮会議	151, 168	
シュプランガー	371	
需要	193	
需要曲線	192, 194, 195	
主要国首脳会議	425	

循環型社会形成推進基本法	351	
準司法的機能	86	
準主業農家	268	
省エネルギー	358	
昇華	369	
常会	79	
商業主義	383	
上告	90	
少産少死型	353	
少子化	304	
勝者独占方式	96	
少数民族	54	
小選挙区制	120	
小選挙区比例代表並立制	122	
証人喚問	83	
常任委員会	80	
少年法	57	
消費者運動	273	
消費者基本法	274	
消費者契約法	274	
消費者主権	273	
消費者庁	275	
消費者の4つの権利	273	
消費者物価指数	246	
消費者米価	268	
消費者保護	273	
消費者保護基本法	274	
消費者問題	272	
消費税	239, 428	
情報化	379	
情報公開	52	
情報公開法	113	
情報通信技術化	384	
常民	398	
条約	136	
職業選択の自由	45	
殖産興業	349	
ショートステイ	305	
食品偽装	272	
食品リサイクル法	352	
植民地支配	318	
職務給	288	
食糧管理制度	267, 268	

食糧管理法	271	新START	154	政官財の癒着	130
食糧自給率	269	新全国総合開発計画(新全総)	276	生協	273
食糧需給価格安定法	271	身体障害者福祉法	301	清教徒革命	24
食料・農業・農村基本法	271	信託統治理事会	140	政教分離の原則	44, 55
助産術	401	新テロ特措法	68	政権公約	126
女子雇用	288	新農業基本法	271	制限選挙	119, 120
女子差別撤廃条約	34	シンポジウム	418	政策金融改革	118, 235
女子労働者の保護規定	282	臣民	37	政策金利	225
女性活躍推進法	421	人民の、人民による、人民のための		生産国民所得	213
女性2000年会議	389	政治	7	生産者米価	268
女性の社会進出	379, 388	神武景気	249, 251	生産手段の公有	177
食管会計	268	『新約聖書』	407	生産責任制	178
ショップ制	285	深夜労働の禁止	281	生産年齢人口	290
所得収支	333, 334	信用創造	227	政治改革関連四法	129
所得の再配分	232	新ラウンド交渉	434	政治資金規正法	129
所得捕捉率	239	森林法・共有林分割制限	46	政治的無関心	378
所有権	15	新冷戦	148	政治不信	132
所有と経営の分離	190			税制改革	248
地雷禁止国際キャンペーン	153			性善説	407
シリア内戦	163	**す**		生前退位	427
シリア難民	424			製造業派遣	289
自律	403	垂直的公平	239	製造物責任法	274
自立経営農家	267	水平的公平	239	生存権	28
シルクロード	409	スーパーエゴ	372	『成長の限界』	348
知る権利	52, 113, 436	スーパー301条	336	政党	127
仁	407	スタグフレーション	222, 253	政党助成法	129
新ガイドライン	68	ステューデント=アパシー	367	性と生殖に関する健康と権利	
審議委員	229	ステレオタイプ	383		354
信教の自由	44	ストック	209	青年期	364
新興工業経済地域	321	ストライキ	283	政府	182
人工生殖技術	409	砂川事件	62	政府委員	83
人工多能性幹細胞	411	砂川市有地神社違憲訴訟	55	政府開発援助	338
人口爆発	353	スプロール現象	276	政府関係機関予算	235
人口ピラミッド	353	スポイルズ=システム	117	生物エネルギー	355
人口問題	352	スミソニアン協定	316	政務活動費	107, 109
『人口論』	352	スリーマイル島	359	政務次官	83
新国際経済秩序宣言	319, 320			政務調査費	107
新三本の矢	419	**せ**		清明心	394
新思考外交	148			生命の質	413
新自由主義	174	性悪説	407	生命への畏敬	405
人種差別撤廃条約	33	成果型労働性	421	整理回収機構	262
新食糧法	271	生活関連社会資本	253, 276	勢力均衡方式	137
真人	408	生活協同組合	273	政令指定都市	106
		生活保護法	300		

さくいん | 451

世界遺産 430
世界遺産条約 430
世界恐慌 173
世界銀行 313
世界三大宗教 406
世界人権宣言 30
世界同時不況 255
世界の工場 27
世界貿易機関 314
惜敗率 123
石油依存度 355, 357
石油危機 224, 252, 255, 320
セクショナリズム 381
セクハラ 391
セクハラ防止義務 288
世代間公平 347
積極的差別是正措置 389
積極的平和主義 69, 338
絶対王政 14
絶対精神 403
設備投資 184, 251
絶望 404
説明責任 113, 191
説明と同意 414
瀬戸際外交 422
セルビア人 156
ゼロ＝エミッション 348
ゼロ金利政策 262
全会一致制 139
尖閣諸島問題 167
『1984年』 383
選挙運動 124, 126
選挙区 120
選挙権の拡大 119
選挙権の平等 54
選挙公営化 124
選挙制度 119
全国総合開発計画（全総） 276
専守防衛 72
扇情主義 383
先進5カ国蔵相・中央銀行総裁
　会議 256
先進国クラブ 250

『戦争と平和の法』 136
全体意志 17
全体主義 383
全体の奉仕者 117
選択議定書 34
選択的夫婦別姓制度 389
遷都論 277
専売公社 115
選民 407
戦略兵器削減条約 154
戦略兵器制限交渉 154
戦略防衛構想 148
戦力不保持 59

そ

臓器移植法 412
争議権 283
総需要抑制政策 254
総生産額 209, 210
双方向性 385
双方向対話 126
総量規制 351
遡及処罰の禁止 47
族議員 130
ソクラテス 401
組織犯罪予防 436
租税・印紙収入 236, 238
その他資本収支 333
ソフィスト 401
尊厳死 414
尊属殺人重罰規定 41

た

第一次産業 213
第一次所得収支 333, 334
第一次ベビーブーム 378
ダイオキシン 345
対外純資産 208
対外的独立性 7
代議制 18
大規模小売店舗法 266

大規模小売店舗立地法 266, 277
耐久消費財ブーム 250
大憲章 24
第三次産業 213
第三セクター 106
第三の通貨 316
大衆社会 376
大衆政党 128
大衆課税 239
大乗仏教 406
対人地雷全面禁止条約 153
大臣政務官 83
大選挙区制 121
代替エネルギー 358
代替財 196
大統領制 96
大統領選挙人 96
タイド＝ローン 338
第二次産業 213
第二次所得収支 333
第二次性徴 363
第二次世界大戦 311
第二種兼業農家 268
第二次臨時行政調査会 114
第二の誕生 365
第二の予算 242
第二反抗期 363
大日本産業報国会 280
第二水俣病 349
ダイバーシティ 421
太母 373
代用監獄 32
太陽政策 423
第四次産業革命 420
第四次全国総合開発計画 276
第四次中東戦争 253
第四の権力 383
代理戦争 145
大量生産・大量消費 376
タオ 408
多角的交渉 314
多極化 147
竹馬経済 248

竹島問題	167	地球温暖化対策税	348	長時間労働	292

竹島問題 … 167
多国籍企業 … 320
多国籍軍 … 142
多産少死型 … 353
多産多死型 … 353
脱亜入欧 … 398
タテ社会 … 395
多党化 … 127, 132
多党制 … 121
ダニエル＝ベル … 382
他人志向型 … 377
他人資本 … 183
タフト＝ハートレー法 … 280
多文化主義 … 386
ダライ＝ラマ14世 … 165
タリバン … 161
単一為替レート … 249
弾劾決議権 … 96
弾劾裁判所 … 83
団塊の世代 … 304
短期入所介護 … 305
短期融資 … 312
団結権 … 283
男女共同参画社会基本法 … 116, 389
男女雇用機会均等法 … 34, 288
男女同一賃金制 … 281
炭素税 … 348
団体交渉権 … 283
団体自治 … 99
単独者 … 404
ダンバートン＝オークス会議 … 139

ち

治安維持法 … 280
治安警察法 … 280
地域社会 … 380
地域的経済統合 … 328, 329
小さな政府 … 27
チェチェン紛争 … 157
チェルノブイリ原発事故 … 355, 359

地球温暖化対策税 … 348
地球温暖化問題 … 344
地球規模化 … 386
地球サミット … 347
地産地消 … 271
窒素酸化物 … 343
知的財産高等裁判所 … 94
知的障害者福祉法 … 301
チトー … 147
知徳合一 … 401
チベット問題 … 165
地方議会 … 100
地方公共団体 … 101
地方交付税交付金 … 104
地方債 … 104
地方財政 … 104, 240
地方自治の本旨 … 99
地方税 … 104
地方特別法 … 106
地方分権一括法 … 103
地方分権改革 … 106
地方分権推進法 … 103
着床前診断 … 415
チャーチスト運動 … 26, 280, 313
中央省庁の再編 … 115
中間生産物 … 209, 210
中距離核戦力全廃条約 … 154
仲裁 … 286
仲裁委員会 … 155
中小企業 … 264
中小企業基本法 … 266
中心市街地活性化法 … 277
中選挙区制 … 121, 122
中ソ対立 … 147
中台問題 … 160
中東戦争 … 159
中庸 … 401
チュチェ思想 … 423
超過供給 … 194, 195
超過需要 … 194, 195
長距離越境大気汚染条約 … 343
超均衡予算 … 248
超高齢社会 … 303

長時間労働 … 292
超人 … 404
朝鮮戦争 … 60
朝鮮特需 … 248
朝鮮半島エネルギー開発機構 … 422
重複立候補 … 122, 123
徴用工 … 431
直接税 … 238
直接請求権 … 99
直接選挙 … 119
直接投資 … 333
直接民主制 … 17, 18
直間比率 … 238
『沈黙の春』 … 348

つ

通過儀礼 … 396
通貨統合 … 323
通貨の番人 … 223
通信の秘密 … 56
通信傍受法 … 56
津地鎮祭訴訟 … 44
つぼ型 … 353
積立方式 … 299
つりがね型 … 353

て

デイケア … 305
抵抗権 … 15
帝国主義 … 173
デイサービス … 305
定住外国人の参政権 … 125
定足数 … 79
適応 … 368
テクノクラート … 381
テクノストレス … 383
デジタル課税法 … 425
デジタル＝デバイド … 383, 434
デタント … 148
「鉄のカーテン」演説 … 145

さくいん | 453

デフォルト	318	独占	199	内閣の首長	82
デフレスパイラル	222	独占禁止法	202, 204, 245	内閣府	116
デフレ政策	248	特定商取引法	274	内閣不信任決議	87
デフレ対策	429	特定非営利活動促進法	390	内閣不信任決議権	81
デポジット制度	348	特定秘密保護法	57, 436	内部留保	183
テポドン	62, 423	特別委員会	80	長沼ナイキ基地訴訟	63
デモンストレーション効果	272	特別永住者	53	ナショナル゠トラスト	348
テロ	149	特別会	79	7条解散	87
テロ対策特別措置法	68	特別会計	235	7つの公害	350
テロ防止	436	特別会計予算	235	縄張り主義	381
天安門事件	32	特別国会	87	南沙諸島	165
電子商取引	384, 434	特別裁判所	89	南南問題	321
電子署名・認証法	385, 433	特別養護老人ホーム	305	南米南部共同市場	328
電子政府	384	独立行政法人	114, 117	南北首脳会談	423
電子投票法	126	独立行政法人整理合理化計画		南北問題	318, 319
電子マネー	385		118	難民	54
電電公社	115	独立国家共同体	149	難民の地位に関する条約	32
テンニース	380	特例国債	238		
天然ガス	358	都市化	379		
天然資源の恒久主権	320	都市計画法	277		
天皇大権	37	都市鉱山	361		

に

		都市問題	276	ニクソン゠ショック	316, 317
		ドッジ゠ライン	247, 248	二次エネルギー	355

と

ドイモイ	178	ドナーカード	412	20世紀的権利	27
道	408	ドーナツ化現象	276	二重国籍者の選挙権	437
東欧革命	148	ドーハ゠ラウンド	434	二大政党制	120
道家	408	ドメスティック゠バイオレンス	389	日銀短観	430
東海村	359	トラスト	203	日銀引受け	237
東京一極集中	276	ドリー	410	日米安保共同宣言	68
東西対立	145	取締役	190	日米構造協議	205, 336
投資収支	333	ドル゠ショック	316	日米地位協定	65
同時多発テロ	69	トルーマン゠ドクトリン	145	日米貿易摩擦	269, 335
投射	369	ドル安誘導	317	日米包括経済協議	337
道州制	106	奴隷的拘束及び苦役からの自由		日露和親条約	166
党首討論	83		47	日韓基本条約	155, 167
統治権の総攬者	36	ドント式	121	日韓合意	431
統治行為論	63			日韓請求権協定	155, 431
東南アジア諸国連合	329			日経平均株価	259
逃亡犯条例	426			日ソ共同宣言	155, 166

な

道路公団の民営化	118	内閣人事局	112	ニーチェ	404
特殊意志	17	内閣総辞職	87	日中共同声明	155
特殊法人	115, 243	内閣総理大臣	85	日中平和友好条約	155
		内閣提出法案	112	ニート	290
				『日本列島改造論』	277

454 | さくいん

ニヒリズム	404	陪審制	94	比較優位	175
日本経団連	128	排他的経済水域	8	東ティモール問題	157
日本再興戦略	419	ハイデガー	405	東日本大震災	260
日本政策金融公庫	118	配当金	189	非関税障壁	314
日本叩き	335	ハヴィガースト	366	ピケッティング	283
日本農林規格	275	パグウォッシュ会議	151, 405	非拘束名簿式	122
日本版 NSC	69	朴槿恵	167	ビスマルク	296
日本版ビッグバン	230	朴正煕	431	被選挙権	119, 120
日本郵政株式会社	118	恥の文化	395	非対称性	434
入管法	53	パスカル	403	ピーターパン = シンドローム	367
ニューディール政策	173	パソコンリサイクル法	352, 362	非嫡出子法定差別訴訟	55
人間疎外	382	パタハラ防止義務	288	ビッグデータ	421
人間の安全保障	339	働き方改革	421	非同盟諸国首脳会議	147
人間はポリス的動物	401	発議	82	ヒトゲノム	415
認定 NPO 法人	390	発券銀行	223	「一つの中国」論	139, 155, 160

ね・の

ネウィン	164	パートタイム労働法	288
		パネル = ディスカッション	418

ネガティブ = オプション	272	パブリック = コメント	118	一人っ子政策	354
ネガティブキャンペーン	126	バブル景気	252	一人別枠方式	125
ねじれ国会	83	バブル経済	258	非暴力・不服従	405
ネット投票	126	パラサイト = シングル	367	秘密選挙	119
ネルー	147	バリアフリー	302	100 条調査権	107
年金保険	298	パリ協定	345	日雇い派遣	289
年功序列型賃金	287	バルディーズの原則	348	ヒューマニズム	405
年中行事	396	バルト三国	149	評決	94
農協	128	パレスチナ解放機構	159	表現の自由	436
農業基本法	267	パレスチナ暫定自治協定	159	平等	170
農地改革	245, 267	パレスチナ紛争	159	平等選挙	119
能力給	288	ハレとケ	396	平賀書簡問題	63
ノマドワーキング	385, 434	パワハラ	391	ビルト = イン = スタビライザー	
ノーマライゼーション	302	判決	94		233, 234
		反動形成	369	比例代表制	121
		バンドン会議	147	非労働力人口	290
		万人の万人に対する闘争	13	ビンラディン	161
		板門店	422		

は

バイオエシックス	409	

ひ

バイオエタノール燃料	356, 358	ヒエラルキー	381	

ふ

バイオテクノロジー	409	非価格競争	200	ファクトリー = オートメーション	254
バイオマス	355, 356, 358	非核三原則	72	ファシズム	9
廃棄物ゼロ	348	比較生産費説	175	フィスカル = ポリシー	233
排出権(量)取引	344	非核地帯条約	153	フィランソロピー	191
陪審員	94			フィルタリング	385
				夫婦別姓	389
				夫婦別姓・再婚禁止期間訴訟	
					55

さくいん | 455

フォーラム	418	不良債権	260	平和五原則	147
付加価値	208	不良債権処理	262	平和的生存権	59
賦課方式	299	武力攻撃事態	67	平和のための結集決議	141
不況	222	武力攻撃予測事態	67	ベーシックインカム	421
『複合汚染』	348	武力行使の新三要件	70	ベバリッジ報告	296
複合企業	203	武力による威嚇	59	ペーパーレス会議	347
福祉国家	29	武力の行使	59	ペルシア湾派遣	144
福島第一原発	359	ふるさと納税	107	ペルソナ	373
福島第一原発事故	356	プルサーマル	356	ベルリンの壁	145, 149
福祉見直し論	302	フルシチョフ	146	ペレストロイカ	148
不在者投票	126	プルトニウム	356	変形労働時間	282
不信任決議	87	ブレインストーミング	417	ベンサム	404
不正アクセス禁止法	385, 433	ブレグジット	424	弁証法	403
不正受給	301	フレックスタイム制	281, 282	ベンチャー企業	265
不逮捕特権	78	ブレトン゠ウッズ協定	312	変動相場制	310, 316, 318
双子の赤字	335	ブレトン゠ウッズ体制	312, 316	弁論術	401
プーチン	166	フロイト	371		
普通選挙	119	プログラム規定説	49, 58		
物価上昇率	216	ブロック経済	311	**ほ**	
仏教	406	ブロードバンド	384	防衛機制	369, 372
復金インフレ	247	フロム	405	防衛政策	71
復興金融金庫債	247	フロンガス	344	防衛装備移転三原則	72
復興庁	116	文化遺産	430	防衛費	74
仏陀	406	文化・芸術支援活動	191	防衛力整備計画	62
普天間飛行場	66	文化相対主義	386	貿易赤字	334
不動産融資への総量規制	259	文芸復興	402	貿易黒字	334
不当労働行為	284	分配国民所得	213	貿易・サービス収支	333
不文憲法	24			貿易の自由化	250
部分的核実験禁止条約	152			貿易摩擦	256
不法就労者	283	**へ**		法科大学院	97
プライス゠リーダー	203			包括的核実験禁止条約	152
プライバシー	56	ペイオフ	261, 262	封建制	170
プライマリー゠バランス	429	ペイオフ解禁	261, 262	放射性廃棄物処理問題	359
プラグマティズム	404	ペイオフ凍結	261	法定受託事務	103
プラザ合意	256	平成景気	258	法定手続きの保障	47
プラトン	401	米中貿易戦争	425	法テラス	94
プラハの春	147	米朝首脳会議	423, 425	法の支配	11
フランス革命	25	米朝枠組み合意	422	『法の精神』	19
フランス人権宣言	25	米同時多発テロ	142, 154, 161	法の下の平等	42
フランスのNATO脱退	147	ヘイトスピーチ対策法	436	訪問看護ステーション	305, 307
フリーター	290	平和安全法制	70	法律の留保	37
フリードマン	175	平和維持軍	142	法令遵守	191
フリーライダー	200	平和共存路線	146	補完財	196
		平和原則14カ条	138		

北米自由貿易協定	328	マズロー	369	無知の知	401

北米自由貿易協定	328
保守合同	133
補助金	104, 209, 212
ポスト京都	345
ポストハーベスト農薬	272
ボスニア＝ヘルツェゴビナ紛争	156
ホスピス＝ケア	414
補正予算	235
細川連立政権	133
ボーダーレス化	386
北海道旧土人保護法	33
ポツダム宣言	37
ホットライン	146
ホッブズ	13
北方領土問題	166
ポーツマス条約	166
骨太の方針	116, 420
輔弼機関	36
ホームヘルパー	305, 307
ホモ＝サピエンス	371
ホモ＝ファーベル	371
ホモ＝ルーデンス	371
ボランティア活動	214
堀木訴訟	49
ポリシー＝ミックス	233
ホルムズ海峡	162
ホワイトカラー	292
本会議中心	80
香港民主化デモ	426
本予算	235

ま・み

埋蔵金	236
マイナス成長	217, 253
マイナンバー制度	56
マイナンバー法	56
マーガレット＝ミード	364
マグナ＝カルタ	24
マザー＝テレサ	405
マージナル＝マン	365
マーシャル＝プラン	145

マズロー	369
マタハラ防止義務	288
まちづくり三法	277
マッカーサー三原則	38
マッカーサー草案	38
マックス＝ウェーバー	381
窓口規制	226
マニフェスト	126
マネーロンダリング	435
マネタリーベース	419
マネタリズム	175
マルクス	177
マルサス	352
マルタ会談	149
万元戸	178
見えざる手	174
禊	392
3つのR	351
三菱樹脂事件	43
みなし労働制	282
水俣病	349
南シナ海紛争	165
ミニマム＝アクセス	270
未来投資戦略2017	420
未臨界核実験	152
ミル	404
民芸	398
民主主義の学校	98
民主政治	6
民族自決権	31
民族紛争	149
民定憲法	9

む・め・も

無為自然	408
無過失責任	274, 351
無限責任社員	186
無国境化	386
無常	397
ムスリム	407
無担保コール翌日物金利	225, 262

無知の知	401
ムバラク政権	163
ムハンマド	407
村山談話	431
文在寅	431
名望家政党	127
名目成長率	215
名誉革命	24
メセナ	191
メタンハイドレート	358
メディケア	422
メディケイド	422
メドベージェフ	166
メリット＝システム	117
免責特権	78
孟子	407
目的の王国	403
モスクワ条約	154
持株会社	203
持株会社の解禁	205
モノカルチャー経済	318
もののあはれ	397
モラトリアム	318
モラルハザード	191
もんじゅ	356
モンスーン型	395
問責決議	84
モンテスキュー	19
モントリオール議定書	344

や・ゆ・よ

薬害	272
薬事法	45
薬事法・薬局開設距離制限	45
夜警国家	27
ヤスパース	405
柳田国男	398
ヤマアラシのジレンマ	365
ヤルタ会談	145
有形資産	208
有限会社	187
有限責任社員	186

さくいん | 457

有効求人倍率	291	
有効需要	174	
有事法制	67	
有志連合	162	
郵政民営化	118	
郵便法訴訟	54	
猶予期間	363	
雪解け	146	
輸出自主規制	335	
ユニオンショップ	285	
ユニバーサルサービス	118	
ユニバーサルデザイン	302	
ユビキタス	385, 434	
ゆりかごから墓場まで	296	
ユーロ	324	
ユング	370, 373	
要介護認定	306	
容器包装リサイクル法	351	
幼児教育と保育の無償化	420	
預金全額保護	262	
預金保険機構	261	
予算	79, 235	
予算先議権	81	
四日市ぜんそく	349	
欲求不満	368	
黄泉の国	392	
ヨーロッパの統合	323	
世論操作	383	
4R	351	
40年不況	250	
四全総	276	
四大公害病	349	

ら・り・る

ラウンド交渉	314, 315
ラッセル・アインシュタイン宣言	151
ラッダイト運動	26, 280
『リヴァイアサン』	13
リコール	19, 106
利益誘導政治	130
リオ宣言	347

リオ＋20	347
リカード	175
リカレント	420
リクルート事件	132
リサイクル関連法	351
利潤	183
リージョナリズム	328
リスケジューリング	318
リストラクチャリング	254
リスボン条約	324
リースマン	376
利息制限法	275
立法権	20
リデュース	351
リビング＝ウィル	414
リフューズ	351
リプロダクティブ＝ヘルス／リプロダクティブ＝ライツ	354
リーマン＝ショック	260
領域支配権	7
リユース	351
両性の本質的平等	388
良知	408
量的緩和政策	262
累進課税	232, 234, 238
累積債務問題	318
ルソー	16
ルター	402
ルネサンス	402

れ・ろ

レアメタル	361
礼	407
令状主義	47
冷戦	60, 145
冷戦終結	142
礼治主義	407
レーガノミクス	335
レファレンダム	19
連座制	124
連帯責任	87
老子	408

老人保健制度	298
労働委員会	285
労働関係調整法	285
労働基準法	281
労働協約	282
労働組合組織率	293
労働組合法	283
労働契約法	293
労働三権	283
労働三法	245, 283
労働者災害補償保険	300
労働者派遣事業法	289
労働集約型	266
労働生産性	266
労働の民主化	245
労働力人口	290
老齢基礎年金	298
老老介護	307
六次産業化	271
69条解散	87
6章半活動	142
ロースクール	97
六カ国協議	423
ロッキード事件	132
ロック	14
ロックアウト	283
ロヒンギャ	164
ローマクラブ	348
ロマン＝ロラン	405
ロールプレイ	418

わ

ワイマール憲法	28
ワーキングプア	289
ワークショップ	418
ワグナー法	280
ワークライフバランス	421
和魂洋才	398
和辻哲郎	395
わび	397
ワルシャワ条約機構	145, 149

アルファベット略語

AFTA	328
AI	421
APEC	328
ASEAN	329
ASEAN10	329
ASEAN自由貿易地域	328, 329
BIS規制	260
BRICs	321, 322
BSE問題	272
CD	151
CIS	149
CIS脱退	158
CTBT	152
DV防止法	389
e-Japan戦略	384
EC	324
ECSC	324
EEC	324
EPA	307, 329
ES細胞	411
EU	323, 324
EURATOM	323, 324
EU憲法	324
EU離脱	424
eコマース	384, 434
FA化	254
FTA	328
G20	425
G5	256
G8	425
GATT	270, 312, 314
GATTウルグアイ＝ラウンド	270
GDP	211
GDPデフレーター	216, 217
GHQ主導の三大改革	245
GIIPS	424
GNI	209, 211
GNP	209, 211, 250
GNP1％枠	73
IAEA	152

IBRD	312, 313
IMF	312
IMF14条国	312, 313
IMF特別引出権	316
IMF8条国	312, 313
INF全廃条約	154
Iot	420
IRA	160
IR実施法	435
ISIL	163
ISO	348
ISO14000シリーズ	348
IT化	384
IT革命	433
IT基本法	384
IT特区	384
JAS	275
JCO核燃料施設臨界事故	359
KEDO	422
KJ法	417
LDC	321
MERCOSUR	328
ME革命	255
MOX燃料	356
NAFTA	328
NATO	145, 149
NGO	153, 389
NI	209, 212
NIEO	319, 321
NIES	321
NNP	209, 212
NNW	214
NPO（非営利組織）	389
NPT	152
NSC	57
OA化	254
ODA	338
OECD	250
PCB	272
PKF（平和維持軍）	142
PKO（国連平和維持活動）	141
PKO協力法	144
PKO参加5原則	144

PLO	159
PL法	274
PPP	351
PTBT	152
SALT	154
SDI構想	148
SDR	316
SNS	434
SOHO	385, 434
START	154
TPP	328
TPP11	329, 330
UNCTAD	319
UNDP	339
UNEP	347
UNESCO	430
UNHCR	33
WTO	145, 314, 315, 425, 434

著者紹介

蔭山 克秀
（かげやま かつひで）

　代々木ゼミナール公民科講師。愛媛県出身。早稲田大学卒。

　学生時代はバブル期だったが、時代に逆行するかのように激安の学生寮に住み、むさ苦しくも早大生らしい青春を謳歌する。大学は授業以外のすべてが楽しく、3年留年。その間にバブルが崩壊し、就職活動で凍死。さすがにこの時期、大いに人生に悩む。しかし、それらがすべて今日代ゼミで教壇に立つ上での糧になっていると信じている。

　授業では政治分野・経済分野・倫理分野の区別なく、受験に必要なすべての範囲を偏りなく、しかもわかりやすく教えることをモットーとしている。生徒からは「先生の現社のわかりやすさとおもしろさは別次元！」と、熱烈に支持されている。

　著書は『蔭山の共通テスト倫理』『蔭山の共通テスト政治・経済』『蔭山の共通テスト現代社会』『人物で読み解く倫理』『人物で読み解く政治・経済』（以上、学研プラス）、『大学入試 蔭山克秀の政治・経済が面白いほどわかる本』（KADOKAWA）など多数。

スタッフ

ブックデザイン	groovisions
イラストレーション	濱口博文（Hama-House Illustrations）
編集協力	秋下幸恵、渡辺泰葉
スタイリング（オビ写真）	ササキユキ
DTP	株式会社 ジャパンアート
印刷	株式会社 リーブルテック